中国城市发展报告
（2019/2020）

主 办
中国市长协会

承 办
国际欧亚科学院中国科学中心

《中国城市发展报告》编委会 编

中国城市出版社

图书在版编目（CIP）数据

中国城市发展报告 . 2019-2020 /《中国城市发展报告》编委会编 . —北京：中国城市出版社，2020.10
ISBN 978-7-5074-3296-1

Ⅰ . ①中… Ⅱ . ①中… Ⅲ . ①城市经济—经济发展—研究报告—中国—2019-2020 Ⅳ . ①F299.21

中国版本图书馆 CIP 数据核字（2020）第 163956 号

责任编辑：陈夕涛 徐昌强 李 东
责任校对：王 烨

中国城市发展报告（2019/2020）
主办
中国市长协会
承办
国际欧亚科学院中国科学中心
《中国城市发展报告》编委会 编

*

中国城市出版社出版、发行（北京海淀三里河路9号）
各地新华书店、建筑书店经销
逸品书装设计制版
北京圣夫亚美印刷有限公司印刷

*

开本：880毫米×1230毫米 1/16 印张：24¼ 字数：574千字
2020年11月第一版 2020年11月第一次印刷
定价：398.00元
ISBN 978-7-5074-3296-1
（904279）

版权所有 翻印必究
如有印装质量问题，可寄本社退换
（邮政编码100037）

《中国城市发展报告(2019/2020)》机构组成名单

《中国城市发展报告(2019/2020)》总顾问

路甬祥　全国人民代表大会常务委员会原副委员长
周光召　全国人民代表大会常务委员会原副委员长
徐匡迪　中国人民政治协商会议全国委员会原副主席

《中国城市发展报告(2019/2020)》顾问

汪光焘　全国人大环境与资源保护委员会原主任委员，
　　　　国际欧亚科学院秘书长，中国科学中心副主席
王梦奎　国务院发展研究中心原主任
曲格平　全国人大环境与资源保护委员会原主任
刘燕华　国务院参事，科技部原副部长
刘　江　国家发展和改革委员会原副主任
赵宝江　原建设部副部长
李振东　原建设部副部长
陶斯亮　中国市长协会顾问

《中国城市发展报告(2019/2020)》理事会

理 事 长：蒋正华　全国人民代表大会常务委员会原副委员长，
　　　　　　　　国际欧亚科学院执行院长，中国科学中心主席
副理事长：黄　艳　中国市长协会副会长，住房和城乡建设部副部长

理　　事：（以下按姓氏拼音顺序排列）

　　　　　戴　逢　李津逵　刘洪海　马俊如　毛其智

　　　　　王长远　杨　捷

理事会办公室主任：赵旺华

《中国城市发展报告（2019/2020）》学术委员会

主　　任：吴良镛　中国科学院院士，中国工程院院士，清华大学教授
副 主 任：马俊如　国际欧亚科学院院士
　　　　　戴　逢　国际欧亚科学院院士
委　　员：（以下按姓氏拼音顺序排列）

　　　　　顾朝林　李京文　林建元　毛其智　钱　易

　　　　　邵益生　唐子来　吴敬琏　许学强　杨保军

　　　　　叶嘉安　赵宝江　周一星　朱　训　邹德慈

　　　　　邹祖烨

《中国城市发展报告（2019/2020）》编委会

编委会主任：马俊如

编委会副主任：戴　逢　孔德涌

主　　　编：邵益生

常务副主编：毛其智

副　主　编：毛汉英　刘洪海　蔡云楠

编委会委员：（以下按姓氏拼音顺序排列）

　　　　　　蔡云楠　陈晓丽　戴　逢　黄　伟　孔德涌

　　　　　　林　泉　刘洪海　马俊如　毛汉英　毛其智

　　　　　　邵益生　史培军　王　丹　王静霞　邬翊光

　　　　　　许学强　赵旺华

编委会秘书：党凌燕　廖远涛　周海燕

《中国城市发展报告（2019/2020）》研编机构

主办单位：中国市长协会
承办单位：国际欧亚科学院中国科学中心

协办单位：（排名不分先后）
中国城市规划设计研究院
清华大学建筑学院
中国城市科学研究会
中国城市规划学会
中国城市经济学会
中山大学城市与区域研究中心
中国科学院地理科学与资源研究所
国家遥感应用工程技术研究中心
广东工业大学

《中国城市发展报告(2019/2020)》工作委员会

主任委员： 王长远

委　　员： 林家宁　方兆瑞　赵旺华

序

蒋正华

（第九届、十届全国人大常委会副委员长、国际欧亚科学院执行院长、
国际欧亚科学院中国科学中心主席）

2019年我们隆重庆祝中华人民共和国成立七十周年，极大地激发了全国各族人民的爱国热情，汇聚起夺取新时代中国特色社会主义伟大胜利的磅礴力量。2020年是决战决胜脱贫攻坚目标任务、全面建成小康社会和"十三五"规划的收官之年。而突如其来的新冠肺炎疫情打乱了正常的发展进程；当前，国际上因美国的长期打压和遏制政策而导致中美关系恶化、贸易保护主义和单边主义等逆全球化趋势愈演愈烈，世界经济处于深度衰退、新冠疫情在全球范围内的加速蔓延等因素相互交错在一起，使得中国的发展面临前所未有的挑战。

脱贫攻坚是全面建成小康社会的必经之路。党的十八大以来，以习近平同志为核心的党中央把贫困人口的脱贫作为全面建成小康社会的底线任务和标志性指标。在全党全国全社会的共同努力下，我国脱贫攻坚取得了举世瞩目的成就，贫困人口从2012年的9 899万人减少到2019年年底的551万人，贫困发生率相应地从10.2%降至0.6%，区域性整体贫困基本得到了解决。贫困群众的收入水平大幅提高（2019年贫困人口的人均可支配收入达11 567元），贫困人口的"两不愁"（不愁吃、不愁穿）质量水平明显提升，"三保障"要求（义务教育、基本医疗、住房安全保障）总体解决。2020年全国尚存的52个未摘帽贫困县和1 113个贫困村的贫困攻坚任务完成后，我国将提前10年实现《联合国2030年可持续发展议程》的减贫目标。

确保2020年如期全面建成小康社会，是中国共产党向人民、向历史作出的庄严承诺，是实现中华民族伟大复兴中国梦的关键一步，也是"两个一百年"奋斗目标的第一个一百年奋斗目标。全面建成小康社会的核心在于"全面"。全面小康是"五位一体"全面进步的小康，即：在以经济建设为中心的同时，全面推进经济建设、政治建设、文化建设、社会建设、生态文明建设，促进我国社会主义现代化建设各个环节、各个方面协调发展，更好地推动经济更加发展、民生更加健全、科教更加进步、文化更加繁荣、社会更加和谐、人民生活更加殷实。党的十九大对决胜全面建成小康社会作出了明确的规划部署，强调突出抓重点、

补短板、强弱项，特别是坚决打好防范化解重大风险、精准脱贫、污染防治三大攻坚战。2019年全面建成小康社会的主要指标任务已经基本完成，2020年将如期实现全面建成小康社会的奋斗目标，这对顺利开启新征程，全面建设社会主义现代化强国具有承上启下的重大意义。

这次新冠肺炎疫情，是新中国成立以来我国遭遇的传播速度最快、感染范围最广、防控难度最大的重大突发卫生公共事件，也是人类自第二次世界大战结束以来所经历的最严重的全球公共卫生突发事件。在以习近平为核心的党中央坚强领导下，全国上下贯彻"坚定信心、同舟共济、科学防治、精准施策"总要求，打响抗击疫情的人民战争、总体战、阻击战。经过艰苦卓绝的努力，付出了巨大的代价和牺牲，取得了疫情防控阻击战的重大战略成果。本书"专题篇"所转载的2020年6月7日国务院新闻办公室发布的《抗击新冠肺炎疫情的中国行动》白皮书，以及白皮书新闻发布会相关报道，展示了中国抗击疫情的艰辛历程，通过实施防控和救治两个战场的协同作战，凝聚起抗击疫情的强大力量；秉持人类命运共同体理念，共同构建人类卫生健康共同体，齐心协力、守望相助，携手应对，坚决遏制疫病蔓延势头，为维护地区和世界公共卫生安全作出了重要贡献。与此同时，中国坚持全民抗疫与企业复工复产两手抓。在疫情防控常态化条件下，坚持稳中求进工作总基调，坚持新发展理念，坚持以供给侧结构性改革为主线，扎实做好稳就业、稳金融、稳外贸、稳外资、稳投资、稳预期"六稳"工作，全面落实保居民就业、保基本民生、保市场主体、保粮食能源安全、保产业链供应链稳定、保基层运转"六保"，坚定实施扩大内需战略，推动形成以国内大循环为主体、国内国际双循环相互促进的新发展格局，走出了一条有效应对国内外严峻挑战与冲击、实现良性循环的发展新路子。

《中国城市发展报告2019/2020》以"脱贫攻坚、全面小康、应对疫情"为重点，并兼顾城市与区域经济发展、城市规划、城市建设、环境污染治理等方面内容，邀请了一些著名院士专家和退休领导作为特邀作者，就某一方面进行论述，其中包括：中国科学院和中国工程院两院院士、著名人居环境专家、清华大学吴良镛教授，中国工程院院士、中央新冠肺炎疫情防控指导组专家组成员、天津中医大学校长张伯礼教授，中国工程院院士、著名环境工程专家、同济大学徐祖信教授，住房和城乡建设部原副部长、国务院参事、城市规划与建设管理专家仇保兴教授，原城乡建设部顾问、著名区域与城市规划专家、中国科学院地理科学与资源研究所胡序威研究员，中国人民大学国际关系学院副院长、长江学者特聘教授金灿荣教授，中国人民大学乡村建设中心副主任温铁军教授等，对他们的辛勤付出我们谨表衷心感谢！

由于受新冠肺炎疫情影响，本年度发展报告组稿工作难度较大，选题相对分散，城市规划、城市发展和城市建设部分有所弱化，编写出版时间推后。对此，我们表示歉意，并在今后的工作中不断改进和提高。

2020年7月

目 录

综论篇

2019年中国城市发展综述 ……………………………………………… (3)
 一、城镇化与城市发展 ……………………………………………… (4)
 二、建立健全城乡融合发展体制机制和政策体系 ………………… (7)
 三、建立国土空间规划体系 ………………………………………… (9)
 四、新型城镇化与区域协同发展 …………………………………… (12)
 五、以人民为中心规划建设和管理城市 …………………………… (15)
 六、结　语 …………………………………………………………… (20)

An Introduction of Urban Development in China：2019 ……………… (21)
 Ⅰ. Urbanization and Urban Development ………………………… (22)
 Ⅱ. Establish and Improve Urban-rural Integrated Development Mechanisms
  and Policy Systems ……………………………………………… (27)
 Ⅲ. Establish Territorial Spatial Planning System ………………… (30)
 Ⅳ. New Urbanization and Regional Coordinated Development … (35)
 Ⅴ. People-Centered Urban Planning，Construction and Management … (40)
 Ⅵ. Concluding Remarks …………………………………………… (47)

2019年中国城市发展十大事件 ………………………………………… (49)
 一、庆祝中华人民共和国成立70周年 ……………………………… (49)
 二、庆祝澳门回归祖国20周年 ……………………………………… (50)
 三、黄河生态（经济）带建设上升为国家战略 …………………… (51)
 四、国家发布《长江三角洲区域一体化发展规划纲要》 ………… (54)

五、国家发布《粤港澳大湾区发展规划纲要》 ……………………………… (56)
　　六、国家破除体制机制弊端，加快推动城乡融合发展 …………………… (58)
　　七、国家推进城镇老旧小区改造工作 ……………………………………… (60)
　　八、上海出台《上海市生活垃圾管理条例》 ……………………………… (63)
　　九、北京大兴国际机场正式投入运营 ……………………………………… (64)
　　十、江苏响水化工厂爆炸造成重大人员伤亡 ……………………………… (66)

2019年中国城市住房发展 ……………………………………………………… (68)
　　一、房地产市场保持平稳发展，市场调控坚持房住不炒 ………………… (68)
　　二、深化住房制度改革探索，加快推进住房保障体系改革 ……………… (73)
　　三、促进棚改旧改与完整社区建设，创造良好人居环境 ………………… (75)

2019年中国城市交通发展评述 ………………………………………………… (78)
　　一、城市群与区域交通 ……………………………………………………… (78)
　　二、城市交通与绿色出行 …………………………………………………… (81)
　　三、交通市场与交通服务 …………………………………………………… (84)
　　四、结　语 …………………………………………………………………… (86)

2019年城市市政基础设施建设进展 …………………………………………… (88)
　　一、城市供水与节水 ………………………………………………………… (88)
　　二、城市燃气与供热 ………………………………………………………… (90)
　　三、城市排水与污水处理 …………………………………………………… (91)
　　四、城市园林绿化 …………………………………………………………… (92)
　　五、城市市容环境卫生 ……………………………………………………… (93)
　　六、结　语 …………………………………………………………………… (94)

2019年中国城市信息化进展 …………………………………………………… (95)
　　一、相关政策引领城市信息化新发展 ……………………………………… (95)
　　二、城市信息基础设施取得新进展 ………………………………………… (98)
　　三、城市公共信息服务呈现新动向 ………………………………………… (100)
　　四、城市信息化应用凝聚新特色 …………………………………………… (103)

2019年中国城市服务业发展评述 ……………………………………………… (107)
　　一、中国城市服务业发展特点 ……………………………………………… (107)
　　二、中国城市服务业发展存在的问题 ……………………………………… (112)
　　三、中国城市服务业未来发展方向 ………………………………………… (113)

论坛篇

回眸七十年，展望新人居 ……………………………………………………………… (119)

中医药抗击新冠肺炎疫情的贡献与思考 ………………………………………… (121)
  一、中医药抗疫可全程发挥作用 ……………………………………………… (121)
  二、科技支撑中医药抗击新冠肺炎 …………………………………………… (124)
  三、国际抗疫，中医药任重道远 ……………………………………………… (126)
  四、守正创新，中西医结合大有可为 ………………………………………… (127)

关于新冠病毒疫情防控的对策建议 ……………………………………………… (129)
  理性封城防疫十策 ……………………………………………………………… (129)
  启用对口支援模式，保障白衣勇士战力 ……………………………………… (130)
  纠正基层"一刀切"的做法，力争恢复生产和抗疫战相互协同 …………… (131)
  促进"复工复产"，实现"疫后复兴" ……………………………………… (133)

长效扶贫与全面小康的生态化路径 ……………………………………………… (134)
  一、全面建成小康社会与三大差别再平衡战略 ……………………………… (135)
  二、脱贫攻坚是全面小康的战略内涵 ………………………………………… (137)
  三、创新全面建成小康社会的生态化路径 …………………………………… (138)
  四、结　语 ……………………………………………………………………… (142)

中美贸易战回顾与评估 …………………………………………………………… (143)
  一、如何理解中美关系当前面临的挑战 ……………………………………… (143)
  二、对中美贸易战经过的整理和总结 ………………………………………… (146)
  三、贸易战长期化的可能性 …………………………………………………… (148)
  四、结　语 ……………………………………………………………………… (149)

论我国城镇化空间格局的演化 …………………………………………………… (151)

观察篇

2019 年中国市长协会舆情观察 ……………………………………………………（157）
  一、舆情综述 ……………………………………………………………………（157）
  二、反腐倡廉舆情分析 …………………………………………………………（160）
  三、安全维稳舆情分析 …………………………………………………………（162）
  四、改革舆情分析 ………………………………………………………………（164）
  五、招商旅游舆情分析 …………………………………………………………（166）
  六、教育舆情分析 ………………………………………………………………（168）
  七、环保舆情分析 ………………………………………………………………（170）

中国城市旅游业发展概述 ………………………………………………………………（172）
  一、城市旅游业发展历程 ………………………………………………………（172）
  二、城市旅游业发展现状特点 …………………………………………………（175）
  三、城市旅游业发展存在的问题 ………………………………………………（181）
  四、未来发展展望 ………………………………………………………………（183）

新世纪前二十年的伟大丰碑
  ——中国全面建成小康社会观察 ……………………………………………（186）
  一、难得的成就 …………………………………………………………………（186）
  二、宝贵的经验 …………………………………………………………………（188）
  三、神圣的启示 …………………………………………………………………（191）

积极探索适合中国国情的养老模式 …………………………………………………（193）
  一、快速人口老龄化背景下的养老难题 ………………………………………（193）
  二、中国养老模式选择必须立足中国国情 ……………………………………（195）
  二、构建中国特色养老模式的建议 ……………………………………………（196）

河南省 18 地市营商环境评价
  ——方法、结果、问题与对策建议 …………………………………………（200）
  一、营商环境评价方法概述 ……………………………………………………（201）
  二、营商环境评价结果 …………………………………………………………（203）
  三、营商环境存在的主要问题及优化对策建议 ………………………………（206）

专题篇

抗击新冠肺炎疫情的中国行动 ……………………………………………………………（215）
 前　言 ………………………………………………………………………………（216）
 一、中国抗击疫情的艰辛历程 ……………………………………………………（216）
 二、防控和救治两个战场协同作战 ………………………………………………（231）
 三、凝聚抗击疫情的强大力量 ……………………………………………………（239）
 四、共同构建人类卫生健康共同体 ………………………………………………（245）
 结束语 ………………………………………………………………………………（249）

珠澳合作　协同发展 ……………………………………………………………………（251）
 一、珠澳合作的共识 ………………………………………………………………（251）
 二、跨境区域合作的相关理论 ……………………………………………………（252）
 三、珠澳合作的进展 ………………………………………………………………（252）
 四、结　语 …………………………………………………………………………（257）

案例篇

城市重污染河流水环境综合治理
 ——以上海市苏州河治理为例 …………………………………………………（261）
 一、背景介绍 ………………………………………………………………………（261）
 二、苏州河水系简介 ………………………………………………………………（261）
 三、苏州河黑臭成因 ………………………………………………………………（262）
 四、苏州河治理工程方案 …………………………………………………………（263）
 五、苏州河治理中的河长制探索 …………………………………………………（270）
 六、苏州河治理成效 ………………………………………………………………（271）
 七、经验启示 ………………………………………………………………………（272）

"口袋公园"建设典范
 ——以扬州为例 …………………………………………………………………（274）
 一、扬州公园城市建设探索与实践 ………………………………………………（274）
 二、扬州"口袋公园"建设案例 …………………………………………………（275）
 三、口袋公园的后续管理与创新 …………………………………………………（278）

四、口袋公园存在的问题与对策 ……………………………………………………（279）

城市大脑赋能下的智慧城市建设探索
——以杭州为例 ………………………………………………………………（280）
一、城市大脑赋能民生服务 ……………………………………………………（280）
二、城市大脑赋能惠企服务 ……………………………………………………（282）
三、城市大脑赋能城市治理 ……………………………………………………（282）
四、展望 …………………………………………………………………………（284）

以合理定位和可持续发展机制打造特色小镇
——以中关村创客小镇为例 …………………………………………………（285）
一、背景 …………………………………………………………………………（285）
二、案例概况 ……………………………………………………………………（285）
三、特色小镇打造的方法论及过程 ……………………………………………（288）
四、结语 …………………………………………………………………………（294）

做好河海文章 擦亮生态名片 打造"水清、河畅、滩美、岸绿"的美丽港城
——以秦皇岛为例 ……………………………………………………………（296）
一、厚植生态品牌优势，擦亮高质量发展"金名片" ………………………（296）
二、治河治海同向发力，下好常态化治理"一盘棋" ………………………（297）
三、坚持防控关口前移，拧紧水环境污染"总阀门" ………………………（297）
四、扭住治海关键环节，戴上渤海湾保护"紧箍咒" ………………………（298）
五、完善监测预警体系，织密立体化监管"防护网" ………………………（299）
六、巩固高压执法态势，实现全流域严打"无盲区" ………………………（299）

附录篇

附录1　2018/2019年中国城市规划发展大事记 …………………………………（303）
附录2　2018/2019年城市政策法规文件索引 ……………………………………（322）
附录3　2019年国家生态园林城市、园林城市（县城、城镇）名单 …………（328）
附录4　2019年中国历史文化名镇名村 …………………………………………（331）
附录5　中国城市基本数据（2017年）……………………………………………（340）

编后语 ………………………………………………………………………………（373）

综论篇

2019年中国城市发展综述

2019年是中华人民共和国成立70周年，也是中共中央团结带领全国各族人民决胜全面建成小康社会关键之年。

天道酬勤，力耕不欺。2019年，我国国内生产总值接近100万亿元人民币，人均迈上1万美元的台阶，全国建档立卡贫困户人均纯收入达到9 808元，又有1 000多万人成功实现脱贫；京津冀协同发展、长江经济带发展、粤港澳大湾区建设、长三角一体化发展按下快进键，黄河流域生态保护和高质量发展成为国家新战略。国家减税降费总额超过2万亿元，个人所得税起征点再次提高，一系列重大建设成就彰显出不同凡响的中国风采和中国力量。

2019年，中国成功举办了第二届"一带一路"国际合作高峰论坛、北京世界园艺博览会、首届亚洲文明对话大会、第二届中国国际进口博览会等主场外交活动，向世界展示了一个文明、开放、包容的中国。

回顾新中国成立70年的历史，伴随着社会主义建设事业的推进，我国城镇化经历了一个起点低、速度快的发展过程。从1949年到2019年，全国设市城市数量从132个增加到684个，年末城镇总人口从5 767万人发展到84 843万人，城镇化率从10.65%提升到60.60%。国家统计局新闻发布，从1952年到2018年，我国GDP从679.1亿元跃升至90.03万亿元，实际增长174倍；人均GDP从119元提高到6.46万元，实际增长70倍；人均可支配收入比1949年实际增长59.2倍，人均消费支出比1956年实际增长28.5倍。据财政部统计，70年来，全国财政收入从1950年的62亿元增加到2018年的183 352亿元，年均增长12.5%，增长了近3 000倍。住房和城乡建设部指出，经过长期努力，14亿人口大国城乡居民的住房问题基本上得到解决，城镇人均住房建筑面积由1949年的8.3平方米提高到2018年的39平方米，农村人均住房建筑面积提高到47.3平方米。建筑业总产值比新中国成立初期增加了4 000多倍，从业人员占全国就业人口的比重超过7%。改革开放以来，城市道路长度增加了15倍，建成区绿地面积增加了19倍，污水和生活垃圾处理能力分别提高263倍、395倍，燃气、自来水普及率分别达到96.7%和98.4%，城市综合承载能力不断增强，人居环境更加宜居。城镇化的快速推进，吸纳了大量农村劳动力转移就业，提高了城乡生产要素配置效率，推动了国民经济持续快速发展，带来了社会结构的深刻变革，促进了城乡居民生活水平全面提升。

一、城镇化与城市发展

1. 经济社会持续发展

2019年,面对国内外风险挑战明显上升的复杂局面,各地区各部门按照党中央的决策部署,坚持新发展理念,坚持以供给侧结构性改革为主线,持续打好三大攻坚战。一年来经济运行总体平稳,人民生活福祉持续增进,各项社会事业繁荣发展。

据国家统计局初步核算,2019年国内生产总值990 865亿元,比上年增长6.1%。其中,第一产业增长3.1%;第二产业增长5.7%;第三产业增长6.9%。第一、二、三产业比重为7.1%:39.0%:53.9%。全国人均国内生产总值70 892元,比上年增长5.7%。全员劳动生产率115 009元/人,比上年提高6.2%。年末私人轿车保有量13 701万辆,比上年增长8.8%。

2019年,全国居民人均可支配收入30 733元,实际增长5.8%。按常住地分,城镇居民人均可支配收入42 359元,实际增长5.0%;农村居民人均可支配收入16 021元,实际增长6.2%。居民人均消费支出21 559元,实际增长5.5%。按常住地分,城镇居民人均消费支出28 063元,实际增长4.6%;农村居民人均消费支出13 328元,实际增长6.5%。居民恩格尔系数28.2%,比上年下降0.2个百分点,其中城镇27.6%,农村30.0%。居民消费价格比上年上涨2.9%,低于全年预期目标。全国农民工总量29 077万人,其中,外出农民工17 425万人,本地农民工11 652万人。农民工人均月收入3 962元,比上年增长6.5%。

2019年年末,中国大陆总人口140 005万人,比上年末增加467万人,其中城镇常住人口84 843万人,占总人口比重(常住人口城镇化率)为60.60%,比上年末提高1.02个百分点。户籍人口城镇化率为44.38%,比上年末提高1.01个百分点。全年出生人口1 465万人,出生率为10.48‰;死亡人口998万人,死亡率为7.14‰;自然增长率为3.34‰。全国人户分离的人口2.80亿人,其中流动人口2.36亿人。年末全国就业人员77 471万人,其中城镇就业人员44 247万人,占全国就业人员比重为57.1%。城镇新增就业1 352万人,比上年少增9万人。年末全国城镇调查失业率为5.2%,城镇登记失业率为3.6%。

全年房地产开发投资132 194亿元,比上年增长9.9%。房屋新开工面积227 154万平方米,商品房销售面积171 558万平方米,其中住宅150 144万平方米。年末商品房待售面积49 821万平方米,比上年末减少2 593万平方米;其中商品住宅待售面积22 473万平方米,比上年末减少2 618万平方米。各类棚户区改造开工316万套,基本建成254万套。全国农村地区建档立卡贫困户危房改造63.8万户。

2. 市级行政区划调整

据民政部最新统计,2019年年末全国有设市城市684个;其中直辖市4个,副省级市(中央计划单列城市)15个,地级市278个,县级市387个;县(旗)合计1 494个,建制镇21 013个,乡9 223个,街道办事处8 519个,村委会533 194个,居委会109 711个。

2019年内，全国设市城市建制的调整变动如下：

经国务院批准，湖南省撤销邵东县，设立县级邵东市，邵阳市代管。陕西省撤销子长县，设立县级子长市，延安市代管。安徽省撤销广德县，设立县级广德市，宣城市代管。安徽省撤销无为县，设立县级无为市，芜湖市代管。黑龙江省撤销嫩江县，设立县级嫩江市，黑河市代管。四川省撤销射洪县，设立县级射洪市，遂宁市代管。河南省撤销长垣县，设立县级长垣市，新乡市代管。云南省撤销澄江县，设立县级澄江市，玉溪市代管。广西壮族自治区撤销平果县，设立县级平果市，百色市代管。新疆维吾尔自治区撤销库车县，设立县级库车市；设立县级胡杨河市，由自治区直辖。

2019年8月27日，依据《民政部关于同意浙江省设立县级龙港市的批复》，经国务院批准，浙江省撤销苍南县龙港镇，设立县级龙港市，温州市代管。

国务院批复山西省人民政府，同意将山西太谷农业高新技术产业示范区建设为山西晋中国家农业高新技术产业示范区，示范区总面积106.49平方千米，其中规划建设用地面3.11平方千米。

国务院批复江苏省人民政府，同意将南京白马国家农业科技园区建设为江苏南京国家农业高新技术产业示范区，示范区总面积145.86平方千米，其中规划建设用地面积3.08平方千米。

国务院批复商务部和相关省级人民政府，同意设立中国（山东）自由贸易试验区（总面积119.98平方千米）、中国（江苏）自由贸易试验区（总面积119.97平方千米）、中国（广西）自由贸易试验区（总面积119.99平方千米）、中国（河北）自由贸易试验区（总面积119.97平方千米）、中国（云南）自由贸易试验区（总面积119.86平方千米）、中国（黑龙江）自由贸易试验区（总面积119.85平方千米）。

国务院批复广东省人民政府和国家发展改革委，原则同意《横琴国际休闲旅游岛建设方案》，总面积106.46平方千米，要求逐步将横琴建设成为面向未来、国际品质、生态优先、协同发展、智慧支撑的国际休闲旅游岛。

3. 城市（城区）建设

据住房和城乡建设部统计，2018年年末，全国城市城区户籍人口42 730万人，暂住人口8 422万人，建成区面积58 456平方千米。

2018年，全国城市市政公用设施固定资产投资完成20 123亿元，比上年增长4.1%，占同期全社会固定资产投资总额的3.1%。其中，道路桥梁、轨道交通、园林绿化投资分别占城市市政公用设施固定资产投资的34.4%、30.0%和9.2%。

2018年，全国城市用水人口50 311万人，人均日生活用水量180升，用水普及率98.36%；用燃气人口49 463万人，燃气普及率96.70%；集中供热面积87.8亿平方米；城市道路长度43.22万千米，人均城市道路面积16.70平方米。城市地下综合管廊长度3 244千米。全国共有城市污水处理厂2 321座，污水处理率95.49%；市政再生水日生产能力3 578万立方米，全年再生水利用量85.45亿立方米。城市生活垃圾无害化处理场（厂）1 091座，城市生活垃圾无害化处理率98.96%；城市道路清扫保洁面积86.93亿平方米，机械清扫率68.85%；全年清运生活垃圾22 802万吨。城市建成区绿地率37.34%，人均公园绿地面积14.11平方米。截至2018年年末，全国共有A级景区11 924个，全年接待总人数60.24亿人次，比上年末增长10.5%。

2018年，在生态环境部监测的338个城市中，环境空气质量达标的城市数占35.8%，比2017年上升6.5个百分点；城市平均优良天数比例为79.3%，比2017年上升1.3个百分点。发生重度污染1 899天次，比2017年减少412天；严重污染822天次，比2017年增加20天。以PM2.5为首要污染物的天数占重度及以上污染天数的60.0%，以PM10为首要污染物的占37.2%，以O_3（臭氧）为首要污染物的占3.6%。全国酸雨区面积约53万平方千米，占国土面积的5.5%，比2017年下降0.9个百分点；471个监测降水的城市（区、县）中，酸雨频率平均为10.5%，比2017年下降0.3个百分点。出现酸雨的城市比例为37.6%，比2017年上升1.5个百分点。

据交通运输部统计，2018年年末全国有公共汽电车67.34万辆，其中BRT车辆9 110辆。有35个城市开通轨道交通，有轨道交通车站3 412个，运营车辆34 012辆。巡游出租车138.89万辆。城市客运轮渡船舶250艘。全国有公共汽电车运营线路60 590条，运营线路总长度119.9万千米，其中，公交专用车道12 850.2千米，BRT线路长度5 119.3千米。轨道交通运营线路171条，运营里程5 295.1千米。城市客运轮渡运营航线91条，运营航线总长度376.6千米。全年完成城市客运量1 262.24亿人，其中，公共汽电车完成697.00亿人（含BRT客运量15.87亿人），轨道交通完成212.77亿人，巡游出租车完成351.67亿人，客运轮渡完成0.80亿人。

2018年年末，全国有50个城市在建轨道交通，在建的轨道交通线路长度5 400千米，在建车站3 465个。

4. 县城建设

2018年，住房和城乡建设部对全国1 519个县汇总，年末县城户籍人口13 973万人，暂住人口1 722万人，建成区面积20 238平方千米。全国县城完成市政公用设施固定资产投资3 026亿元，其中：道路桥梁、园林绿化、排水和污水处理、市容和环境卫生分别占县城市政公用设施固定资产投资的39.2%、18.5%、12.2%和4.4%。

2018年，全国县城用水人口14 723万人，用水普及率93.8%，人均日生活用水量122.9升；用燃气人口13 160万人，燃气普及率83.85%；集中供热面积16.18亿平方米；县城道路总长度14.5万千米，人均城市道路面积17.73平方米。县城共有污水处理厂1 598座，污水处理率91.2%。共有生活垃圾无害化处理场（厂）1 324座，生活垃圾无害化处理率93.3%。全年清运生活垃圾6 660万吨。县城建成区绿地率31.21%，人均公园绿地面积12.21平方米。

5. 村镇建设

住房和城乡建设部对国内18 337个建制镇、10 210个乡和2 451 945个村庄统计汇总：

2018年年末，全国村镇户籍总人口9.57亿人，其中建制镇建成区1.61亿人，乡建成区0.25亿人，村庄7.71亿人。建制镇建成区面积40 529平方千米，乡建成区面积6 539平方千米，村庄现状用地面积129 232平方千米。

2018年，全国村镇建设总投资18 013亿元，其中住宅建设投资9 515亿元，市政公用设施建设投资5 016亿元。年末，全国村镇实有住宅建筑面积318.5亿平方米；按户籍人口统计，人均住宅建筑面积33.28平方米。

2018年，全国建制镇建成区用水普及率88.1%，人均日生活用水量104.1升，人均公园绿地面积2.8平方米。乡建成区用水普及率79.2%，人均日生活用水量91.9升，人均公园绿地面积1.50平方米。在建制镇和乡的建成区内，年末实有道路长度45.8万千米，排水管道长度20.1万千米，公共厕所15.35万座。

二、建立健全城乡融合发展体制机制和政策体系

改革开放特别是党的十八大以来，我国在统筹城乡发展和推进新型城镇化建设方面取得了很大进展。但城乡要素流动不顺畅、公共资源配置不合理等问题依然突出，影响城乡融合发展的体制机制障碍尚未根本消除。习近平总书记指出："要把工业和农业、城市和乡村作为一个整体统筹谋划，促进城乡在规划布局、要素配置、产业发展、公共服务、生态保护等方面相互融合和共同发展。着力点是通过建立城乡融合的体制机制，形成以工促农、以城带乡、工农互惠、城乡一体的新型工农城乡关系，目标是逐步实现城乡居民基本权益平等化、城乡公共服务均等化、城乡居民收入均衡化、城乡要素配置合理化，以及城乡产业发展融合化。""40年前，我们通过农村改革拉开了改革开放大幕。40年后的今天，我们应该通过振兴乡村，开启城乡融合发展和现代化建设新局面。"

为建立健全城乡融合发展体制机制和政策体系，重塑新型城乡关系，走城乡融合发展之路，促进乡村振兴和农业农村现代化，中共中央、国务院于2019年4月15日印发《关于建立健全城乡融合发展体制机制和政策体系的意见》。

1. 主要目标

到2022年，城乡融合发展体制机制初步建立。城乡要素自由流动制度性通道基本打通，城市落户限制逐步消除，城乡统一建设用地市场基本建成，金融服务乡村振兴的能力明显提升，农村产权保护交易制度框架基本形成，基本公共服务均等化水平稳步提高，乡村治理体系不断健全，经济发达地区、都市圈和城市郊区在体制机制改革上率先取得突破。

到2035年，城乡融合发展体制机制更加完善。城镇化进入成熟期，城乡发展差距和居民生活水平差距显著缩小。城乡有序流动的人口迁徙制度基本建立，城乡统一建设用地市场全面形成，城乡普惠金融服务体系全面建成，基本公共服务均等化基本实现，乡村治理体系更加完善，农业农村现代化基本实现。

到21世纪中叶，城乡融合发展体制机制成熟定型。城乡全面融合，乡村全面振兴，全

体人民共同富裕基本实现。

2. 体制机制和政策体系的五个方面

（1）有利于城乡要素合理配置。坚决破除妨碍城乡要素自由流动和平等交换的体制机制壁垒，促进各类要素更多向乡村流动，在乡村形成人才、土地、资金、产业、信息汇聚的良性循环，为乡村振兴注入新动能。具体包括：健全农业转移人口市民化机制，建立城市人才入乡激励机制，改革完善农村承包地制度，稳慎改革农村宅基地制度，建立集体经营性建设用地入市制度，健全财政投入保障机制，完善乡村金融服务体系，建立工商资本入乡促进机制，建立科技成果入乡转化机制。

（2）有利于城乡基本公共服务普惠共享。推动公共服务向农村延伸、社会事业向农村覆盖，健全全民覆盖、普惠共享、城乡一体的基本公共服务体系，推进城乡基本公共服务标准统一、制度并轨。具体包括：建立城乡教育资源均衡配置机制，健全乡村医疗卫生服务体系，健全城乡公共文化服务体系，完善城乡统一的社会保险制度，统筹城乡社会救助体系，建立健全乡村治理机制。

（3）有利于城乡基础设施一体化发展。把公共基础设施建设重点放在乡村，坚持先建机制、后建工程，加快推动乡村基础设施提档升级，实现城乡基础设施统一规划、统一建设、统一管护。具体包括：建立城乡基础设施一体化规划机制，健全城乡基础设施一体化建设机制，建立城乡基础设施一体化管护机制。

（4）有利于乡村经济多元化发展。围绕发展现代农业、培育新产业新业态，完善农企利益紧密联结机制，实现乡村经济多元化和农业全产业链发展。具体包括：完善农业支持保护制度，建立新产业新业态培育机制，探索生态产品价值实现机制，建立乡村文化保护利用机制，搭建城乡产业协同发展平台，健全城乡统筹规划制度。

（5）有利于农民收入持续增长。拓宽农民增收渠道，促进农民收入持续增长，持续缩小城乡居民生活水平差距。具体包括：完善促进农民工资性收入增长环境，健全农民经营性收入增长机制，建立农民财产性收入增长机制，强化农民转移性收入保障机制，强化打赢脱贫攻坚战体制机制。

3. 组织保障

（1）为加快推动城镇化高质量发展和城乡融合发展，国务院办公厅发函，同意建立城镇化工作暨城乡融合发展工作部际联席会议（以下简称联席会议）制度。主要职责是在党中央、国务院领导下，统筹协调城镇化和城乡融合发展工作，研究提出政策建议和年度重点工作安排，协同推进重点任务落实，协调解决工作中遇到的问题，加强会商沟通、信息共享、监测评估。完成党中央、国务院交办的其他事项。国家发展改革委为联席会议牵头单位。

（2）国家发展改革委等18个部门联合印发《国家城乡融合发展试验区改革方案》，发布的国家城乡融合发展试验区（11个）名单为：浙江嘉湖片区、福建福州东部片区、广东广清接合片区、江苏宁锡常接合片区、山东济青局部片区、河南许昌、江西鹰潭、四川成都西部片区、重庆西部片区、陕西西咸接合片区、吉林长吉接合片区。

要求各试验区对建立城乡有序流动的人口迁徙制度，建立进城落户农民依法自愿有偿转让退出农村权益制度，建立农村集体经营性建设用地入市制度，完善农村产权抵押担保权能，建立科技成果入乡转化机制，搭建城中村改造合作平台，搭建城乡产业协同发展平台，建立生态产品价值实现机制，建立城乡基础设施一体化发展体制机制，建立城乡基本公共服务均等化发展体制机制，健全农民持续增收体制机制等 11 个方面进行深入探索、先行先试。要求各地区各有关部门要凝聚改革合力、加强政策协同，为试验区改革提供有力有效的激励性政策保障。纵横联动地推进试验区改革取得实质性突破。

三、建立国土空间规划体系

中共十八届三中全会通过的《中共中央关于全面深化改革若干重大问题的决定》，针对现状存在的规划类型过多、内容重叠冲突，审批流程复杂、周期过长，地方规划朝令夕改等问题，提出："建立空间规划体系，划定生产、生活、生态空间开发管制界限，落实用途管制。健全能源、水、土地节约集约使用制度。健全国家自然资源资产管理体制，统一行使全民所有自然资源资产所有者职责。完善自然资源监管体制，统一行使所有国土空间用途管制职责。"习近平总书记在中央城镇化工作会议上指出："要建立空间规划体系，推进规划体制改革，加快推进规划立法工作，形成统一衔接、功能互补、相互协调的规划体系。城市规划要由扩张性规划逐步转向限定城市边界、优化空间结构的规划。"

1. 建立国土空间规划体系并监督实施

国土空间规划是国家空间发展的指南、可持续发展的空间蓝图，是各类开发保护建设活动的基本依据。为建立全国统一、责权清晰、科学高效的国土空间规划体系并监督实施，整体谋划新时代国土空间开发保护格局，推进生态文明建设、建设美丽中国，中共中央、国务院于 2019 年 5 月 9 日印发《关于建立国土空间规划体系并监督实施的若干意见》，将主体功能区规划、土地利用规划、城乡规划等空间规划融合为统一的国土空间规划，实现"多规合一"，强化国土空间规划对各专项规划的指导约束作用。

（1）主要目标。到 2020 年，基本建立国土空间规划体系，逐步建立"多规合一"的规划编制审批体系、实施监督体系、法规政策体系和技术标准体系；基本完成市县以上各级国土空间总体规划编制，初步形成全国国土空间开发保护"一张图"。到 2025 年，健全国土空间规划法规政策和技术标准体系；全面实施国土空间监测预警和绩效考核机制；形成以国土空间规划为基础，以统一用途管制为手段的国土空间开发保护制度。到 2035 年，全面提升国土空间治理体系和治理能力现代化水平，基本形成生产空间集约高效、生活空间宜居适度、生态空间山清水秀，安全和谐、富有竞争力和可持续发展的国土空间格局。

（2）总体框架。国土空间规划是对一定区域国土空间开发保护在空间和时间上作出的安排，包括总体规划、详细规划和相关专项规划。国家、省、市县编制国土空间总体规划，各地结合实际编制乡镇国土空间规划。相关专项规划是指在特定区域（流域）、特定领域，为体现特定功能，对空间开发保护利用作出的专门安排，是涉及空间利用的专项规划。国土空间总体规划是详细规划的依据、相关专项规划的基础；相关专项规划要相互协同，并与详细规划做好衔接。详细规划是对具体地块用途和开发建设强度等作出的实施性安排，是开展国土空间开发保护活动、实施国土空间用途管制、核发城乡建设项目规划许可、进行各项建设等的法定依据。

（3）编制要求。自上而下编制各级国土空间规划，对空间发展作出战略性系统性安排。落实国家安全战略、区域协调发展战略和主体功能区战略，明确空间发展目标，优化城镇化格局、农业生产格局、生态保护格局，确定空间发展策略，转变国土空间开发保护方式，提升国土空间开发保护质量和效率。坚持生态优先、绿色发展，尊重自然规律、经济规律、社会规律和城乡发展规律，因地制宜开展规划编制工作。坚持陆海统筹、区域协调、城乡融合，优化国土空间结构和布局，统筹地上地下空间综合利用，着力完善交通、水利等基础设施和公共服务设施，延续历史文脉，加强风貌管控，突出地域特色。坚持上下结合、社会协同，完善公众参与制度，发挥不同领域专家的作用。运用城市设计、乡村营造、大数据等手段，改进规划方法，提高规划编制水平。按照谁组织编制、谁负责实施的原则，明确各级各类国土空间规划编制和管理的要点。明确规划约束性指标和刚性管控要求，确保规划能用、管用、好用。

（4）实施与监管。规划一经批复，任何部门和个人不得随意修改、违规变更，防止出现换一届党委和政府改一次规划。下级国土空间规划要服从上级国土空间规划，相关专项规划、详细规划要服从总体规划；坚持先规划、后实施，不得违反国土空间规划进行各类开发建设活动；坚持"多规合一"，不在国土空间规划体系之外另设其他空间规划。相关专项规划的有关技术标准应与国土空间规划衔接。因国家重大战略调整、重大项目建设或行政区划调整等确需修改规划的，须先经规划审批机关同意后，方可按法定程序进行修改。按照谁审批、谁监管的原则，分级建立国土空间规划审查备案制度。依托国土空间基础信息平台，建立健全国土空间规划动态监测评估预警和实施监管机制。

2. 全面开展国土空间规划工作

2019年5月28日，自然资源部印发《关于全面开展国土空间规划工作的通知》，要求在今后工作中，主体功能区规划、土地利用总体规划、城乡规划、海洋功能区划等统称为"国土空间规划"。

（1）要求各级自然资源主管部门主动履职尽责，建立"多规合一"的国土空间规划体系并监督实施。按照自上而下、上下联动、压茬推进的原则，抓紧启动编制全国、省级、市县和乡镇国土空间规划（规划期至2035年，展望至2050年），尽快形成规划成果。各地不再新编和报批主体功能区规划、土地利用总体规划、城镇体系规划、城市（镇）总体规划、海洋功能区划等。已批准的规划期至2020年后的省级国土规划、城镇体系规划、主体功能区规划，城市（镇）总体规划，以及原省级空间规划试点和市县"多规合一"试点等，要按照新的规划编制要求，将既有规划成果融入新编制的同级国土空间规划中。

（2）做好过渡期内现有空间规划的衔接协同。对现行土地利用总体规划、城市（镇）总体规划实施中存在矛盾的图斑，要结合国土空间基础信息平台的建设，按照国土空间规划"一张图"要求，作一致性处理，作为国土空间用途管制的基础。

（3）改进规划报批审查方式。简化报批流程，取消规划大纲报批环节。压缩审查时间，省级国土空间规划和国务院审批的市级国土空间总体规划，自审批机关交办之日起，一般应在90天内完成审查工作，上报国务院审批。各省（自治区、直辖市）也要简化审批流程和时限。

（4）启动自然资源"十四五"规划编制工作。围绕全面建设社会主义现代化国家宏伟目标，研究提出自然资源"十四五"时期的基本思路和发展目标、指导原则、重点任务、重大举措等内容。

（5）印发《省级国土空间规划编制指南（试行）》。省级国土空间规划是对全国国土空间规划纲要的落实和深化，是一定时期内省域国土空间保护、开发、利用、修复的政策和总纲，是编制省级相关专项规划、市县等下位国土空间规划的基本依据，在国土空间规划体系中发挥承上启下、统筹协调作用具有战略性、协调性、综合性和约束性。《指南》适用于各省、自治区、直辖市国土空间规划编制。跨省级行政区域、流域和城市群、都市圈等区域性国土空间规划可参照执行。

3. 在国土空间规划中统筹划定落实三条控制线

为统筹划定落实生态保护红线、永久基本农田、城镇开发边界三条控制线（以下简称三条控制线），中共中央办公厅、国务院办公厅于2019年11月1日印发《关于在国土空间规划中统筹划定落实三条控制线的指导意见》。

（1）基本原则。以资源环境承载能力和国土空间开发适宜性评价为基础，科学有序统筹布局生态、农业、城镇等功能空间，强化底线约束，优先保障生态安全、粮食安全、国土安全。按照统一底图、统一标准、统一规划、统一平台要求，科学划定落实三条控制线，做到不交叉不重叠不冲突。坚持陆海统筹、上下联动、区域协调，根据各地不同的自然资源禀赋和经济社会发展实际，针对三条控制线不同功能，建立健全分类管控机制。

（2）工作目标。到2020年年底，结合国土空间规划编制，完成三条控制线划定和落地，协调解决矛盾冲突，纳入全国统一、多规合一的国土空间基础信息平台，形成一张底图，实现部门信息共享，实行严格管控。到2035年，通过加强国土空间规划实施管理，严守三条控制线，引导形成科学适度有序的国土空间布局体系。

（3）按照生态功能划定生态保护红线。优先将具有重要水源涵养、生物多样性维护、水土保持、防风固沙、海岸防护等功能的生态功能极重要区域，以及生态极敏感脆弱的水土流失、沙漠化、石漠化、海岸侵蚀等区域划入生态保护红线。按照保质保量要求划定永久基本农田。依据耕地现状分布，根据耕地质量、粮食作物种植情况、土壤污染状况，在严守耕地红线基础上,按照一定比例,将达到质量要求的耕地依法划入。按照集约适度、绿色发展要求划定城镇开发边界。城镇开发边界划定以城镇开发建设现状为基础,综合考虑资源承载能力、人口分布、经济布局、城乡统筹、城镇发展阶段和发展潜力,框定总量,限定容量,防止城镇无序蔓延。科学预留一定比例的留白区,为未来发展留有开发空间。

(4) 统一数据基础,自上而下、上下结合实现三条控制线落地。三条控制线出现矛盾时,生态保护红线要保证生态功能的系统性和完整性,确保生态功能不降低、面积不减少、性质不改变;永久基本农田要保证适度合理的规模和稳定性,确保数量不减少、质量不降低;城镇开发边界要避让重要生态功能,不占或少占永久基本农田。

四、新型城镇化与区域协同发展

1. 培育发展现代化都市圈

都市圈是城市群内部以超大特大城市或辐射带动功能强的大城市为中心、以1小时通勤圈为基本范围的城镇化空间形态。建设现代化都市圈是推进新型城镇化的重要手段,既有利于优化人口和经济的空间结构,又有利于激活有效投资和潜在消费需求,增强内生发展动力。为加快培育发展现代化都市圈,国家发展改革委于2019年2月19日印发《关于培育发展现代化都市圈的指导意见》。

(1) 主要目标。到2022年,都市圈同城化取得明显进展,基础设施一体化程度大幅提高,阻碍生产要素自由流动的行政壁垒和体制机制障碍基本消除,成本分担和利益共享机制更加完善,梯次形成若干空间结构清晰、城市功能互补、要素流动有序、产业分工协调、交通往来顺畅、公共服务均衡、环境和谐宜居的现代化都市圈。到2035年,现代化都市圈格局更加成熟,形成若干具有全球影响力的都市圈。

(2) 以增强都市圈基础设施连接性贯通性为重点,以推动一体化规划建设管护为抓手,加快构建都市圈公路和轨道交通网。加快构建高速公路、国省干线、县乡公路等都市圈多层次公路网。统筹考虑都市圈轨道交通网络布局,打造"通道+枢纽+网络"的物流运行体系,推动物流资源优化配置。强化都市圈内市政基础设施协调布局,统筹垃圾处理厂、污水及污泥处理处置设施、变电站、危险品仓库等市政基础设施规划建设。完善都市圈信息网络一体化布局。

(3) 以推动都市圈内各城市间专业化分工协作为导向,促进城市功能互补、产业错位布局和特色化发展。增强中心城市核心竞争力和辐射带动能力,推动超大特大城市非核心功能向周边城市(镇)疏解,推动中小城市依托多层次基础设施网络增强吸纳中心城市产业转移承接能力,构建大中小城市和小城镇特色鲜明、优势互补的发展格局。

(4) 以打破地域分割和行业垄断、清除市场壁垒为重点,加快清理废除妨碍统一市场和公平竞争的各种规定和做法,营造规则统一开放、标准互认、要素自由流动的市场环境。放开放宽除个别超大城市外的城市落户限制,加快消除城乡区域间户籍壁垒,促进人口有序流动、合理分布和社会融合。消除商事主体异地迁址变更登记隐形阻碍，探索"一照多址、一证多址"企业开办经营模式，推动各类审批流程标准化和审批信息互联共享。

（5）以都市圈公共服务均衡普惠、整体提升为导向，统筹推动基本公共服务、社会保障、社会治理一体化发展，持续提高共建共享水平。鼓励都市圈内开展多层次多模式合作办学办医，允许镇区人口10万以上的特大镇按同等城市标准配置教育医疗资源，鼓励有条件的小城镇布局三级医院。鼓励都市圈城市联建共建养老机构，加快城市设施适老化和无障碍改造。推动博物馆、剧院、体育场馆等共建共享。

（6）以推动都市圈生态环境协同共治、源头防治为重点，强化生态网络共建和环境联防联治，共建美丽都市圈。联合实施生态系统保护和修复工程。强化工业源、移动源和生活源排放污染治理，实现核发机动车注册登记环保标准互认与车用燃料标准统一。加快生态环境监测网络一体化建设，协商建立都市圈大气污染、流域水污染、土壤污染、噪声污染综合防治和利益协调机制。

（7）加快构建都市圈协商合作、规划协调、政策协同、社会参与等机制，凝神聚力推进都市圈建设重点任务落地。积极构建都市圈互利共赢的税收分享机制和征管协调机制，加强城市间税收优惠政策协调。完善社会参与机制，主动接受社会监督，及时回应社会关切，营造有利于都市圈建设的氛围。

2. 推进粤港澳大湾区建设发展

（1）发展背景。粤港澳大湾区包括香港特别行政区、澳门特别行政区和广东省广州市、深圳市、珠海市、佛山市、惠州市、东莞市、中山市、江门市、肇庆市，总面积5.6万平方千米，2017年年末总人口约7000万人。改革开放以来，特别是香港、澳门回归祖国后，粤港澳合作不断深化实化，粤港澳大湾区经济实力、区域竞争力显著增强，已具备建成国际一流湾区和世界级城市群的基础条件。2017年国家发展改革委和粤港澳三地政府在香港共同签署《深化粤港澳合作，推进大湾区建设框架协议》。2019年2月18日，中共中央、国务院印发《粤港澳大湾区发展规划纲要》。

（2）战略定位。依托香港、澳门作为自由开放经济体和广东作为改革开放排头兵的优势，继续深化改革、扩大开放，在构建经济高质量发展的体制机制方面走在全国前列、发挥示范引领作用，加快制度创新和先行先试，建成世界新兴产业、先进制造业和现代服务业基地，具有全球影响力的国际科技创新中心，内地与港澳深度合作示范区。建设世界级城市群，建设生态安全、环境优美、社会安定、文化繁荣的美丽湾区，宜居宜业宜游的优质生活圈。

（3）发展目标。到2022年，粤港澳大湾区综合实力显著增强，粤港澳合作更加深入广泛，区域内生发展动力进一步提升，发展活力充沛、创新能力突出、产业结构优化、要素流动顺畅、生态环境优美的国际一流湾区和世界级城市群框架基本形成。到2035年，大湾区形成以创新为主要支撑的经济体系和发展模式，经济实力、科技实力大幅跃升，国际竞争力、影响力进一步增强；大湾区内市场高水平互联互通基本实现，各类资源要素高效便捷流动；区域发展协调性显著增强，对周边地区的引领带动能力进一步提升；人民生活更加富裕；社会文明程度达到新高度，文化软实力显著增强，中华文化影响更加广泛深入，多元文化进一步交流融合；资源节约集约利用水平显著提高，生态环境得到有效保护，宜居宜业宜游的国际一流湾区全面建成。

（4）空间布局。坚持极点带动、轴带支撑、辐射周边，推动大中小城市合理分工、功能互补。依托以高速铁路、城际铁路和高等级公路为主体的快速交通网络与港口群和机场群，发挥香港—深圳、广州—佛山、澳门—珠海强强联合的引领带动作用。以港澳广深四大中心城市作为区域发展的核心引擎，增强对周边区域发展的辐射带动作用。建立健全城乡融合发展体制机制和政策体系，全面提高城镇化发展质量和水平，建设具有岭南特色的宜居城乡。构建以粤港澳大湾区为龙头，以珠江—西江经济带为腹地，带动中南、西南地区发展，辐射东南亚、南亚的重要经济支撑带。

3. 长三角一体化发展规划

（1）规划纲要。长三角是我国经济发展最活跃、开放程度最高、创新能力最强的区域之一，在全国经济中具有举足轻重的地位。中共中央、国务院印发《长江三角洲区域一体化发展规划纲要》，要求长三角一体化发展具有极大的区域带动和示范作用，紧扣"一体化"和"高质量"两个关键，形成高质量发展的区域集群。

（2）规划范围。包括上海市、江苏省、浙江省、安徽省全域（面积35.8万平方千米）。以上海市，江苏省南京、无锡、常州、苏州、南通、扬州、镇江、盐城、泰州，浙江省杭州、宁波、温州、湖州、嘉兴、绍兴、金华、舟山、台州，安徽省合肥、芜湖、马鞍山、铜陵、安庆、滁州、池州、宣城27个城市为中心区（面积22.5万平方千米），辐射带动长三角地区高质量发展。

（3）一体化发展目标。到2025年，长三角中心区城乡居民收入差距控制在2.2:1以内，人均GDP与全域人均GDP差距缩小到1.2:1，常住人口城镇化率达到70%。研发投入强度达到3%以上，科技进步贡献率达到65%，高技术产业产值占规模以上工业总产值比重达到18%。铁路网密度达到507千米/万平方千米，高速公路密度达到5千米/百平方千米，5G网络覆盖率达到80%。地级及以上城市空气质量优良天数比率达到80%以上，跨界河流断面水质达标率达到80%，单位GDP能耗较2017年下降10%。人均公共财政支出达到2.1万元，劳动年龄人口平均受教育年限达到11.5年，人均期望寿命达到79岁。到2035年，长三角现代化经济体系基本建成，城乡区域差距明显缩小，公共服务水平趋于均衡，基础设施互联互通全面实现，人民基本生活保障水平大体相当，整体达到全国领先水平。

（4）示范区建设。长三角生态绿色一体化发展示范区（以下简称"一体化示范区"）是实施长江三角洲一体化发展战略的先手棋和突破口。示范区范围包括上海市青浦区、江苏省苏州市吴江区、浙江省嘉兴市嘉善县，面积约2300平方千米（含水域面积约350平方千米）。国务院批复《长三角生态绿色一体化发展示范区总体方案》，指出推进一体化示范区建设，有利于集中彰显长三角地区践行新发展理念、推动高质量发展的政策制度与方式创新；有利于率先将生态优势转化为经济社会发展优势，探索生态友好型发展模式；有利于率先探索从区域项目协同走向区域一体化制度创新，实现共商、共建、共管、共享、共赢。

（5）扩大自贸试验区。国务院批复同意设立中国（上海）自由贸易试验区临港新片区。规划到2025年，建立比较成熟的投资贸易自由化便利化制度体系，打造一批更高开放度的功能型平台，集聚一批世界一流企业，区域创造力和竞争力显著增强，经济实力和经济总量大幅跃升。到2035年，建成具有较强国际市场影响力和竞争力的特殊经济功能区，形成更加成熟定型的制度成果，打造全球高端资源要素配置的核心功能，成为我国深度融入经济全球化的重要载体。自由贸易试验区临港新片区的先行启动面积控制在120平方千米以内。重点发展跨国公司地区运营管理、订单中心、结算中心等总部经济，积极发展生物医药、集成电路、工业互联网、高端装备制造业等前沿产业，大力发展大宗商品、金融服务、数字贸易等新型国际贸易，推动统筹国际业务、跨境金融服务、前沿科技研发、跨境服务贸易等功能集聚。试验区将实施特殊开放政策，实行投资自由、贸易自由、资金自由、国际运输自由和人员从业自由；建设完备的国际通信设施，加快5G、云计算、物联网等新一代信息基础设施建设，带动长三角新一轮改革开放。

五、以人民为中心规划建设和管理城市

2019年11月2—3日，习近平总书记在上海考察时指出，无论是城市规划还是城市建设，无论是新城区建设还是老城区改造，都要坚持以人民为中心，聚焦人民群众的需求，合理安排生产、生活、生态空间，走内涵式、集约型、绿色化的高质量发展路子，努力创造宜业、宜居、宜乐、宜游的良好环境，让人民有更多获得感，为人民创造更加幸福的美好生活。

1. 有序实现市民化

为确保在城镇工作生活一年以上的农村贫困人口优先享有基本公共服务，并促进有能力在城镇稳定就业和生活的农村贫困人口有序实现市民化，国家发展改革委等12个部门于2019年2月13日联合印发《关于进一步推动进城农村贫困人口优先享有基本公共服务并有序实现市民化的实施意见》。

（1）提供基本公共就业服务。对失业登记的进城农村贫困人口加强跟踪服务，为贫困家庭离校未就业的高校毕业生提供就业支持，加大职业技能培训力度，优先为贫困劳动力提供订单定岗定向培训和企业新型学徒制培训，鼓励进城农村贫困人口参加学历和非学历教育。

（2）做好城镇义务教育学校规划布局，确保所有义务教育学校达到基本办学条件。输入地人民政府要建立以居住证为主要依据的随迁子女入学政策，优化简化入学程序和证明要求，确保贫困人口随迁子女接受义务教育。落实进城农村贫困人口随迁子女享有普惠性学前教育资助、中等职业教育国家助学金、中等职业教育免除学杂费、普通高中国家助学金、普

通高中建档立卡家庭经济困难学生免除学杂费等学生资助政策。

（3）将健康扶贫落实到人、精准到病，强化医疗卫生机构受理环境建设和便民惠民应用，确保贫困人口健康卡卡随人走。全面落实农村贫困人口县域内住院治疗先诊疗后付费，在医疗机构设立综合服务窗口。实现贫困人口医保全覆盖。落实农村贫困人口参加城乡居民基本医疗保险个人缴费财政补贴政策。

（4）对符合条件的贫困人口、低保对象、特困人员等群体，参加城乡居民基本养老保险的，由地方人民政府为其代缴部分或全部最低标准养老保险费。推动符合条件的进城就业农村贫困人口参加当地城镇职工养老保险。有条件的地区可以将符合条件的进城务工农村贫困人口按城镇职工纳入失业保险覆盖范围。

（5）推动符合条件的进城农村贫困人口优先享有政府提供基本住房保障的权利。进一步改善外来务工人员集中的环卫、公交等行业职工居住条件。地方各级人民政府要改善农村贫困人口居住相对集中的城乡接合部、城中村和旧住宅小区基础环境，加快配套设施建设，提高公共基础设施保障能力。以生活垃圾、生活污水和"厕所革命"等重点任务为主攻方向，统筹推进城中村人居环境整治工作。

（6）鼓励各地进一步放宽落户条件，除极少数超大城市外，优先解决农村升学和参军进入城镇的人口、在城镇就业居住5年以上和举家迁徙的农业转移人口以及新生代农民工落户问题。探索落户贫困人口在原籍宅基地复垦腾退的建设用地指标由输入地使用。切实维护好进城落户贫困人口在农村的土地承包权、宅基地使用权、集体收益分配权等权益。加快建立健全农村产权流转市场体系，坚持按依法、自愿、有偿原则探索进城落户贫困人口农村相关权益退出机制。

2. 城镇老旧小区改造

（1）城镇老旧小区通常指建于2000年以前，市政配套设施老化、公共服务设施缺项、住区环境较差、影响居民的基本生活，且未纳入棚户区改造计划的住宅区。包括公房小区、已房改公房小区、经适房等保障房小区、普通商品房小区，以及其他位于城市（建成区）和县城（城关镇）的老旧小区。据各地城建部门上报数据统计，符合上述条件的老旧小区在全国范围内约17万个，涉及居民超过4 000万户，建筑面积达30多亿平方米。

（2）城镇老旧小区改造是现代化城市及社区治理的重点之一，改造直接关系到每个家庭，是一项需要发动群众参与共建共治的系统工程。老旧小区改造内容主要分三类：一是保基本的配套设施，包括水、电、气、路等；二是提升类的基础设施，包括公共活动场地、配建停车场、物业用房等；三是完善公共服务类的内容，包括养老、托幼、文化室等设施。

（3）住房和城乡建设部会同国家发展改革委、财政部于4月15日联合印发《关于做好2019年老旧小区改造工作的通知》，决定自2019年起将老旧小区改造纳入城镇保障性安居工程，给予中央补助资金支持。主要开展的工作包括：一是认真做好老旧小区调查摸底，明确老旧小区认定标准，为总体谋划推进老旧小区改造奠定基础；二是准确把握老旧小区改造内容和标准；三是科学制定老旧小区改造计划，合理安排老旧小区改造年度计划和任务；四是抓好老旧小区改造计划的实施，拓宽资金筹措渠道，做好改造工作组织实施，确保老旧小区改造进度。

（4）国务院常务会议部署推进城镇老旧小区改造。一要抓紧明确改造标准和对象范围，开展试点探索，为进一步全面推进积累经验；二要加强政府引导，压实地方责任，加强统筹协调，发挥社区主体作用，尊重居民意愿，动员群众参与。重点改造建设小区水电气路及光纤等配套设施，有条件的可加装电梯，配建停车设施。促进住户户内改造并带动消费；三要创新投融资机制。当年就对老旧小区改造安排中央补助资金。鼓励金融机构和地方积极探索，运用市场化方式吸引社会力量参与，以可持续方式加大金融对老旧小区改造的支持；四要在小区改造基础上，引导发展社区养老、托幼、医疗、助餐、保洁等服务。推动建立小区后续长效管理机制。

（5）住房和城乡建设部会同20个部委和单位，深入全国各地的93个市县，对213个老旧小区开展调研，指导山东、浙江两省及上海、青岛、宁波、合肥、福州、长沙、苏州、宜昌8市开展深化试点工作。按"业主主体、社区主导、政府引领、各方支持"的原则，采取"居民出一点、社会支持一点、财政补助一点"，多渠道筹集改造资金。2019年，各地改造城镇老旧小区1.9万个，涉及居民352万户。2020年，各地计划改造城镇老旧小区3.9万个，涉及居民近700万户。

3. 推进养老服务发展

2018年年底，我国60岁及以上老年人口已达2.5亿人。当年全国人均预期寿命77岁，但人均健康预期寿命仅为68.7岁，老年人平均有8年多的时间带病生存。全国患有一种以上慢性病的比例高达75%，患病人数接近1.9亿人，失能和部分失能老年人超过4000万人，老年人对健康服务的需求愈发迫切。为确保到2022年在保障人人享有基本养老服务的基础上，有效满足老年人多样化、多层次养老服务需求，国务院办公厅于2019年3月29日印发《关于推进养老服务发展的意见》，要求国务院各部门分工负责做到：

（1）建立养老服务综合监管制度，继续深化公办养老机构改革，减轻养老服务税费负担，提升政府投入精准化水平，支持养老机构规模化、连锁化发展，做好养老服务领域信息公开和政策指引。

（2）推动解决养老服务机构融资问题，扩大养老服务产业相关企业债券发行规模，全面落实外资举办养老服务机构国民待遇。

（3）建立完善养老护理员职业技能等级认定和教育培训制度，大力推进养老服务业吸纳就业，建立养老服务褒扬机制。

（4）建立健全长期照护服务体系，发展养老普惠金融，促进老年人消费增长。加强老年人消费权益保护和养老服务领域非法集资整治工作。

（5）提升医养结合服务能力，推动居家、社区和机构养老融合发展，持续开展养老院服务质量建设专项行动，完善老年人关爱服务体系，大力发展老年教育。

（6）实施特困人员供养服务设施（敬老院）改造提升工程、民办养老机构消防安全达标工程和老年人居家适老化改造工程。落实养老服务设施分区分级规划建设要求，完善养老服务设施供地政策。

2019年10月28日，国家卫生健康委等8个部门联合印发《关于建立完善老年健康服务体系的指导意见》。要求到2022年，老年健康相关制度、标准、规范基本建立，老年健康服务机构数量显著增加，服务内容更加丰富，质量明显提升，队伍更加壮大，资源配置更趋合理，覆盖城乡的老年健康服务体系基本建立，老年人的健康服务需求得到基本满足。

4. 深化学前教育改革

推动学前教育深化改革，是政府为老百姓办实事的重要民生工程。截至2019年年底，全国共有幼儿园28.12万所，比上年增加5.44%；在园幼儿4 713.88万人，年增长1.23%。学前教育毛入园率达到83.4%，年提高1.7个百分点。

（1）学前教育仍是我国教育体系的薄弱环节，特别是普惠性资源短缺，教师队伍有待加强，家长负担过重，运营成本的分担机制等问题突出，与人民群众的期待还有一定差距。随着"全面实施一对夫妇可以生育两个子女的政策"落地和城镇化加速推进，新增入园刚需持续快速增长，对学前教育改革发展提出新要求。

（2）2018年11月7日，中共中央、国务院印发《关于学前教育深化改革规范发展的若干意见》。确定到2020年，全国学前三年毛入园率达到85%，普惠性幼儿园覆盖率（公办园和普惠性民办园在园幼儿占比）达到80%。幼儿园办园行为普遍规范，保教质量明显提升。基本形成以本专科为主体的幼儿园教师培养体系，本专科学前教育专业毕业生规模达到20万人以上，分层分类培训150万名左右幼儿园园长、教师；幼儿园教师队伍综合素质和科学保教能力得到整体提升，幼儿园教师社会地位、待遇保障进一步提高。到2035年，全面普及学前三年教育，建成覆盖城乡、布局合理的学前教育公共服务体系，形成完善的学前教育管理体制、办园体制和政策保障体系，为幼儿提供更加充裕、更加普惠、更加优质的学前教育。

（3）国务院办公厅于2019年1月9日印发《关于开展城镇小区配套幼儿园治理工作的通知》，要求城镇小区严格遵循《城乡规划法》和《城市居住区规划设计标准》，老城区（棚户区）改造、新城开发和居住区建设、易地扶贫搬迁应将配套建设幼儿园纳入公共管理和公共服务设施建设规划，并按照相关标准和规范予以建设。已建成的小区配套幼儿园应按照规定及时移交当地教育行政部门。小区配套幼儿园应当由教育行政部门办成公办园或委托办成普惠性民办园，不得办成营利性幼儿园。教育部以县（市、区）为单位，在全国摸底排查城镇居住小区4.21万个，发现有1.84万所幼儿园存在规划、建设、移交或普惠不到位等问题，其中，移交不到位的有1.15万所，占总数的62.5%。

（4）国务院向全国人大会常委会提交《关于学前教育事业改革和发展情况的报告》。提出学前教育改革发展应坚持公益普惠基本方向不动摇，坚持公办民办并举不动摇，推动各地完善普惠性学前教育发展和保障机制，以纠正"小学化"、推进幼儿园和小学科学衔接为着力点，推动学前教育普及普惠安全优质发展。重点工作包括：做好城镇小区配套幼儿园治理，补齐农村学前教育短板，健全经费投入和成本分担机制，破解教师队伍建设难题，提高保教质量，加大督政问责力度和进一步加快学前教育立法进程。

5. 社区建设与治理

城乡社区是社会治理的基本单元。2019 年年末，全国有 8 516 个街道办事处和 30 269 个乡镇，社区居民委员会 11 万个，村民委员会 53.3 万个，共建成 40 多万个不同类型的城乡社区服务机构和设施。十九届四中全会通过《中共中央关于坚持和完善中国特色社会主义制度、推进国家治理体系和治理能力现代化若干重大问题的决定》，对治理体系和治理能力提出总体要求。

（1）规划到 2020 年，基本公共服务、便民利民服务、志愿服务有效衔接的城乡社区服务机制更加成熟；社区综合服务设施为主体、专项服务设施为配套、服务网点为补充的城乡社区服务设施布局更加完善；网络联通、应用融合、信息共享、响应迅速的城乡社区服务信息化发展格局基本形成；以社区党组织、社区自治组织成员为骨干，社区社会工作者和其他社区专职工作者为支撑，社区志愿者为补充的城乡社区服务人才队伍更加健全。

（2）加强城乡社区环境综合治理，做好城市社区绿化美化净化、垃圾分类处理、噪声污染治理、水资源再生利用等工作，着力解决农村社区垃圾收集、污水排放、秸秆焚烧以及散埋乱葬等问题，广泛发动居民群众和驻社区机关企事业单位参与环保活动，建设资源节约型、环境友好型社区。强化社区风险防范预案管理，加强社区应急避难场所建设，开展社区防灾减灾科普宣传教育，有序组织开展社区应对突发事件应急演练，提高对自然灾害、事故灾难、公共卫生事件、社会安全事件的预防和处置能力。

（3）推动"互联网＋"与城乡社区服务的深度融合，逐步构建设施智能、服务便捷、管理精细、环境宜居的智慧社区。推进智慧社区信息系统建设，推动社区养老、社区家政、社区医疗、社区消防等安保服务和社区物业设备设施的智能化改造升级，强化社区治安技防能力。大力发展城乡社区电子商务，发展线上线下相结合的社区服务新模式，探索电子商务与社区服务有机结合的推进策略。

（4）促进社区节能节水、绿化环卫、垃圾分类、设施维护等工作有序推进。完善水、电、气、路等配套基础设施，采用节能照明、节水器具。优化停车管理，规范管线设置，加强噪声治理，合理布局建设公共绿地，增加公共活动空间和健身设施。充分利用现有信息平台，整合社区安保、公共设施管理、环境卫生监测等数据信息。开展绿色生活主题宣传，贯彻共建共治共享理念。到 2022 年，力争 60% 以上的社区达到绿色社区创建要求，基本实现社区人居环境整洁、舒适、安全、美丽的目标。

（5）浙江省试点建设未来社区，聚焦人本化、生态化、数字化三维价值坐标，以和睦共治、绿色集约、智慧共享为内涵特征，突出高品质生活主轴，构建以未来邻里、教育、健康、创业、建筑、交通、低碳、服务和治理等九大场景创新为重点的集成系统，打造有归属感、舒适感和未来感的新型城市功能单元，促进人的全面发展和社会进步。建设试点原则上以 50～100 公顷为规划单元，试点实施单元不低于 20 公顷。2019 年 8 月，浙江省公布 24 个社区为首批未来社区试点创建项目。预计到2021年年底，将培育建设省级试点100个左右，2022年在全省复制推广。

六、结　语

己亥岁末，庚子将至。面对还没有实现脱贫的52个贫困县、2707个贫困村和551万人口，中国人民下定决心，在新的一年里决胜全面建成小康社会、如期实现现行标准下农村贫困人口全部脱贫、贫困县全部摘帽。"十三五"规划将圆满收官，"十四五"规划将顺利起航。习近平总书记在2020年春节团拜会上指出，中华民族千百年来"民亦劳止，汔可小康"的憧憬将变为现实。

2019年12月，湖北省武汉市监测发现不明原因肺炎病例。2020年1月9日，中国政府向世界卫生组织通报初步判断为新型冠状病毒的疫情信息。1月23日，离汉离鄂通道暂时关闭。至1月29日，全国各省份陆续启动重大突发公共卫生事件一级应急响应。1月31日，世界卫生组织宣布新冠肺炎疫情构成"国际关注的突发公共卫生事件"。2月11日，新型冠状病毒感染的肺炎命名为"COVID-19"。

这次新冠疫情突如其来，是新中国成立以来我国遭遇的传播速度最快、感染范围最广、防控难度最大的一次重大突发公共卫生事件，也是人类自第二次世界大战结束以来所经历的最严重的全球公共卫生突发事件。在中国共产党领导下，全国上下贯彻"坚定信心、同舟共济、科学防治、精准施策"总要求，打响抗击疫情的人民战争、总体战、阻击战。经过艰苦卓绝的努力，付出巨大代价和牺牲，取得了疫情防控阻击战的重大战略成果。湖北人民、武汉人民为疫情防控做出了特别重大的贡献，14亿中国人民都是抗击疫情的伟大战士。

本文付梓之际，疫情在中国尚未结束，全球大流行仍在持续。我们今天共同面对的，是疫情给生产生活带来的新变化。这个变化不只包括戴口罩、保持社交距离、垃圾分类、分餐制和信息化、网络化生存方式，更重要的是如何在常态化疫情防控条件下促进全面复工复产、复业复市，努力完成2020年经济社会发展的目标任务。这是经济社会可持续发展的严峻挑战。

回顾历史，中华民族总是在磨难中成长，从磨难中奋起。

阳光总在风雨后。

（作者：毛其智，清华大学教授，国际欧亚科学院院士）

An Introduction of Urban Development in China: 2019

2019 is the 70th anniversary of the People's Republic of China, and it is also a key year for the CPC Central Committee to lead all Chinese people for its decisive battle of the all-round well-off society. Heaven rewards diligence, and perseverance never cheats. In 2019, with the Chinese GDP reaching 100 trillion yuan and the per capita GDP achieving USD 10 000, the per capita net income of officially registered poor households nationwide has risen up to 9,808 yuan-over 10 million people have successfully shaken off poverty; fast forward keys have been pressed for coordinated development of the Beijing-Tianjin-Hebei Region, Yangtze River Economic Belt development, Guangdong-Hong Kong-Macao Greater Bay Area development, and the Yangtze River Delta integrated development; a new national strategy has been announced for the ecological conservation and high-quality development of the Yellow River Basin. The national has reduced a total of 2 trillion yuan for tax and fee, while the starting point of individual income tax has again increased, resulting in a series of significant developing achievements that have shown unusual Chinese economic features and power.

In 2019, China has demonstrated to the world a civilized, open, and inclusive nation by successfully holding the second "Belt and Road" International Cooperation Summit Forum, Beijing World Horticultural Expo, the First Asian Civilization Dialogue Conference and the second China International Import Expo.

During the 70 years after the People's Republic of China was founded and the advancement of its socialist development, China has witnessed a development process of a low starting point and a high speed. From 1949 to 2019, the number of cities in China increased from 132 to 684, with a growth of year-end urban population from 57.67 million to 848.43 million, and an urbanization rate from 10.65% to 60.60%. The National Bureau of Statistics reports China's GDP has jumped from 67.91 billion yuan in 1952 to 90.03 trillion yuan in 2018, an actual increase of 174 times, while the per capita GDP has increased by 70 times from 119 yuan to 64 600 yuan. Meanwhile, the per capita disposable income increased by 59.2 times over the 70 years, and the per capita consumption expenditure increased by 28.5 times against in 1956. Data from the Ministry of

Finance shows, in 70 years, the national fiscal revenue has increased nearly 3 000 times, from 6.2 billion yuan in 1950 to 18 335.2 billion yuan with an annual rate of 12.5%. The Ministry of Housing and Urban-Rural Development points out, with long-term efforts, the housing problem in this 1.4 billion-population country has basically solved, its per capita residential building floor area in urban regions has risen from 8.3m^2 in 1949 to 39m^2 in 2018, while that in rural regions has risen to 47.3m^2. The total output value of the building industry has increased by over 4 000 times against the early days of the People's Republic, with a share of its employees of over 7% in the national employment population. Since the reform and opening, the length of urban roads in China has increased by 15 times, green space of urban built-up area by 19 times, sewage and domestic garbage handling capabilities by 263 times and 395 times, coverage rates of gas and tap water have reached 96.7% and 98.4%. The urban comprehensive carrying capacities have been continuously enhanced and living environments have been gradually improved. The rapid growth of urbanization has attracted a large amount of rural labor force for urban employment, improved allocation of production factors between cities and countryside, boosted fast development of the national economy, brought profound social structural reform, and promoted comprehensive betterment of living standards of urban and rural residents.

Ⅰ. Urbanization and Urban Development

1. Social and economic development

In 2019, confronted with markedly rising risks and challenges from home and abroad, all provinces and organizations followed strategies and plans of the CPC Central Committee, and stuck to new development concepts to take the supply-side structural reform as their principal line, and continuously fighting for the three tough battles including to prevent and resolve major risks, precise poverty alleviation and prevent pollution. Over the past year, the economy has been running smoothly, people's wellbeing improved, and social undertakings developed prosperously.

Preliminary data from the National Bureau of Statistics show the GDP in 2019 was 9.90865 trillion yuan, an increase of 6.1% over the previous year, among which the primary industry grew by 3.1%, the second industry by 5.7%, and the tertiary industries by 6.9%. The proportion of the three industries was 7.1:39.0:53.9. The per capita GDP nationwide was 70 892 yuan, increased by 5.7% over the previous year. The overall labor productivity was 115 009 yuan per person, 6.2% higher than last year. At the end of the year, privately-owned cars numbered 137.01 million, 8.8% higher than last year.

In 2019, the per capita disposable income nationwide was 30 733 yuan, increased by 5.8%. In terms of usual residence, the per capita disposable income of urban households was 42 359 yuan, increased by 5.0%. The per capita disposable income of rural households was 16 021 yuan, increased by 6.2%. The national per capita consumption expenditure was 21 559 yuan, increased by 5.5%. In terms of usual residence, the per capita consumption expenditure of urban households was 28 063 yuan, increased by 4.6%. The per capita consumption expenditure of rural households was 13 328 yuan, increased by 6.5%. The national Engel's Coefficient stood at 28.2%, down 0.2% against last year, with that of urban and rural households standing at 27.6% and 30.0% respectively. The consumer prices in 2019 went up by 2.9 percent over the previous year, that was lower than the whole-year expectation. The total number of migrant workers was 290.77 million, specifically, the number of migrant workers who left their hometowns and worked in other places was 174.25 million, and those who worked in their own localities reached 116.52 million. The per capita monthly income of migrant workers was 3 962 yuan, 6.5% higher than the previous year.

By the end of 2019, the total population reached 1 400.05 million at the mainland of China, an increase of 4.67 million over the end of 2018. Of this total, urban permanent residents numbered 848.43 million, accounting for 60.60% of the total population (urbanization rate of permanent residents), 1.02% percentage points higher than 2018. The urbanization rate of population with household registration was 44.38%, 1.01 percentage points higher than 2018. The year 2019 saw 14.65 million births, a crude birth rate of 10.48 per thousand, and 9.98 million deaths, a crude death rate of 7.14 per thousand. The natural growth rate was 3.34 per thousand. The population who lived in places other than their household registration areas reached 280 million, of which 236 million were floating population. At the end of 2019, the number of employed people in China was 774.71 million, and that in urban areas was 442.47 million, accounting for 57.1% of the national employed people. The newly increased employed people in urban areas numbered 13.52 million, 90 thousand less than the previous year. The surveyed urban unemployment rate was 5.2% at the year end, and the registered urban unemployment rate was 3.6%.

In 2019, the investment in real estate development was 13 219.4 billion yuan, up by 9.9% over the previous year. The newly started building floor space was 2 271.54 million square meters, and the commercial buildings sold floor space was 1 715.58 million square meters, 1 501.44 million square meters of which was for residence. At the end of 2019, the floor space of commercial buildings for sale was 498.21 million square meters, 25.93 million square meters less than 2018. Of this total, the floor space of the commercial residential buildings for sale was 224.73 million square meters, 26.18 million square meters less than 2018. 3.16 million housing units were started to be rebuilt in rundown urban areas nationwide, and 2.54 million housing units were basically finished. In rural areas, among the poverty-stricken households that had their economic status registered at the local governments, 638 thousand of them witnessed their dilapidated houses rebuilt or renovated in 2019.

2. Adjustment of municipal administrative divisions

The latest statistics from the Ministry of Civil Affairs show, there were 684 cities in the country at the end of 2019, including 4 municipalities directly under the Central Government, 15 sub-provincial cities (separately planned by the central government), 278 prefecture-level cities and 387 county-level cities. Furthermore, there were 1494 counties, 21 013 administrative towns, 9 223 townships, 8 519 sub-districts offices, 533 194 village committees and 109 711 neighborhood committees.

In 2019, the adjustment and changes of administrative division for cities are as follows:

With the approval of the State Council, Hunan Province canceled Shaodong County and established county-level Shaodong City, administrated by Shaoyang City; Shaanxi Province canceled Zichang County and established county-level Zichang City, administrated by Yan'an City; Anhui Province canceled Guangde County and established county-level Guangde City, administrated by Xuancheng City; Anhui also canceled Wuwei County and established county-level Wuwei City, administrated by Wuhu City. Heilongjiang Province canceled Nenjiang county and established county-level Nenjiang City, administrated by Heihe City; Sichuan Province canceled Shehong County and established county-level Shehong City, administrated by Suining City; Henan Province canceled Changyuan County and established Changyuan City, administrated by Xinxiang City; Yunnan Province canceled Chengjiang County and established county-level Chengjiang City, administrated by Yuxi City; Guangxi Zhuang Autonomous Region canceled Pingguo County and established Pingguo City, administrated by Baise City; Xinjiang Uygur Autonomous Region canceled Kuche County and established county-level Kuche City, also newly established county-level Huyanghe City, both them administrated by the Autonomous Region.

On August 27, 2019, according to the Reply of the Ministry of Civil Affairs on Approving the Establishment of County-Level Longgang City in Zhejiang Province, and the approval of the State Council, Zhejiang upgraded Longgang Town in Cangnan County to county-level Longgang City, administrated by Wenzhou City.

The State Council replied to and agreed with Shanxi Provincial Government to upgrade Shanxi Taigu Agricultural High-Tech Industry Demonstration Zone to Shanxi Jinzhong National Agricultural High-Tech Industry Demonstration Zone with a total area of 106.49 square kilometers and a planned construction area of 3.11 square kilometers.

The State Council replied to and agreed with Jiangsu Provincial Government to upgrade Nanjing Baima National Agricultural Science and Technology Park to Jiangsu Nanjing National Agricultural High-Tech Industry Demonstration Zone with a total area of 145.86 square kilometers and a planned construction area of 3.08 square kilometers.

The State Council replied to and agreed with the Ministry of Commerce and related provincial governments to establish China (Shandong) Pilot Free Trade Zone (a total area of 119.98km^2); China (Jiangsu) Pilot Free Trade Zone (a total area of 119.97km^2); China (Guangxi) Pilot Free Trade Zone (a total area of 119.99km^2); China (Hebei) Pilot Free Trade Zone (a total area of 119.97km^2); China (Yunnan) Pilot Free Trade Zone (a total area of 119.86km^2), and China (Heilongjiang) Pilot Free Trade Zone (a total area of 119.85km^2).

The State Council replied to and agreed in principle with Guangdong Provincial Government and the National Development and Reform Commission the Construction Plan for Hengqin International Recreational Tourist Island that has a total area of 106.46 km^2, and requested that Hengqin should be developed into an international recreational tourist island with future orientation, international quality, ecological priority, coordinated development and smart support.

3. Construction of urban and urban district

Statistics from the Ministry of Housing and Urban-Rural Development show, at the end of 2018, the registered population in the urban areas of China was 427.30 million and the temporary population was 84.22 million, with a total built-up area of 58 456km^2.

In 2018, the national fixed asset investment for urban municipal facilities was 2012.3 billion yuan with a grow of 4.1% over the previous year, accounting for 3.1% of the overall social fixed asset investment of the same period. Road and bridge, rail transit and landscaping investment account for 34.4%, 30.0% and 9.2% of fixed asset investment of municipal facilities respectively.

In 2018, the national urban water consuming population was 503.11 million, with a per capita daily household water consumption of 180 liters, a coverage of 98.36%; the gas consuming population was 494.63 million with a coverage of 96.70%; the central heating area was 8.78 billion square meters; the urban road length was 432 200 kilometers with a per capita urban road area of 16.70m^2. The total length of underground utility tunnels was 3 244km. There were 2 321 urban sewage plants in the country with a treatment rate of 95.49%. The daily municipal recycled water capacity was 35.78 million cubic meters, and 8.545 billion cubic meters of recycled water was used yearly. There were 1 091 harmless municipal household waste treatment plants with a treatment rate of 98.96%. Total 8.693 billion square meters of urban roads were regularly cleaned with a mechanic sweeping rate of 68.85%, and 228.02 million tons of domestic waste was collected and transported in the whole year. The green land rate of urban built-up areas was 37.34% with a per capita park green space of 14.11 m^2. At the end of 2018, China had 11 924 Class-A scenic spots that received 6.024 billion visitors, 10.5% more than the end of the previous year.

In 2018, total 338 cities monitored by the Ministry of Ecology and Environment, and 35.8% of them reached environment and air quality standard, 6.5% higher than 2017. The rate of urban average good days was 79.3%, which was 1.3% higher than 2017. There were 1 899 days/time of heavy pollution, 412 days less than 2017; 822 days/time of serious heavy pollution, 20 days more than 2017. Days polluted with PM2.5 as primary pollutants account for 60.0% of heavy and higher pollution days, days with PM10 as primary pollutants accounted for 37.2%, and days with O3 as primary pollutants accounted for 3.6%. The acid rain area nationwide was about 0.53 million square kilometers, accounting for 5.5% of the country, 0.9% lower than in 2017. In the 471 cities whose rainfall was monitored (including district and county level cities), the acid rain frequency averaged at 10.5%, 0.3% lower than in 2017. The proportion of acid-rain cities was 37.6%, 1.5% higher than in 2017.

Statistics from the Ministry of Transport indicates, at the end of 2018, China had 673 400 buses and trams, of which 9 110 vehicles were BRT. 35 cities opened rail transit with 3 412 stations and 34 012 vehicles. There were 1.3889 million taxis and 250 urban passenger ferries in operation. There were 60 590 bus and tram lines with a total operation length of 1.199 million kilometers. It also had 12 850.2 kilometers of bus lanes and 5 119.3 kilometers of BRT lines. There were 171 rail transit lines with a total of 5 295.1 kilometers in operation. There were also 91 urban passenger ferry lines with a total operation length of 376.6 kilometers. In this year, 126.224 billion passengers traveled in cities, 69.7 billion people were by buses and trams (including 1.587 billion people by BRT), while rail, taxi and ferry carried 21.277 billion, 35.167 billion and 0.08 billion passengers respectively.

By the end of 2018, there were 50 cities were building urban rail transit systems with 3 465 stations and a total mileage of 5 400 kilometers.

4. Construction of county seats

At the end 2018, according to the statistics of 1 519 counties by the Ministry of Housing and Urban-Rural Development, China had 139.73 million registered population and 17.22 million temporary residents in county seats, with a total built-up area of 20 238km^2. All county seats have finished 302.6 billion yuan fixed asset investment for municipal facilities with roads and bridges, landscaping and parks, drainage and sewage, cityscape and environment, accounting for 39.2%、18.5%、12.2% and 4.4% of the total investment respectively.

In 2018, there were 147.23 million water-consuming people in county seats with a water-consuming coverage of 93.8%, and a per capita daily water consumption of 122.9 liters; 131.60 million gas-consuming people with a coverage of 83.85%; 1.618 billion square meters of central heating area; per capita urban road areas of 17.73m^2. There were 1 598 sewage treatment plants with a treatment rate of 91.2%. There were 1 324 harmless treatment plants for domestic wastes with a treatment rate of 93.3%, and annual waste transportation of 66.60 million tons. The green space rate of county seat built-up areas was 31.21% with a per capita green area of 12.21m^2.

5. Construction of towns and villages

The Ministry of Housing and Urban-Rural Development issued statistics for 18 337 administrative towns, 10 210 townships and 2.451 million villages. At the end of 2018, the village and town population of China was 957 million totally, including 161 million lived in town built-up areas, 25 million in township built-up areas, and 771 million in villages. The built-up area of administrative towns was 40 529 km^2, the townships was 6 539 km^2, and the village construction area was 129 232km^2. In 2018, the development investment of towns and villages was 1 801.3 billion yuan, of which 951.5 billion yuan for housing construction, and 501.6 billion for public facilities. At the end of the year, the actual existed housing floor area of towns and villages was 31.85 billion square meters in the country, while the per capita residential space was 33.28 square meters according to household population statistics.

In 2018, the water-consuming coverage in administrative town built-up areas was 88.1% with a per capita daily water consumption of 104.1 liters, and a per capita park and green space of 2.8m^2. The water-consuming coverage in township built-up areas was 79.2% with a per capita daily domestic water consumption of 91.9 liters, and a per capita park and green space of 1.50m^2. At the end of the year, in built-up areas of administrative towns and townships, there were 458 thousand kilometers of roads, 201 thousand kilometers of sewage pipes and 153.5 thousand public toilets.

II. Establish and Improve Urban-rural Integrated Development Mechanisms and Policy Systems

Since the reform and open-up policy, especially after the 18th CPC National Congress, China has made great achievements in coordinated urban-rural development and new urbanization development. However, there have been some noticeable problems such as bumpy flow of urban-rural factors and irrational allocation of public resources, so some mechanisms and systems that hinder urban-rural integration haven't been completely removed. Xi Jinping pointed out, "industry and agriculture, urban and rural regions should be systematically administrated and planned to promote urban-rural integration and development in planning blueprint, factor configuration, industry development, public service and ecological protection. The key is to establish urban-rural integration mechanisms and systems and develop a new worker-famer-urban-rural relationship that promotes agriculture with industry, drives rural areas with cities, advances mutual benefit between industry and agriculture and integrates urban and rural regions. The goal is to gradually achieve equality of basic rights among urban and rural residents, equivalence of urban-rural public services, balance of urban-rural resident incomes, rational allocation of urban-rural factors, and integrated development of urban-rural industries." He also stated, "40 years ago, we raised the curtain of reform and open-up through rural transformation. 40 years later, we should create a new prospect of urban-rural integration and modernization development through rural revitalization."

The Central Committee of CPC and the State Council jointly issued Opinions on Establishment and Improvement of Institutional Mechanisms and Policy Systems for Urban-Rural Integrated Development, and to reshape urban-rural relations, build urban-rural integrated development roads, promote rural revitalization and countryside modernization.

1. Main goals

By 2022, the institutional mechanism and system for urban-rural integrated development will be preliminarily established. The systematic paths for free flow of urban-rural factors will be built, restrictions on household settlement in cities will be gradually removed, markets for uniformed urban-rural construction land use will be basically set up, capabilities of financial services for rural revitalization will be significantly elevated, systematic frameworks for rural property right protection and trade will be fundamentally formed, equality levels for basic public services will be steadily raised, rural administrative systems will be continuously improved, pilot institutional and systematic breakthroughs will be made in developed areas, metropolitans and suburban areas.

By 2035, institutions and systems for urban-rural integrated development will be further improved. Urbanization will enter its mature period, differences in urban-rural development and residential living levels will be markedly reduced. Migration systems for orderly urban-rural population flow will be basically established, markets for urban-rural uniform construction land use will be completely formed, urban-rural inclusive financial service systems will be fully developed, equality for basic public service will be fundamentally achieved, rural administrative systems will be further improved, and countryside modernization will be basically realized.

By the middle of this century, the institutions and systems for urban-rural integrated development will be mature and fixed. The goals for full urban-rural integration, complete rural revitalization and common wealth of all people will be basically realized.

2. Five aspects of mechanism and policy system

(1) Institutions and systems should be beneficial to reasonable urban-rural factor allocation. Institutional and systematic barriers that hinder free circulation and equal exchange of urban-rural factors should be resolutely removed, more factors will be guided to countryside, virtuous circles for talents, land, fund, industries and information will be formed in rural areas and inject new

energy for the rural revitalization. Specific tasks include improvement of rural-urban resident transformation system, establishment of urban-rural talent flow incentive institutions, reform and development of the rural contracted land system, steady reform of the rural homestead system, establishment of the market system for collective business land exchange, development of the fiscal investment protection system, improvement of the rural financial service system, establishment of the promotional system for industrial and commercial fund to enter countryside, and the transformation system for technology achievements to enter countryside.

(2) Institutions and systems should be beneficial to inclusive sharing of urban-rural fundamental public services. Extension of public services to rural areas, coverage of social causes to rural areas, fundamental public service systems covering all people, inclusive and sharing, urban-rural integrated, uniform fundamental public service standards and policies should be promoted. Specific tasks include establishment of the system to balance urban-rural educational resources, improvement of rural medical and health service systems, development of urban-rural public cultural service systems, refinement of uniform urban-rural social insurance systems, coordination of urban-rural social welfare systems, enhance rural administrative systems.

(3) Institutions and systems should be beneficial to integrated urban-rural infrastructure development. The key of public facility construction should be placed in the countryside by establishing systems before project development, facilitating upgrade of rural public facilities, unified planning, developing, and managing of urban-rural public facilities. Specific tasks include establishment, improvement, and management of the integrated planning system for urban-rural public facilities.

(4) Institutions and systems should be beneficial to diversified development of the rural economy. Diversification of the rural economy and development of the whole agricultural industrial chain should be realized by focusing on development of modern agriculture, fostering new industries, enhancing the closely connected benefit system for rural enterprises. Specific tasks include improvement of agricultural support and protection systems, establishment of fostering systems for new industries and new forms, exploring value realization systems for ecological products, development of systems for rural culture protection and utilization, setup of coordination and development platforms for urban-rural industries, refinement of urban-rural overall deployment and planning systems.

(5) Institutions and systems should be beneficial to steady income growth of peasants. Differences between urban-rural residential levels should be continuously narrowed by expanding peasant income channels and promoting continuous growth of peasant incomes. Specific tasks include improving the growth environment for peasant salaries, facilitating the growth system for peasant operational incomes, establishing the growth system for peasant property incomes, enhancing the protection system for peasant transfer incomes, and strengthening systems for

winning the fight against poverty.

3. Organizational Guarantee

(1) To facilitate high-quality urbanization and urban-rural integration development, the General Office of the State Council issued a document approving the system for inter-ministerial joint meetings on urbanization and urban-rural integrated development (hereinafter referred to as joint meeting). Under the leadership of the CPC and the State Council, major duties of the joint meeting are to coordinate work of urbanization and urban-rural integrated development, study and offer policy suggestions and annual key work arrangements, assist the implementation of key tasks and solution of work problems, enhance consultation and communication, information sharing, monitoring and assessment. It will also fulfill other tasks assigned by the CPC and the State Council. The National Development and Reform Commission is the leading organization of the joint meeting.

(2) Led by the National Development and Reform Commission, 18 departments jointly issued the Reform Plan for the National Urban-Rural Integration Development Pilot Zone announcing the list of national urban-rural integration development pilot zones: Zhejiang Jiahu Zone, Fujian Fuzhou East Zone, Guangdong Guangqing Joint Zone, Jiangsu Ningxichang Joint Zone, Shandong Jiqing Zone, Henan Xuchang Zone, Jiangxi Yingtan Zone, Sichuan Chengdu West Zone, Chongqing West Zone, Shaanxi Xixian Joint Zone, Jilin Changji Joint Zone.

Above Plan requests pilot zones should make deep explorations and pilot experiments in establishing orderly urban-rural people migration systems, establishing the legal and willing paid transfer or withdrawal rural rights for peasants settled in urban areas, establishing market-entering systems for rural collective business land, improving security and guarantee systems for rural properties, establishing transformation systems for scientific and technological achievements in the countryside, developing cooperative platforms for urban village renovation, building cooperative development platforms for urban-rural industries, developing value realization systems for ecological products, setting up integrated development systems for urban-rural public facilities, establishing equal development systems for urban-rural fundamental public services, and developing systems for continuous growth of peasant incomes. The Plan requests different regions and departments consolidate reform efforts and policy coordination to offer powerful and effective incentive policies for pilot zone reform activities. Horizontal and vertical cooperation should be explored to make material breakthroughs in pilot zone reforms.

III. Establish Territorial Spatial Planning System

Concerning the current problems such as excessive planning types, overlapped and conflicting contents, complex approval procedures, long terms, and frequent change the local plans, the Decision of the Central Committee of the CPC on Several Major Issues in Comprehensively Deepening Reform passed on the Third Plenary Session of the Eighteenth CPC Central Committee states, "spatial planning systems should be established to clarify scopes of production, life and ecological development and management. Energy, water and land intensive use systems should be established, and natural resources and assets management systems should be enhanced to universally exercise owner duties for state-owned natural resources and assets." Xi Jinping pointed out in the CPC Urbanization Work Conference, "We should establish spatial planning systems, facilitate reform of planning systems, accelerate planning legislation, and develop a planning system that is universal and connected, functionally complementary, and mutually coordinated. Urban planning should be gradually transformed from expansionary planning to rational planning that restricts urban boundaries and optimize spatial structures."

1. Establish territorial spatial planning system and monitoring measures

Territorial spatial planning is the guide to national spatial sustainable development, the spatial blueprint and fundamental reference for various development, protection and construction activities. To establish and monitor the implementation of a nationally universal, duty-right clear, scientific and efficient national land spatial planning system, we should systematically develop national land development and protection patterns suitable for the new times, facilitate ecologically civilized projects, create a beautiful country, on May 9, 2019, the CPC Central Committee and the State Council issued Several Opinions on Establishing a Territorial Spatial Planning System and Monitoring Implementation, combining different spatial planning such as main function zone plan, land use plan and urban-rural planning into the territorial spatial planning, that is, "multiple in one", enhancing the guiding and restricting functions of the territorial spatial planning in specific project planning.

(1) Major goals. By 2020, China will basically establish the territorial spatial planning system, gradually establish "multiple in one" planning compilation and review systems, implementation monitoring systems, regulation and law systems, technology and standard systems, basically fulfill compilation of territorial spatial plans of county and above levels, and primarily form a "one map" for territorial spatial development and protection of the whole country. By 2025, China will develop regulation, policy, technology, and standard systems for territorial spatial planning; completely implement territorial spatial monitoring and early warning systems and performance assessment systems; set up spatial development protection systems based on territorial spatial planning and unified use management. By 2035, China will fully elevate its modern levels at territorial spatial management systems and capabilities, and preliminarily form a territorial spatial pattern that is intensive and efficient in production spaces, livable and moderate

in living spaces, beautiful, safe, competitive and sustainable in ecological spaces.

(2) General framework. A territorial spatial planning is some spatial and temporal arrangements for territorial spatial development and protection in a certain region, including master plans, detailed plans, and relevant specific plans. The state, provinces, cities, and counties should compile their spatial master plans, and towns and townships should compile their spatial master plans according to their real conditions. Specific plans are special arrangements for spatial development and protection of particular regions (watershed areas) and fields to demonstrate their special functions, and are special plans involving spatial use. Spatial master plans are reference for detailed plans and bases for specific plans; relevant specific plans should be mutually coordinated and well connected with detailed plans. Detailed plans are implementing arrangements for purposes and development intensities, and are legal references for territorial spatial development and protection, use management, issuing planning permits and specific construction tasks for urban-rural development projects.

(3) Compilation requirements. Territorial spatial planning at various levels should be compiled from top to bottom to make strategic and systematic arrangements. It should implement national security strategies, regional coordinated development strategies and main function zone strategies, clarify spatial development goals, optimize urbanization, agricultural production, and ecological protection patterns, define spatial development strategies, transform spatial development protecting measures, and elevate quality and efficiency of spatial development and protection. It should prioritize ecological concepts, sustainable development, natural, economic, social, and urban-rural development rules, and should be compiled according to local conditions. It should comprehensively consider land and sea factors, regional coordination, urban-rural integration to optimize territorial spatial structures and patterns, consolidate comprehensive aboveground and underground space use, improve traffic and water conservancy facilities and public service facilities, protect cultural and historical sites, enhance management of local features and stress local characteristics. It should improve public participation systems by combining up and down, social coordination, facilitating roles of experts from different fields. Through urban design, village construction, big data and other measures to improve planning methods and elevate plan compiling levels. In the principle of organizers being compilers and implementers, it should clearly state major duties of various organizations in territorial spatial planning and management. It should also clarify obligatory indexes and rigid management requirements to ensure their usability, effectiveness and usefulness.

(4) Implementation and monitoring. As soon as plans are approved, they can't be modified by any department or person without permission, or improperly revise their contents. It should be avoided that plans will be changed by every new local CPC Committee and government. Plans of lower levels should subject to upper levels; specific and detailed plans should subject to master

plans. Plans must be compiled before implementation, and no development or construction can be carried out against territorial spatial plans. The principle of "multiple in one" should be followed lest other spatial plans are developed except territorial spatial planning systems. Technical standards for specific plans should be coherent with spatial plans. If plans must be modified because of major national strategy adjustments, major project construction and administrative regional demarcations, compilers must apply to plan approval authorities for further modification according to mandatory procedures. In the principle that whoever approved should be monitored, censorship and archive systems for spatial plans should be hierarchically established. On basis of territorial spatial information platforms, monitoring, assessment, early-warning and supervising systems for spatial planning dynamics should be developed and consolidated.

2. Fully promote the territorial spatial planning work

The Notice on Comprehensively Carrying out Territorial Spatial Planning issued by the Ministry of Natural Resources states on May 28, 2019, that in the future, main function zone plans, land use master plans, urban-rural plans and oceanic function zone plans are all called "territorial spatial plans".

(1) The notice requests natural resource administrative departments should actively perform their duties, establish and supervise the implementation of "multiple in one" territorial spatial planning systems. In the principle of top-down procedures, upper-lower association, overlapped advancement, national, provincial, municipal and town spatial plans (to 2035, but can be expected to 2050) should be quickly started, and planning results should be achieved as soon as possible. No new main function zone plans, land use master plans, urban system plans, urban master plans, oceanic function zonings will be compiled and approved. Provincial land plans, city and town system plans, main function zone plans, city master plans extended longer than 2020, and original provincial spatial plans and city and town "multiple in one" pilot plans should be compiled according to new planning compilation requirements, and existing plan results should be incorporated into new territorial spatial planning of the same levels.

(2) Connection and coordination for existing spatial plans in transition should be well handled. Conflicting spots in existing land use master plans and city/town master plans should be handled by combining building of territorial spatial information platforms and referring to "one map" requirements in territorial spatial plans.

(3) Plan submission and review methods should be improved. Submission and approval procedures should be simplified; steps for planning outline will be canceled. Review time should be reduced, Provincial spatial plans and municipal spatial master plans to be approved by the State Council will be reviewed in 90 days after approving authorities submit them and submitted to the State Council for approval. All provinces (autonomous regions and municipalities directly under

the central government) should also simplify their approval procedures and reduce deadlines.

(4) The compilation of the Fourteenth-Five Year Plan for natural resources should be started. The plan should focus on the grand goal of fully developing a socialist modern country, and suggest basic ideas, development goals, guiding principles, key tasks, key methods on natural resources during the Fourteenth-Five Year period.

(5) Issued the Compilation Guide for Provincial Territorial Spatial Planning (trial). Compilation Guide for Provincial Territorial Spatial Planning is implementation and deepening of Outline of National Spatial Planning, policy and framework for provincial territorial spatial protection, development, use and recovery in a period, and fundamental reference of compiling relevant specific plans and subordinate spatial plans at county and city levels, so it plays an important role in connecting the past and the future and coordinating other tasks, Therefore, the Guide involves strategies, coordination, comprehensiveness and restrictions. The Guide applies to all provinces, autonomous regions, municipalities directly under the central government in their spatial plan compilation. Spatial planning that cross provinces, basin areas, city clusters and metropolitan regions may refer to it for implementation.

3. Three control lines will be systematically deployed in territorial spatial plans

To ensure deploying and implementing three systematic control lines (hereinafter as three control lines) for ecological protection, permanent basic farmland and urban development boundary, on November 1st 2019, the CPC General Office and the State Council General Office jointly issued Guiding Opinions on the Overall Delimitation and Implementation of Three Control Lines in Territorial Spatial Planning.

(1) Basic principles. On basis of carrying capacity of the environment and suitability of territorial spatial development, functional spaces for ecology, agriculture and towns should be scientifically and orderly arranged to highlight bottom-line restrictions, and ecological, food and territory security should be preferentially protected. According to unified base maps, standards, plans and platform requirements, delimit and implement three control lines which should not overlap or conflict each other. Establish and develop classified control systems according to functions of three control lines by referring to land-sea coordination, upper and lower association, regional integration, local natural resources, social and economic development situations.

(2) Work goals. By the end of 2020, through territorial spatial planning, delimiting and implementing three control lines, coordinating and solving conflicts, introducing national universal and multiple-in-one spatial information platforms, a base map will be accomplished for information sharing among departments and strict management. By 2035, three control lines should be strictly observed by enhancing management of territorial spatial planning, a scientific, moderate and orderly spatial deployment system will be developed.

(3) Ecological protection red lines will be drawn according to ecological functions. Extremely important ecological function areas for key water-source conservation, biological diversity maintenance, soil conservation, windbreak and sand fixation, coastal protection, and extremely fragile ecological areas with soil erosion, desertification, rocky desertification, coastal erosion should be drawn within red lines. Basic farmland should be delimited by guaranteeing quality and quantity. On basis of strictly insuring farmland red lines, according to current farmland distribution, quality, planted crops, polluted soil, and qualified farmland should be legally and proportionally taken into permanent basic farmland. City and town development boundary will be delimited according to intensive, moderate, sustainable development requirements. City and town development boundaries are delimited on basis of their current development and construction conditions by comprehensively considering resource bearing capacities, population distribution, economic layout, urban-rural overall plans, development stages and potentials. The total volume should be framed and capacity be limited to avoid disordered expansion of cities and towns. Blank areas of certain proportions should be scientifically reserved to further development in the future.

(4) Implement three control lines with uniform data, top-down procedure and association. When three control lines conflict, the ecological protection line should protect systematicness and integrity of ecological functions to ensure no reduction of ecological functions, areas, and qualities. Permanent basic farmland should have moderate and reasonable scales and stability to ensure no reduction of quantity and quality. City and town development boundary should avoid important ecological functions, not or little occupying permanent basic farmland.

IV. New Urbanization and Regional Coordinated Development

1. Foster and develop modern metropolitan area

Metropolitan area is one of urbanization forms of city clusters within an hour commuting coverage centered on megacities or metropolises with powerful radiation. Building modern metropolitan area is an important approach to drive the new urbanization process, which is helpful to spatial structures of population and economy, and to evoking effective investments and potential consumption needs, so their inherent development dynamics can be enhanced. February 19, 2019, the National Development and Reform Commission issued Guiding Opinions on the Fostering and Development of Modern Metropolitan Area to accelerate the development of modern metropolitan areas in China.

(1) Major goals. By 2022, metropolitan areas will be highly assimilated with regional infrastructure, administrative barriers and system obstacles hindering free flow of production

factors basically removed, cost-sharing and interest-sharing systems improved, and a series of modern metropolitan areas with distinct spatial structures, complementary urban functions, orderly flow of factors, coordinated industries, smooth traffic, balanced public services, and livable environments. By 2035, modern metropolitan area will be more mature with some having global influences.

(2) Development of highway and rail transit network will be accelerated with the focus of enhancing connectivity and communication, by way of building and maintaining integrated plans. Accelerate development of metropolitan road system including expressways, state and provincial trunks, county and township highways. Road patterns of metropolitan area should be systematically planned to develop "roads + hubs + networks" logistics systems and facilitate optimized allocation of logistic resources. Enhance coordinated patterns of public facilities in metropolitan areas, systematically manage plans and developments of such public facilities as waste treatment plants, sewage and sludge treatment plants, transformer substations, dangerous cargo storehouses. Facilitate integrated layouts of information networks of metropolitan area.

(3) Boost complementation of urban functions, layout of industries and characteristic development by guiding professional division and cooperation of cities within metropolitan areas. Enhance core competitiveness and driving capabilities of central cities; introduce non-core functions from megacities to neighboring cities and towns; raise transfer and bearing capacities of central cities; build development patterns of big, medium, and small cities with distinct characteristics and complementary advantages.

(4) Accelerate cleaning and removing all regulations and practices hindering uniform markets and fair competition by focusing on eliminating regional partition, industrial monopoly and sweeping market barriers. Develop open market environment with consistent rules, standard mutually recognized and freely flowing factors. Remove or loosen urban settlement restrictions in cities except a few of megacities; accelerate removal of urban-rural household management barriers to facilitate orderly population mobilization, reasonable distribution and social coalescence. Uproot hidden obstacles during address changes of businesses due to relocation; explore new establishment and operation modes of "one license or permit for more addresses"; facilitate standardization of approval procedures and sharing of approval information.

(5) For the purpose of balanced, inclusive and entirely improving public services of metropolitan area, systematically facilitate integrated development of basic public services, social security and social governance, and continuously elevate common development and sharing levels. Encourage cities of metropolitan area to jointly develop nursing homes, and accelerate renovation of public facilities suitable for the aged and free of obstacles. Guide joint development and sharing of museums, theaters, and gymnasiums.

(6) Enhance joint development of ecological networks and joint governance of environmental

protection to build beautiful metropolitan area by focusing on joint conservation and source protection of ecological environment. Jointly carry out ecological protection and recovery projects. Enhance pollution emission control of industry, automobile, and life sources by mutual recognition of environment protection standards during vehicle registration and uniform fuel standards. Accelerate integrated development of ecological environment monitoring networks, jointly establish integrated prevention and adjustment systems of metropolitan area for air pollution, water pollution, soil pollution and noise pollution.

(7) Accelerate developing consultative cooperation, plan coordination, policy collaboration, and social participation, and strive to accomplish key tasks within metropolitan areas. Actively develop win-win taxation sharing and coordinating systems, and enhance association of inter-city preferential tax policies. Improve social participation systems, actively accept social monitoring, promptly reply social concerns to build social atmosphere favorable to the development of metropolitan areas.

2. Facilitate development of Guangdong-Hong Kong-Macao Greater Bay area

(1) Backgrounds. Guangdong-Hong Kong-Macao Greater Bay Area includes Hong Kong Special Administrative Region, Macao Special Administrative Region, and Guangzhou, Shenzhen, Zhuhai, Foshan, Huizhou, Dongguan, Zhongshan, Jiangmen, Zhaoqing of Guangdong Province, which has a total area of 56 000 square kilometers and a population of about 70 million at the end of 2017. The cooperation of Guangdong, Hong Kong and Macao has been deepened and enhanced since the reform and opening, especially after the return of Hong Kong and Macao to the Mainland. As the economic power and regional competitiveness of the greater bay has been significantly enhanced, it has enough fundamental conditions to become an international first-rate bay area and a world-class city cluster. In 2017, the National Development and Reform Commission, Guangdong, Hong Kong, and Macao governments jointly signed the Framework Agreement on Deepening Cooperation Between Guangdong, Hong Kong and Macao, and Promoting Construction of the Greater Bay Area. On February 18, 2019, the CPC Central Committee and the State Council jointly issued the Outline of Guangdong-Hong Kong-Macao Greater Bay Area Development Plan.

(2) Strategic positioning. Relying on the advantages of Hong Kong and Macao as free and open economies, and Guangdong as vanguard in reform and opening, the Greater Bay will continue and deepen reform, and enhance its opening. By pioneering and demonstrating in building high quality institutions and systems for rapid economic development, accelerating policy innovation and pilot experiments, the Greater Bay will become a world base of emerging industries, advanced manufacture and modern services, an international technology innovation center with global influence, and a demonstration area of deep cooperation between Hong Kong,

Macao and the mainland. The Greater Bay will develop a world-class city cluster with ecological safety, environmental beauty, social stability, cultural prosperity, and become a quality living region suitable for dwelling, working, and traveling.

(3) Development goals. By 2022, the framework of an international first-class bay area and a world-class city cluster will have generally been shaped with significantly enhanced comprehensive strength, extensive cooperation, further grown inherent dynamics for development, lively development energy, outstanding innovation capability, optimized industry structure, smooth flow of factors and beautiful ecological environment. By 2035, the Greater Bay will have shaped its economic system and development pattern with innovation as its main pillar. By then, its economic and technological power will be enormously elevated, and its international competitiveness and influence will be further enhanced. The high interconnectivity within the Greater Bay will have been basically realized, and all resource factors will efficiently and conveniently flow. Its regional development coordination will noticeably consolidated, and the leading capability to neighboring areas will be further elevated. With higher living standards, its social civilization will reach a new high level, and the cultural soft power will substantially rise so that Chinese culture will have a deeper and wider influence, and different cultures will be further fused. The degree of resource saving and use intensity will be considerably raised, and the ecological environment will be effectively protected. An international first-class greater bay area that is suitable for living, working, and traveling will be fully shaped.

(4) Spatial layout. Reasonable industrial division and functional complementation of big, medium and small cities will be advanced by pole driving, axis-belt supporting and peripheral radiating. Relying on its rapid transit networks upheld by express railways, inter-city railways, and high-grade highways, harbor clusters and airport clusters, the Greater Bay will effectively play its leading role by powerful pairs of Hong Kong-Shenzhen, Guangzhou-Foshan, Macao-Zhuhai. Driven by the four central cities of Hong Kong, Macao, Guangzhou and Shenzhen as core engines of the regional development, the Greater Bay will enhance its radiating and leading role to the development of neighboring areas. By establishing and enhancing urban-rural integrated development institutions and policy systems, the Greater Bay will fully raise its urbanization development quality and level, and build livable cities and countryside with Lingnan characteristics. An important supporting economic belt will emerge with the Greater Bay as the flagship, Zhujiang-Xijiang economic belt as the hinterland to drive the development of central south region and southwest region, and influence Southeast Asian and South Asian countries.

3. Yangtze River Delta Integrated Development Plan

(1) Plan outline. In the Chinese economic development map, Yangtze River Delta is one of the most active, open, innovative regions, and plays a decisive role in the national economy.

The Outline of the Regional Integrated Development Plan of the Yangtze River Delta issued by the CPC Central Committee and the State Council requests, the integrated development of the Yangtze River Delta can greatly drive and guide other regions. By firmly sticking to the two keys of Integration and Quality, the delta will surely become a regional cluster for quality development.

Planning scope: Shanghai, Jiangsu, Zhejiang, Anhui (total area of 358 000 square kilometers). 27 cities will be central areas (225 000 square kilometers) and lead the high quality development of the Yangtze River Delta-Shanghai, Nanjing, Wuxi, Changzhou, Suzhou, Nantong, Yangzhou, Zhenjiang, Yancheng, Taizhou, Hangzhou, Ningbo, Wenzhou, Huzhou, Jiaxing, Shaoxing, Jinhua, Zhoushan, Taizhou, Hefei, Wuhu, Ma'Anshan, Tongling, Anqing, Chuzhou, Chizhou, Xuancheng.

Its integrated development goal: By 2025, the urban-rural resident income gap in Yangtze River Delta will be within 2.2:1, and the gap of per capita GDP will be 1.2:1, the urbanization rate of permanent residents will be 70%. The R&D investment intensity will be over 3%, the contribution rate of technology will be 65%, while the high-tech industry output will be over 18% of the total industrial output. The density of railway networks is 507km per ten thousand square kilometers, the expressway density is 5km per hundred square kilometers, while the 5G network coverage is 80%. Days of good air quality in prefecture-level and above cities is over 80%, the standard-meeting rate of section water quality of trans-border rivers is 80%, while the energy consumption per GDP unit is 10% lower than 2017. The per capita public fiscal expenditure is 21000 yuan, the average education years of working age population is 11.5 years, and the average life expectancy is 79 years old. By 2035, the modern economic system will be basically formed, urban-rural gap will be significantly reduced, and public service levels will be balanced. Interconnectivity of public facilities will be completely fulfilled, and people's basic living standard will be almost equal in urban and rural, but will lead the whole country.

(2) The demonstration area. Yangtze River Delta Ecological and Green Integrated Development Demonstration Zone is the pilot and breakthrough for the Yangtze River Delta Integrated Development Strategy. The demonstration zone covers about 2 300 km^2 (with 350 km^2 of water body), including Qingpu District in Shanghai, Wujiang District in Jiangsu, Jiashan County in Zhejiang. In reply to the overall plan of the Yangtze River Delta Ecological Green Integrated Development Demonstration Zone, the State Council points out, the development of the integrated demonstration zone helps demonstrate new development concepts, and facilitate policy and method innovations of quality development in Yangtze River Delta; helps transform ecological advantages into social and economic development advantages, and explore ecology-friendly development modes; helps explore system innovations from regional project coordination to regional integration, and achieve common consultation, development, administration, sharing and winning.

(3) Expand the Pilot Free Trade Zone. The State Council replies and agrees to establish Lingang New Area of China (Shanghai) Pilot Free Trade Zone. By 2025, it will establish mature, free, and convenient institutions and systems for investment and trade, create a series of more open functional platforms, attract world-class enterprises, its regional creativity, competitiveness, economic power and output rise significantly. By 2035, it will become a special economic function area with strong international market influence and competitiveness, develop more mature and finalized policy results, build core functions with global high-end resources and factors, and become an important carrier for China to be deeply involved in the economic globalization. The first phase of Lingang New Area of the Pilot Free Trade Zone will be within 120km^2. It will focus on headquarter business of regional operation management, order center, settlement center for transnational corporations; actively develop frontier industries such as biomedicine, integrated circuit, industrial Internet, high-end equipment manufacturing; strive to develop new international trade for commodities, financial services, digital trade; concentrate function clusters such as international business, cross-border financial services, frontier technology R&D, cross-border service and trade. The pilot area will implement specially open policies and freedom in investment, trade, fund, international transport and employment; develop complete international telecommunication facilities, accelerate development of the next-generation information public facilities such as 5G telecommunication, cloud computing, Internet of things; and drive the new round of reform and open-up of Yangtze River Delta.

V. People-Centered Urban Planning, Construction and Management

On November 2—3, 2019, when Xi Jinping visited Shanghai, he pointed out that whether urban planning or urban development, whether new district construction or old town transformation, we must adhere the people-centered policy to meet needs of people, reasonably arrange production, living and ecological spaces, take inclusive, intensive, green and quality development path, to create excellent environment suitable for employment, dwelling, recreation and travel, let people get more satisfaction, create happier and more beautiful life for people.

1. Take systematic steps of realizing citizenization

Led by the National Development and Reform Commission, 12 ministries jointly issued Opinions on Further Promoting Preferential Basic Public Services to Poor Rural People in Cities and Take Systematic Steps of Realizing Citizenization to ensure that poor peasants working in urban areas for over one year can preferentially enjoy basic public services, and help those who have stable jobs and income sources to realize their citizenization.

(1) Supply fundamental public employment services. Poor peasants entering cities with

unemployment registration should be followed for services. Support should be offered to college graduates who come from poor families and haven't been employed. Vocational training should be enhanced. Specific job and field training for low-income labor force and new apprenticeship training should be preferentially supplied, and encourage poor rural people entering cities to participate in academic-degree and non-academic-degree education.

(2) Plans and layouts for urban compulsory schools should be well handled to ensure all these schools meet basic schooling conditions. Local governments should establish schooling policies mainly on basis of residence permits for children who follow their parents to move into cities, simplify admission procedures and evidential requirements to ensure they successfully receive compulsory education. Financial aid policies should be implemented for children from poor families entering cities with their parents to enjoy universal pre-school education grant, national grant for secondary vocational education, exemption from tuition and miscellaneous fees for secondary vocational education, national grant for general high schools, exemption from tuition and miscellaneous fees for general high school students from poor families with registration files.

(3) Health aid for poor families should be precisely offered to specific people and diseases, enhance environmental development and convenience applications by medical and health institutions to ensure health cards go with poor holders whenever they relocate. Fully implement the policy that poor family people can receive treatment before payment within their county hospitals, and integrated service windows should be opened in medical institutions. Medical insurance will cover all poor population. The policy should be implemented for poor rural people to enjoy financial subsidy in individual payment for basic medical insurance for urban and rural residents.

(4) For qualified poor people and those living on minimum subsistence allowances who participate in basic endowment insurance for urban and rural residents, local governments should pay partial or all premium for the basic endowment insurance. Encourage qualified poor rural people working in cities to participate in local endowment insurance for urban employees. If possible, cities can take qualified poor rural people working in cities into unemployment insurance coverage as urban employees.

(5) Encourage qualified poor peasants working in cities freperentially enjoy basic housing security supplied by governments. Further improve living conditions of industries with many peasant-workers such as environment sanitation and public transportation. Local governments should improve basic environments in urban-rural fringes, urban villages, and old residential quarters, and accelerate development of auxiliary facilities to raise support capabilities of public facilities. Systematically improve living environments in urban villages, focusing on such key problems as domestic wastes, wastewater and "toilet revolution".

(6) Encourage local governments to further loosen settlement conditions, and except a few

of megacities, preferentially solve settlement issues of rural students entering higher schools, and youth joining the army, peasants who have lived in cities for over 5 years or whose whole family has moved into cities, and new generation peasant-workers. Explore if construction land indexes of countryside reclaimed homestead of poor peasants settled in urban areas can be used by the moved-in places. Protect land contracting rights, homestead use rights and collective income distribution rights of peasants. Develop market systems for rural property right transfer, and explore exit systems for rural rights of settled poor peasants in legal, willing, and paid principles.

2. Renovation of old urban residential areas

(1) Old urban residential areas are those built before year of 2000 with aged municipal public facilities, item-missing public service facilities and poor living surroundings that influence basic living activities of residents and haven't been taken into shantytown redevelopment plans. These include public housing quarters, ownership reformed public housing quarters, common commercial housing quarters, and other old housing quarters in cities (built-up area) and counties (county seat town). Statistics submitted by local urban housing administrative indicate, China has about 170 000 such old residential areas involving 40 million households and over 3 billion square meters of construction floor space.

(2) Renovation of old urban residential areas is one of the key tasks in modern cities and communities, which directly concerns every family, so it is a systematic project that the public should participate in for common interests. Renovation of old residential areas can have three tasks: first, fundamental auxiliary facilities, including water, electricity, gas and road; second, upgrade facilities, including public activity areas, parking lots, property management houses; third, public service complementary facilities including elderly care, nursery and culture rooms.

(3) The Ministry of Housing and Urban-Rural Development, the National Development and Reform Commission and the Ministry of Finance jointly issued Notice on Well Handle Renovation Work of Old Residential Areas in 2019, which decides renovation of old living quarters will be taken into urban affordable housing projects from 2019 on, and will be supported with the central governmental finance. Main tasks include: first, investigation of old residential areas should be carefully made, and recognition standards should be well defined to lay good foundations for old living quarter renovation; second, renovation items and standards should be accurately controlled; third, renovation plans for old residential areas should be scientifically developed, and yearly plans and tasks should be reasonable arranged; fourth, implement renovation plans, expand fund-raising channels, well handle organization and implementation of renovation work to ensure the working progress.

(4) The executive meeting of the State Council has arranged to develop renovation projects

of old urban residential areas. The meeting requests: first, define renovation standards and scopes, conduct pilot projects to get experience for full implementation. Second, enhance government direction, stress local duties, improve systematic coordination, invoke community power, respect resident will, and encourage public participation. Put the emphasis on auxiliary facility renovations such as water, electricity, gas, and optical fiber in living quarters. If possible, elevators and parking lots can be added. Facilitate indoor renovation and drive consumption. Third, innovate investment and financing systems. Central governmental subsidy fund for renovation will be allocated in the same year. Encourage financial institutions and local government to explore cooperation ways, and encourage social entities to participate by using market measures, and facilitate renovation with sustainable financial support. Fourth, facilitate community services such as nursery, kindergarten, medical, dining and cleaning services. Facilitate establishment of sustainable management systems in residential areas.

(5) Led by the Ministry of Housing and Urban-Rural Development, 20 ministerial departments have visited 93 counties to investigate 213 old living quarters, and direct Shandong, Zhejiang, Shanghai, Qingdao, Ningbo, Hefei, Fuzhou, Changsha, Suzhou, Yichang to carry out pilot projects. In the principle of "owner participates, community leads, government guides and partner support", fund will be raised from multiple channels by the way of "residents pay, community support and government aids". In 2019, China renovated 19 000 old urban residential areas, benefiting 3.52 million families. In 2020, 39 000 old residential areas will be renovated which will involve about 7 million households.

3. Elderly care development

At the end of 2018, China has 250 million people who are over 60 years old. The average life expectancy was 77.0 years old, but the health adjusted life expectancy was only 68.7 years, suggesting that old people have an average of 8 years in illness. The rate of old people with more than one chronic disease is as high as 75%, amount to about 190 million people. Over 40 million old people are disabled or partially disabled, so they have urgent needs for health services. For all old people will enjoy basic nursing services, diversified and multiple levels of nursing needs will be effectively met by 2022, The General Office of the State Council issued Opinions on Promoting Elderly Care Services, requesting ministries of the State Council to carry out their duties:

(1) Comprehensive elderly care regulatory systems will be established, reforms of public nursing institutions will be further deepened, reduce burden of nursing service tax, elevate precision levels of government investment, support scale and chain development of nursing institutions, develop information transparency and policy guiding in nursing service fields.

(2) Solve financing problems in nursing service institutions, increase bond issue scales of nursing institutions, fully facilitate national treatment of foreign entities in establishing nursing

service institutions.

(3) Fully develop vocational skill level recognition and training systems for elderly care workers, vigorously facilitate employment of the nursing industry, and establish reward systems for nursing services.

(4) Fulfill long-term caring service systems, facilitate elderly care inclusive finance and elderly consumption. Enhance elderly consumption right protection and strike illegal fund-raising activities.

(5) Elevate medical-nursing service capabilities, facilitate integrative development of home, community and institution elderly care. Continuously improve service quality of nursing homes, fulfill elder care service system, and strive to develop elderly education.

(6) Service facilities (nursing homes) for impoverished old people should be renovated and upgraded. Firefighting projects for non-governmental nursing homes and renovation projects for home-suitability should also be carried out. Development requirements for zoning and grading plans of elder service facilities should be met, and the policy of land allocation for nursing facilities should be fulfilled.

Led by the National Health Commission, eight ministries jointly issued Guiding Opinion on Establishing and Perfecting Elderly Health Service System. The Opinion requests, by 2022, elderly health policies, standard, regulations will be basically established, the number of elderly health service institutions will substantially rise with richer contents, higher quality, more powerful teams, and more reasonable resource allocation. The elderly health service system covering cities, towns and countryside will be basically established, and the health service needs of the elderly will be basically satisfied.

4. Preschool education reform

Deepening preschool education reform is an important practical livelihood project. By the end of 2019, China has 281 200 kindergartens, 5.44% more than the previous year; 47.1388 million children were in kindergartens with an annual growth of 1.23%. The gross preschool enrollment rate was 83.4% with an annual growth of 1.7%.

(1) Preschool education is still a weak link of Chinese educational system, resulting in some gap from people's expectation, especially in inclusive resources, professional levels of teachers, excessive burden of parents, and operative cost sharing problems. With the implementation of "fully implement the policy that one couple can have two children" and the acceleration of urbanization, the rigid demand of kindergarten enrollment keeps rising rapidly, raising new requirements for preschool education reforms.

(2) The CPC Central Committee and the State Council jointly issued Some Opinions on Deepening the Reform and Standardizing the Development of Preschool Education. The Opinions

requests, in 2020, the first three years of kindergarten enrollment rate will reach 85%, and the inclusive kindergarten coverage (the proportion of public and inclusive private kindergartens) will reach 80%. The operational activities of kindergartens are universally standard, and nursing quality is noticeably improved. The teaching and nursing team consists mainly of college graduates, and the number of college graduates of preschool education major has reached 200 000 people, and more than 1.5 million kindergarten principals and teachers have been trained by levels and categories. The comprehensive quality and nursing capability of kindergarten education teams have been significantly improved, and the social statuses and incomes of kindergarten teachers have been further elevated. By 2035, the three-year preschool education will be fully implemented, and a preschool education public service system covering cities, towns and countryside with reasonable layout will be established. A well-developed preschool education management, operation and policy supporting system will be shaped to supply children with more rich, inclusive, and excellent preschool education.

(3) The Notice on the Management of Supporting Kindergartens in Urban Communities issued by the General Office of the State Council on January 9, 2019, it requests that urban communities strictly follow the Law of Urban and Rural Planning and Standard for Planning and Design of Urban Residential Areas. Old urban quarter (shantytown) renovation, new district development and construction of residential areas, off-site poverty alleviating relocations should take auxiliary kindergartens into public management and public service facility plans, and should be constructed in according to relevant standards and regulations. Auxiliary kindergartens to built-up living quarters should be promptly handed over to local education administration departments according to relevant regulations. Education administrative departments should make residential area auxiliary kindergartens into public or private inclusive kindergartens rather than profit-making kindergartens. In terms of counties (cities and districts), the Ministry of Education investigated 42 100 residential quarters nationwide, and found 18 400 kindergartens had planning, construction, handover and inclusive problems, among which 11 500 kindergartens had handover problems, accounting for 62.5%.

(4) The State Council submitted to the Standing Committee of the National People's Congress Report on the Reform and Development of Preschool Education. The Report states preschool education reform should firmly follow the public and inclusive direction, in forms of public and private kindergartens. Local governments should improve inclusive preschool education development and security systems, facilitating connection between kindergartens and primary school, promoting inclusive, safe and quality development of preschool education. Key tasks: Well administrate urban community auxiliary kindergartens, improve rural preschool education, fulfill fund investment and cost-sharing systems. Well solve teaching team problems, elevate nursing quality, enhance supervision, and accelerate preschool education legislation.

5. Community development and governance

Urban and rural communities are basic units of social governance. At the end of 2019, China has 8 516 sub-district offices and 30 269 town and townships, 110 000 community committees, 533 000 village committees, over 400 000 urban-rural community service institutions and facilities of different types. The Fourth Plenary Session of the 19th Central Committee has passed the Decision of the CPC Central Committee on a Number of Major Issues Concerning the Adherence to and Improvement of the Socialist System with Chinese Characteristics, Promotion of the National Governance System and the Modernization of Its Governance Capacity, which raised overall requirements for the governance systems and governance capacities.

(1) By 2020, systems of basic public services, public convenience services, and urban-rural community services effectively connected with voluntary services will be more mature; urban-rural community service facility layouts dominated by community comprehensive service facilities, supported by specific service facilities, and complemented with service outlets will be more developed; the development pattern with network connection, application integration, information sharing, rapid response will be basically shaped. The urban-rural community service teams get more mature and complete, which take community CPC members and community autonomous organization members as backbone elements, are supported by community volunteers, and urban-rural community service teams.

(2) Enhance urban-rural community comprehensive environment governance, well handle afforest, beautification and cleaning, garbage classified treatment, noise pollution treatment, water resource recycling, effectively solve garbage collection, sewage, straw burning and disordered burial of countryside, extensively encourage community people and relevant institutions to participate in environment-protecting activities, and develop resource-saving and environment-friendly communities. Enhance solution management for community risk prevention, development of community emergency shelters, publicity and education of disaster prevention and mitigation, orderly training of community emergency responses, prevention and treatment capabilities for natural disasters, accidents, public health and social safety incidents.

(3) Facilitate deep integration of Internet + and urban-rural community services, and gradually develop intelligent communities with smart facilities, convenient services, fine management and livable environment. Facilitate information system development in smart communities, intelligent upgrade of elder nursing, housekeeping, medicine, firefighting and improve public security capabilities. Vigorously develop urban-rural community e-commerce, new online-offline service modes, development strategies effectively integrating e-commerce and community service.

(4) Orderly advance community energy and water saving, greenery and sanitation, garbage

classification, facility maintenance projects. Fulfill public auxiliary facilities including water, power, gas and road, energy-saving lights, water-saving utensils. Optimize parking management, regulate pipeline laying, enhance noise management, reasonably arrange public green space, increase public activity areas and exercise facilities. Fully use current information platforms to integrate community security, public facility management, and environmental health monitoring. Organize green publicity events, and facilitate common development and governance concepts. By 2022, over 60% communities will meet green standard requirements, and generally reach the goals of neat, comfortable, safe and beautiful community residential environments.

(5) Zhejiang will develop pilot future communities by focusing on humanization, ecologization and digitization. Stress the quality life theme with harmonious governance, green and intensive development, and smart resource sharing. Building integrated future innovative systems including modern neighborhood, education, health, business, building, traffic, low carbon, service and governance. Create new urban functional units with senses of belonging, comfort, and future to facilitate human comprehensive development and social progress. Pilot projects should be developed in unit of 50 ~ 100 hectares, while implementation units in pilot areas should not be smaller than 20 hectares. In August, 2019, Zhejiang announced the first lot of 24 communities for future pilot projects. By the end of 2021, Zhejiang will develop 100 provincial pilot projects, which will be replicated and promoted in the whole province.

VI. Concluding Remarks

At the turn of 2019—2020, confronted with the tough poverty alleviation tasks of 52 poverty counties, 2,707 poverty villages and 5.51 million poverty people, China is determined to win a decisive battle for a moderately prosperous society in all respects, and eliminate all rural poverty population and poverty counties under the current standards. The Thirteenth-Five Year Plan will come to its successful end, while the Fourteenth-Five Year Plan will start its smooth sail.

In December 2019, pneumonia cases of unknown origin were discovered in Wuhan, Hubei Province. On January 9, 2020, China reported to WHO and preliminarily judged the cases were caused by a novel coronavirus. On January 23, roads leaving Wuhan and Hubei were temporarily closed. Up to January 29, all provinces started their first-class health emergency responses. On January 31, WHO declared the novel coronavirus cases became a "public health emergency of international concern", and on February 11, the novel coronavirus pneumonia was named "COVID – 19".

This epidemic broke out unexpectedly, and becomes a major public health emergency with the fasted spread, the widest infection range, the hardest control and prevention in Chinese modern history, and the most serious global public health emergency in the world after World War

II. Under the leadership of the Communist Party of China, the whole country has launched a people's war against COVID - 19 with the general strategy of "firm confidence, close cooperation, scientific control, precise implementation". With arduous efforts, enormous costs, China has made some major strategic achievements in the epidemic prevention and control. People in Wuhan and Hubei have made extremely important contributions to the anti-epidemic cause, and 1.4 billion Chinese people are all great warriors to fight the epidemic.

At the time when this article is finished, the epidemic has not ended yet, and the pandemic is still rampant around the world. Today, we must jointly face the new changes the epidemic has brought to our life. The changes not only include mask wearing, social distancing, garbage classification, individual serving and online ordering, but also overall reopening of markets and production under the normalization of anti-epidemic conditions to maximally reduce costs caused by the epidemic, and strive to fulfill the social and economic development goals in 2020. This is a tough challenge for Chinese social and economic sustainable development.

In history, China has experienced numerous disasters, but every time it rose up unyieldingly and confidently.

Sunshine always comes after the rain!

Author: Mao Qizhi, professor of Tsinghua University, academician of International Eurasian Academy of Sciences.

2019 年中国城市发展十大事件

一、庆祝中华人民共和国成立 70 周年

2019 年是中华人民共和国成立 70 周年，我国举行了一系列隆重的庆祝活动。9 月 29 日，中华人民共和国国家勋章和国家荣誉称号颁授仪式在人民大会堂隆重举行。中共中央总书记、国家主席、中央军委主席习近平向国家勋章和国家荣誉称号获得者分别授予"共和国勋章""友谊勋章"和国家荣誉称号奖章并发表重要讲话。9 月 30 日，庆祝中华人民共和国成立 70 周年招待会在人民大会堂隆重举行。习近平出席招待会并发表重要讲话。10 月 1 日上午，庆祝中华人民共和国成立 70 周年大会在北京天安门广场隆重举行，20 余万军民以盛大的阅兵仪式和群众游行欢庆共和国 70 华诞。习近平发表重要讲话并检阅受阅部队。

习近平在讲话中指出，70 年前的今天，毛泽东同志在这里向世界庄严宣告了中华人民共和国的成立，中国人民从此站起来了。这一伟大事件，彻底改变了近代以后 100 多年中国积贫积弱、受人欺凌的悲惨命运，中华民族走上了实现伟大复兴的壮阔道路。70 年来，全国各族人民同心同德、艰苦奋斗，取得了令世界刮目相看的伟大成就。今天，社会主义中国巍然屹立在世界东方，没有任何力量能够撼动我们伟大祖国的地位，没有任何力量能够阻挡中国人民和中华民族的前进步伐。

习近平强调，前进征程上，我们要坚持中国共产党领导，坚持人民主体地位，坚持中国特色社会主义道路，全面贯彻执行党的基本理论、基本路线、基本方略，不断满足人民对美好生活的向往，不断创造新的历史伟业。我们要坚持"和平统一、一国两制"的方针，保持香港、澳门长期繁荣稳定，推动海峡两岸关系和平发展，团结全体中华儿女，继续为实现祖国完全统一而奋斗。我们要坚持和平发展道路，奉行互利共赢的开放战略，继续同世界各国人民一道推动共建人类命运共同体。中国人民解放军和人民武装警察部队要永葆人民军队性质、宗旨、本色，坚决维护国家主权、安全、发展利益，坚决维护世界和平。

随后，习近平检阅了改革重塑后首次整体亮相的共和国武装力量，并和各界代表一道观看了分列式。受阅官兵近 1.5 万人，装备 580 台（套）、战机 160 余架，编成 15 个徒步方队、32 个装备方队和 12 个空中梯队。这是中国特色社会主义进入新时代的首次国庆阅兵，人民军队以改革重塑后的全新面貌接受习近平主席检阅，接受党和人民检阅，彰显了维护核

心、听从指挥的坚定决心，展示了履行新时代使命任务的强大实力，我军始终是中国人民的守护者、国家安全的维护者、世界和平的捍卫者。

以"同心共筑中国梦"为主题的群众游行分"建国创业""改革开放""伟大复兴"三个篇章，10万群众、70组彩车组成36个方阵和3个情境式行进，展现了中国共产党团结带领全党全国各族人民从站起来、富起来到强起来的伟大征程，抒发了对中国共产党、中华人民共和国的由衷赞美和真情热爱。

10月1日晚，庆祝中华人民共和国成立70周年联欢活动在天安门广场举行。习近平等党和国家领导人来到天安门城楼主席台，同各界群众欢度国庆之夜。联欢活动分"红旗颂""我们走在大路上""在希望的田野上""领航新时代"四个篇章，由主题表演、中心联欢表演、群众联欢和烟花表演组成。

此外，9月23日至12月31日，"伟大历程 辉煌成就——庆祝中华人民共和国成立70周年大型成就展"在北京展览馆举行。展览围绕"开辟和发展中国特色社会主义道路，建设社会主义现代化国家"主题，由"序""屹立东方""改革开放""走向复兴""人间正道"五部分构成。100天展期内，现场累计观展人数达315.59万人次，网上展馆有效点击量为1.4亿次，网上展馆点赞留言数超2500万次，掀起了庆祝新中国成立70周年的热潮。

（资料来源：新华网、人民网）

二、庆祝澳门回归祖国20周年

1999年12月20日，中国政府恢复对澳门行使主权，标志着外国人占领和统治中国领土的历史彻底终结。2019年是澳门回归祖国20周年，20年来，澳门特别行政区政府团结社会各界人士，全面准确理解和贯彻"一国两制"方针，坚定维护宪法和基本法权威，传承爱国爱澳的核心价值观，促进澳门经济快速增长，民生持续改善，社会稳定和谐，向世界展示了具有澳门特色的"一国两制"成功实践。

2019年12月3日，纪念《中华人民共和国澳门特别行政区基本法》实施20周年座谈会在北京举行。中共中央政治局常委、全国人大常委会委员长栗战书在会上发表讲话强调，要坚持和完善"一国两制"制度体系，在宪法和澳门基本法的轨道上推进具有澳门特色的"一国两制"成功实践。

12月6日，中国人民解放军进驻澳门20周年庆祝大会，在驻澳门部队凼仔军营礼堂举行。外交部驻澳门特派员公署庆祝建署20周年涉澳外交座谈会在澳门举行，会议围绕"澳门在中国与世界关系发展中的作用""澳门在国家未来改革开放中的作用"等主题，展开深入交流。

12月8日，2019澳门国际幻彩大巡游在澳门举行，大巡游以"一带一路"沿线国家地区文化为主题，来自葡萄牙、肯尼亚、安哥拉、乌克兰、波兰、白俄罗斯、匈牙利、智利、塞浦路斯、新西兰、意大利、俄罗斯、缅甸、泰国、广东省湛江、中国香港等跨越五大洲的19个外地演出单位，联同61个澳门表演团队，为观众带来了一场精彩的文化交流盛宴，欢庆澳门回归祖国20周年。

12月18日至20日,中共中央总书记、国家主席、中央军委主席习近平赴澳门,出席庆祝澳门回归祖国20周年大会暨澳门特别行政区第五届政府就职典礼,并视察澳门特别行政区。在庆祝澳门回归祖国20周年大会上,习近平指出,澳门回归祖国20年来,澳门特别行政区政府和社会各界人士同心协力,开创了澳门历史上最好的发展局面,谱写了具有澳门特色的"一国两制"成功实践的华彩篇章。

习近平系统总结、深刻阐述了澳门"一国两制"成功实践的4点重要经验,为推进"一国两制"事业新发展指明了实践方向。第一,始终坚定"一国两制"制度自信。第二,始终准确把握"一国两制"正确方向。第三,始终强化"一国两制"使命担当。第四,始终筑牢"一国两制"社会政治基础。

习近平对澳门特别行政区新一届政府提出了4点希望:一是坚持与时俱进,进一步提升特别行政区治理水平。二是坚持开拓创新,进一步推动经济持续健康发展。三是坚持以人为本,进一步保障和改善民生。四是坚持包容共济,进一步促进社会和谐稳定。

澳门回归后,广大澳门同胞依法享受着前所未有的广泛权利和自由,作为祖国大家庭的成员,拥有参与管理国家事务的民主权利,作为澳门的主人翁,承担起管理好、建设好澳门的历史责任。澳门本地生产总值(GDP)从回归之初的519亿澳门元,增加到2018年的4 447亿澳门元;特区政府财政储备、外汇储备分别比回归之初增长193倍和6.2倍。澳门失业率为1.8%,多年维持历史低位。在中央授权和支持下,澳门已获得144个国家和地区免签证或落地签证待遇,参加国际组织的数量增加到110多个。澳门将"一国两制"的制度优势转化为实际的治理效能,取得了举世瞩目的成绩。

(资料来源:央视网、新华网、人民网)

三、黄河生态(经济)带建设上升为国家战略

黄河是中华民族的母亲河。黄河流域是中华文明的重要发祥地和传承创新区,是国家重要的生态屏障,也是我国重要的粮食生产核心区、资源能源富集区,在全国经济社会发展和生态文明建设格局中,具有举足轻重的战略地位。继长江"共抓大保护,不搞大开发"之后,黄河流域的生态保护和高质量发展问题也被提上日程。

9月18日,中共中央总书记、国家主席、中央军委主席习近平在郑州主持召开黄河流域生态保护和高质量发展座谈会并发表重要讲话。他强调,黄河流域是我国重要的生态屏障和重要的经济地带,是打赢脱贫攻坚战的重要区域,在我国经济社会发展和生态安全方面具有十分重要的地位。保护黄河是事关中华民族伟大复兴和永续发展的千秋大计。黄河流域生态保护和高质量发展,同京津冀协同发展、长江经济带发展、粤港澳大湾区建设、长三角一体化发展一样,是重大国家战略。加强黄河治理保护,推动黄河流域高质量发展,积极支持流域省区打赢脱贫攻坚战,解决好流域人民群众特别是少数民族群众关心的防洪安全、饮水安全、生态安全等问题,对维护社会稳定、促进民族团结具有重要意义。

习近平强调，治理黄河，重在保护，要在治理。要坚持山水林田湖草综合治理、系统治理、源头治理，统筹推进各项工作，加强协同配合，推动黄河流域高质量发展。

第一，加强生态环境保护。黄河生态系统是一个有机整体，要充分考虑上中下游的差异。上游要以三江源、祁连山、甘南黄河上游水源涵养区等为重点，推进实施一批重大生态保护修复和建设工程，提升水源涵养能力。中游要突出抓好水土保持和污染治理，有条件的地方要大力建设旱作梯田、淤地坝等，有的地方则要以自然恢复为主，减少人为干扰，对污染严重的支流，要下大气力推进治理。下游的黄河三角洲要做好保护工作，促进河流生态系统健康，提高生物多样性。

第二，保障黄河长治久安。黄河水少沙多、水沙关系不协调，是黄河复杂难治的症结所在。尽管黄河多年没出大的问题，但丝毫不能放松警惕。要紧紧抓住水沙关系调节这个"牛鼻子"，完善水沙调控机制，解决九龙治水、分头管理问题，实施河道和滩区综合提升治理工程，减缓黄河下游淤积，确保黄河沿岸安全。

第三，推进水资源节约集约利用。黄河水资源量就这么多，搞生态建设要用水，发展经济、吃饭过日子也离不开水，不能把水当作无限供给的资源。要坚持以水定城、以水定地、以水定人、以水定产，把水资源作为最大的刚性约束，合理规划人口、城市和产业发展，坚决抑制不合理用水需求，大力发展节水产业和技术，大力推进农业节水，实施全社会节水行动，推动用水方式由粗放向节约集约转变。

第四，推动黄河流域高质量发展。要从实际出发，宜水则水、宜山则山，宜粮则粮、宜农则农，宜工则工、宜商则商，积极探索富有地域特色的高质量发展新路子。三江源、祁连山等生态功能重要的地区，主要是保护生态，涵养水源，创造更多生态产品。河套灌区、汾渭平原等粮食主产区要发展现代农业，把农产品质量提上去。区域中心城市等经济发展条件好的地区要集约发展，提高经济和人口承载能力。贫困地区要提高基础设施和公共服务水平，全力保障和改善民生。要积极参与共建"一带一路"，提高对外开放水平，以开放促改革、促发展。

第五，保护、传承、弘扬黄河文化。黄河文化是中华文明的重要组成部分，是中华民族的根和魂。要推进黄河文化遗产的系统保护，深入挖掘黄河文化蕴含的时代价值，讲好"黄河故事"，延续历史文脉，坚定文化自信，为实现中华民族伟大复兴的中国梦凝聚精神力量。

习近平强调，推动黄河流域生态保护和高质量发展，非一日之功。要保持历史耐心和战略定力，以功成不必在我的精神境界和功成必定有我的历史担当，既要谋划长远，又要干在当下，一张蓝图绘到底，一茬接着一茬干，让黄河造福人民。

将黄河生态（经济）带建设上升为国家战略对黄河流域的生态建设和经济发展有着非常重要的意义。此举将着力加强生态保护治理、保障黄河长治久安、促进全流域高质量发展、改善人民群众生活、保护传承弘扬黄河文化，让黄河成为造福人民的幸福河。

（资料来源：中国政府网、求是网）

黄河治理70年

黄河是中华民族的"母亲河",但自古以来,黄河以"善淤、善决、善徙"闻名于世,史上黄河曾决口1 590次,改道26次,造成巨灾。因此,历任党和国家领导人都把黄河治理当作事关安民兴邦的大事予以高度重视,并誓言"要把黄河的事情办好"。1946年,冀鲁豫解放区成立了黄河水利委员会,由此开启人民治理黄河的新纪元。

一、加强堤防、巩固坝垾,扭转决口改道局面

1950年,黄河水利委员会根据下游河道特点和堤防工程状况,建立了以"宽河固堤"为核心的一系列有关措施,开启人民治黄史上第一次黄河大修堤。

1951年至1955年,黄河水利委员会明确提出并多次严格堤防强度要求。此后,党和政府继续投入大量人力、物力进行大规模的治黄建设。三门峡水利枢纽、陆浑水库、故县水库、小浪底水利枢纽和河口村水库先后矗立在黄河中游干支流,实现五库联合调度;下游两岸总长1 371.2千米的临黄大堤,经历了4次加高培厚;开辟了北金堤、东平湖等分滞洪工程,开展了河道整治工程和滩区安全建设,基本形成"上拦下排、两岸分滞"的下游防洪工程体系。

上述治理措施使黄河下游频繁决口改道的险恶局面得到彻底扭转,避免了由于黄河决口造成的12万平方千米保护区内1.3亿人民生命财产损失,为维护社会稳定和经济发展做出了巨大贡献。

二、科学治沙、立体防护,治理黄土高原水土流失

20世纪80年代初,黄河中游水土保持委员会重建,以小流域为单元,综合治理。

20世纪90年代,国务院批复《黄土高原水土保持专项治理规划》,利用世行贷款实施的两期黄土高原水土保持项目取得明显成效,启动了淤地坝产权制度改革。

1997年后,党中央提出"再造一个山川秀美的西北地区",在黄河流域提出并率先实施"退耕还林(草)、封山绿化、以粮代赈、个体承包"政策,黄土高原水土流失防治进入全面加速阶段。

党的十八大以来,累计完成新增水土流失治理面积6.3万平方千米,治理小流域2 200多条,加固淤地坝1 600多座。"绿水青山"与"金山银山"相融相生,助力250多万人脱贫。通过三门峡、小浪底水库拦沙及调水调沙运用,实现水库冲淤平衡,有效减缓了黄河下游河道的淤积抬高。据统计,近20年来水利水保措施年拦减入黄泥沙4.35亿吨。

三、统一调度、生态修复,阻绝黄河干流断流问题

1998年底,国家计委和水利部颁布实施《黄河可供水量年度分配及干流水量调度方案》和《黄河水量调度管理办法》。

1999年,国家授权黄河水利委员会统一调度黄河水量。

2006年,《黄河水量调度条例》自8月1日起施行。

黄河实施全流域水资源统一管理与水量统一调度,1999年至今,黄河干流再未出现断流。20年来,黄河三角洲自然保护区湿地明水面积占比由原来的15%增加到现在的60%,自然保护区鸟类增加到368种。生机勃勃的黄河形成了一条生态廊道。

> #### 四、数字黄河、智慧黄河，提升全流域综合管理能力
>
> 新时期，黄河治理委员会加快信息化赶超步伐，稳步推进"数字黄河"向"智慧黄河"升级发展。"黄河一张图""一个数据库""一站式登录""一目了然的监管系统""一竿子到底""一个单位来抓"等信息化"六个一"工程建设取得明显实效，"大平台共享、大数据慧治、大系统共治"的格局初步形成，有力推动了黄河治理体系和治理能力现代化。
>
> 随着社会发展、环境变化、科技进步及认识水平的不断提高，在水沙调控、水库调度、游荡性河道整治、水生态保护、水文测报等治黄关键技术方面实现了新的突破，振动式测沙仪、堤防隐患探测等一大批先进实用的技术和设备得到推广。
>
> （资料来源：《人民日报》）

四、国家发布《长江三角洲区域一体化发展规划纲要》

长江三角洲（长三角）作为我国经济发展较为活跃、开放和创新程度较强的区域，在国家整体经济发展进程中的地位不言而喻。2018年11月5日，中共中央总书记习近平在首届中国国际进口博览会开幕式上宣布支持长江三角洲区域一体化发展并提升为国家战略。2019年1月，沪苏浙皖三省一市在沪签署《长三角地区市场体系一体化建设合作备忘录》，推进长三角市场体系一体化。

2019年12月1日，中共中央、国务院印发了《长江三角洲区域一体化发展规划纲要》（以下简称《规划纲要》），明确指出《规划纲要》是指导长三角地区当前和今后一个时期一体化发展的纲领性文件，要求各地区各部门结合实际认真贯彻落实。

《规划纲要》明确，规划范围包括上海市、江苏省、浙江省、安徽省全域（面积35.8万平方千米）。以上海市，江苏省南京、无锡、常州、苏州、南通、扬州、镇江、盐城、泰州，浙江省杭州、宁波、温州、湖州、嘉兴、绍兴、金华、舟山、台州，安徽省合肥、芜湖、马鞍山、铜陵、安庆、滁州、池州、宣城等27个城市为中心区（面积22.5万平方千米），辐射带动长三角地区高质量发展。以上海青浦、江苏吴江、浙江嘉善为长三角生态绿色一体化发展示范区（面积约2 300平方千米），示范引领长三角地区更高质量一体化发展。以上海临港等地区为中国（上海）自由贸易试验区新片区，打造与国际通行规则相衔接、更具国际市场影响力和竞争力的特殊经济功能区。

《规划纲要》指出，"一极三区一高地"的战略定位分别指全国发展强劲活跃增长极，全国高质量发展样板区、率先基本实现现代化引领区、区域一体化发展示范区，新时代改革开放新高地。"一极"要求长三角地区激发市场主体活力，提高创新策源能力，提升参与全球资源配置和竞争能力，在促进我国经济提质增效升级中发挥"稳定器"和"主引擎"作用，增强对全国经济发展的影响力和带动力。"三区"要求长三角在推动高质量发展、建设现代化经济体系、促进区域一体化发展方面当好排头兵，先行先试，为全国其他地区作出榜

样、树立标杆。"一高地"要求长三角进一步加快各类改革试点举措集中落实、率先突破和系统集成，以更大力度、更高水平推进全方位开放，加快构建改革开放再出发的新格局。以"一极三区一高地"作为长三角的战略定位，体现了党中央对长三角在新时代实现更高质量一体化发展的要求与期望，明确了长三角一体化发展的方向和路径。

《规划纲要》提出，长三角一体化发展目标为：到2025年，长三角一体化发展取得实质性进展。跨界区域、城市乡村等区域板块一体化发展达到较高水平，在科创产业、基础设施、生态环境、公共服务等领域基本实现一体化发展，全面建立一体化发展的体制机制。到2035年，长三角一体化发展达到较高水平。现代化经济体系基本建成，城乡区域差距明显缩小，公共服务水平趋于均衡，基础设施互联互通全面实现，人民基本生活保障水平大体相当，一体化发展体制机制更加完善，整体达到全国领先水平，成为最具影响力和带动力的强劲活跃增长极。同时，《规划纲要》还提出了一系列有针对性的量化指标，作为推动长三角一体化发展的工作指引和检验一体化成效的重要标准。

《规划纲要》按照统筹兼顾、远近结合的原则，部署了"7+2"的重要任务。其中，"7"是指推动形成区域协调发展新格局、加强协同创新产业体系建设、提升基础设施互联互通水平、强化生态环境共保联治、加快公共服务便利共享、推进更高水平协同开放、创新一体化发展体制机制等7个方面的重要任务；"2"是指长三角生态绿色一体化发展示范区、中国（上海）自由贸易试验区新片区两个重点区域的高水平高标准建设任务。以上两个阶段发展目标和9个方面任务，共同勾画出了长三角一体化发展宏伟蓝图。

实施长三角一体化发展战略，是引领全国高质量发展、完善我国改革开放空间布局、打造我国发展强劲活跃增长极的重大战略举措。推动长三角一体化发展，有利于提升长三角在世界经济格局中的能级和水平，引领我国参与全球合作和竞争；有利于深入实施区域协调发展战略，探索区域一体化发展的制度体系和路径模式，引领长江经济带发展，为全国区域一体化发展提供示范；有利于充分发挥区域内各地区比较优势，提升长三角地区整体综合实力。

（资料来源：中国政府网、新华网）

世界级城市群概况

世界级城市群需具备人口高度聚集、经济功能与设施高度密集、大都市连绵等特点。目前，在全球范围内普遍承认的大型世界级城市群有6个，分别是：美国东北部大西洋沿岸城市群、北美五大湖城市群、日本太平洋沿岸城市群、英伦城市群、欧洲西北部城市群、长江三角洲城市群。

各城市群的特点如下：

序号	名称	概述	面积（万平方千米）	人口（万人）	人均GDP（美元/人）
1	美国东北部大西洋沿岸城市群	以纽约为中心，包含波士顿、纽约、费城、巴尔的摩、华盛顿等城市	13.8	6 500	62 030

续表

序号	名称	概述	面积（万平方千米）	人口（万人）	人均GDP（美元/人）
2	北美五大湖城市群	以芝加哥为中心，包含芝加哥、底特律、克利夫兰、多伦多、渥太华、蒙特利尔、魁北克等城市	24.5	5 000	67 200
3	日本太平洋沿岸城市群	以东京、名古屋和大阪为中心，包含东京、横滨、静冈、名古屋、京都、大阪、神户等城市	3.5	7 000	48 315
4	英伦城市群	以伦敦为中心，包含伦敦、利物浦、曼彻斯特、利兹、伯明翰、谢菲尔德等城市	4.5	3 650	55 305
5	欧洲西北部城市群	以巴黎为中心，包含巴黎、布鲁塞尔、安特卫普、阿姆斯特丹、鹿特丹、海牙、埃森、科隆、多特蒙德、波恩、法兰克福、斯图加特等城市	14.5	4 600	45 652
6	中国长江三角洲城市群	以上海为中心，包含上海、南京、无锡、常州、苏州、南通、盐城、扬州、镇江、泰州、杭州、宁波、嘉兴、湖州、绍兴、金华、舟山、台州、合肥、芜湖、马鞍山、铜陵、安庆、滁州、池州、宣城等城市	21.2	15 033	13 737

注：数据为2017年统计结果。

（资料来源：网络资料综合整理）

五、国家发布《粤港澳大湾区发展规划纲要》

粤港澳大湾区包括香港特别行政区、澳门特别行政区和广东省广州市、深圳市、珠海市、佛山市、惠州市、东莞市、中山市、江门市、肇庆市（以下称珠三角九市），总面积5.6万平方千米，2017年年末总人口约7 000万人，是中国开放程度最高、经济活力最强的区域之一，在国家发展大局中具有重要战略地位。

2019年2月18日，中共中央、国务院印发《粤港澳大湾区发展规划纲要》（以下简称《规划纲要》）。《规划纲要》将粤港澳大湾区定位为充满活力的世界级城市群、国际科技创新中心、"一带一路"建设的重要支撑、内地与港澳深度合作示范区、宜居宜业宜游的优质生活圈，并为其发展作了全面规划。

《规划纲要》以香港、澳门、广州、深圳四大中心城市作为区域发展的核心引擎。具体发展目标为：到2022年，粤港澳大湾区综合实力显著增强，粤港澳合作更加深入广泛，区域内生发展动力进一步提升，发展活力充沛、创新能力突出、产业结构优化、要素流动顺畅、生态环境优美的国际一流湾区和世界级城市群框架基本形成。到2035年，大湾区形成以创新为主要支撑的经济体系和发展模式，经济实力、科技实力大幅跃升，国际竞争力、影响力进一步增强；大湾区内市场高水平互联互通基本实现，各类资源要素高效便捷流动；区域发展协调性显著增强，对周边地区的引领带动能力进一步提升；人民生活更加富裕；社会文明程度达到新高度，文化软实力显著增强，中华文化影响更加广泛深入，多元文化进一步交流融合；资源节约集约利用水平显著提高，生态环境得到有效保护，宜居宜业宜游的国际一流湾区全面建成。

《规划纲要》明确七大重点建设领域,分别为:

建设国际科技创新中心。深入实施创新驱动发展战略,深化粤港澳创新合作,构建开放型融合发展的区域协同创新共同体,集聚国际创新资源,优化创新制度和政策环境,着力提升科技成果转化能力,建设全球科技创新高地和新兴产业重要策源地。

加快基础设施互联互通。加强基础设施建设,畅通对外联系通道,提升内部联通水平,推动形成布局合理、功能完善、衔接顺畅、运作高效的基础设施网络,为粤港澳大湾区经济社会发展提供有力支撑。

构建具有国际竞争力的现代产业体系。深化供给侧结构性改革,着力培育发展新产业、新业态、新模式,支持传统产业改造升级,加快发展先进制造业和现代服务业,瞄准国际先进标准提高产业发展水平,促进产业优势互补、紧密协作、联动发展,培育若干世界级产业集群。

推进生态文明建设。牢固树立和践行绿水青山就是金山银山的理念,像对待生命一样对待生态环境,实行最严格的生态环境保护制度。坚持节约优先、保护优先、自然恢复为主的方针,以建设美丽湾区为引领,着力提升生态环境质量,形成节约资源和保护环境的空间格局、产业结构、生产方式、生活方式,实现绿色低碳循环发展,使大湾区天更蓝、山更绿、水更清、环境更优美。

建设宜居宜业宜游的优质生活圈。坚持以人民为中心的发展思想,积极拓展粤港澳大湾区在教育、文化、旅游、社会保障等领域的合作,共同打造公共服务优质、宜居宜业宜游的优质生活圈。

紧密合作共同参与"一带一路"建设。深化粤港澳合作,进一步优化珠三角九市投资和营商环境,提升大湾区市场一体化水平,全面对接国际高标准市场规则体系,加快构建开放型经济新体制,形成全方位开放格局,共创国际经济贸易合作新优势,为"一带一路"建设提供有力支撑。

共建粤港澳合作发展平台。加快推进深圳前海、广州南沙、珠海横琴等重大平台开发建设,充分发挥其在进一步深化改革、扩大开放、促进合作中的试验示范作用,拓展港澳发展空间,推动公共服务合作共享,引领带动粤港澳全面合作。

推进粤港澳大湾区建设,是以习近平同志为核心的党中央作出的重大决策,是习近平总书记亲自谋划、亲自部署、亲自推动的国家战略,是新时代推动形成全面开放新格局的新举措,也是推动"一国两制"事业发展的新实践。推进建设粤港澳大湾区,有利于深化内地和港澳交流合作,对港澳参与国家发展战略,提升竞争力,保持长期繁荣稳定具有重要意义。

(资料来源:中国新闻网、新华网、粤港澳大湾区门户网)

世界四大湾区概况

目前,国际知名四大湾区包括纽约湾区、旧金山湾区、东京湾区以及最年轻的粤港澳大湾区。上述湾区以开放性、创新性、宜居性和国际化为其最重要特征,具有开放的经济结构、高效的资源配置能力、强大的集聚外溢功能和发达的国际交往网络,发挥着引领创新、聚集辐射的核心功能,已成为带动全球经济发展的重要增长极和引领技术变革的领头羊。

各湾区基本特点如下:

项目	旧金山湾区	纽约湾区	东京湾区	粤港澳大湾区
特色定位	全球高新技术研发中心、美国西海岸最重要的金融中心	世界金融的核心中枢	日本最大的工业城市群和国际金融中心、交通中心、商贸中心和消费中心	充满活力的世界级城市群、具有全球影响力的国际科技创新中心、"一带一路"建设的重要支撑、内地与港澳深度合作示范区、打造宜居宜业宜游的优质生活圈
主要城市	旧金山、奥克兰、圣荷西等	纽约、波士顿、费城、巴尔的摩、华盛顿等	东京、横滨、千叶等	香港、澳门、广州、深圳等
人口(万人)	777	2 032	4 396	6 958
面积(万平方千米)	1.80	2.15	1.36	5.59
GDP(万亿美元)	0.83	1.72	1.86	1.51
人均GDP(万美元)	10.78	8.46	4.23	2.17
第三产业比重(%)	82.80	89.40	82.30	65.60
世界前100大学个数	3	2	2	4
国际机场数量	3	2	2	5
机场旅客吞吐量(亿人次)	0.76	1.03	1.24	2.01

注:东京湾区为2016年数据,其余为2017年。

(资料来源:网络资料综合整理)

六、国家破除体制机制弊端,加快推动城乡融合发展

改革开放以来,我国在统筹城乡和城镇化建设方面取得了很大进展。习近平总书记指出,在现代化进程中,如何处理好工农关系、城乡关系,在一定程度上决定着现代化的成败。要走城乡融合发展之路,向改革要动力,加快建立健全城乡融合发展体制机制和政策体系,健全多元投入保障机制,增加对农业农村基础设施建设投入,加快城乡基础设施互联互通,推动人才、土地、资本等要素在城乡间双向流动。

2019年5月5日,中共中央、国务院发布了《关于建立健全城乡融合发展体制机制和政策体系的意见》(以下简称《意见》),提出以协调推进乡村振兴战略和新型城镇化战略为抓手,以缩小城乡发展差距和居民生活水平差距为目标,以完善产权制度和要素市场化配置

为重点，坚决破除体制机制弊端，促进城乡要素自由流动、平等交换和公共资源合理配置，加快形成工农互促、城乡互补、全面融合、共同繁荣的新型工农城乡关系，加快推进农业农村现代化。《意见》提出在五个方面展开探索。

一是探索建立健全有利于城乡要素合理配置的体制机制。健全农业转移人口市民化机制、建立城市人才入乡激励机制、改革完善农村承包地制度、稳慎改革农村宅基地制度、建立集体经营性建设用地入市制度、健全财政投入保障机制、完善乡村金融服务体系、建立工商资本入乡促进机制、建立科技成果入乡转化机制，坚决破除妨碍城乡要素自由流动和平等交换的体制机制壁垒，促进各类要素更多向乡村流动。

二是探索建立健全有利于城乡基本公共服务普惠共享的体制机制。建立城乡教育资源均衡配置机制、健全乡村医疗卫生服务体系、健全城乡公共文化服务体系、完善城乡统一的社会保险制度、统筹城乡社会救助体系、建立健全乡村治理机制，推动公共服务向农村延伸、社会事业向农村覆盖，健全全民覆盖、普惠共享、城乡一体的基本公共服务体系，推进城乡基本公共服务标准统一、制度并轨。

三是探索建立健全有利于城乡基础设施一体化发展的体制机制。建立健全城乡基础设施一体化规划机制、一体化建设机制、一体化管护机制，把公共基础设施建设重点放在乡村，加快推动乡村基础设施提档升级，实现城乡基础设施统一规划、统一建设、统一管护。

四是探索建立健全有利于乡村经济多元化发展的体制机制。完善农业支持保护制度、建立新产业新业态培育机制、探索生态产品价值实现机制、建立乡村文化保护利用机制、搭建城乡产业协同发展平台、健全城乡统筹规划制度，围绕发展现代农业、培育新产业新业态，完善农企利益紧密联结机制，实现乡村经济多元化和农业全产业链发展。

五是探索建立健全有利于农民收入持续增长的体制机制。完善促进农民工资性收入增长环境、健全农民经营性收入增长机制、建立农民财产性收入增长机制、强化农民转移性收入保障机制、强化打赢脱贫攻坚战体制机制，拓宽农民增收渠道，促进农民收入持续增长，持续缩小城乡居民生活水平差距。

《意见》提出，要把试点作为重要改革方法，选择有一定基础的市县两级设立国家城乡融合发展试验区，支持制度改革和政策安排率先落地，先行先试、观照全局，及时总结提炼可复制的典型经验并加以宣传推广。

12月19日，国家发展改革委、中央农村工作领导小组办公室等18个部门联合印发了《国家城乡融合发展试验区改革方案》（以下简称《方案》）。

《方案》提出，到2022—2025年，试验区实现城乡生产要素双向自由流动的制度性通道基本打通，城乡有序流动的人口迁徙制度基本建立，城乡统一的建设用地市场全面形成，城乡普惠的金融服务体系基本建成，农村产权保护交易制度基本建立，农民持续增收体制机制更加完善，城乡发展差距和居民生活水平差距明显缩小。试验区的引领示范带动效应充分释放，形成一批可复制可推广的典型经验和体制机制改革措施。

《方案》提出，试验区将聚焦在包括建立城乡有序流动的人口迁徙制度，建立进城落户农民依法自愿有偿转让退出农村权益制度，建立农村集体经营性建设用地入市制度，完善农村产权抵押担保权能，建立科技成果入乡转化机制，搭建城中村改造合作平台，搭建城乡产业协同发展平台，建立生态产品价值实现机制，建立城乡基础设施一体化发展体制机制，建立城乡基本公共服务均等化发展体制机制，健全农民持续增收体制机制等11个方面深入探索、先行先试。

《方案》公布了11个国家城乡融合发展试验区名单，分别是：浙江嘉湖片区、福建福州东部片区、广东广清接合片区、江苏宁锡常接合片区、山东济青局部片区、河南许昌、江西鹰潭、四川成都西部片区、重庆西部片区、陕西西咸接合片区、吉林长吉接合片区。

现阶段推进城乡融合发展，既是破解新时代社会主要矛盾的关键抓手，又是现代化的重要标志，也是拓展发展空间的强大动力。设立国家城乡融合发展试验区，把制度改革和政策安排率先落地，先行先试、观照全局，能够为城乡融合发展指明改革重点、为面上改革提供成功经验、为基层探索搭建有效平台，有助于建立健全城乡融合发展的体制机制和政策体系，对乡村振兴和农业农村现代化具有重要意义。

（资料来源：《人民日报》《经济日报》）

七、国家推进城镇老旧小区改造工作

城镇老旧小区改造是重大民生工程和发展工程，是提升城市品质的重要举措。党中央、国务院高度重视城镇老旧小区改造工作，习近平总书记指出，要加快老旧小区改造；不断完善城市管理和服务，彻底改变粗放型管理方式，让人民群众在城市生活得更方便、更舒心、更美好。2017年，住房和城乡建设部在广州、韶关、柳州、秦皇岛、张家口、许昌、厦门、宜昌、长沙、淄博、呼和浩特、沈阳、鞍山、攀枝花和宁波等15个城市启动了城镇老旧小区改造试点，截至2018年年底，试点城市共改造老旧小区106个，惠及5.9万户居民，形成了一批可复制、可推广的经验。

2019年4月15日，住房和城乡建设部会同国家发展改革委、财政部联合印发《关于做好2019年老旧小区改造工作的通知》，全面推进城镇老旧小区改造。主要开展的工作包括：一是摸排全国城镇老旧小区基本情况；二是指导地方因地制宜提出当地城镇老旧小区改造的内容和标准；三是部署各地自下而上，合理确定2019年改造计划；四是推动地方创新改造方式和资金筹措机制等。按照"业主主体、社区主导、政府引领、各方支持"的方式统筹推进，采取"居民出一点、社会支持一点、财政补助一点"等多渠道筹集改造资金。

6月19日，李克强总理主持召开国务院常务会议，部署推进城镇老旧小区改造 顺应群众期盼改善居住条件。会议认为，加快改造城镇老旧小区，群众愿望强烈，是重大民生工程和发展工程。目前全国需改造的城镇老旧小区涉及居民上亿人，量大面广，情况各异，任务繁重。会议确定：一要抓紧明确改造标准和对象范围，2019年开展试点探索，为进一步全面推进积累经验。二要加强政府引导，压实地方责任，加强统筹协调，发挥社区主体作用，尊重居民意愿，动员群众参与。重点改造建设小区水电气路及光纤等配套设施，有条件的可加装电梯，配建停车设施。促进住户户内改造并带动消费。三要创新投融资机制。2019

年将对城镇老旧小区改造安排中央补助资金。鼓励金融机构和地方积极探索,以可持续方式加大金融对老旧小区改造的支持。运用市场化方式吸引社会力量参与。四要在小区改造基础上,引导发展社区养老、托幼、医疗、助餐、保洁等服务。推动建立小区后续长效管理机制。

7月1日,在国务院政策例行吹风会上,住房和城乡建设部黄艳副部长介绍了进一步全面推进城镇老旧小区改造工作计划。一是抓紧摸清当地城镇老旧小区类型、居民改造愿望等需求,明确城镇老旧小区改造的标准和对象范围。二是按"业主主体、社区主导、政府引领、各方支持"原则,积极开展"美好环境与幸福生活共同缔造"活动,加强政府引导和统筹协调,动员群众广泛参与。三是积极创新城镇老旧小区改造投融资机制,包括探索金融以可持续方式加大支持力度,运用市场化方式吸引社会力量参与等。四是顺应群众意愿,积极发展社区养老、托幼、医疗、助餐、保洁等服务。五是推动建立小区后续长效管理机制。

12月23日,在全国住房和城乡建设工作会议上,住房和城乡建设部王蒙徽部长指出,2019年我国持续推进棚户区改造,截至11月底,已开工315万套,超额完成289万套的目标任务。将城镇老旧小区改造纳入保障性安居工程,试点探索融资方式、群众共建等9方面体制机制。

开展城镇老旧小区改造,改善城乡人居环境,能够顺应人民群众对美好环境与幸福生活的新期待,提升人民群众的获得感、幸福感、安全感,有利于打造共建共治共享的社会治理格局。将老旧小区改造工作上升到国家层面,既是对民生工程的有力保障,也是非常有效的稳投资举措,同时还可以通过外部环境和基础设施的改造、服务设施的健全,拉动居民改善自家室内设施,既保民生又稳投资,同时拉内需,一举多得。

(资料来源:住房和城乡建设部网站、国务院新闻办公室网站)

北京市老旧小区改造整治菜单

2019年3月,北京市政府办公厅印发《老旧小区综合整治工作方案(2018—2020年)》(以下简称《方案》),对改造老旧小区的范围、内容、具体实施办法等做出详细规定。《方案》提出采用"菜单式"办法,把改造内容分为基础类和自选类。基础类是必须改造整治的内容,自选类是在已实施基础类改造整治的前提下,根据居民意愿确定的改造内容。

范围	类别	改造整治内容
楼本体	基础类	拆除违法建设
		整治开墙打洞
		清理群租
		地下空间治理
		对经鉴定不满足抗震设防要求的楼房同时进行抗震加固和节能改造

续表

范围	类别	改造整治内容
楼本体	基础类	对性能或节能效果未达到民用建筑节能标准50%的楼房进行节能改造
		根据实际情况,对楼内水、电、气、热、通信、防水等设施设备进行改造
		进行空调规整、楼体外面线缆规整
		对楼体进行清洗粉刷
		拆除楼体各层窗户外现有护栏,对一层加装隐形防护栏
		光纤入户改造
		完善无障碍设施
	自选类	多层住宅楼房增设电梯等上下楼设施
		楼体抗震加固增加阳台
		多层住宅楼房平改坡
		屋顶美化
		太阳能应用
小区公共区域	基础类	拆除违法建设
		进行地桩地锁专项整治和清理废弃汽车与自行车
		绿化补建
		修补破损道路
		完善公共照明
		更新补建信报箱
		完善安防、消防设施
		根据实际情况进行水、电、气、热、通信、光纤入户等线路管网和设施设备改造,架空线规范梳理及入地
		维修完善垃圾分类投放收集站
		增设再生资源收集站点
		有条件的大型居住小区增建公厕
		无障碍设施和适老性改造
	自选类	增建养老服务设施和社区综合服务设施
		补建停车位及电动汽车充电设施
		完善小区信息基础设施和技术装备
完善小区治理	基础类	完善小区治理体系
		实施规范化物业管理

(资料来源:北京市人民政府网)

八、上海出台《上海市生活垃圾管理条例》

随着经济社会发展、城市规模扩大，城市生活垃圾的产生量不断增加。2018 年，上海市全市每日生活垃圾清运量接近 2.6 万吨，年均生活垃圾产生量超过 900 万吨，给资源环境和经济社会可持续发展带来很大压力。1996 年以来上海市开展了多轮生活垃圾分类试点，并于 2000 年成为国家首批生活垃圾分类试点城市。2014 年上海市政府出台政府规章《上海市促进生活垃圾分类减量办法》。2017 年市人大常委会将《上海市生活垃圾管理条例》列为重点调研项目，2018 年将该项目列为正式立法项目。

2019 年 1 月 31 日，上海市十五届人大二次会议表决通过了《上海市生活垃圾管理条例》（以下简称《条例》），条例分为十章，于 2019 年 7 月 1 日起施行。《条例》指出，上海市"以实现生活垃圾减量化、资源化、无害化为目标，建立健全生活垃圾分类投放、分类收集、分类运输、分类处置的全程分类体系，积极推进生活垃圾源头减量和资源循环利用"。

《条例》规定的生活垃圾分类标准为：一是可回收物，是指废纸张、废塑料、废玻璃制品、废金属、废织物等适宜回收、可循环利用的生活废弃物；二是有害垃圾，是指废电池、废灯管、废药品、废油漆及其容器等对人体健康或者自然环境造成直接或者潜在危害的生活废弃物；三是湿垃圾，即易腐垃圾，是指食材废料、剩菜剩饭、过期食品、瓜皮果核、花卉绿植、中药药渣等易腐的生物质生活废弃物；四是干垃圾，即其他垃圾，是指除可回收物、有害垃圾、湿垃圾以外的其他生活废弃物。

《条例》就促进源头减量，分类投放，分类收集、运输、处置，资源化利用和社会参与、监督管理等内容做了详细规定。同时明确了各类主体的法律责任，综合考虑违法行为的次数、情节和后果等因素，设定了相应的罚款基准。如，个人将有害垃圾与可回收物、湿垃圾、干垃圾混合投放，或者将湿垃圾与可回收物、干垃圾混合投放的，由城管执法部门责令立即改正；拒不改正的，处五十元以上二百元以下罚款。单位未将生活垃圾分别投放至相应收集容器的，由城管执法部门责令立即改正；拒不改正的，处五千元以上五万元以下罚款。垃圾处置单位未保持生活垃圾处置设施、设备正常运行，影响生活垃圾及时处置的，责令限期改正；逾期不改正的，处五万元以上五十万元以下罚款。

为确保条例顺利实施，上海市在设施建设和制度建设两方面做了充分准备。截至 2019 年 6 月，上海已完成 1.3 万个分类投放点改造，完成率 75%，更新完善道路废物箱标识 4 万余只。全市配置及涂装湿垃圾车 982 辆、干垃圾车 3 135 辆、有害垃圾车 49 辆以及可回收物回收车 32 辆，建成可回收物回收服务点 6 106 个、中转站 121 个、集散场 6 个。垃圾分类实效得以快速提升，可回收物回收量超过 3 312 吨/日，湿垃圾分出量约 6 164 吨/日，干垃圾焚烧及湿垃圾资源化利用能力达到 2.435 万余吨/日。干垃圾焚烧能力达到 1.93 万吨/日，湿垃圾资源化利用能力达到 5 050 吨/日。

此外，《条例》配套制度已于 2019 年 6 月底基本完成。18 项配套制度，包含宾馆不主动提供一次性用品目录、餐饮行业不主动提供一次性餐具用品目录、公共机构限制使用一次性用品目录、垃圾分类目录及投放要求、生活垃圾处置总量控制办法等已陆续出台。《建筑工地生活垃圾分类导则》《生活垃圾分类违法行为查处规定》等一系列配套文件也已制定。此外，上海还建立了"不分类、不收运，不分类、不处置"的双向监督机制，同时，覆盖分类运输、分类中转至末端处置的全程信息化监管平台也已基本建成。

《条例》实施以来，垃圾分类取得了较好的成效，截至2019年10月底，上海全市1.3万个居住区垃圾分类达标率达到80%，远远超过2018年年底的15%。从垃圾的回收分出量上来看，全市可回收物的回收量较2018年10月增长了4.6倍，湿垃圾分出量增长了1倍，干垃圾处置量减少了33%，有害垃圾的分出量较2018年增长了9倍。整体来讲，居民参与度高，生活垃圾分类成效稳步提升。

习近平总书记在上海考察时强调，垃圾分类就是新时尚。随着中国经济进入高质量发展阶段，垃圾分类必将作为现代文明的标志之一进一步得到推广。上海率先建立以法治为基础、政府推动、全民参与、城乡统筹、因地制宜的垃圾分类制度，在全国具有重要的先行示范意义。

（资料来源：央广网、人民网、新华网）

九、北京大兴国际机场正式投入运营

北京大兴国际机场位于北京市大兴区榆垡镇、礼贤镇与河北省廊坊市广阳区之间，地处京津冀核心地带，距天安门广场直线距离约46千米，距雄安新区55千米，距北京城市副中心54千米，距河北廊坊市26千米，地处京津冀区域的中心，是京津冀协同发展重大标志性工程。

2014年12月26日，北京大兴国际机场正式开工建设。2017年2月23日，习近平总书记考察北京大兴国际机场建设并作出重要指示，新机场建设要创造一流经验，为我国基础设施建设打造样板。2018年8月，北京新机场正式命名为"北京大兴国际机场"。2018年12月，飞行区4条跑道全面贯通。2019年2月，飞行校验工作圆满完成。

2019年9月25日，北京大兴国际机场投运仪式在北京举行。中共中央总书记、国家主席、中央军委主席习近平出席仪式，宣布机场正式投运。习近平强调，大兴国际机场能够在不到5年的时间里就完成预定的建设任务，顺利投入运营，充分展现了中国工程建筑的雄厚实力，充分体现了中国精神和中国力量，充分体现了中国共产党领导和我国社会主义制度能够集中力量办大事的政治优势。北京大兴国际机场体现了中国人民的雄心壮志和世界眼光、战略眼光，体现了民族精神和现代水平的大国工匠风范。

北京大兴国际机场项目总占地约4.1万亩（其中北京2.3万亩、河北1.8万亩），工程总投资800亿元，是目前全球规模最大的机场。本期按2025年旅客吞吐量7 200万人次、飞机起降量62万架次的目标设计，建设了"三纵一横"4条跑道。航站楼综合体总面积143万平方米，其中航站楼70万平方米。远期扩建至6条跑道，能满足年旅客吞吐量1亿人次、货邮吞吐量 400 万吨。

北京大兴国际机场建设践行新发展理念，立足自主创新，开发应用 103 项新专利、新技术，65 项新工艺、新工法，国产化率达 98% 以上，全部工程一次验收合格率达 100%，13 项关键建设指标全部达到世界一流。

北京大兴国际机场是世界首个实现高铁与航站楼无缝衔接的机场，综合交通枢纽的集成度、便捷性、先进性均居世界一流；世界首创的中心放射五指廊构型，是全球首个"双进双出"的航站楼，旅客安检后从航站楼中心到最远端登机口约 600 米，步行时间不到 8 分钟，中转衔接时间能实现国内转国内 30 分钟、国际转国际 45 分钟、国内转国际 60 分钟、国际转国内 60 分钟，旅客步行距离、中转效率、飞机运行效率优于世界其他同等规模机场；航站楼核心区机电安装涉及 108 套系统，规模和难度在世界机场建设史上史无前例；是世界最大的耦合式浅层地温能利用项目，航站楼及停车楼工程获绿色建筑三星级认证和全国首个节能建筑 3A 级认证，每年约可节约 8 850 吨标煤，减少二氧化碳排放 2.2 万吨，场内通用车辆清洁能源车使用率 100%，污水处理率 100%；是世界最大的单体层间减隔震建筑，应用全球首创的强夯数字化施工技术、首套国产化的大型国际枢纽机场行李自动处理及信息管理系统，工程建造技术世界领先，还有国内民用机场最先进、最全面的无障碍设施等。

北京大兴国际机场配套建设了现代化的立体交通体系，不仅在机场内部实现了公路、轨道交通、高速铁路、城际铁路等不同运输方式的立体换乘、无缝衔接，而且在外部配套建设了五纵两横的交通网络。"五纵"指大兴机场连接北京市中心的快速轨道（轨道交通大兴机场线）、北京至雄安城际铁路（京雄城际）、京开高速北京六环至黄垡桥段（拓宽）、京台高速北京五环至市界段、北京城区经机场至霸州高速公路（大兴国际机场高速）；"两横"指大兴机场北线高速、廊涿城际（城际铁路联络线一期）。其中，京台高速、京开高速拓宽工程已于 2018 年年底前建成通车，大兴国际机场高速、大兴机场北线高速已于 2019 年 7 月 1 日正式通车，轨道交通大兴机场线一期、京雄城际铁路北京段已建成投运，廊涿城际铁路预计 2022 年建成通车。

北京大兴国际机场建成投运，对提升我国民航国际竞争力、更好地服务全国对外开放、推动京津冀协同发展具有重要意义。北京大兴国际机场运营后，要着力构建运行顺畅、组织高效的集疏运体系，提升运行效率和管理水平，充分发挥辐射带动作用，将北京大兴国际机场打造成国际航空枢纽建设运营新标杆、世界一流便捷高效新国门、京津冀协同发展新引擎。

（资料来源：新华网、人民网、《经济日报》）

> ### 北京机场建设发展大事记
>
> 1910年8月，南苑机场开始建设，这是中国历史上第一座机场，也是中国民航业的发源地，在我国航空史上具有重要意义。
>
> 1914年3月10—11日，南苑航校进行了从北京至保定的首次国内长途试航飞行。
>
> 1920年，南苑机场开办北京至上海、北京至广州、北京至成都、北京至哈尔滨以及北京—张家口—库伦（今乌兰巴托）等民用航线。
>
> 1949年8月15日，华北航空处在南苑机场组建了中国人民解放军第一个飞行中队，10月1日，该中队9架P-51参加了开国大典的阅兵式，自此之后南苑机场成为参与国庆阅兵仪式的空、地受阅部队的训练基地，担负着保障空、地受阅部队训练的任务。
>
> 1958年3月2日，首都机场正式建成投入使用，这是新中国成立后首个投入使用的民用机场。
>
> 1980年1月1日，经大规模扩建的首都机场T1航站楼及停机坪、楼前停车场等配套工程建成并正式投入使用。
>
> 1986年，中国联航成立，南苑机场对民航开放。
>
> 1999年11月1日，北京首都国际机场T2航站楼正式投入使用。
>
> 2008年春，北京首都国际机场扩建工程（T3航站楼）完工。同年3月26日，有20家航空公司转至T3航站楼，转场后T3航站楼承担机场60%旅客吞吐量。
>
> 2014年12月15日，国家发展改革委批复同意建设北京新机场项目，同年12月26日，北京新机场工程举行开工典礼。
>
> 2018年9月14日，北京新机场名称确定为"北京大兴国际机场"。同年，北京首都国际机场旅客吞吐量突破1亿人次，远超规划设计的总容量7 600万人次。
>
> 2019年9月25日，南苑机场最后一天民航运营，当日北京大兴国际机场举行投运仪式，习近平总书记宣布北京大兴国际机场正式投运。
>
> （资料来源：中国民用航空局网等）

十、江苏响水化工厂爆炸造成重大人员伤亡

2019年3月21日14时48分许，江苏省盐城市响水县陈家港镇化工园区内江苏天嘉宜化工有限公司化学储罐发生爆炸事故，并波及周边16家企业。事故共造成78人死亡、76人重伤，640人住院治疗，直接经济损失19.86亿元。经测算，此次事故爆炸总能量约为260吨TNT当量，引发2.2级地震，导致化工园区内所有企业陆续停产，周边学校、幼儿园临时停课，多个变电站和供电线路停运，2 300余户低压电用户及99户高压电用户停电，造成较为严重的社会影响。

3月21日，盐城市消防救援支队响水县大队接到爆炸事故报警后，江苏省消防救援总

队共调派南京、泰州、连云港等周边十个城市的176辆消防车、928名消防员赶赴现场，搜救被困人员，并对油罐进行冷却灭火。截至3月25日零时，响水爆炸事故现场搜救工作正式结束，参战指战员成功搜救164人，其中幸存86人。

3月22日，国务院江苏响水"3·21"特别重大爆炸事故调查组成立，事故调查组查明，事故的直接原因是天嘉宜公司旧固废库内长期违法贮存的硝化废料持续积热升温导致自燃，燃烧引发爆炸。事故调查组认定，天嘉宜公司无视国家环境保护和安全生产法律法规，刻意瞒报、违法贮存、违法处置硝化废料，安全环保管理混乱，日常检查弄虚作假，固废仓库等工程未批先建。相关环评、安评等中介服务机构严重违法违规，出具虚假失实评价报告。

事故调查组同时认定，江苏省各级应急管理部门履行安全生产综合监管职责不到位，生态环境部门未认真履行危险废物监管职责，工信、市场监管、规划、住建和消防等部门也不同程度存在违规行为。响水县和生态化工园区招商引资安全环保把关不严，对天嘉宜公司长期存在的重大风险隐患视而不见，复产把关流于形式。江苏省、盐城市未认真落实地方党政领导干部安全生产责任制，重大安全风险排查管控不全面、不深入、不扎实。

4月15日，公安机关对江苏天嘉宜化工有限公司及为该公司相关项目作虚假评价的中介组织涉嫌犯罪的17名嫌疑人采取刑事强制措施。共有26名犯罪嫌疑人被采取刑事强制措施。11月，中央纪委国家监委、江苏省纪检监察机关依规依纪依法对事故中涉嫌失职失责和违纪违法问题的60余名公职人员进行严肃问责。

响水化工厂爆炸事故为各企业安全生产责任人和监管部门敲响了警钟，充分证明了安全生产治理体系和治理能力现代化建设的重要性。各地各级党委和政府及相关部门要坚决贯彻落实习近平总书记关于安全生产一系列重要指示精神，深刻汲取事故教训，举一反三，切实把防范化解危险化学品系统性的重大安全风险摆在更加突出的位置，坚持底线思维和红线意识，牢固树立新发展理念，把加强危险化学品安全工作作为大事来抓，强化危险废物监管，严格落实企业主体责任，推动化工行业转型升级，加快制定、修订相关法律法规和标准，提升危险化学品安全监管能力，有效防范遏制重特大事故发生，切实维护人民群众生命财产安全。

（资料来源：新华网、中国新闻网、应急管理部网）

（作者：邵益生，中国城市规划设计研究院研究员，国际欧亚科学院院士；周长青，中国城市规划设计研究院水务发展研究所，教授级高级工程师）

2019年中国城市住房发展

2019年，外部经济环境复杂严峻，经济面临下行压力，房地产市场虽面临下行趋势，但全国整体态势较为平稳。中央对房地产调控政策继续坚持房住不炒，明确不将房地产作为短期刺激经济的手段，加快构建稳地价、稳房价、稳预期的房地产调控长效机制；遏制房地产泡沫化倾向，防范房地产金融风险；大力发展住房租赁市场，深入整治租赁市场乱象。在保障方面，深化住房保障体系改革探索，推动各类保障性住房发展。同时，继续促进棚改旧改与完整社区建设，创造良好人居环境。

一、房地产市场保持平稳发展，市场调控坚持房住不炒

（一）宏观经济形势不确定性较大，房地产市场保持低位运行

2019年，在外部经济环境严峻复杂、内部经济向高质量发展转型的背景下，我国经济仍处于并将长期处于重要战略机遇期，在不确定性中机遇与挑战并存。伴随全球经济增长动能减弱，国内面临经济下行压力，全年GDP呈现逐季回落态势：全年国内生产总值总量接近100万亿元，按可比价格计算，比上年增长6.1%，符合6%~6.5%的预期目标。但相比2018年6.6%的增长率，明显下滑了0.5个百分点，经济继续下行的态势仍然明显。受经济不确定性较强的大环境影响，截至12月底，房地产市场低位运行，房屋新开工面积和竣工面积增速较上年分别下滑8.7和7.8%；城镇化增速放缓，人口从农村向城市转移趋势减弱，导致住房市场需求下降。整体看来，房地产市场存在下行趋势。

（二）全国整体形势保持平稳，城市间分化趋势加剧

2019年，全年商品住房销售面积与2018年相比有所增长：2019年为150 144万平方米，2018年为147 929万平方米；销售价格较2018年也有所提升：2018年为8 544元/平方米，2019年为9 287元/平方米[①]（图1）。

上半年楼市回暖势头显现，尤其是3月、4月以来，全国整体成交量逐月攀升。而进入

---

① 资料来源：国家统计局2018年和2019年全国房地产开发和销售情况。

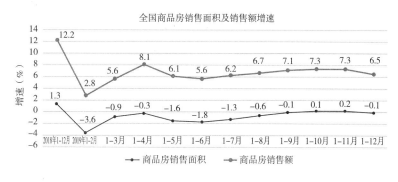

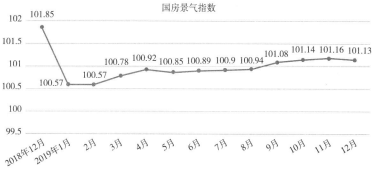

图 1　2019 年全国商品房销售情况

数据来源：国家统计局

下半年，市场明显降温，成交量维持低位，仅 9 月的成交量因供应大幅放量、房企加大营销力度而有小幅回升。

具体而言，2019 年商品房销售上半年成交热度持续，随着调控政策的逐步传导，下半年市场明显降温，成交量开始逐月走低。根据易居研究院对全国 40 城住宅成交情况的研究，随着"因城施政、分类调控"的逐步贯彻实施，一二线城市商品房销售面积同比小幅上升，三四线城市同比下降。一线城市出现分化，全年商品房销售面积同比增长 20%[1]，其中，北京商品住宅销售面积增长 35%[2]，深圳同比增长 15%[3]，而上海则同比下降 4%[4]；二线城市同比小幅增长 4%[5]；三四线城市同比下降 6%[6]。

（三）房地产调控坚持房住不炒，明确不将房地产作为短期刺激经济的手段

2019 年，中央仍坚持"房子是用来住的、不是用来炒的"的原则，并明确提出不将房地产作为短期刺激经济的手段，全面落实因城施策，对房地产市场调控政策稳中求进。

---

[1] 易居研究院：《40 城住宅成交报告》，2020 年 1 月。
[2] 北京市人民政府：2019 年北京市房地产市场运行情况 http://www.beijing.gov.cn/gongkai/shuju/sjjd/t1614180.htm。
[3] 中指研究院：2019 年深圳房地产市场年报 https://mp.weixin.qq.com/s/unb9fE_tbGSDOuV_7WGiyg。
[4] 上海市统计局：1—12 月本市房地产开发、经营基本情况 http://tjj.sh.gov.cn/sjxx/20200329/312f2ab681fa4a3a9229d77b1a6bd6b5.html。
[5] 易居研究院：《40 城住宅成交报告》，2020 年 1 月。
[6] 易居研究院：《40 城住宅成交报告》，2020 年 1 月。

年初政策以平稳预期为主,"防止房市大起大落":习近平总书记在省部级主要领导干部坚持底线思维着力防范化解重大风险专题研讨班开班式上提出,稳妥实施房地产市场平稳健康发展长效机制方案;两会政府工作报告提出,要更好解决群众住房问题,落实城市主体责任,改革完善住房市场体系和保障体系,促进房地产市场平稳健康发展。中共中央政治局会议进一步重申坚持房子是用来住的、不是用来炒的定位,落实好一城一策、因城施策、城市政府主体责任的长效调控机制。

至年中政策逐渐加码:中共中央政治局会议首提"不将房地产作为短期刺激经济的手段",并进一步明确,坚持"房子是用来住的、不是用来炒的"的定位,落实房地产长效管理机制。年末则进一步平稳预期,中央经济工作会议提出要坚持"房子是用来住的、不是用来炒的"的定位,全面落实因城施策,稳地价、稳房价、稳预期的长效管理调控机制(表1)。

表1 2019年中央关于房地产调控的重要表态

时间	会议	主要内容
4月	习近平总书记主持召开中共中央政治局会议	要求坚持"房子是用来住的、不是用来炒的"定位,落实好一城一策、因城施策、城市政府主体责任的长效调控机制
7月	习近平总书记主持召开中共中央政治局会议	坚持"房子是用来住的、不是用来炒的"定位,落实房地产长效管理机制,不将房地产作为短期刺激经济的手段
11月	十九届四中全会	加快建立多主体供给、多渠道保障、租购并举的住房制度
11月	中央经济工作会议	要坚持"房子是用来住的、不是用来炒的"定位,全面落实因城施策,稳地价、稳房价、稳预期的长效管理调控机制,促进房地产平稳健康发展

资料来源:笔者整理

(四)遏制房地产泡沫化倾向,防范房地产金融风险

中央聚焦房地产金融风险,坚持住房居住属性,房地产金融抑制政策贯彻全年,为部分城市实施定向微调、保障合理住房需求提供了坚实基础。银保监会、央行等部门密集表态需加强房地产金融风险防范。银监会、保监会主席郭树清表示,2019年的房地产金融政策总的方针不会改变,对投机性的房地产贷款严格控制,房地产金融仍是防范风险的重点领域。央行召开银行业金融机构信贷结构调整优化座谈会,强调合理控制房地产贷款投放,加强对存在高杠杆经营的大型房企的融资行为的监管和风险提示。

央行发布公告称,自2019年10月8日起,新发放商业性个人住房贷款利率以最近一个月相应期限的贷款市场报价利率为定价基准加点形成;在此之前,已发放的商业性个人住房贷款和已签订合同但未发放的商业性个人住房贷款,仍按原合同约定执行。通过利率市场化,降低实体经济的融资成本,确保差别化住房信贷政策的有效实施,保持个人住房贷款利率基本稳定。央行党委召开座谈会时进一步强调坚持"房子是用来住的、不是用来炒的"定位,统筹做好房地产金融调控。银监会、保监会也明确将完善房地产融资统计和监测体系,严厉打击各类违规行为。

(五) 地方"一城一策"优化调控措施，促楼市稳定

随着各地市场形势分化，地方因城施策进一步深化。地方政府调控跟随市场变化及时调整，稳妥实施"一城一策"方案，保障了房地产市场的整体稳定。房地产市场热点城市政策紧缩程度自4月以来明显加强，如西安、苏州、海口分别升级了限购、限售政策。部分城市则针对自身情况，进行政策微调放宽，如南京为了落实人才战略而进行了购房条件适度优化。

> 1. 政策紧缩型
> (1) 苏州：进一步升级限购限售政策
> ——升级限购政策：非本市户籍居民家庭在苏州市区、昆山市、太仓市范围内申购第1套住房时，应提供自购房之日起前3年内在苏州市范围内连续缴纳2年以上个人所得税或社保缴纳证明。
> ——扩大住房限制转让实施范围：对市区新建商品住房、二手房实施限制转让。新建商品房、二手房购房人自取得不动产权证之日起，分别满3年及5年后方可转让。
> (2) 西安：限购升级，进一步加强住房市场调控管理
> ——非西安市户籍居民家庭在本市住房限购区域范围内无住房且能够提供5年以上（含5年）个人所得税或社会保险证明的，方可购买1套商品住房或二手住房。
> ——从西安市外迁入户籍的居民家庭（退伍转业、家属随军落户的除外）在西安市住房限购区域范围内购买商品住房或二手住房的，应落户满1年，或在西安市连续缴纳12个月的社会保险（或个人所得税）。
> (3) 海口：严格落实限购要求，限购措施进一步升级
> ——严格落实限购要求：自2018年4月22日20:00后户籍迁入海南省的居民家庭只能购买1套商品住宅（引进人才落户购房除外），并暂停向企事业单位出售商品住宅（经批准的企业人才周转房除外）。
> ——限购措施进一步升级：暂停向企事业单位、社会组织及个体工商户出售商品住宅（经批准的企业人才周转房除外）。
> 2. 政策微调放宽型
> 南京：部分区域适度放宽购房条件
> ——南京高淳区购房的外地人不再需要两年的社保或个税证明，只要持有南京市居住证，或者携带用工单位的劳务合同和营业执照，即可开具购房证明。

(六) 大力发展住房租赁市场，深入整治住房租赁市场乱象

积极培育租赁市场，以中央财政支持住房租赁发展试点工作。中共中央政治局常委、国务院副总理韩正到住房和城乡建设部调研时强调，完善住房租赁市场体系，建立健全住房租赁相关法律法规，完善金融财税政策，实现住房租赁市场健康稳定发展。根据财政部、住房

和城乡建设部消息,北京、长春、上海、南京、杭州、合肥、福州、厦门、济南、郑州、武汉、长沙、广州、深圳、重庆、成都等16城进入了2019年中央财政支持住房租赁市场发展试点范围。入选城市将"用三年时间,中央分批支持部分人口净流入、租赁需求缺口大的大中城市发展住房租赁市场,构建有利的体制机制,多渠道筹集租赁住房房源,促进专业化、机构化租赁企业发展,建设住房租赁信息服务与监管平台,改善租赁住房消费环境,加快形成租购并举的格局"。试点城市可以获得"直辖市每年10亿元,省会城市和计划单列市每年8亿元,地级城市每年6亿元"的奖补资金支持,该项资金"可用于多渠道筹集租赁住房房源、建设住房租赁信息服务与监管平台等与住房租赁市场发展相关的支出"(表2)。

表2 全国部分城市加快租购并举制度建设的相关举措

城市	加快租购并举制度建设的举措
海南	允许符合规划的存量商品住宅用地转型建设租赁住房,明确租赁住房用地的基准地价可暂按现行商品住宅用地基准地价的60%执行
广东	重点扩大租赁住房供给,深化利用集体建设用地建设租赁住房试点工作
广州	在新增租赁住房110.4万平方米之外,提出要成立5家国有住房租赁企业
北京	将出台进一步规范管理住房租赁市场政策措施,促进住房租赁市场稳定,多渠道建设筹集租赁住房5万套(间)
上海	将新建和转化租赁房源10万套,新增代理经租房源9万套,进一步规范住房租赁市场发展
深圳	力争到2022年新增建设筹集各类住房60万套,其中租赁住房不少于30万套,并推出首个"稳租金"商品房租赁试点项目,规定年度租金涨跌幅范围不超过5%。完善住房租赁监管,出台专门政策严控住房租金过快上涨
成都	国有租赁住房按市场化原则自行定价出租,租金年涨幅不得超过5%
珠海	出台新政建立租购并举住房制度,到2025年新增供应各类保障性住房和租赁住房占比将达到30%左右
长春	计划2019—2021年新增租赁住房315万平方米
西安	到2021年年底,构建形成供应主体多元、供应方式多样、经营行为规范、租赁关系稳定的住房租赁市场体系
合肥	明确提高自行出租、开展住房租赁居间服务的个人、企业财政奖补资金,明确个人出租自有住房3年内按综合征收率0%征收
南京	鼓励集体经济组织通过入股、联营等方式与其他经济组织合作开发建设租赁住房
南宁	探索在商品住房中配建租赁住房。加大公租房货币化补贴、高校毕业生租房补贴等措施落实力度

资料来源:中国指数研究院《2019年上半年中国房地产政策盘点》。

为增加房源供给,国家进一步鼓励增加集体建设用地建设租赁住房。自然资源部办公厅、住房和城乡建设部办公厅发布《关于福州等5个城市利用集体建设用地建设租赁住房试点实施方案意见的函》,原则同意福州、南昌、青岛、海口、贵阳5个城市利用集体建设用地建设租赁住房试点实施方案。国家发展改革委等十部门联合印发《进一步优化供给推动消费平稳增长促进形成强大国内市场的实施方案(2019年)》,指出支持人口净流入、房价高、租赁需求大的大中小城市多渠道筹集公租房和市场租赁的住房房源,将集体土地建设租赁住房作为重点支持的内容。

地方进一步加快建设住房租赁市场,广州、杭州、合肥等地对发展租赁市场给予奖补,对优秀住房租赁企业给予专项资金扶持。部分城市对住房租赁政策进行落地和细节完善,比如北京、上海、广州、深圳、杭州、成都等十余个一二线城市搭建了统一监管的住房租赁服务平台,浙江、东莞、青岛、常州等多个省市出台出租房消防管理条例。各地探索允许符合条件商业用房改建租赁住房。吉林、甘肃、西安、南宁、扬州、常州、淄博、德州、柳州等省市为支持租赁住房建设,明确可将商业用房等按规定改建为租赁住房。广州规定符合要求的写字楼、商场、酒店等商业项目可以按照规定改建为租赁住。

全国范围内深入开展住房租赁中介机构乱象专项整治。住房和城乡建设部等6部门联合印发《关于整顿规范住房租赁市场秩序的意见》,明确提出将加强对采取"高进低出""长收短付"经营模式的住房租赁企业的监管,指导住房租赁企业在银行设立租赁资金监管账户。规定住房租赁企业租金收入中,住房租金贷款金额占比不得超过30%。地方层面,全国各地持续加强住房租赁市场监管力度。北京加大市区联动执法深度打击互联网上房源信息发布乱象;南京大力整治各类违规违法行为;杭州通过企业资金专户中冻结部分风险防控金加强租赁资金监管。

二、深化住房制度改革探索,加快推进住房保障体系改革

(一) 加快推动住房保障立法,探索住房保障体系改革试点

我国住房保障体系建设随着住房制度改革和住房市场化、商品化的进程而产生,并日益完善,建立了上下联动、齐抓共管的工作机制,完善了财政、土地、金融和税费减免等支持政策。但面对新时期的发展要求,其政策体系还有待进一步完善;保障性住房后续管理需要进一步加强和规范[1],住房保障立法迫在眉睫。

国务院公布《关于印发国务院2019年立法工作计划的通知》,2019年将提请全国人大常委会制定城镇住房保障条例、住房租赁条例。住房和城乡建设部表示将加快推动住房保障立法,明确国家层面住房保障顶层设计和基本制度框架,夯实各级政府住房保障工作责任,同时为规范保障房准入使用和退出提供法律依据。

在加快法制顶层设计的同时,住房保障体系的改革试点也在同步探索。2019年全国住房和城乡建设工作会议首次提出政策性租赁住房,要求"重点发展政策性租赁住房,探索政策性租赁住房的规范标准和运行机制"。政策性租赁住房将是未来重点发展的方向,其具体内涵、建设方式和供应机制等内容及其在住房保障体系中的角色和作用还有待进一步探讨明确。在城市层面,深圳走在全国前列,提出建设租购并举的住房保障体系,市场商品住房占总量的40%,人才住房、安居型商品房、公共租赁住房分别各占20%,以市场为主满足多层次需求,以政府为主提供基本保障,进一步深化住房制度改革[2]。

---

[1] 资料来源:搜狐新闻.住房和城乡建设部:将加快推动住房保障立法,明确国家层面住房保障顶层设计 http://m.sohu.com/a/333647880_115362.

[2] 资料来源:《深圳市人民政府关于深化住房制度改革加快建立多主体供给多渠道保障租购并举的住房供应与保障体系的意见(2018年6月5日征求意见稿)》。

（二）规范公租房发展，继续多主体多渠道增加供给

各地进一步加强供给主体多元化，多措并举增加公租房房源供应。住房和城乡建设部、国家发展改革委、财政部、自然资源部四部门联合发布《关于进一步规范发展公租房的意见》，要求多渠道筹集房源，可立足当地实际，制定在商品住房项目中配建公租房的政策，明确配建比例，利用集体建设用地建设租赁住房的试点城市，可将集体建设用地建设的租赁住房长期租赁作为公租房，租赁期限一般不低于5年。鼓励政府将持有的存量住房用作公租房。

作为全国城市的风向标，北京8月发布《北京住房和城乡建设发展白皮书（2019）》，成为多方式筹集公共租赁房源的指导性规划，提出通过开工新建、收购、改建、转化、趸租等多种方式，多渠道建设筹集租赁住房5万套（间），建设筹集公租房约1.5万套[①]。其他城市也在积极探索符合自身特色的多渠道供给模式，如南宁要求在所有新建商品住房项目中进行配建，将配建比例、套型面积、设施条件、交付时间和产权移交方式作为土地出让条件纳入出让合同中，保证配建比例不低于总建筑面积的10%。支持在棚改、拆迁安置房小区中配建公共租赁住房。

（三）因地制宜发展共有产权住房，满足多层次住房需求

中央强调因地制宜发展共有产权房，加快建立住房保障体系。国务院印发《关于支持河北雄安新区全面深化改革和扩大开放的指导意见》，针对多层次住房需求建立多主体供应、多渠道保障、租购并举的住房制度，明确个人产权住房以共有产权房为主。住房和城乡建设部指出对于人口净流入较多、房价较高、住房保障需求较大的大中城市，要因地制宜发展共有产权住房，加快促进解决城镇中低收入居民和符合条件新市民住房困难问题。地方则结合实际积极发展共有产权住房，重点针对新市民住房问题的解决。

广州：创新内外循环的产权流转方式

南沙新区拟提出共有产权住房的房屋产权份额流转方式：内循环方式流转的，产权登记之日起满5年可向区住建局提交产权流转申请，新购房人获得房屋产权性质仍为"共有产权住房"；外循环方式流转的，满8年可提交上市申请，新购房人取得商品房产权。

烟台：限制期年限延长，出售份额比例调整

将共有产权住房增购产权限制期由2年延长至5年，共有满5年，承购人可申请增购产权，承购人购买其他住房的，应当先增购取得共有产权住房的全部产权；将出售产权份额比例由70%的单一比例调整为60%、70%、80%三个档次，增强了灵活性。

[①] 资料来源：《北京住房和城乡建设发展白皮书（2019）》。

三、促进棚改旧改与完整社区建设，创造良好人居环境

（一）棚改规模收缩，棚改范围和标准把控更加严格

2019年度全国棚改计划规模收缩明显，在严格把握棚改范围和标准的基础上，扎实有效稳步推进棚改纵深化发展。住房和城乡建设部表示在棚户区改造方面，将坚持既尽力而为，又量力而行，科学确定年度棚改任务，严格把握棚改范围和标准，重点改造老城区脏乱差的棚户区、国有工矿区、林区、垦区棚户区，稳步推进棚户区改造。

自2018年7月住房和城乡建设部明确提出因地制宜推进棚改货币化安置后，棚户区改造逐渐步入调整期。2019年全国棚改计划新开工289万套，年底已开工约316万套，占年度目标任务的109%，完成投资1.2万亿元。与2018年棚改的相关数据相比均有较大回落（图2）。

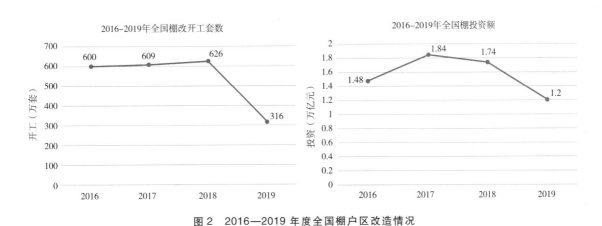

图2　2016—2019年度全国棚户区改造情况

数据来源：住房和城乡建设部官网

地方层面，山东进一步强调严禁将棚改政策覆盖到一般建制镇。兰州发布《兰州市棚户区改造界定标准》，严禁将旧城改造、房地产开发、城市基础设施建设等项目打包纳入棚改。福州强调合理控制货币补偿比例，严格按照市委市政府"疏解老城、建设新城"的总体策略，鼓楼、台江中心城区可向外疏解，各项目住宅房屋货币补偿比例原则上控制在50%以内，仓山、晋安、马尾主要实行就地就近安置，各项目住宅房屋货币补偿比例原则上控制在30%以内。

（二）促进城市存量更新，加快城镇老旧小区改造

城镇老旧小区改造成为新时期城市存量更新和保障性安居工程的重要抓手。目前，在国家层面，改造政策重点由节能、危改转为满足人民美好需要的综合整治。2019年政府工作报告指出，城镇老旧小区量大面广，要大力进行改造提升，更新水电路气等配套设施，支持加装电梯和无障碍环境建设，健全便民市场、便利店、步行街、停车场等生活服务设施。在

省级层面，部分省份已公开发布老旧小区改造方面的技术规定，并分项明确了整治改造的技术要求；《关于做好2019年老旧小区改造工作的通知》（建办城函〔2019〕243号）要求认真做好老旧小区调查摸底、明确老旧小区改造内容、科学制订老旧小区改造计划；住房和城乡建设部副部长黄艳在国务院政策例行吹风会上则进一步明确了五点要求，包括明确城镇老旧小区改造的标准和对象范围、在城镇老旧小区改造中积极开展"美好环境与幸福生活共同缔造"活动、积极创新城镇老旧小区改造投融资机制、积极发展社区服务、推动建立小区后续长效管理机制等，为各地开展具体改造工作明确了方向。

在国家相关政策指导下，各城市在老旧小区改造方面已形成各具特色、重点突出、较为系统的政策体系，并因地制宜采取不同改造方式，以综合整治为主，初步形成政府主导、多元参与的实施机制。

广州老旧小区改造试点经验

（1）政策体系：已初步形成系统的政策体系和较为高效的实施机制

《广州市老旧小区微改造三年（2018—2020）行动计划》，明确2018—2020年，推进779个老旧小区微改造工作。广州市老旧小区微改造包括三线整治、基础设施升级在内共59项改造内容，其中有48项涉及公共基础设施的内容为规定动作，11项涉及人居环境提升的内容为自选动作。

（2）改造方式：全面改造和微改造相结合

全面改造是指以拆除重建为主的更新方式，主要适用于城市重点功能区以及对完善城市功能、提升产业结构、改善城市面貌有较大影响的城市更新项目。属历史文化名村、名城范围的，不适用全面改造。

微改造方式是在维持现有格局基本不变的前提下，对建筑物进行局部拆建、功能置换、保留修缮，以及整治周边环境、保护现有历史文化资源，激活城市活力。

（3）实施机制：多元主体参与，创新改造方式

例如一些区建立了"建管委"制度、"居民咨询委员会"等组织。启动老旧小区微改造规划设计方案竞赛活动，以吸引规划师、建筑师、艺术家、市民群众等群体的深度参与，加快推进和提高老旧小区微改造的建设进程和品质。

（三）推进完整社区建设，促进社区居住品质提升

全国住房和城乡建设工作会议强调要着力开展美好环境与幸福生活共同缔造活动，推进"完整社区"建设。围绕改善城乡人居环境，继续深入开展"共同缔造"活动，使"共同缔造"活动与美丽城市、美丽乡村建设有机融合、统筹推进。试点打造一批"完整社区"，完善社区基础设施和公共服务，创造宜居的社区空间环境，营造体现地方特色的社区文化，推动建立共建、共治、共享的社区治理体系。

"完整社区"的概念最早由吴良镛提出，他指出，人是城市的核心，社区是人最基本的

生活场所，社区规划与建设的出发点是基层居民的切身利益。不仅包括住房问题，还包括服务、治安、卫生、教育、对内对外交通、娱乐、文化公园等多方面因素。社区规划与建设的"完整"既包括对物质空间的创造性设计，以满足现实生活的需求，更包括从社区共同意识、友邻关系、公共利益和需要出发，对社区精神与凝聚力的塑造。

"完整社区"是宜居城市的基本空间单元和社会服务单位，这一概念的提出和实践，将有助于解决我国住区规划建设当前面临的诸多困境，同时也将为老旧小区改造、美丽乡村建设等工作提供有力的抓手。随着这一规划创新成果在各地的实施落地，必将全力推进我国人居环境的高质量发展[①]。

（作者：卢华翔，中国城市规划设计研究院住房与住区所所长，教授级高级城市规划师；张璐，中国城市规划设计研究院住房与住区所高级城市规划师；高恒，中国城市规划设计研究院住房与住区所城市规划师；徐漫辰，中国城市规划设计研究院住房与住区所城市规划师）

---

① 资料来源：2020 住建工作划重点！"完整社区"看过来 http://www.360doc.com/content/20/0109/17/58185441_885245024.shtml.

2019年中国城市交通发展评述

2019年是深入贯彻党的十九大精神，加快推进交通强国建设的开局之年，中共中央、国务院印发了《交通强国建设纲要》，明确了交通强国的建设目标和任务，着力构建安全、便捷、高效、绿色、经济的现代化综合交通体系，为全面建成社会主义现代化强国、实现中华民族伟大复兴中国梦提供坚强支撑。总体上，2019年城镇化、区域协同、交通强国等国家发展战略协同推进，区域交通和城市交通建设取得显著进展，设施规模扩张的同时更加注重高质量发展，在稳增长、促改革、调结构、惠民生、防风险、保稳定等方面起到了重要的支撑作用。

一、城市群与区域交通

（一）完善区域交通网络

2019年，以促进人的城镇化为核心、提高质量为导向的新型城镇化战略加快实施。《2019年新型城镇化建设重点任务》统筹部署了强化区域交通网络建设的各项任务[1]，作为保障城镇化发展的重要基础，支撑城镇布局形态优化，推动大中小城市协调发展。强调重点完善西部和东北地区对外交通骨干网络，带动交通沿线城市产业发展和人口集聚，促进西部和东北地区社会经济发展。加强中小城市与交通干线、交通枢纽城市的连接，增强中小城市发展活力和产业支撑能力。推进干线铁路、城际铁路、市域（郊）铁路、城市轨道交通融合发展，促进公路与城市道路有效衔接，提升城市群和都市圈辐射带动能力，促进城市间产业专业化分工协作。

港口是区域交通的重要枢纽、物流重要节点和所在城市空间及产业资源优化配置的重点，为贯彻《交通强国建设纲要》，加快推进陆海联动、江河海互动、港产城融合，国家多部门和单位加大了对世界一流港口建设的推进力度[2]，将建设绿色港口、智慧港口、平安港口等列为重点任务，着力提升港口综合服务能力，推进开放融合发展和港口治理体系现代化，并按照国土空间规划总体布局，加强港口与城乡建设、产业发展布局的有效衔接，促进港城协调发展。

西部陆海新通道在区域协调发展格局中具有重要战略地位。8月，《西部陆海新通道总体规划》获得国务院批复³,重点建设重庆、成都至北部湾出海口主通道,重庆、成都等物流中心,北部湾国际门户港,以及西南地区综合交通运输网络。强化主通道与西北地区综合运输通道的衔接,联通兰州、西宁、乌鲁木齐、西安、银川等西北重要城市。西部陆海新通道建设在加强西北与西南地区的联系,进一步深化陆海双向开放,促进西部地区交通、物流、商贸、产业深度融合,推动西部地区高质量发展等方面,均具有重要的支撑和促进作用。长三角是区域协同发展战略的重点区域,10月,《长三角生态绿色一体化发展示范区总体方案》⁴开始实施,重点完善城际和市域(郊)铁路网络布局和轨道交通布局,加强城镇组团之间中低运量局域线、公共交通网建设,形成多层次、立体化、跨区域的交通网络体系,支撑"多中心、组团式、网络化、集约型"的空间格局。在一体化服务方面,探索以社会保障卡为载体建立居民服务"一卡通",率先实现交通出行等领域的"同城待遇"。

铁路和机场建设持续推进。2019年,国家发展改革委相继批复了福建省城际铁路建设规划调整方案,以及新建菏泽至兰考铁路可行性研究报告、郑州至济南铁路濮阳至济南段可行性研究报告等(表1),进一步完善区域铁路布局,促进沿线经济社会发展。13个城市的机场迁建、扩建和新建项目获得批准(表2),除深圳、福州机场增容扩建外,重点支持了西部枢纽机场扩容和西部支线机场的建设。

表1 铁路规划批复概况表

名称	工程概况
福建省城际铁路建设规划调整方案	福州至长乐机场城际铁路:线路走向方案调整为福州火车站经南台岛、长乐、福州新区滨海新城至长乐机场,调整后线路长度为58千米。 莆田至长乐机场城际铁路莆田火车站至西天尾段:莆田火车站至市政府站间线路走向方案调整为莆田火车站经新业路站、荔一街站、福厦西路站、文献路站至市政府站,部分路段改为地下方式敷设,调整后线路长度为23.2千米
郑州至济南铁路濮阳至济南段可研报告	线路起自濮阳东站,经河南省濮阳市,山东省聊城市、德州市、济南市,终至济南西站。正线全长209.7千米,设站7座,其中新建5座。设计速度350千米/小时,正线为双线,远景年输送能力单向3 000万人/年。聊城地区同步建设存车场。济南枢纽采用南部引入京沪高铁济南西站方案,同步建设本线与济南方向联络线,新建济南站至大明湖站联络线
菏泽至兰考铁路可研报告	线路起自菏泽东站,经山东省菏泽市,河南省开封市、商丘市,终至兰考南站。线路全长84.95千米,设站3座,其中新建1座。设计速度350千米/小时,正线为双线,远景年输送能力单向3 000万人/年

(注:根据国家发展改革委相关批复文件整理)

表2 民用机场新建工程批复概况表

名称	飞行区等级	新建跑道(条)	新建航站楼(m²)	新建站坪机位(个)	年吞吐量 旅客(万人次)	年吞吐量 货邮(万吨)
连云港军民合用机场民用部分迁建工程	4D	1	30 000	16	250	2.4
西安咸阳国际机场三期扩建工程	北区4E 南区4D	3	700 000	115	8 300	100
兰州中川国际机场三期扩建工程	4E	2	400 000	96*	3 800	30
深圳机场三跑道扩建工程	4F	1			8 000	260

续表

名称	飞行区等级	新建跑道（条）	新建航站楼(m²)	新建站坪机位（个）	年吞吐量 旅客（万人次）	年吞吐量 货邮（万吨）
西宁曹家堡机场三期扩建工程		1**	158 000	74***	2 100	12
福州长乐国际机场二期扩建工程	4F	1	255 000	68****	3 600	45
呼和浩特新机场项目	4E	2	260 000	125	2 800	32
新建湖北鄂州民用机场工程	4E	2	15 000	124	100	245
新建新疆昭苏机场工程	4C	1	3 000	5	20	0.06
新建新疆于田机场工程	4C	1	3 000	6	18	0.04
四川阆中民用机场项目	4C	1	7 000	8	65	0.2
新建新疆塔什库尔干机场工程	4C	1	3 000	4	16	0.04
新建江西瑞金民用机场项目	4C	1	7 000	8	55	0.2

* 含9个除冰机位；** 为滑行道；*** 扩建后总机位数；**** 含8个货机位
（注：根据国家发展改革委相关批复文件整理）

（二）加快都市圈交通建设

在新型城镇化战略实施中，以超大城市和特大城市为中心的都市圈，作为城镇群社会经济最为活跃的空间形态，日益成为发展的重点和热点。2月，国家发展改革委首次明确了都市圈的建设要求和任务分工[5]，着力推动培育发展一批现代化都市圈，为城市群高质量发展、经济转型升级提供重要支撑。为实现1小时通勤圈，提出了加快构建都市圈公路和轨道交通网的具体要求。除加快构建都市圈多层次公路网外，鼓励地方对高频次通行车辆实施高速公路收费优惠政策，提升都市圈内高速公路通勤效率，并推动近郊班线公交化。明确了构建以轨道交通为骨干的通勤圈的发展方向，探索都市圈中心城市轨道交通适当向周边城市（镇）延伸，大力发展都市圈市域（郊）铁路，推动中心城市、周边城市（镇）、新城新区等轨道交通有效衔接。在国家城乡融合发展试验区建设中，也明确支持客流有需求、财力能支撑的试验区利用既有铁路资源开行市域（郊）列车，实施市域（郊）铁路新建项目[6]。这些措施，对构建都市圈交通网络、适应通勤需求和实现便捷换乘，具有显著的推进作用。

（三）推动物流高质量发展

物流是维持实体经济高效运行的基础，但物流发展不平衡、物流成本居高不下的问题十分突出，与我国经济高质量发展的迫切需求差距明显。2019年，全方位推动物流高质量发展成为提升社会经济运行效率的重大任务。2月，国家发展改革委等24部门和单位联合出台意见[7]，提出了6个方面的25项任务要求（表3），明确了2019年10项重点工作，包括：开展国家物流枢纽布局建设，实施城乡高效配送专项行动和电子商务进农村综合示范，实施"邮政在乡"工程、升级"快递下乡"工程，实施物流智能化改造行动，实施全国百家骨干物流园区"互联互通"工程，实施服务型制造示范遴选，实施铁路货运增量行动，精简快递分支机构办理手续，降低铁路运价水平，创新物流用地支持政策。

表3 推动物流高质量发展的重大任务

序号	方向	任务
1	构建高质量物流基础设施网络体系	推动国家物流枢纽网络建设，加强联运转运衔接设施短板建设，完善城乡消费物流体系，建立资源共享的物流公共信息平台
2	提升高质量物流服务实体经济的能力	促进现代物流业与制造业深度融合，积极推动物流装备制造业发展，提升制造业供应链智慧化水平，发挥物流对农业的支撑带动作用
3	增强物流高质量发展的内生动力	发展物流新服务模式，实施物流智能化改造行动，推进多式联运发展，促进物流供应链创新发展，加快国际物流发展，加快绿色物流发展，促进标准化单元化物流设施设备应用
4	完善促进物流高质量发展的营商环境	深化物流领域"放管服"改革，推进铁路货运服务提质增效，降低车辆通行和港口物流成本，提升城市物流管理水平
5	建立物流高质量发展的配套支撑体系	完善现代物流业统计制度，健全物流标准规范体系，构建物流高质量发展评价体系，健全完善物流行业信用体系
6	健全物流高质量发展的政策保障体系	创新用地支持政策，加强投融资支持方式创新

（注：根据文件内容整理）

在都市圈交通建设中，支持城市间合作共建物流枢纽，鼓励不同类型枢纽协同或合并建设，畅通货运场站周边道路，补齐集疏运"最后一千米"短板，提升物流运行效率[5]。8月，国务院办公厅进一步要求推动传统流通企业创新转型升级，支持线下经营实体加快新理念、新技术、新设计改造提升，向场景化、体验式、互动性、综合型消费场所转型，在城市规划调整、公共基础设施配套、改扩建用地保障等方面给予支持[8]。城市绿色货运配送示范工程建设持续推进[9]，唐山等24个城市被列为第二批城市绿色货运配送示范工程创建城市，力求通过示范城市建设，为城市绿色货运配送高质量发展提供典型经验借鉴和模式参考。

二、城市交通与绿色出行

（一）更新完善城市交通规划设计技术标准

规划设计标准作为指导城市交通发展的技术法规，不断完善充实。2019年，与城市交通相关的修编、新编规划设计技术标准陆续颁布或实施。3月1日，《城市综合交通体系规划标准》GB/T 51328—2018开始生效，同时废止了《城市道路交通规划设计规范》GB 50220—95、《城市道路绿化规划与设计规范》CJJ 75—97的第3.1节"道路绿地率指标"和第3.2节"道路绿地布局与景观设计"，新标准弥补了城市综合交通体系规划技术法规的缺失。通过交通调查科学把握城市交通发展演变规律，是城市交通规划设计和综合治理的基础。长期以来我国众多城市普遍开展了交通调查工作，但一直缺乏相应的技术要求和数据标准。4月1日，我国第一部国家标准《城市综合交通调查技术标准》GB/T 51334—2018开始实施,该标准明确了9类交通调查的内容、流程、质量控制等相关规定,为各地开展城市交通调查、提高调查和数据分析质量,提供了技术法规支持。

城市道路、桥梁设计规范的局部条文进行了修订。《城市道路交通设施设计规范》GB 50688—2011修订了与防撞栏、护栏相关的条文,细化了防护等级和不同等级道路的设置条件。《城市桥梁设计规范》CJJ 11—2011对极限状态设计、护栏、防噪屏等方面的条文做了修改调整。

(二)强化城市交通基础设施建设

加强城市交通基础设施建设依然是2019年的工作重点,一是优化城市交通网络体系,构建级配合理的城市路网系统;二是完善非机动车、行人交通系统及行人过街设施,鼓励有条件城市建设自行车专用道;三是优先在中心城区及交通密集区形成连续、成网的公交专用道,推动轨道交通、公共汽电车等的融合衔接和便利换乘。3月,国务院令(第710号)修改了《城市道路管理条例》第三十三条第一款,修改后的条例加强了对道路破路施工的管理,规定"因工程建设需要挖掘城市道路的,应当提交城市规划部门批准签发的文件和有关设计文件,经市政工程行政主管部门和公安交通管理部门批准,方可按照规定挖掘"。住房和城乡建设部等部门加强了城市地下管线建设的管理[10],要求凡依附城市道路建设的各类管线及附属建筑物、构筑物,应与城市道路同步规划、同步设计、同步建设、同步验收。推行城市道路占用挖掘联合审批,建立管线应急抢险快速审批机制,实施严格的施工掘路总量控制,从源头上减少挖掘城市道路行为,严肃查处未经审批挖掘城市道路和以管线应急抢修为由随意挖掘城市道路的行为。

街道作为交通与商业共享的城市活动空间,越来越受到各城市的关注,完整街道的设计理念逐步得到落实。上海、北京、深圳、杭州、南京等城市,在街道整治与更新改造等方面开展了大量的实践,形成了融合城市设计、交通设计、景观设计、市政设计、功能设计五位一体的设计理念和具有我国特色的精致活力街道设计范式。将改造提升商业步行街列为国家促进商业消费的重要举措[11],要求地方政府可结合实际对商业步行街基础设施、交通设施等新建改建项目予以支持,扩大全国示范步行街改造提升试点范围。随着自行车交通的逐渐复苏,自行车专用道和专用路建设也普遍得到重视。成都、广州、武汉、杭州等城市结合绿道建设,不断完善自行车交通网络和服务设施,营造了公众绿色出行条件。5月,北京第一条自行车专用路建成启用,缓解了回龙观与上地之间的通勤难题。

(三)持续推进公共交通发展

城市公共交通在城市综合交通体系中的主体地位进一步加强,《交通强国建设纲要》再一次强调要"优先发展城市公共交通,鼓励引导绿色公交出行,合理引导个体机动化出行"。城市轨道交通建设取得新的进展,在公共交通中的骨干作用进一步提升。2019年,我国内地共有40个城市(新增温州、济南、常州、徐州、呼和浩特5个城市)建成运行城市轨道交通系统,运营线路总长6730.27千米,其中27个城市新增运营线路26条,新开延伸段或后通段共计 24 段，新增运营线路合计 968.77 千米[12]。郑州市城市轨道交通第三期建设规划（2019—2024 年）、成都市城市轨道交通第四期建设规划（2019—2024 年）、北京市城市轨道交通第二期建设规划方案调整相继获得批复（表 4）。

表 4 2019 年郑州、成都、北京城市轨道交通建设规划批复概况

城市	建设项目
郑州市城市轨道交通第三期建设规划（2019—2024 年）	远景年线网方案由 21 条线路组成，总长 970.9 千米，其中地铁线 13 条共 505 千米，市域快线 8 条共 466 千米。 建设方案：建设 3 号线二期、6 号线一期、7 号线一期、8 号线一期、10 号线一期、12 号线一期、14 号线一期共 7 个项目，总长 159.6 千米。项目建成后，形成总长约 326.54 千米的轨道交通网络。
成都市城市轨道交通第四期建设规划（2019—2024 年）	远期线网规划由 31 条线路组成，总长 1 557 千米。 建设方案：建设 8 号线二期、10 号线三期、13 号线一期、17 号线二期、18 号线三期、19 号线二期、27 号线一期、30 号线一期工程等 8 个项目，总长 176.65 千米。项目建成后，形成总长约 692 千米的轨道交通网络。
北京市城市轨道交通第二期建设规划（2015—2021）方案调整	1. 新机场线工程调整为新机场站至丽泽商务区，线路长度调整为 47.5 千米； 2. 22 号线（平谷线）工程调整为东大桥至平谷，线路长度调整为 78.6 千米； 3. 28 号线（CBD 线）工程调整为东大桥至广渠东路，线路长度调整为 8.7 千米； 4. 建设 11 号线西段（冬奥支线）工程，线路自金顶街至首钢，全长 4 千米； 5. 将 13 号线改造为 13A、13B 两条线路。13A 线自车公庄至天通苑东，线路全长 30.2 千米，其中新建 19.1 千米；13B 自马连洼至东直门，线路长 32 千米，其中新建 8.8 千米。

（注：根据国家发展改革委相关批复文件整理）

为了适应城市轨道交通的发展需求，2019 年，城市轨道交通系统规划建设、运营管理和服务等方面的技术标准、规范性文件有了很大完善。住房和城乡建设部颁布实施了《地铁限界标准》CJJ/T 96—2018、《城市轨道交通架空接触网技术标准》CJJ/T 288—2018、《城市轨道交通桥梁工程施工及验收标准》CJJ/T 290—2019。交通运输部陆续发布了多项规范和管理办法，包括《城市轨道交通正式运营前安全评估规范第 1 部分：地铁和轻轨》《城市轨道交通服务质量评价规范》《城市轨道交通运营期间安全评估规范》，以及《城市轨道交通初期运营前安全评估管理暂行办法》《城市轨道交通服务质量评价管理办法》《城市轨道交通设施设备运行维护管理办法》《城市轨道交通行车组织管理办法》《城市轨道交通客运组织与服务管理办法》《城市轨道交通正式运营前和运营期间安全评估管理暂行办法》。

近年来，危害公共交通运行安全的事件时有发生，为了增强城市公共交通出行安全保障，最高人民法院、最高人民检察院、公安部发布了《关于依法惩治妨害公共交通工具安全驾驶违法犯罪行为的指导意见》，对发生在公共交通工具上妨害安全驾驶的各类行为，明确了以危险方法危害公共安全罪定罪处罚，规定了从重处罚的 7 类情景。交通运输部修订了《城市公共汽电车应急处置基本操作规程》JT/T 999—2015，增加了遇到乘客威胁、袭击或抢夺方向盘等事件时的操作规定。2019 年，《城市公共汽电车驾驶区防护隔离设施技术要求》JT/T 1241—2019 颁布实施，增强了对驾驶区的安全防护。

城市轨道交通客流密集，安全隐患因素众多，突发事件应急管理极为重要。2 月，国务院发布了《生产安全事故应急条例》（国务院令第 708 号），规定城市轨道交通运营等人员密集场所经营单位，应当将其制定的生产安全事故应急救援预案按照国家有关规定报送县级

以上人民政府负有安全生产监督管理职责的部门备案,并依法向社会公布。交通运输部制定了《城市轨道交通运营突发事件应急演练管理办法》《城市轨道交通运营险性事件信息报告与分析管理办法》《城市轨道交通运营安全风险分级管控和隐患排查治理管理办法》等,以应对突发事件和保障安全运行。

(四)加强绿色出行交通体系建设

发展绿色经济、推进绿色生态建设、鼓励绿色生活方式等已经成为社会发展的主导方向。绿色技术作为实现人与自然和谐共生的新兴技术,在科技创新引领中得到强化[13],鼓励城市绿色发展,推动城乡绿色基础设施建设,建设绿色技术创新综合示范区。在绿色发展的大背景下,国家、城市高度重视绿色交通建设,绿色出行意识进一步得到公众的认同并转化为实际行动。6月,国家发展改革委等14部门和单位组织开展了2019年全国节能宣传周(主题:绿色发展,节能先行)和全国低碳日活动(主题:低碳行动,保卫蓝天);9月,交通运输部等4部门和单位组织开展了2019年绿色出行宣传月和公交出行宣传周活动,倡导绿色出行,推动形成绿色发展方式和生活方式,助力交通强国建设。

10月,《绿色生活创建行动总体方案》发布[14],统筹部署了7方面的创建行动,包括绿色社区创建行动和绿色出行创建行动。总体方案要求,实施以广大城市社区为对象的绿色社区创建行动,推进社区基础设施绿色化,完善社区道路等配套基础设施,优化停车管理。实施以直辖市、省会城市、计划单列市、公交都市创建城市及城区人口100万以上城市为创建对象的绿色出行创建行动,力争2022年60%以上创建城市的绿色出行比例达到70%以上,绿色出行服务满意率不低于80%。在具体行动措施上,推动交通基础设施绿色化,加强城市公共交通和慢行交通系统建设管理,提高公交供给能力和运营速度,优化交通信息引导,鼓励公众降低私家车使用强度等。交通运输部等12部门和单位制定了《绿色出行行动计划(2019—2022年)》[15],明确了2020年初步建成布局合理、生态友好、清洁低碳、集约高效的绿色出行服务体系的行动目标,以及构建完善综合运输服务网络、大力提升公共交通服务品质、优化慢行交通系统服务、推进实施差别化交通需求管理、提升绿色出行装备水平、大力培育绿色出行文化、加强绿色出行保障等7个方面的具体任务。

三、交通市场与交通服务

(一)稳步推动新能源汽车发展

发展新能源汽车是国家汽车产业的重点,也是促进重点消费品升级换代的重要举措。为引导形成新能源汽车发展的市场环境,2019年,国家继续执行新能源汽车购置优惠政策,推动充电、加氢等设施建设[16]。持续优化新能源汽车补贴结构的政策,将更多补贴用于支持综合性能先进的新能源汽车销售,鼓励发展高技术水平的新能源汽车[17]。国家发展改革委等3部门出台政策[18],支持发展使用便利的新能源汽车,鼓励企业研制充换电结合、电池配置灵活、续航里程长短兼顾的新能源汽车产品和高效充换电技术装备。优化整车结构设计，积极采用高性能电池和轻量化材料，不断提高新能源汽车节能水平。大力推动新能源汽车消费使用，明确提出各地不得对新能源汽车实行限行、限购，鼓励对无车家庭购置首辆家用新能源汽车给予支持，加快推进城市建成区新增和更新的公交、环卫、邮政、出租、通勤、轻型物流配送车辆使用新能源或清洁能源汽车，2020年年底前大气污染防治重点区域使用比例达到80%。

（二）释放汽车消费潜力

2019年，为应对经济发展下行压力，国家出台了一系列推动形成国内强大市场、释放消费潜力、深化供给侧改革的政策，加强了对汽车消费的支持力度[9,15,16,19,20]。具体措施包括：一是推进国家全域旅游示范区建设，着力开发自驾车旅居车旅游等产品，完善重点地区旅游基础设施，探索住行一体化消费模式，统筹规划建设旅居车停车设施和营地，鼓励发展与自驾游、休闲度假相适应的汽车租赁等服务。二是促进汽车消费升级换代，对报废国三及以下排放标准汽车同时购买新车的车主给予适当补助，加快淘汰采用稀薄燃烧技术和"油改气"的老旧燃气车辆，进一步落实全面取消二手车限迁政策。三是优化汽车管理措施，要求已实施汽车限购的城市，应加快由限制购买转向引导使用，合理设置拥堵区域并探索拥堵区域内外车辆分类使用政策，严禁各地出台新的汽车限购规定。四是放宽皮卡进城限制，在评估河北、辽宁、河南、云南、湖北、新疆6省（自治区）放开皮卡车进城限制试点政策效果基础上，稳妥有序扩大皮卡车进城限制范围。五是完善配套使用环境，大力推进道路基础设施智能化升级改造，积极发展汽车信息服务，加快已有停车设施升级改造，推动立体停车设施建设，鼓励金融机构对居民购买新能源汽车等提供信贷支持。

（三）开放交通外资市场

2019年，国家发展改革委、商务部发布了《鼓励外商投资产业目录（2019年版）》，全方位开放交通建设、运营外资投资市场，包括：铁路干线路网及铁路专用线的建设、经营；城际铁路、市域（郊）铁路、资源型开发铁路和支线铁路及其桥梁、隧道、轮渡和站场设施的建设、经营；高速铁路、城际铁路基础设施综合维修；公路、独立桥梁和隧道的建设、经营；公路货物运输公司；港口公用码头设施的建设、经营；民用机场的建设、经营；公共航空运输公司；自动化高架立体仓储设施，包装、加工、配送业务相关的仓储一体化设施建设、经营；与快递服务相关的科技装备及绿色包装研发应用；城市地铁、轻轨等轨道交通的建设、经营；城市停车设施建设、经营；出租车、有轨电车、公交等公共交通系统的建设及运营。交通市场对外资开放，对我国未来交通建设和交通服务将产生重大影响，建设、服务、监管体系均面临新的挑战。

（四）规范引导交通新业态发展

2019年，共享交通、物流配送等新业态发展依然是公众、产业和政府关注的热点，公众期望获得更加便利、安全的出行服务，产业则期盼借助5G、"互联网+"、人工智能等技术融合加快交通产品研发和扩大市场份额，政府更加重视新交通服务方式的市场监管和信用体系建设。总体上，交通新业态在多方博弈的基础上，开始从疯狂扩张转向更加理性的发展。

共享单车经历了2017年快速增长和2018年的退潮，2019年资本驱动的市场发展模式难以持续的弊病开始呈现，企业退市及并购重组加快，开始探索新的发展模式和服务模式。共享汽车陷入难以为继的困境，发展前景暗淡。网约车市场竞争激烈，规范经营和安全运营的难题依然存在。加快新技术在共享交通、物流配送中的应用，成为企业和政府共同推进的重要举措。自动驾驶技术研发也从技术驱动逐步转向场景驱动，应用需求和安全保障仍是其发展的瓶颈。在智能汽车发展方面，开始重视基础技术和自主技术，并确定了自主式和网联式相结合的发展模式[18]。

8月，国务院办公厅出台指导意见[21]，引导规范平台经济发展。针对平台经济发展特点，要求建立健全新型监管机制，营造公平竞争的市场环境。在网约车、共享单车、汽车分时租赁等领域，建立健全身份认证、双向评价、信用管理等机制，规范平台经济参与者行为。依法严厉打击泄露和滥用用户信息等损害消费者权益的行为。依托国家"互联网+监管"等系统，推动监管平台与企业平台联通，增强对行业风险和违法违规线索的发现识别能力，实现以网管网、线上线下一体化监管。

在物流配送方面，国家发展改革委、市场监管总局、交通运输部等部门积极推动快递企业和社会第三方企业共同建设末端综合服务场所。要求紧密围绕城乡居民优质便利生活需求，合理布局社区物流快递等便民服务设施，加快社区、高等院校、商务中心、地铁站周边等末端节点布局，鼓励多个经营快递业务的企业共享末端服务设施。

四、结　语

2019年，城市群区域交通和城市交通的设施建设取得明显进展，绿色交通建设加快推进，5G、大数据、移动互联等技术与交通领域融合发展，正在推动交通基础设施智能化、客货运输综合化、出行服务信息化等快速发展，促进形成新的技术体系、服务体系、管理体系。2019年年底爆发的新型冠状病毒肺炎疫情，给交通发展敲响了警钟，对城市交通未来的发展影响极大。在城市高密度布局、高强度出行的背景下，如何构建安全、高效、放心、可持续的城市交通体系和服务系统，应对类似大规模突发疫情或其他灾害，是未来交通建设、交通服务不得不考虑的重大问题和迫切需求。

（作者：马林，中国城市规划设计研究院、住房和城乡建设部城市交通工程技术中心副主任，教授级高级工程师）

注释：

1. 关于印发《2019年新型城镇化建设重点任务》的通知（发改规划〔2019〕617号）
2. 《关于建设世界一流港口的指导意见》（交水发〔2019〕141号）
3. 关于印发《西部陆海新通道总体规划》的通知（发改基础〔2019〕1333号）
4. 关于印发《长三角生态绿色一体化发展示范区总体方案》的通知（发改地区〔2019〕1686号）
5. 《关于培育发展现代化都市圈的指导意见》（发改规划〔2019〕328号）
6. 《关于开展国家城乡融合发展试验区工作的通知》（发改规划〔2019〕1947号）
7. 《关于推动物流高质量发展促进形成强大国内市场的意见》（发改经贸〔2019〕352号）
8. 《国务院办公厅关于加快发展流通促进商业消费的意见》（国办发〔2019〕42号）
9. 《关于公布第二批城市绿色货运配送示范工程创建城市的通知》（交办运函〔2019〕1803号）
10. 《关于进一步加强城市地下管线建设管理有关工作的通知》（建城〔2019〕100号）
11. 《国务院办公厅关于加快发展流通促进商业消费的意见》（国办发〔2019〕42号）
12. 《中国城市轨道交通协会信息》2020年第1期（总第24期）
13. 《关于构建市场导向的绿色技术创新体系的指导意见》（发改环资〔2019〕689号）
14. 关于印发《绿色生活创建行动总体方案》的通知（发改环资〔2019〕1696号）
15. 关于印发《绿色出行行动计划（2019—2022年）》的通知（交运发〔2019〕70号）
16. 国务院关于落实《政府工作报告》重点工作部门分工的意见（国发〔2019〕8号）
17. 关于印发《进一步优化供给推动消费平稳增长促进形成强大国内市场的实施方案（2019年）》的通知（发改综合〔2019〕181号）
18. 关于印发《推动重点消费品更新升级　畅通资源循环利用实施方案（2019—2020年）》的通知（发改产业〔2019〕967号）
19. 关于印发《加大力度推动社会领域公共服务补短板强弱项提质量　促进形成强大国内市场的行动方案》的通知（发改社会〔2019〕0160号）
20. 国务院办公厅《关于进一步激发文化和旅游消费潜力的意见》（国办发〔2019〕41号）
21. 国务院办公厅《关于促进平台经济规范健康发展的指导意见》（国办发〔2019〕38号）

2019年城市市政基础设施建设进展

截至2018年年底，全国共有672个城市，其中直辖市4个，地级及以上城市293个，县级城市375个。全国城区人口4.27亿人，城区暂住人口0.84亿人，建成区面积5.9万平方千米。2018年，全国城市市政基础设施完成固定资产投资2.0万亿元，其中，城市交通及综合管廊投资占67.5%，供排水设施占10.3%，园林绿化占9.2%，燃气供热设施占3.6%，市容环境卫生占2.4%。

爆发于2019年年末的新冠肺炎疫情，是新中国成立以来在我国发生的传播速度最快、感染范围最广、防控难度最大的一次重大突发公共卫生事件。在应对新冠肺炎疫情的过程中，我国长期以来建立并逐步完善的城市市政基础设施体系，经受住了严峻考验，在保障民生供应、服务疫情防控大局、促进经济社会发展方面发挥了巨大作用。

一、城市供水与节水

2018年年末，城市供水综合生产能力达到3.12亿立方米/日，比上年增加2.3%，供水管道长度86.7万千米，比上年增加8.8%。全年供水总量614.6亿立方米，比上年增加3.5%，其中，生产运营用水162.0亿立方米，公共服务用水87.5亿立方米，居民家庭用水241.2亿立方米，其他用水27.9亿立方米。

应急状况下的供水安全保障能力，事关灾后群众的饮水安全和基本生活保障，为实现多种突发事件下的快速响应，在国家层面构建城镇供水应急救援体系意义十分重大。2016年，住房和城乡建设部启动实施"国家供水应急救援能力建设"项目，在我国华北、华东、华中、华南、东北、西南、西北、新疆8个区域，依托当地供水公司等单位，建立国家供水应急救援中心，设置区域保养基地，各配备1套应急供水装备，总投资16 064万元。2019年11月14日，住房和城乡建设部举行国家供水应急救援装备移交工作会议暨授牌仪式，黄艳副部长主持会议并讲话，向各承接单位授予国家供水应急救援中心区域基地牌匾。

近年来，我国深入推进城市节约用水工作，把节水理念落实到城市生产、生活、生态的各个方面、各个环节，树立节水风尚，推动形成城市绿色发展方式和生活方式。2018年，全国城市年度节约用水量约50.8亿立方米。截至2019年，全国共有9批96个城市成为节水型城市，占城市数量的14.3%，其中包括42个地级缺水城市。为推动城市节水深入、持

武汉水务集团汉口供水部战"役"抢修队

(中新社发 李长林 摄)

续、制度化开展,2019年3月,住房和城乡建设部、国家发展改革委组织开展国家节水型城市复查。住房和城乡建设部等部门还利用一年一度的全国城市节约用水宣传周,组织开展了不同主题的宣传活动,宣传节水优先理念和意识。2020年5月10日至5月16日是第28个全国城市节约用水宣传周,主题是"养成节水好习惯、树立绿色新风尚",各地结合疫情防控需要,开展了丰富多彩的节水进社区、节水进校园、节水进企业等活动。

国家供水应急救援装备

(中国城市规划设计研究院 梁涛 摄)

二、城市燃气与供热

2018年，人工煤气供气总量29.8亿立方米，天然气供气总量1 444亿立方米，液化石油气供气总量1 015.3万吨，分别比上年增加10%、14.3%、1.7%。人工煤气供气管道长度1.3万千米，天然气供气管道长度69.8万千米，液化石油气供气管道长度0.5万千米。用气人口4.95亿人，燃气普及率96.7%，比上年增加0.4个百分点。2018年年末，城市集中供热能力（蒸汽）9.2万吨/小时，集中供热能力（热水）57.8兆瓦，供热管道37.1万千米，集中供热面积87.8亿平方米。

2019年3月，住房和城乡建设部印发《关于修改燃气经营许可管理办法的通知》，从12个方面对原《燃气经营许可管理办法》进行了修改，进一步优化燃气安全管理，加强燃气经营的事中事后监管。

2019年8月7日，北京

（中新社发 李文明 摄）

2019年9月，生态环境部、国家发展改革委等10部委及北京、天津等6省（市）联合印发《京津冀及周边地区2019—2020年秋冬季大气污染综合治理攻坚行动方案》，提出通过调整优化产业结构、加快调整能源结构、积极调整运输结构、优化调整用地结构、有效应对重污染天气、加强基础能力建设及完善综合保障措施，推进环境空气质量持续改善，京津冀及周边地区全面完成2019年环境空气质量改善目标，协同控制温室气体排放，秋冬季期间

（2019年10月1日至2020年3月31日）PM2.5平均浓度同比下降4%，重度及以上污染天数同比减少6%。2019年12月份，京津冀及周边地区"2+26"城市PM2.5浓度为81微克/立方米，同比上升1.2%；优良天数比例为55.5%。1—12月，PM2.5浓度为57微克/立方米，同比下降1.7%；优良天数比例为53.2%。

三、城市排水与污水处理

到2018年年末，全国城市共有污水处理厂2 321座，污水厂处理能力1.69亿立方米/日，排水管道长度68.3万千米，其中污水管道29.7万千米，雨水管道27.7万千米，雨污合流管道10.9万千米。城市年污水处理总量486.5亿立方米，城市污水处理率95.5%。城市再生水生产能力3 578万立方米/日，再生水利用量85.5亿立方米，再生水管道1万千米。

2019年5月，财政部、住房和城乡建设部、生态环境部联合组织2019年城市黑臭水体治理试点城市申报工作。根据基础性审核及竞争性评审结果，衡水、晋城、呼和浩特等20个城市入选第三批城市黑臭水体治理示范城市。

2019年5月15日至24日，生态环境部、住房和城乡建设部组织以长江经济带城市为重点，对全国地级及以上城市黑臭水体整治情况开展了现场排查。从排查情况看，各地按照《城市黑臭水体治理攻坚战实施方案》要求，普遍加大工作力度，加快补齐城市环境基础设施短板，有效提升了城市水污染防治水平，但黑臭水体治理不平衡、不协调的情况依然突出，治理任务十分繁重。全国259个地级城市黑臭水体数量1 807个，消除比例72.1%。其中，长江经济带98个地级城市黑臭水体数量1 048个，消除比例74.4%。

北京房山红领巾公园

（中新社发　郭俊锋　摄）

为强化排水防涝安全责任制度,切实落实城市人民政府的排水防涝主体责任,确保2019年城市安全度汛,2019年3月,住房和城乡建设部公布了2019年全国城市排水防涝安全及重要易涝点整治责任人名单,要求各城市排水防涝安全责任人要依据《城镇排水与污水处理条例》,组织城市排水、交通运输、气象、水利、园林绿化、市容、环境卫生等部门,做好城市排水防涝工作,切实履行排水防涝安全职责;各重要易涝点整治责任人要加强日常管理,特别是汛前检查,抓紧推进易涝点的整治,对于短时间难以完成整治的,要组织制定和完善排水防涝应急预案,落实技防、物防、人防等方面的应急措施。2019年,各地积极推进排水防涝工作,加快补齐设施短板,成功应对"利奇马"台风等灾害天气,没有发生因为内涝导致的城市运行重大事故,总体实现平稳度汛。

"利奇马"台风导致青岛市部分路段积水严重

(中新社发 王海滨 摄)

四、城市园林绿化

到2018年年末,城市建成区绿化覆盖面积349.8万公顷,建成区绿化覆盖率41.9%;建成区绿地面积305万公顷,绿地率37.3%;公园16 763个,公园绿地面积72.5万公顷,人均公园绿地面积14.2平方米。

2019年,住房和城乡建设部按照《国家园林城市系列标准及申报评审管理办法》要求,经过申报材料审查、达标审核、实地考察、综合评议等评审程序,命名江苏省南京市等8个城市为国家生态园林城市、河北省晋州市等39个城市为国家园林城市、河北省正定县等72个县城为国家园林县城、浙江省泰顺县百丈镇等13个城镇为国家园林城镇。

五、城市市容环境卫生

到 2018 年年末,全国城市道路清扫保洁面积 86.9 亿平方米,其中机械清扫面积 59.9 亿平方米,全年清运生活垃圾 2.28 亿吨。全国城市共有生活垃圾无害化处理场(厂)1 091 座,日处理能力 76.6 万吨,生活垃圾无害化处理量 2.26 亿吨,城市生活垃圾无害化处理率 98.96%。市容环卫专用车辆设备总数 25.2 万台。城市公厕总计 14.7 万座。

2019 年 4 月,住房和城乡建设部、国家发展和改革委员会等部门联合印发《关于在全国地级及以上城市全面开展生活垃圾分类工作的通知》,提出在各直辖市、省会城市、计划单列市等 46 个重点城市(以下简称 46 个重点城市)先行先试基础上,决定自 2019 年起在全国地级及以上城市全面启动生活垃圾分类工作。截至 2019 年年底,直辖市、省会城市、计划单列市等 46 个重点城市生活垃圾分类的居民小区覆盖率已经接近 70%。其他地级以上城市,也全面启动了这项工作。2020 年 5 月 1 日,《北京市生活垃圾管理条例》正式施行,对垃圾处理设施规划建设、垃圾减量与分类、收集、运输及处理、监督管理、法律责任等做了明确的要求,标志着北京市垃圾分类进入规范化、法制化轨道。

疫情发生以来至 2020 年 3 月,全国 180 万环卫工人在岗率达到 90% 以上,往年同期这个水平在 80% 到 85%,其中湖北省全天作业环卫工人超过 8 万人。环卫工人除了承担日常的环卫工作任务以外,根据疫情防控需要还普遍承担了对医疗机构、集中隔离场所和相关设施进行消毒杀菌的应急任务,克服了作业量激增的实际困难,勇于担当,尽职尽责,不辱使命。

宜昌市在各小区共投放废弃口罩专用垃圾桶 2600 余个

(中新社发 刘保平 摄)

2020年3月，住房和城乡建设部办公厅发布《关于进一步做好城市环境卫生工作的通知》，要求切实关心关爱一线环卫工作者，全力巩固城市环卫疫情防控成果，全面推进环卫各项工作。

六、结　语

要以习近平新时代中国特色社会主义思想为指导，坚持以人民为中心的发展理念，深入学习贯彻习近平总书记在统筹推进新冠肺炎疫情防控和经济社会发展工作部署会议上的重要讲话精神，做好疫情防控，转"危"为"机"，促进城市市政基础设施持续高质量发展。一是要进一步强化保民生、保供应，做好供水、供气、供热、供电等民生基本服务，保障社会的稳定。二是进一步促复工、促生产，通过优化调度、细化管理、税费优惠等措施，支持企业复工复产，提高经济活力。三是要进一步提质升级，一方面要抓好传统市政基础设施的升级改造，提高设施运行效能；另一方面，要大力推动5G、人工智能、工业互联网、智能充电桩等城市新型基础设施建设，并推动新型基础设施与传统基础设施深度融合发展。

（作者：张志果，中国城市规划设计研究院水务与工程研究分院副院长、研究员）

2019 年中国城市信息化进展

推动新一代信息技术与城市规划建设管理的深度融合，提高城市运行质量和效率，提升治理能力现代化水平，助力城市让生活更美好，实现城市可持续发展，是当前我国城市信息化发展的根本任务。2019 年，党和国家领导人高度重视信息化发展，国家先后出台一系列政策法规，鼓励和支持新一代信息技术研发，并推动其在国民经济和社会发展中的全面应用；我国自主创新的 5G 网络进入商用服务，北斗卫星导航系统即将全面建成，高分遥感专项全面收官，为城市信息化建设提供了更安全可靠的信息基础设施保障；智慧城市时空大数据平台、城市信息模型、"城市大脑"等的创新发展，有力提升了城市公共信息平台的地位和效能；随之而来的是，城市信息化应用不断向深度和广度推进，形成智慧民生、智慧园区、智慧港口、智慧交通等新的亮点。2019 年，我国的城市信息化在不断发展创新的同时，为国家社会经济发展和治理能力现代化做出了重要贡献。

一、相关政策引领城市信息化新发展

（一）党和国家领导人高度重视信息化发展

2019 年，党和国家领导人明确提出要进一步发展和应用新一代信息技术，大力推动其与政务、管理、经济、产业、教育、民生等的深度融合。

1 月 16 日，习近平总书记在河北雄安新区考察时，充分肯定雄安新区政务服务中心推行"一枚印章管到底"全贯通服务的做法，并指出，要运用现代信息技术，推进政务信息联通共用，提高政务服务信息化、智能化、精准化、便利化水平，让群众少跑腿。9 月 16 日，习近平总书记为"2019 年国家网络安全宣传周"作出重要指示，强调国家网络安全工作要坚持网络安全为人民、网络安全靠人民，保障个人信息安全，维护公民在网络空间的合法权益，要大力培育人工智能、物联网、下一代通信网络等新技术新应用。10 月 24 日，习近平总书记在主持中共中央政治局第十八次集体学习时强调，区块链技术的集成应用在新的技术革新和产业变革中起着重要作用，要探索"区块链+"在民生领域的运用，积极推动区块链技术在教育、养老、精准脱贫、医疗健康等领域的应用，为人民群众提供更加智能、更加便捷、更加优质的公共服务。要推动区块链底层技术服务和新型智慧城市建设相结合，探索在信息基础设施、智慧交通、能源电力等领域的推广应用，提升城市管理的智能化、精准化水平。

5月16日，国家主席习近平在致国际人工智能与教育大会的贺信中指出，人工智能正深刻改变着人们的生产、生活、学习方式，中国积极推动人工智能和教育深度融合。5月26日，国家主席习近平在致2019中国国际大数据产业博览会的贺信中指出，以互联网、大数据、人工智能为代表的新一代信息技术蓬勃发展，中国高度重视大数据产业发展，愿为推动各国共同发展、构建人类命运共同体作出贡献。10月20日，国家主席习近平在致第六届世界互联网大会的贺信中指出，今年是互联网诞生50周年，人工智能、大数据、物联网等新技术新应用新业态方兴未艾，发展好、运用好、治理好互联网，让互联网更好造福人类，是国际社会的共同责任，努力推动构建网络空间命运共同体。

3月5日，李克强总理在向十三届全国人大二次会议所做的《政府工作报告》中提出，深化大数据、人工智能等研发应用，培育新一代信息技术、高端装备、生物医药、新能源汽车、新材料等新兴产业集群，壮大数字经济。加快在各行业各领域推进"互联网+"，开展城市千兆宽带入户示范，改造提升远程教育、远程医疗网络，推动移动网络扩容升级，让用户切实感受到网速更快更稳定。

（二）中央政策规范指导城市信息化发展

在2019年，中共中央、国务院发布的多项政策中，从多个方面、多个层次、多个角度，都提出要加快推动信息化发展。

中共中央、国务院2月23日印发《中国教育现代化2035》，要求加快信息化时代教育变革，明确要建设智能化校园。5月23日，发布《关于建立国土空间规划体系并监督实施的若干意见》，明确要求完善国土空间基础信息平台，逐步形成全国国土空间规划"一张图"。9月19日，印发《交通强国建设纲要》，要求大力发展智慧交通，推动大数据、互联网、人工智能、区块链、超级计算等新技术与交通行业深度融合，推进北斗卫星导航系统应用。12月1日，印发《长江三角洲区域一体化发展规划纲要》，要求加快构建新一代信息基础设施，共同打造数字长三角，提升区域内居民畅行长三角的感受度和体验度。

中共中央办公厅、国务院办公厅6月26日印发《关于建立以国家公园为主体的自然保护地体系的指导意见》，明确指出要建立自然保护地"天空地一体化"监测网络体系，充分发挥地面监测站点和卫星遥感的作用，运用物联网、大数据、云计算等信息化手段，加强自然保护地监测数据集成分析和综合应用。7月10日，印发《关于加快推进公共法律服务体系建设的意见》，要求推进公共法律服务平台建设，提供覆盖全业务、全时空的高品质公共法律服务。

国务院办公厅3月11日发布《关于压缩不动产登记办理时间的通知》，明确要求充分利用互联网、大数据、人脸识别、在线支付等技术，推行"互联网+不动产登记"，让信息多跑路、群众少跑腿。7月16日，发布《关于加快推进社会信用体系建设 构建以信用为基础的新型监管机制的指导意见》，明确要求建立全国信用信息共享平台，为信用监管提供更精准的依据。12月17日，发布《关于建立政务服务"好差评"制度 提高政务服务水平的意见》，要求基于全国一体化在线政务服务平台，建立"好差评"数据生成、归集、传输、分析、反馈机制。12月30日，发布《关于印发国家政务信息化项目建设管理办法的通知》，明确国家政务信息化建设管理应当坚持统筹规划、共建共享、业务协同、安全可靠的原则，推动政务信息系统跨部门跨层级互联互通、信息共享和业务协同。

（三）相关部委积极推动城市信息化发展

工业和信息化部、自然资源部、住房和城乡建设部等部委一直致力于推动城市信息化发展，2019年继续出台了一系列相关政策措施。

工业和信息化部4月16日发布《关于开展2019年IPv6网络就绪专项行动的通知》，要求到2019年年底，骨干网、城域网、接入网全面完成IPv6改造。7月1日，印发《电信和互联网行业提升网络数据安全保护能力专项行动方案》，通过强化网络数据安全管理制度设计，全面提升行业网络数据安全保护能力。7月23日，印发《关于申报2019年工业和信息化领域公共服务能力提升专项的通知》，加快推动车联网产业规模发展，加快研究建立面向5G商用的相关关键技术。8月9日，印发《关于组织开展2019年制造业与互联网融合发展试点示范工作的通知》，聚焦重点行业工业互联网平台、工业互联网大数据应用服务等方向。11月12日，印发《关于组织开展2020年大数据产业发展试点示范项目申报工作的通知》，围绕工业大数据融合应用、民生大数据创新应用、大数据关键技术先导应用、大数据管理能力提升，遴选大数据产业发展试点示范项目。11月22日，发布《关于印发"5G+工业互联网"512工程推进方案的通知》，目标是到2022年，突破一批面向工业互联网特定需求的5G关键技术，"5G+工业互联网"的产业支撑能力显著提升；打造5个产业公共服务平台，建设改造覆盖10个重点行业，形成至少20大典型工业应用场景，促进制造业数字化、网络化、智能化升级。

工业和信息化部还与其他部委联合发布相关政策。2月12日，与国家机关事务管理局、国家能源局联合发布《关于加强绿色数据中心建设的指导意见》，要求打造一批绿色数据中心先进典型，形成一批具有创新性的绿色技术解决方案。5月8日，与国资委联合发布《关于开展深入推进宽带网络提速降费，支撑经济高质量发展2019专项行动的通知》，推动固定宽带和移动宽带双双迈入千兆（G比特）时代。6月25日，与民政部、国家卫生健康委员会印发《关于开展第三批智慧健康养老应用试点示范的通知》，支持建设一批能够提供成熟的智慧健康养老产品、服务、系统平台或整体解决方案的示范企业；支持建设一批应用多类智慧健康养老产品，利用信息化、智能化等技术手段为辖区居民提供智慧健康养老服务的示范基地。

自然资源部2019年在自然资源管理、国土空间规划及测绘地理信息管理等方面出台多项政策，推动城市信息化发展。1月24日，印发《智慧城市时空大数据平台建设技术大纲（2019版）》，提出要切实发挥时空大数据平台的基础性作用，推进城市治理体系和治理能力现代化。9月20日，印发《关于以"多规合一"为基础推进规划用地"多审合一、多证合一"改革的通知》，要求加快信息化建设，支持各地探索以互联网、手机 APP 等方式，提供在线办理等服务。11 月 1 日，印发《自然资源部信息化建设总体方案》，提出充分运用移动互联网、云计算、大数据、物联网、三维仿真、人工智能等新一代信息技术，建成以自然资源"一张网""一张图""一个平台"为支撑，面向自然资源部调查评价、监管决策和政务服务的信息化体系。

住房和城乡建设部 2019 年积极推进城市信息化建设。2019 年 1 月 3 日，在其印发的《世界城市日中国主场活动承办城市遴选办法》的通知中，要求遴选城市要重视城市智能运行模式和治理体系建设，有机融合 GIS 与 BIM，建立城市信息模型（CIM）平台，推进物联网、大数据、云计算等技术与管理服务融合的城市精细化管理。6 月 11 日，发布《关于组织申报 2019 年科学技术计划项目的通知》，专门设立"城市信息模型（CIM）关键技术研究与示范"方向，包括智慧社区、智慧建筑、智能家居示范项目。11 月 25 日，与工业和信息化部等四部委联合发布《关于进一步加强城市地下管线建设管理有关工作的通知》，要求应用物联网、云计算、5G 网络、大数据等技术建立完善的专业管线信息系统，提高管线综合管理科学化、信息化、智能化水平。

住房和城乡建设部一直重视城市信息化标准的制定工作。2019 年先后发布了工程建设国家标准《通信管道与通道工程设计标准》GB 50373—2019、《网络工程设计标准》GB/T 51375—2019 和《光传送网（OTN）工程技术标准》GB/T 51398—2019，工程建设行业标准《工程建设项目业务协同平台技术标准》CJJ/T 296—2019 和《城市园林绿化监督管理信息系统工程技术标准》CJJ/T 302—2019 以及城镇建设行业产品标准《城镇供水管理信息系统基础信息分类与编码规则》CJ/T 541—2019 等。这些标准的发布将为我国的城市信息化建设提供规范化的技术依据。

二、城市信息基础设施取得新进展

（一）5G 通信网络正式进入商用服务

5G 技术由于其拥有高速率、低时延、大容量等特点[①]而改变了城市信息化发展的模式。5G 将人与人之间的通信扩展到万物连接，打造全移动和全连接的数字化社会，促进 5G AR/VR 全景直播、5G 平安校园、5G 远程教学、5G 远程医疗、5G 自动驾驶等众多领域的应用。

2019 年是 5G 元年，我国正式启动 5G 商用服务。三大运营商将 5G 作为发展的重点，投入巨资建设 5G 网络。中国移动投入数百亿资金建设 5G 基站 5 万余座，在全国 50 多个城市正式商用 5G，截至 2020 年 1 月初，有 300 多万用户签约 5G 套餐。中国联通和中国电信联

---

① 高速率——5G 的网络速度是 4G 的 10 倍以上；低时延——人类眨眼的时间为 100 毫秒，而 5G 的时延为毫秒级，信息交换可以完全精准流畅地进行；大容量——5G 网络连接容量更大，每平方千米最大连接数将是 4G 的 10 倍，可支持 100 万个连接同时在线。

合开通了2.7万余座共建共享5G基站,截至2020年1月初,中国电信已有800多万用户签约5G套餐。

2020年1月16日,我国成功发射银河航天首发星,这是我国首颗通对标国际先进水平的5G低轨宽带通信卫星,具备10Gbps速率的透明转发通信能力,可通过卫星终端为用户提供宽带通信服务。高性能的5G卫星,将构建太空互联网,弥合数字鸿沟,让5G卫星网络连接地球的每一个角落。

工业互联网是第四次工业革命的关键支撑,"5G+工业互联网"的融合创新发展,将产生巨大的叠加倍增效应。2019年12月10日,在北京举行的"5G+工业互联网高峰论坛"上,发布了中国移动5G+工业互联网"1+5"应用场景及《5G+工业互联网应用场景白皮书》,其中"1"即5G行业专网,是各领域的网络连接基础;"5"即5G+工厂、5G+矿山、5G+钢铁、5G+电力、5G+港口五大重点细分行业,并打造100个5G应用场景,推出100个5G示范项目,推动5G融入千行百业。

(二) 北斗定位导航服务体系全面建设

2019年12月27日,是北斗三号系统提供全球服务一周年的纪念日。北斗系统全球覆盖和服务能力进一步完善,在三个方面向建成世界一流卫星导航系统目标迈出了坚实步伐。一是全球核心星座部署完成:2019年实施7箭10星高密度发射,北斗三号所有中圆地球轨道(MEO)卫星完成组网,标志着北斗三号系统核心星座部署完成。二是基本服务性能稳中有升:通过提升系统智能运维能力,确保北斗三号系统连续稳定运行;而且服务精度、可用性、连续性等各项性能指标均达到预期要求,水平和高程定位精度实测均优于5米。三是特色服务能力逐步形成:初步形成星基增强、精密定位、短报文通信、国际搜救等服务能力,已提供地基增强完全服务能力,构成了集多种服务能力于一体的北斗特色应用服务体系,并逐步为用户提供精度更高、性能更优、功能更强的多元化服务。2020年6月前,计划再发射2颗地球静止轨道卫星,北斗三号系统将全面建成。

地基增强系统,是保障北斗精准时空服务网络的关键。北斗三号系统精准时空服务,是指厘米级定位、毫米级感知、纳秒级授时,这是万物互联智能时代的基础设施。千寻位置是北斗地基增强系统"全国一张网"的建设和运营方,截至2019年10月,千寻位置已建设运行2 500多座北斗地基增强站,组成了北斗"全国一张网"。同时,中国信息通信研究院与主流四大手机芯片厂商开展战略合作,联合产业链各方进行平台研发和业务创新,推动实现北斗定位系统在智能终端芯片和物联网终端芯片/模组中的应用,2019年年底平台日均定位业务量突破10亿次,日活跃用户数超过8 000万,满足用户日常的定位应用需求。预计2020年国内支持北斗的智能手机出货量将超过3亿部,北斗位置服务迎来业务爆发期。

(三) 高分遥感技术体系取得新突破

2019年11月3日,我国成功发射首颗民用亚米级光学传输型立体测绘卫星高分七号卫星,至此我国高分专项的七颗卫星全部发射升空,实现了"七战七捷",初步构建了稳定运行的中国高分卫星遥感系统，初步形成了全天候、全天时、时空协调的对地观测能力。这七颗卫星的特点分别是：高分一号高分宽幅，高分二号亚米全色，高分三号1米雷达，高分四号同步凝视，高分五号高光谱观测，高分六号陆地应急监测，高分七号亚米立体测绘。高分卫星数据已在20个行业、31个区域得到广泛应用，成为国家治理体系和治理能力现代化的重要信息技术支撑。

2019年1月到2020年1月，长光卫星技术有限公司先后五次成功发射六颗"吉林一号"高分遥感卫星，形成了由16颗高分卫星组网运行的体系（包括视频卫星、光学卫星、实验卫星），使得星座具有"宽覆盖、高质量、高精度、高效率"等特点，实现对全球任意地点每天最高6次重访能力，具备1个月即可对中国全境普查一次的能力，为农业、林业、资源、环境等行业提供丰富的遥感数据和产品服务。

9月19日，"珠海一号"03组5颗卫星成功发射，包括1颗0.9米分辨率视频卫星和4颗高光谱卫星（空间分辨率10米、光谱分辨率2.5纳米、256个波段、幅宽达150千米），是我国幅宽最大的高光谱卫星。"珠海一号"卫星工程是商业遥感卫星项目，目前已完成12星组网，包括4颗视频卫星和8颗高光谱卫星。其中，高光谱卫星8星组网，可实现2天半时间覆盖全球、对特定区域1天重访，全年数据采集总量达7.15PB，高光谱数据采集覆盖面积2 188 000万平方千米，覆盖全球182次。

三、城市公共信息服务呈现新动向

（一）基础时空信息服务提质增效

2019年1月，自然资源部修订发布了新一版《智慧城市时空大数据平台建设技术大纲（2019版）》，要求加快推进智慧城市时空大数据平台的建设工作，涉及资源汇聚、空间处理、数据引擎和分布式管理系统开发四个方面；进一步明确时空大数据平台是基础时空数据、公共专题数据、物联网实时感知数据、互联网在线数据、特色扩展数据，及其获取、感知、存储、处理、共享、集成、挖掘分析、泛在服务的技术系统。连同云计算环境、政策、标准、机制等支撑环境，以及时空基准共同组成时空基础设施。自最初的2015版大纲发布以来，已有各级城市先后被列为国家或地方时空大数据平台建设试点，目前重庆、武汉、贵阳、无锡、潍坊、临沂、聊城、淄博、柳州、老河口等城市的试点工作已通过验收，这些城市的时空大数据平台在其智慧城市建设和应用中发挥了积极的作用。随着2019版大纲的发布，城市时空信息大数据平台建设的质量和效益将得到进一步提升。

4月19日，自然资源部正式发布国家地理信息公共服务平台（简称"天地图"）2019版，全面更新了在线服务数据，丰富了服务开发功能，增强了运行支撑能力。新增了基础设施、乡镇级政区、地理单元等要素，地理信息要素增加27%，更新2米分辨率影像数据1 252万平方千米、优于1米的高分辨率影像230万平方千米，适时动态更新了山东等10个省撤县改市行政区划、机构改革变更部门、新开通地铁、港珠澳大桥等相关信息。在用户体验上做了进一步优化：一是通过"在线更新"频道，开放在线标绘和上传点、线、面地理信息要素数据功能，支撑了数据在线收集与快速更新；二是突出共享服务，构建了集数据服务与前后端开发支撑于一体的 5 大类 19 小类开发资源，聚合在线服务资源 1 500 余项；三是升级权限及用户管理，使服务保障更有序；四是采用公有云支撑，平台可靠性及稳定性得到极大提升。

在企业数据服务层面，9 月 18 日，中国四维测绘技术有限公司发布"四维地球"时空信息智能服务平台。该平台综合运用大数据、云计算、人工智能、5G 等先进技术，使用基于"智能+"的遥感数据在线云服务新模式，具备时效快、数据全、精度高等特点，可提供通用遥感产品服务、智能信息产品服务及应用开发服务，将对我国遥感行业互联网化变革产生积极影响。

（二）城市信息模型支撑城市管理精细化

2019 年 12 月，全国住房和城乡建设工作会议强调把城市作为"有机生命体"，从解决"城市病"突出问题入手，统筹城市规划建设管理，推动城市高质量发展，着力提升城市品质和人居环境质量，建设"美丽城市"。其重要的技术保障途径就是加快构建部、省、市三级城市信息模型（CIM）平台框架体系，并基于 CIM 开展多种应用分析与支撑。早在 2018 年 11 月，住房和城乡建设部将北京城市副中心、广州、南京、厦门、雄安新区列入"运用建筑信息模型（BIM）进行工程项目审查审批和城市信息模型（CIM）平台建设"五个试点城市，要求 2019 年主要完成运用 BIM 系统实现工程建设项目电子化审查审批、探索统一技术标准建设 CIM 平台，为"中国智能建造 2035"提供需求支撑，为智慧城市管理平台建设奠定基础。

北京城市副中心围绕"绿色城市、海绵城市、人文城市、宜居城市、智慧城市"开展建设的过程中，同步建设"一网、一脑、一平台"的数字孪生城市。有机融合 GIS 与 BIM 构建 CIM，叠加互联网、物联网等多维度实时数据，以便构建数字孪生的新型智慧城市，实现"三控两管一协调"[①] 应用。

广州市 CIM 基础平台建设，旨在实现多源异构 BIM 模型格式转换及轻量化入库，海量 CIM 数据的高效加载浏览及应用，汇聚二维数据、项目报建 BIM 模型、项目施工图 BIM 模型、项目竣工 BIM 模型、倾斜摄影、白模数据以及视频等物联网数据，实现历史现状规划一体、地上地下一体、室内室外一体、二三维一体融合，提供疏散模拟、进度模拟、模型管理与服务 API 等基础功能，支撑智慧广州建设。

南京市 CIM 平台建设采用开放可扩展的技术架构，以"多规合一"信息平台为基础，探索全域、全空间、三维可视化，实现各类覆盖地上、地表、地下的现状和规划数据的集成和展示应用，完成南京市 CIM 平台与市工程建设项目审批管理等相关业务系统无缝衔接；依托 CIM 平台对工程建设项目 BIM 报建成果实施关键条件、硬性指标的智能审查，降低人

---

① 三控：进度控制、质量控制、安全控制；两管：劳务监管、绿色施工监管；一协调：多方协同。

为因素干扰，提升决策管理的科学性和精准度。

厦门市CIM平台建设目标是结合厦门现行的工程建设规划审批及与"多规合一"衔接分析业务，开展基于BIM系统的报建审查审批研究、标准研究、机制研究，提供实现的技术思路并利用案例进行关键技术验证，同时分析可能存在的问题，形成试点验证成果，实现BIM模型与CIM平台的数据整合，并实现与多规合一平台衔接。

雄安新区结合规划建设需求，目前正研发规划建设BIM管理平台，包括数据层、支撑层和应用层，覆盖现状空间（BIM0）、总体规划（BIM1）、详细规划（BIM2）、设计方案（BIM3）、工程施工（BIM4）和工程竣工（BIM5）六大环节，提供展示、查询、交互、审批、决策等服务，以实现对雄安新区生长全过程的管控与管理。

（三）"城市大脑"服务城市治理和运营

2019年，上海在城市治理与运营科学化、精细化、智能化上狠下功夫，用"绣花"般精细治理传递城市"温度"。被誉为"城市大脑"的上海市浦东新区城市运行综合管理中心，无缝大屏幕上实时跳动着城市的各种"体征"数据，包括接警数、实有人口、地铁故障等，浦东1200多平方千米的土地上的所有信息，都会在第一时间上传到这个"城市大脑"中。习近平总书记2018年到浦东新区城市运行综合管理中心视察，通过中心的大屏幕了解上海城市精细化管理情况，并给予高度评价。2019年通过大屏幕显示的内容不断丰富，跳动的数据更加优化，包括噪声扰民、公交线路优化、渣土车运行等多个专业化模块相继推出，面向城市治理的"城市大脑"功能进一步完善。

北京市海淀区5月10日发布海淀城市大脑顶层设计规划纲要，依据"共建、共治、共享"的建设原则，按照"需求牵引、业务驱动"的建设思路，以"1+1+2+N"模式的总体架构，即一张感知神经网、一个智能云平台、两个中心（大数据中心、AI计算处理中心）、N个创新应用（前期聚焦公共安全、智慧城管、智慧交通、智慧环保、人口监测5个示范应用）建设城市大脑。海淀城市大脑从城市治理领域入手，以"北京大数据行动计划"为契机，初步建设完成政务大数据基础平台，实现政务光缆专网和全区公共服务区域免费无线网络全覆盖；政务服务全面打通PC端和移动端，打造统一的"一网通办"总入口，实现"一网、一窗、一次"100%的工作目标。同时，在公共安全、城市交通、城市管理、生态环保等领域得到广泛应用，取得良好的效果。

杭州市"城市大脑"的数字驾驶舱于9月30日正式上线，这是城市治理能力提升的综合体现。随着数字驾驶舱的上线，"城市大脑"四个最重要的组成部分——市级的中枢系统、部门的系统和区县的平台、各级的数字驾驶舱以及不同的便民服务场景，在杭州形成了一个整体，让城市的数据资源系统地服务于城市的运行。杭州城市大脑中枢系统目前已更迭到3.0版本，共接入4 500个API和3 200个数据指标，覆盖杭州市49个市级单位、15个区和县市、13个街道及2个区级部门，共计148个数字驾驶舱。特别是针对城市治理、市民服务的痛点和难点，建设了11大系统、48个应用场景，包括交通、停车、医疗、综合示范区等。杭州城市大脑已为政府精准决策和高效治理提供了强大的技术支撑，有效提升了城市治理的能力和水平。

北京城市副中心将城市大脑作为数字城市运行的智慧管理中枢的组成部分，开发利用云计算、大数据、物联网和下一代互联网等新技术，推进OTN高速骨干网、宽带光纤网和5G移动网络建设，形成"万物互联、人机交互、天地一体"的数字城市神经网络，动态监测和实时感知城市运行状态，对各类城市事件进行实时数据建模，通过机器学习、深度学习、仿真推演为城市发展预测和决策提供全过程支持，提升城市副中心运行管控的水平。

（四）"地质云"为城市提供专题信息服务

"地质云"是由自然资源部中国地质调查局主持研发的国家地质大数据共享服务平台，旨在通过数据资源整合和信息系统集成，全面提升地质调查数据采集、汇聚、处理、分析、共享与服务能力，有效地满足政府部门、行业用户、社会公众等对地质信息的多元需求。继2017年与2018年分别上线"地质云1.0"和"地质云2.0"以来，2019年进入高质量发展新阶段，"地质云"围绕"云平台、智能化"、大数据"三位一体"开展深化建设，云上数据资源和系统功能得以全面升级，取得重要进展。

2019年，"地质云"新增上线7 000余个资源环境权威信息产品、90万件成果地质资料、10万个重要钻孔数据、8万米重要岩心图像数据等。首次在线发布完整的全国1:20万、1:25万地质图1 264幅；"地质云"上累计共享96个国家核心地质数据库、1.3万个资源环境权威信息产品、500万件成果地质资料、100万个重要钻孔数据（累计深度2.5亿米）、37万米重要岩心图像数据等。特别是上线的地质云"双评价"系统，可支撑全国、区域、省级及市县级"双评价"数据集成、成果展示和在线评价。地质灾害信息系统实现了与25个省级数据库的互联互通；地下水监测信息服务系统实现全国1万多个地下水监测站点的自动监测与数据服务；城市地质信息服务系统提供330个城市自然地理地质条件、地质结构、地质资源、重大资源环境问题等信息，可以为全国、城市群、城市三个层次规划决策提供信息支撑服务。

四、城市信息化应用凝聚新特色

（一）智慧民生服务成为共识

2019年5月6日，福建省经济信息中心与百度公司就加强闽政通App与百度全面战略合作签署协议，并在百度App上线"闽政通"智能小程序，实现了首批37项便民服务的一网办理，涵盖了群众关注度高、办件量大的社会保险、医疗保障、医疗卫生、交通出行、出入境、职业资格等业务。

11月启用的海口市民游客中心，作为海口地标性、景观性建筑，是"一站式"服务市民与游客的大本营。中心以"为民、便民、利民"为服务宗旨，充分发挥了"城市形象展示中心、便民利民服务中心、城市综合管理中心"三大功能。开设了智慧城市数字展厅、

"一站式受理、一次性告知、一条龙服务"的12345市民服务智慧联动平台与12345海口智慧联动平台信息化指挥系统,让数据多跑路,群众少跑腿,以精细管理和优质服务增强市民与游客的获得感、幸福感。

11月27日,上海市委常委会举行会议研究加快智慧城市建设等事项。会议指出,要结合上海超大城市实际,把握智慧城市建设的目标方向,加快推进"政务服务一网通办"和"城市运行一网统管"两张网建设,完善新一代信息基础设施和网络安全保障,为创造高品质生活提供坚实支撑,让广大市民共享智慧城市建设成果。

到2019年12月,广东省面向民生服务推出的"粤省事"平台上线服务事项达到986项,82%的事项办理实现"零跑动",实名注册用户超过2 500万人,业务办理量突破4.4亿件,日均访问量超过1 500万人次,平均每4个广东人就有1人在使用"粤省事",已成为国内用户群体规模最大、业务集成度最强、用户活跃度最高的移动政务服务应用。

截至2019年12月,浙江省针对民生服务的移动政务服务平台"浙里办"汇聚社保公积金查询、健康医保卡申领、交通违法处理缴款等便民服务应用430余个,掌上可办事项省市县平均2 657项,涉及普通百姓日常生活的方方面面。"浙里办"注册用户已突破3 000万人,日均访问量超过1 500万人次。

(二) 智慧社区治理受到青睐

2019年7月3日,全国首个"5G+AIOT(智能物联网)智慧社区"——海淀区北太平庄街道志强北园小区正式亮相,在以5G网络为基础、搭载各种智能物联网技术的智慧社区里,多项公共服务水平得到提升,居民生活更安全,社区治理更便捷。

2019年,上海市着眼解决当前社区治理信息化建设中存在缺乏大数据支撑、信息碎片化、缺少整合、系统繁多、基层负担重等瓶颈问题,着力打造智慧社区服务云平台,推进上海"社区云"建设,创建"智能化+基层治理"的上海模式。通过"社区云"平台,汇聚全市统一的社区基础信息数据库,集管理、服务、自治共治为一体,为基层精细化治理、精准化服务提供大数据支撑。在"社区云"的支撑下,针对上海七类社区典型类型[①],实施分类治理实施方案,推进社区分类治理,提升上海基层治理的精细化水平。

2019年,厦门市推进智慧社区网格化治理能力建设,厘清政社职能边界,修订社区(村居)履行自治职责、依法协助政府、检查评比达标事项、台账盖章等6项职责清单,划分3 000多个网格,运用云计算、大数据等技术,全面建成市、区、镇街、村居纵向四级联通共享、横向覆盖56个业务部门的社区网格化服务管理平台。

2019年,浙江发布《浙江省未来社区建设试点工作方案》,聚焦人本化、生态化、数字化三维价值坐标,以和睦共治、绿色集约、智慧共享为内涵特征,突出高品质生活主轴,构建以未来邻里、教育、健康、创业、建筑、交通、低碳、服务和治理等九大场景创新为重点

---

① 指老公房或售后公房居民区、商品房居民区、混合型居民区、涉外居民区、农村宅基住房居住区、农民集中安置居住区、大型居住社区。

的集成系统，研发社区信息模型（CIM）平台，建设有归属感、舒适感和未来感的新型城市功能单元——未来智慧社区。

（三）智慧园区管理创新发展

2019年4月，北京世园会作为国内首个全面部署5G应用的智慧园区，将智能应用推向新的高度。北京世园会区内分布了12个大型基站、74个微型基站、78根智慧灯杆，对面积超过20万平方米的11座主展馆实现了5G信号的全覆盖。在这里可以看到会呼救的垃圾桶、会播报位置的智能电瓶车，会报警的烟感和会做空气体检的监测器，会说话的井盖，会懂你心思的路灯。因为园区内的基础设施都加装了监控设施，借助NB-IoT网络，实现海量设备终端的统一在线；而且，世园会的"智慧大脑"平台可以监控到园区内所有基础设施。此外，世园会的大数据中心覆盖全园5.03平方千米，24小时不间断地满足峰值10万在园游客、5个核心场馆、12个管理部门、10个应用软件系统、10个周边停车场、60余个园区运营单位、4个外部管理单位的游客服务与园区管理的数据服务需求。

2019年，上海市杨浦区大力发展人工智能产业，打造长阳创谷等以人工智能为主导的"智慧园区"，以"创新平台+技术支撑+创新企业+场景应用"的模式，吸引近300家企业入驻长阳创谷，形成良好的产业集聚效应。

2019年，重庆市发布《重庆市智慧园区建设导则》，鼓励综合运用5G通讯、物联网、云计算等技术，建设覆盖全市47个园区，集运行监测、用地管理、环境监测等功能为一体的两级联动"智慧园区"管理和服务平台。

（四）智慧交通出行前景广阔

2019年，国家全面布局北斗产业，北斗规模化、产业化应用再上新台阶，自动驾驶、自动泊车、自动物流等创新应用层出不穷。同时，北斗正在与5G等新一代通信、区块链、人工智能等新技术加速融合，北斗应用新模式、新业态、新经济不断涌现。交通运输部建设运行的营运车辆动态监管系统，入网车辆已超过650万辆。在2019年庆祝中华人民共和国成立七十周年阅兵仪式上，无论是装备方队、空中梯队还是徒步方队，北斗的高精度定位都得到广泛使用，取得预期效果。

2019年12月，由千寻位置网络有限公司牵头，联合国汽智联、一汽、大陆汽车、博世，以及华为、百度、阿里巴巴达摩院自动驾驶实验室等20多家企业参与的《基于卫星地基增强的车辆定位技术要求》标准项目启动。该标准将从服务、软件、硬件、接入方式等方面，对基于卫星地基增强的车辆定位技术要求做出规定，为北斗+智慧交通出行的发展提供标准化支撑。12月30日，世界上第一条采用北斗卫星导航系统并实现自动驾驶等功能的智能高铁京张高铁开通运营。基于北斗卫星和GIS技术，京张高铁为建设、运营、调度、维护、应急全流程提供智能化服务。

2019年12月，重庆市推出新能源汽车与充电设施监测平台App"e重庆"1.0和重庆市公共出行服务平台App"渝e行"2.0，两款App跨平台整合了智能出行政用、商用、民用功能，依托海量的跨平台大数据进一步推动重庆市新能源汽车、充电设施、出行行业走向集约化、精细化，为市民提供新能源汽车的出行、充电一体化服务。

（作者：党安荣，清华大学建筑学院教授，博士研究生导师；王丹，建设综合勘察研究设计院有限公司副院长，研究员；梁军，北京超图软件股份有限公司总工程师，教授级高工；甄茂成，清华大学建筑学院博士后）

2019年中国城市服务业发展评述

2019年，中国服务业增加值为534 233亿元，比上年增长6.9%；服务业增加值占国内生产总值比重为53.9%，比第二产业高14.9个百分点；服务业就业人数约为37 353万人，占全社会就业人数比重为47.9%；服务业对国民经济增长的贡献率为59.4%，拉动国内生产总值增长3.6个百分点；服务贸易进出口总额5.4万亿元，占对外贸易总额的比重达到14.6%；服务业实际使用外商直接投资金额1 381亿美元。服务业在"稳增长""促就业"和"扩出口"方面作用突出，已成为支撑中国经济高质量发展的重要支撑。

据估算，中国服务业增加值的九成以上分布于各类城镇。2019年，中国常住人口城镇化率已达60.6%，随着城镇化水平不断提高和城市产业结构的调整优化，服务业向大中城市集聚发展态势更加突出。据2018年第四次全国经济普查数据显示，中国35个直辖市、省会城市及计划单列市集中了全国46.9%的服务业企业法人单位、50.7%的从业人员、66.0%的总资产、62.2%的营业收入。大型城市和区域性中心城市成为中国服务业发展的主阵地，服务业集聚发展有效地增强了城市综合服务功能和辐射带动作用，提升了城市群和都市圈高端要素集聚和综合服务优势，对优化中国经济发展空间结构、促进区域协调发展发挥了重要作用。

一、中国城市服务业发展特点

（一）服务业提质增效，助推器稳定器作用不断增强

城市服务业经济增长"助推器"作用增强。2019年，北京、上海、广州、深圳和重庆服务业增加值均突破万亿元大关。其中，北京服务业增加值29 542.5亿元，增长6.4%；上海服务业增加值27 752.3亿元，增长8.2%。服务业增加值占比显著提升，北京、海口、上海和广州均高于70%，北京高达83.5%，居全国首位。

城市服务业吸纳就业"稳定器"作用巩固。2019年，城市服务业从业人数近1亿人，占城市就业总人数的45%以上，有近三分之一的就业者从事生产性服务业。北京服务业法人单位从业人数高达1 157.4万人，以商务服务、商业服务和科技服务业为主，三大行业的从业人数均超过140万人，金融服务业、信息服务业、房地产业以及交通运输、仓储和邮政

业，从业人数均在70万人以上，呈现出以生产性服务业为主的就业结构。

城市服务业经济效益大幅提升。2019年，城市人均服务业增加值近6万元，服务业劳动生产率达40余万元/人，对城市经济增长的贡献率超过50%，其中，北京、上海、广州和深圳的人均服务业增加值均在10万元以上，北京和广州的服务业经济贡献率也均高于84%。

（二）新业态、新模式激发活力，助推高质量发展

随着移动互联网、物联网、云计算、大数据等新一代信息技术在城市生产和消费领域广泛渗透，在服务业内部也不断催生出新业态、新模式，加速推进产业商品链、价值链、供应链的细化分解甚至重构。在生产领域，"互联网+"产业的经营模式极大地改变了传统生产过程中的资源集聚、技术革新、人才培训、产品营销等，数字经济、平台经济、创意经济等经济新形态与实体经济的深度融合，带动服务业加快转型升级。如南京市非常重视互联网产业的发展，互联网平台企业规模不断壮大，苏宁控股集团、同程旅游集团等7家企业入围2019中国互联网企业百强；阿里巴巴、小米等互联网企业区域总部相继落户南京；软件业发展规模和增速更是领跑全国，南瑞集团、熊猫电子集团等8家企业入围2019中国软件百强。在消费领域，信息技术的应用范围也在逐步拓展，不断重塑传统商业经营模式。成都、杭州、上海等市率先将线上服务、线下体验与现代物流深度融合，大力培育能够更加精准定位消费人群的新零售模式。苏州市重点打造"姑苏八点半"夜经济品牌，围绕"夜show、夜游、夜食、夜购、夜娱、夜宿"6个主题，突出"夜魔方"概念，推出一系列具有苏州特色的精品演出、夜游线路和消费活动，进一步凸显夜间经济集合效应。常熟依托深厚的历史文化底蕴和独特的生态资源优势，推出"虞歌畅晚"夜间经济品牌，突出文化旅游在夜间经济中的带动作用，创新发展夜间经济商业模式，丰富夜间经济产品形态，完善夜间经济公共服务。

（三）产业融合加快，推进城市产业转型升级

近年来，一些城市先进制造业和知识密集型服务业融合发展快速推进，不同行业、不同企业结合自身特点探索实践取得了积极进展，融合发展效应开始逐步显现，成为城市转型升级的重要内容和突出亮点。知识密集型服务业与高技术制造业的协同发展有利于为城市培育新的增长动能，推动城市产业向全球价值链高端攀升。2019年北京知识密集型服务业增加值约占地区生产总值的46.8%，对城市经济增长的贡献率在65%以上，成为推动城市高质量发展的重要驱动力量。多个城市相继推出系列产业扶持政策，鼓励高校、科研院所与科创型企业在前沿学科交叉和协同创新，不断强化知识密集型服务业与高技术制造业的深度融合，加快发展新一代信息技术、生物医药、智能制造、集成电路等新型支柱产业，提升城市能级。围绕资源型城市转型，长治、黄石、湘潭、自贡等一些产业转型升级示范区，强化产学研协同创新，加快知识密集型服务业发展，打破产业发展的路径依赖，为产业转型升级提供了新动能。北京市通过建设金融科技与专业服务创新示范区，加速金融、科技、信息等优势领域的创新，同时大力发展人工智能、医药健康、无人机等高精尖产业，塑造先发优势，从而更好地服务于首都高质量发展和国家创新战略需求。

（四）生产性服务业专业化水平提升，对外服务功能增强

中国城市服务业专业化水平持续提升，东部沿海地区的发展优势明显，北京、上海和广州的服务业及其各细分行业的专业化程度最为突出，引领其他城市的服务业加速向价值链高端攀升。在城市服务业的行业结构方面，大部分城市的生产性服务业均已形成专业化的发展格局，重点培育壮大现代物流、科技服务、金融服务、工业设计、信息服务、电子商务等生产性服务业，特别支持法律、会计、咨询、广告、精算、人力资源等高端现代服务业的发展；在金融领域引入普惠金融、消费金融、绿色金融、物流金融、文创金融等新形式，提升金融集聚区辐射功能；科技服务业战略导向特征明显，创新体制机制障碍大幅突破，创新主体自主创新活力日益增强，城市内部逐步形成产城融合的发展模式，加速科技成果转化；口岸城市充分发挥自身区位优势，强化现代物流功能，引进国内外物流龙头企业和综合物流服务集成商，发展供应链管理、物流总部经济、航运衍生服务等高端业态；上海、广州、重庆等城市同时注重提升商务会展功能，积极引进国际品牌展会活动落户。

各城市服务业职能强度和职能结构的差异显著，东部地区普遍优于中西部和东北地区。2019年，服务业输出流量最高的北京市已超过600万人，且连续多年保持全国综合服务业中心的位置；而服务业输出流量最少的城市不足1万人，这些城市服务业外向服务职能较弱，主要依赖本地市场的发展。总体来看，城市生产性服务业的职能强度均高于生活性服务业，但内部各行业的表现各异，大部分城市的商务、信息、金融业的职能强度相对较高，特别是东部地区；而西部内陆城市知识密集型服务业的职能强度普遍较弱，职能行业以交通运输、仓储及邮政业和传统的批发零售业为主。

（五）生活性服务业品质化、个性化发展明显，专业化水平普遍提高

城市居民品质化、个性化、高端化消费需求不断释放，旅游、文化、体育、健康、养老及教育培训等"幸福产业"快速发展，既拉动了消费增长，也促进了消费升级。"文化旅游""冰雪旅游"成为旅游新亮点，2019年故宫博物院接待观众数量首次突破1900万人次，2018—2019年冰雪季中国冰雪旅游人数达到2.24亿人次，冰雪旅游收入约为3860亿元，分别比2017—2018年冰雪季增长13.7%和17.1%；数字化技术打造文体产品新业态，网络动漫、短视频、电子竞技等发展活跃，故宫成为抖音2019年度被赞次数最多的博物馆，"数字化+体育"的代表产物电子竞技2019年迎来"爆发元年"；智慧健康养老产业持续快速增长，近三年复合增长率超过18%，2019年产业总规模超过3万亿元。

城市生活性服务业的专业化水平普遍提高，其中，文化、体育和娱乐业的提升幅度最显著，主要是随着城市居民消费结构升级，促使生活性服务业向品质化、个性化、便利化等方向发展；部分城市实行品牌化发展战略，推动反映城市特色的高品质商业步行街、文化场馆、旅游景点、休闲娱乐设施等的建设，扶持花市、庙会、购物节、美食节、图书节等

"老字号"、特色品牌活动，充分释放生活性服务业促内需的巨大潜力。此外，一些城市生活性服务业的职能强度超过了生产性服务业，典型的如海口和三亚，房地产业是其最主要的职能行业，而金融、信息、商务、科技等生产性服务业的表现尚不突出。

（六）服务业发展水平空间差异显著

在全国35个直辖市、省会城市及计划单列市中，从服务业规模、结构和效益三方面对各城市的服务业发展水平进行评价，可划分为高、较高、中等、较低和低五个等级（表1）。

表1 中国35个直辖市、省会城市和计划单列市服务业发展水平（2018年）

城市	服务业增加值（亿元）	服务业增加值比重（%）	服务业经济贡献率（%）	服务业从业人数（万人）	生产性服务业从业人员占比（%）
北京	26 816	81.0	85.4	681.1	51.7
天津	7 831	58.6	56.5	153.8	39.5
石家庄	3 382	48.7	65.5	63.4	33.4*
太原	2 404	61.9	66.6	158.3	44.9*
呼和浩特	3 172	78.2	80.8	89.5	31.7*
沈阳	3 656	58.1	74.5	67.9	33.2
大连	3 984	52.0	48.5	61.1	40.7
长春	3 357	46.9	50.0	67.6	32.8*
哈尔滨	3 357	46.9	81.3	78.0	34.8
上海	25 172	69.9	74.5	441.5	46.3
南京	7 825	61.0	75.2	218.5	25.8
杭州	9 823	63.9	69.7	146.4	39.8
宁波	5 501	45.9	50.0	218.5	36.5
合肥	4 448	50.3	70.7	70.2	37.4
福州	4 157	52.9	71.0	68.2	32.3
厦门	2 787	58.2	61.8	58.6	37.0
南昌	2 423	45.9	48.7	146.6	26.9
济南	5 143	60.5	63.8	75.2	37.9
青岛	6 204	56.4	75.2	74.9	32.3
郑州	5 546	54.7	81.5	98.6	24.8
武汉	8 108	54.6	66.8	115.8	32.7*
长沙	6 024	54.8	61.7	66.2	32.5*
广州	16 402	71.8	84.6	545.9	27.9
深圳	14 238	58.8	61.1	603.6	36.5
南宁	2 380	59.1	74.2	62.1	34.1
海口	1 171	77.5	79.7	125.2	29.8
重庆	10 656	52.3	83.1	211.2	30.3

续表

城市	服务业增加值（亿元）	服务业增加值比重（%）	服务业经济贡献率（%）	服务业从业人数（万人）	生产性服务业从业人员占比（%）
成都	8 304	54.1	62.9	387.9	33.1
贵阳	2 232	58.8	82.6	54.6	35.6
昆明	2 947	56.6	46.8	80.3	36.3
西安	5 165	61.9	64.9	126.8	28.2
兰州	1 752	64.1	82.0	42.9	27.0
西宁	772	60.0	50.3	21.0	40.2*
银川	967	50.8	60.3	21.1	30.4*
乌鲁木齐	2 126	68.6	67.0	48.4	37.2*

注：表中标*的为2017年数据

高水平城市包括北京、上海、广州和深圳。服务业规模、结构和效益均位居前列，服务业增加值均在1.4万亿元以上，服务业从业人数超过400万人；服务业增加值在地区生产总值中所占比重大多超过65%，服务业从业人员比重以北京最高，为82.1%；人均服务业增加值均在10万元以上，服务业劳动生产率均超过30万元/人。服务业对国民经济增长的贡献率在60%以上，其中北京和广州均突破80%。

较高水平城市包括重庆、杭州、成都、武汉、天津和南京。服务业增加值在7 000亿元至1.4万亿元之间；服务业从业人数大多为110万~200万人，其中成都最高，约388万人；服务业增加值占比55%~60%，其中杭州最高，约64%；服务业效益差异相对较大，除杭州外，其余城市的人均服务业增加值在10万元以下；服务业劳动生产率为20万~25万元/人。服务业经济贡献率多在65%以上，其中重庆最高，达到83.1%，而天津仅为56.5%。

中等水平城市包括青岛、长沙、郑州、宁波、西安和济南。服务业增加值在5 000亿~7 000亿元之间；服务业从业人数大多为60万~120万人；服务业增加值比重大体为50%~60%；人均服务业增加值在5万~7.5万元之间。服务业经济贡献率普遍在60%以上。

较低水平城市包括合肥、福州、大连、沈阳、石家庄、长春、哈尔滨和呼和浩特。服务业增加值在3 000亿~5 000亿元之间，服务业从业人数大多为60万~100万人；服务业增加值占比为45%~60%；人均服务业增加值大多在5万~6万元之间，服务业经济贡献率普遍在40%~50%之间。

低水平城市包括昆明、厦门、南昌、太原、南宁、贵阳、乌鲁木齐、兰州、海口、银川和西宁，服务业规模、结构和效益普遍处于低水平。服务业增加值均在3 000亿元以下，服务业从业人数大多在60万人以下，最多的昆明为80.3万人，最少的西宁、银川两市仅21万人；人均服务业增加值大多在5万元以下，服务业经济贡献率为50%~70%。

二、中国城市服务业发展存在的问题

(一) 高质量发展的分工格局尚未形成

服务业发展水平的空间差异较大。东部地区城市服务业的发展水平相对较高，中西部地区城市服务业发展相对滞后。与此同时，南北部地区城市的发展差距日趋扩大，北方地区城市服务业发展活力普遍不强，特别是东北地区城市服务业规模、结构和效益均低于全国平均水平，与其他北方地区城市之间的发展差距也呈现扩大态势。在城市服务业东西部水平悬殊、南北方差异扩大的双重背景下，大城市服务业对周边中小型城市的辐射带动效应减弱，城市之间也难以形成分工合作的服务业格局。

城市服务业特色不够鲜明。服务业追求"大而全"的倾向突出，部分城市服务业的发展未能充分发挥本地特色和比较优势，一些城市服务业发展定位不明确，服务业基础薄弱但强调规划发展知识密集型服务业；另一些城市对传统服务业的改造升级重视不够，服务业增长能级提升缓慢；还有一些城市服务业发展过于分散，城市之间难以形成相互关联、互补的发展格局。与此同时，由于服务业发展缺乏鲜明特色，城市之间的同质化明显，特别是西部地区城市的服务行业相似度较高，对城市自身产业的优势缺少深入挖掘，易造成行业内部的过度竞争，不利于城市服务业的持续健康发展。

(二) 城市服务业内部结构尚待优化

生产性服务业与生活性服务业发展不均衡。无论从产出结构还是从就业结构来看，生产性服务业在大部分城市的服务业发展过程中均发挥着主导作用，是促进城市经济高质量发展的关键性力量。但一些城市过度关注生产性服务业，压缩了生活性服务业的发展空间。由于生活性服务业的发展水平关乎城市的社会福祉和民生改善，随着城市居民消费水平的大幅提升和消费结构的快速升级，生活性服务业将在促进国民经济持续增长方面发挥越来越重要的作用。

服务业部门内部各行业发展不均衡。一些城市的服务业发展仍以交通运输、仓储及邮政业和商业服务业等传统服务行业为主，西部地区城市表现得尤为明显；知识密集型服务业的发展水平普遍偏低，文旅健康等新兴服务业发展滞后。此外，一些城市服务业的行业集中度普遍较低，除北京、上海、广州、深圳等少数经济发达城市外，大部分城市的服务企业规模相对较小，知名龙头企业较少，难以培育具有品牌特色的本地优势服务企业，加之研发投入和高端创新人才引进等方面也处于明显劣势，综合竞争力不足。

(三) 城市先进制造业和现代服务业融合发展尚不充分

先进制造业和现代服务业融合发展依然存在领域不够广、程度不够深、水平不高等问题。由于对两业融合发展的认知差异，有的认为两业融合发展就是发展生产性服务业，有的把两业融合简单等同于企业主辅分离和多元化，或者就制造论制造、就服务论服务；在发展路径上还存在惯性依赖。

近年来，北京、上海、广州、深圳等特大城市先进制造业与服务业融合发展优势不断增强，杭州、南京、武汉、郑州、成都、西安等大城市发展势头较好；而东北地区、西北地区一些城市发展则相对滞后，今后要加强传统制造业技术改造，发展新技术、新业态、新模式，培育健康养老、旅游休闲、文化娱乐等新增长点；一些城市特别是资源枯竭型城市和传统工矿市先进制造业和服务业融合发展活力不足，今后要以促进产业转型发展为动力，加快培育服务业作为接续替代产业，延长产业链。各类城市应加大创新投入，为产业多元化发展提供新动力。

（四）城市服务业对外开放水平亟待提升

服务贸易结构失衡。大部分城市的服务贸易优势主要集中在劳动密集型行业，而知识密集型、技术密集型、资本密集型以及与大宗商品贸易密切相关的服务贸易逆差趋势明显。在出口贸易方面，加工贸易的比重相对较高，而研发、设计、广告、咨询等附加值较高的服务贸易占比较小。此外，城市服务业的发展仍主要面向本地市场，特别是对于内陆城市而言，即使参与国际贸易也仅处于全球价值链的低端位置；边境口岸城市的辐射带动能力仍较弱，服务外包尚不发达，难以形成专业化、高端化、社会化、品牌化的服务业发展新优势。

服务业对外开放平台和机制建设问题。许多中西部城市缺乏必要的服务业对外开放平台，与国外服务机构展开合作交流的渠道尚不畅通，难以吸收先进的服务知识、理念、技术、管理方式等，新服务、新业态、新模式的引进缓慢；由于缺乏培育高水平金融、法律、保险、会计、审计等专业服务市场，加之专业型人力资源积累不足，难以营造高质量的融投资环境。此外，对外开放的市场机制不健全，缺乏完善的服务业市场监管体系，除旅游业、物流业和房地产外，其余大部分行业的市场化程度仍然偏低、进入壁垒相对较高，不利于形成自由开放、竞争有序的服务业外部发展环境。

三、中国城市服务业未来发展方向

（一）打造高效联动、优势互补的城市服务业发展格局

随着城市群在新型城镇化中的示范、带动和引领作用进一步强化，城市群的集聚和辐射能力将不断增强、规模和竞争力日益提升，以城市群和都市圈为依托，以城市群的中心城市和都市圈的功能核心区为龙头，优化城市服务业空间结构，引导服务业在不同层级的城市合理布局。

随着长三角、珠三角、京津冀等世界级城市群快速成长，与世界发达国家城市群接轨步伐加快，都市圈在城市群中的核心带动作用显著，对于全国其他城市群的示范带动作用日渐显现。为引领未来经济发展，北京、上海、广州、深圳等核心城市应着力发展金融服务、现代物流、科技服务、信息服务、商务服务等的高技术含量、高附加值知识密集型服务业，强化其国际服务和创新引领功能，形成具有全球影响力和竞争力的世界城市。长江中游、中原、成渝、哈（尔滨）长（春）等国家级城市群逐步成长，要素集聚能力明显增强，重点开发潜力不断挖掘，服务业对经济发展的贡献作用将明显提升。武汉、郑州、重庆、成都、长春等城市应大力推动服务业与高新技术产业、先进制造业的融合发展，促进服务业的分工协作和集聚发展，扩大服务业规模、优化服务业结构、提高服务业效益，形成各具特色的区域性服务中心，成为带动城市群经济发展的重要节点。海峡西岸、山东半岛、关中平原、滇中、黔中、北部湾等区域性城市群不断成型，城市群的特色优势得到进一步发挥，对周边地区的吸引力和辐射能力明显增强，成为推动服务业快速发展的重要载体。这些城市群的核心城市应着力发展商贸、物流、文化旅游、科技信息等服务业，加快服务业集聚区和特色园区建设，通过推进集聚区载体和平台建设增强服务业承载力，强化功能升级。

构建优势互补的城市服务业分工体系。立足于城市自身的产业基础和城市职能现状，把握产业格局演进规律，积极挖掘城市特色，培育优势产业，提升核心职能，构建合理的服务业分工格局，引导城市错位发展，形成优势互补、资源整合、分工明确的竞合关系。补齐西部地区城市服务业发展的短板，形成东西协同、南北联动的城市服务业发展新格局。

（二）促进城市服务业结构优化升级

推动生产性服务业高端化发展。在科技服务业领域，重点建设北京、上海、广州、深圳、武汉、成都等全国科技创新服务中心。聚焦5G、人工智能、医药健康等关键方向，加快发展研发服务；依托高校、科研机构、中小微型科技企业打造高水平人才培养基地和科研成果转化平台。借鉴中关村科技园、张江高科技园区、南山科技园、武汉光谷等经验，建设具有规模效益和辐射带动能力的科技产业园区。鼓励在西安、重庆、兰州等有条件的西部城市大力发展技术创新中心和产业试验基地，重点培育智能制造、新能源汽车、医药健康等产业集群。在金融服务业领域，以上海的陆家嘴和北京的金融街为核心，大力推动金融与科技、信息的深度融合，积极发展互联网金融、移动金融、跨境金融等新兴业态，为金融服务业的创新发展赋能；着力打造深圳、广州、成都、杭州等国家级和区域级金融中心，重点将杭州建设成为全国互联网金融中心，不断释放实体经济的融资服务需求，培育金融服务实体经济的新增长点。在信息服务业领域，充分运用大数据、移动互联网、物联网、卫星导航等技术平台，重点发展应用软件、电子政务、远程教育、智慧物流等新领域，培育天津、南京、杭州、武汉等信息产业集聚中心，建立高端软件及应用系统研发基地，推动城市数字经济发展。

推动生活性服务业品质化发展。促进服务供给便利化，一方面，对传统消费空间进行提档升级，着力将成都、重庆、苏州、海口、昆明等打造成为国际消费中心城市，围绕城市功能区规划，构建集潮、娱、乐、购、食等于一体的综合性、高品质特色商业街区，形成布局合理、功能完善、业态多元、管理规范的城市实体消费新地标；另一方面，完善"互联网+消费"服务体系，大力发展以互联网为载体、线上与线下相融合的新业态、新模式，由中心城市向其他各级城市渗透，逐步扩大信息消费和网络购物的规模，拓宽居民消费渠道；同时，依托跨境物流平台，鼓励本土商业企业积极开辟海外市场，优先在杭州、成都、贵阳、哈尔滨等设立跨境电商综合试验区，在有条件的地区建立一批有影响力的电商小镇，重点扩大面向"一带一路"沿线国家和地区的商贸物流。此外，积极发展社区新零售服务体系，以补齐短板和市民感受为导向，在城市内部建设社区集成化智能服务终端，打造"15分钟社区生活服务圈"，增加生活性服务业的有效供给。促进服务内容品质化，顺应消费结构升级和人口老龄化趋势，深度开发"医养结合"的健康养老等生活服务；实施品牌化发展战略，重点推进文旅商融合发展，充分发挥济南、太原、西安、昆明等历史文化名城和高原湖滨生态城市的特色优势，大力发展全域旅游，整合文化体验、康体运动、观光娱乐、商务会展等多功能制定精品旅游线路。

（三）推动城市服务业与制造业的深度融合

推动服务业与制造业的深度融合。顺应新一轮科技革命发展趋势，以北京、上海、广州、深圳、重庆、武汉等国家中心城市为龙头，积极利用信息技术、生物技术、新能源和节能环保技术、先进制造技术等，提升服务业与制造业的融合度。同时，通过构建集政府公共服务平台、制造企业、服务企业、高校科研机构于一体的"政产学研"协同创新机制，加快科研成果的产业化，促进高技术含量、高附加值的服务业成为推动制造业高质量发展的主要动力。扩大对智能服务的市场需求，以工业互联网为突破口，对制造业进行全方位、全角度、全链条的改造，大力发展智能融合型产业，重点培育以人工智能为核心的高精尖产业；借鉴北京的"智源行动计划"，加快提升人工智能在促进各领域各产业升级、变革方面的带动能力，推动制造业向数据驱动型的创新发展模式转变。围绕资源型城市转型，结合全国两批产业转型升级示范区经验，助推发展城市生产、生活服务业；结合工业遗产示范区建设，推进城市文化与旅游融合发展。

搭建产业融合服务平台。强化政策引导，鼓励由市场供给和定价的竞争营利性平台项目，加大对公益性较强、外部性突出、服务范围较广、企业不愿投资的公共服务平台的财政扶持力度，如人才服务网络平台、科技资讯平台、信息服务平台、装备服务平台等；对产业升级、业务需求、人力资源等信息进行有效整合、归类及动态管理，推动产业之间的良性互动和健康发展；强化政府监管，降低制度性交易成本，营造平等竞争的发展环境，引导技术、人才、劳动力、资本等生产要素依托平台发挥叠加效应，最大限度地优化资源配置。

（四）提升城市服务业的对外开放水平

拓宽对外开放领域。中国城市服务业需求快速增长但供给相对不足的问题依然十分突出，特别是在知识密集型服务领域，服务业的对外开放水平有待提升。未来，中国城市应优先扩大金融、会计审计、建筑设计、电子商务、商贸物流等高端服务领域的开放规模，重点在北京、上海、广州、深圳、武汉、郑州、西安等高端服务业发展基础较好的城市设立综合试点，将服务业对外开放与城市功能定位有机结合，加速推进服务业的创新发展，提升服务业对城市经济增长的带动能力。此外，在居民消费结构升级的背景下，中国城市应逐步扩大文化、体育、旅游、医疗等高品质服务领域的开放程度，引进更高质量服务供应商，以提升居民的幸福感和获得感。同时，鼓励本土服务企业"走出去"，逐步提升本土服务企业的国际竞争力，进而提高中国服务业品牌的国际知名度。

优化营商环境。加快体制机制改革，深化服务业综合改革试点区建设，进一步放宽服务业外资的市场准入限制，降低外商投资者的准入门槛，打造市场化、国际化、法治化、便利化营商环境。在东部沿海城市率先发展服务业对外开放先导区，深入推进"放管服"改革，鼓励外资企业在此设立具有独立法人资格的研发中心，探索外商独资机构自主经营的新模式，逐步对外资企业和外资项目投资的各环节实行完全国民待遇，激发服务业市场活力。健全相关法律法规，有效落实《外商投资法》，依法规范服务业利用外资和对外投资的行为，强化服务业市场的整顿和规范；同时，充分发挥政府部门、行业协会、行业内领军企业的作用，加快制定与国际接轨的城市服务业对外开放法律体系，提升服务业市场监管的国际化水平。

（作者：申玉铭，首都师范大学资源环境与旅游学院教授、博士生导师；李哲，首都师范大学资源环境与旅游学院博士生）

参考文献

[1] 朱平芳，王永水，李世奇，等. 新中国成立70年服务业发展与改革的历史进程、经验启示 [J]. 数量经济技术经济研究，2019，36（8）：27-51.

[2] 鲁朝云. 广州现代服务业高质量发展对策研究 [J]. 经济界，2019，（6）：53-58.

[3] 赖朝安，龙漂，高晗，等. 以产业协同推动广州高端服务业发展研究 [J]. 城市观察，2019，（4）：76-84.

[4] 李勇坚. 中国服务业改革40年：经验与启示 [J]. 经济与管理研究，2018，39（1）：23-32.

[5] 方远平，彭婷，陆莲芯，等. 粤港澳大湾区城市职能演变特征与影响因素 [J]. 热带地理，2019，39（5）：647-660.

[6] 申玉铭，柳坤，邱灵. 广州产业新活力道路探析：中国城市群核心城市服务业发展的基本特征 [J]. 地理科学进展，2015，34（8）：957-965.

论坛篇

回眸七十年，展望新人居

1949年中华人民共和国成立后，城市规划专业从无到有，取得了长足的进步。形势需要，当时普遍重视实践，与政府管理部门联系密切。总的来说，当时对城市规划建设的认识比较简单，任务相对也比较单纯。

改革开放以来，我国社会经济发展水平快速上升，城乡人居环境取得实质性的改进，也暴露出了诸多问题：过大过快、政绩工程、破坏环境等现象时有出现，对城市及其规划的综合性、复杂性的认识不足。系统研究城市规划的科学规律的呼声不断高涨。

1993年，我提出人居环境科学，即旨在面向城乡规划和建设中的复杂问题，以人为本，建设美好人居环境。人居环境科学以有序空间和宜居环境为目标，提出以人为核心，构建人居环境建设原则、层次和系统，面向复杂问题，以复杂问题简单求解的哲学智慧，建立科学共同体、形成共同纲领的技术路线；突破原有专业分割和局限，开展以人居环境为核心的规划设计方法和实践模式探索，为发展适合国情的国家人居战略，建设美好人居环境提供科学支持和支撑。

近年来，在中国特色社会主义进入新时代的重要时期，促进国家治理体系和治理能力现代化、加快形成绿色生产方式和生活方式、推进生态文明建设、建设美丽中国等一系列重大战略与关键举措提上议事日程。相应地，国家对经济社会高质量发展、空间资源资产保护利用、城市规划建设管理等工作的统筹协调，都做出了顶层设计和战略安排。

城市是国家文明传承创新和现代化发展的关键地区，也是资源环境保护的关键地区，中央城市工作会议明确，城市工作要把创造优良人居环境作为中心目标，努力把城市建设成为人与人、人与自然和谐共处的美丽家园。对城市人居环境建设工作予以足够的关注并提到前所未有的高度，这是一个重大的社会进步。相比之下，我们的理解还不到位，工作还很不足。

2018年我作为"改革先锋"参加改革开放40周年大会，又亲耳聆听习近平主席的讲话。他再次强调："必须坚持以人民为中心，不断实现人民对美好生活的向往"，"前进道路上，我们必须始终把人民对美好生活的向往作为我们的奋斗目标。" 我更加迫切地感受到，我们需要认真总结中华人民共和国成立70年来的经验教训，提高对城市工作的理论认识，从实现两个百年目标的国家战略高度，深刻把握好规划、建设、保护、管理的科学规律，处理好各方面关系，进一步统筹各部门力量，坚持以人民为中心，将经济社会发展、资源环境保护、城市规划建设管理等一系列重要工作拧成一股绳，持续努力，共同为广大人民提供生产、生活、生态合理组织的有序空间和宜居环境，不断实现人民对美好生活的向往。

相应地，我们要更为自觉地大力发展人居科学，为美好人居建设提供科学支撑。城乡规划学是人居科学的核心学科之一，可以说当今的时代为城乡规划学科发展提供了历史性的、具有巨大挑战性的契机。我们要肩负起创造优良人居环境的时代使命，拿出更多的智慧和勇气，不断探索、不断研究，推动城乡规划学不断创新、不断前进！

（作者：吴良镛，中国科学院院士、中国工程院院士、清华大学教授）

中医药抗击新冠肺炎疫情的贡献与思考

随着近年来我国突发公共卫生事件增多，公共卫生应急问题成为瞩目的焦点，将生物安全作为国家总体安全的重要组成部分具有重大战略意义。特别是防治病毒性传染性疾病将成为常态化，因病毒不断变异，特效药、疫苗在时间上是明显滞后的，而中医药在"正气存内，邪不可干"思想指导下，扶正祛邪，辨证论治，根据临床表现见招拆招，总是可以拿出有效救治方案。一如三千年来，中华民族历史上的每次瘟疫，中医都不曾缺席，为保障民族繁衍昌盛，维护人民健康做出了重要贡献。

中医药在此次抗击新冠肺炎疫情中也同样如此，总结出了有效的治疗方案，推荐的"三药三方"发挥了重要作用，成为这次疫情防控的一大特色和亮点。国务院副总理孙春兰近期在《求是》杂志发文写道："在没有特效药和疫苗的情况下，注重发挥中医药治未病、辨证施治、多靶点干预的独特优势，首次大范围有组织实施早期干预，首次全面管理一个医院，首次整建制接管病区，首次中西医全程联合巡诊和查房，首次在重型、危重型患者救治中深度介入，探索形成了以中医药为特色、中西医结合救治患者的系统方案，成为中医药传承创新的一次生动实践。"临床与科研相结合，在科技助力下形成了"中医＋西医＋科技"的方式，是抗击疫情的重要方案，是中国抗疫胜利的基础，也在为全球抗疫贡献着中国智慧。

一、中医药抗疫可全程发挥作用

根据中国中医科学院编辑出版的《中国疫病史鉴》，从西汉到清末，中国至少发生过321次大型瘟疫。每次疫情，都能让当时的社会为之战栗。但是，中国历史上从来没有出现过西班牙大流感、欧洲黑死病、全球鼠疫那样一次瘟疫就造成数千万人死亡的悲剧。中国历史也是一部战"疫"史，每一次瘟疫到来，中医都不曾缺席。

17年前，在国务院领导支持下中医药参与了抗击SARS工作。当时我是天津抗SARS中医总指挥，在取得中医药治疗SARS初步成效后，在市委支持下，我请缨组建了两个独立的中医"红区"。采用中西结合方法救治，取得了良好效果。这次中医较早就参加了新冠肺炎的防治工作，中医药人第一时间上场，彰显了特色优势，贡献了重要力量。一是调集精锐力量。从全国调来4 900余名中医药人员驰援湖北。由湖北省42家中医院作为定点医院，中医医疗队整建制接管 8 个重症病区和江夏方舱医院，其他方舱医院都派驻 4~8 名中医专家。这次中医药援助队伍规模之大、力量之强，是前所未有的。二是中医药全程深度介入治疗，形成覆盖预防、治疗和康复全过程诊疗方案。病患得到了系统规范的中医治疗，取得了很好的效果。在全国新冠肺炎确诊病例中，有 74 187 人使用了中医药，占 91.5%，其中湖北省有 61 449 人使用了中医药，占 90.6%。据临床疗效观察显示，中医药总有效率达到了 90% 以上，能够有效缓解症状，能够减少轻型、普通型向重型发展，能够提高治愈率、降低病亡率，能够促进恢复期人群机体康复。

1. 严格隔离"四类人"，漫灌式普遍服中药汤

2020 年 1 月 27 日，我刚到武汉的时候，形势严峻、复杂：患者和非患者混在一起，确诊的、发热的、疑似的、密接的，这"四类人"都没有被隔离。当时我们就向中央指导组提出，集中管理，分类治疗。同时，对于确诊患者也要分类管理，轻症、重症分开治疗，可以征用学校、酒店，这样可以有效地利用有限的卫生资源。

但是，当时很多患者没有确诊，只隔离不服药，只成功了一半。根据以往经验，建议对"四类人"严格隔离并全部给中药，因为无论是对于普通感冒、流感，还是新冠肺炎，中药都是有一定疗效的。先吃上药，一是早期治疗不耽误病情，二是稳住恐慌焦虑的不安情绪，一两天退热了，就有信心了。在严格隔离武汉市 13 个区县后，第一天就发出了 3 000 份中药，第二天 8 000 份，第三天 1 万份……至今已经发出 100 余万份了。通过严格隔离，普遍服中药后取得了非常好的效果，"四类人"中确诊者所占比率从 2 月初的 80% 降到 2 月中旬的 30%，3 月初降到 10% 以下，有效地阻断了病情蔓延之势。

2. 承包方舱医院，中医成主力军

随着确诊患者越来越多，一床难求，为落实中央"应收尽收、应治尽治"指示，中央指导组决策建立方舱医院，我和刘清泉教授当即写了请战书，提出中药进方舱，中医承包方舱医院。中央指导组同意后，我们就组建了中医队伍进驻江夏方舱医院，创新管理模式，成立病患支部，爱心角，图书角，医生首先是关爱抚慰，其次才是治疗。对里面的轻症普通型患者主要采用中医药综合治疗，除了给汤剂或者口服的中成药以外，还有按摩、刮痧、贴敷这些治疗，组织练习太极拳、八段锦。

经治疗，发热、咳嗽、乏力症状明显改善，提高了肺部 CT 好转率，缩短了核酸转阴时间，血液中免疫学指标也同步好转。更重要的核心指标是轻症转为重症比例明显降低。取得这些有效治疗经验后，在十几所方舱医院推广。中医治疗转重率一般 2%~5%，明显低于 15% 的公认指标，这一点具有非常重要的临床意义。如江夏中医方舱医院共收治轻症和普通型新冠肺炎患者 564 人，没有一个转成重症患者及一例复阳。

3. 重症辅助治疗，也能力挽狂澜

呼吸支持、循环支持等生命支持至关重要，西医为主，中医配合。虽是配合，但在某些

临床关键环节中医药也能有"四两拨千斤"的作用，如有的病人上了呼吸机，但人机对抗，患者腹部胀满，腹压抬高膈肌，影响氧疗效果，此时采用通腑泄热的宣白承气汤类药方，一两剂药大便泄通，胀满消除，氧疗效果明显提高。有的病人氧合水平比较低，血氧饱和度波动，在这种情况下，尽早使用生脉注射液、参麦注射液，或服独参汤，往往一两天后病人的血氧饱和度就稳定了，再过一两天氧合水平就上去了。

病毒诱发机体免疫功能亢进，释放大量IL6、CRP等炎性介质，对机体进行二次打击，称为炎性因子风暴。它加重炎症反应，也是由轻症转重的关键病理因素，早期足量使用清热凉血功能的血必净注射液，对控制炎症反应综合征则有明确作用，发现机体内淋巴细胞动态减少，而炎性因子增加就是炎性因子风暴先兆。临床使用时要关口前移，尽早足量使用。有些患者肺部感染控制不佳或吸收慢，加注热毒宁、痰热清注射液，就可以和抗生素起到协同效应，很多病人就这样被治愈了。武汉包括金银潭医院、武汉肺科医院、武汉协和医院重症病人都是中西医联合会诊，较多患者使用了中西结合治疗，取得了很好的效果。

4. 恢复期促康复，减少后遗症

对于康复阶段的病人，仍存在乏力、咳嗽、失眠、情绪焦虑等症状，肺部的炎症还没有完全吸收，免疫功能及肺部功能也没有完全修复。在这种情况下，采用中西医结合康复的方法，呼吸锻炼配合中药、针灸、按摩、太极拳、八段锦锻炼及心理调护等综合疗法，可以显著改善症状，促进肺部炎症吸收，对脏器损伤的保护、对免疫功能的修复、精神调摄都有积极作用（图1）。

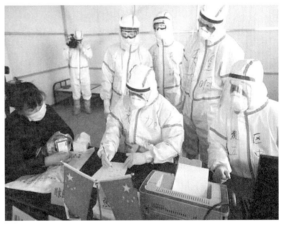

图1　于武汉江夏普安山康复驿站开展新冠肺炎康复门诊

（注：按照武汉市防控指挥部的统一部署，江夏普安山方舱医院在安排所有病人出院后，被改造成普安山康复驿站，该医院的功能也由专门接收新冠肺炎轻症患者转变为接收治愈的康复隔离患者）

总之，在新冠肺炎各个阶段，中医药都能发挥独特作用，中西医结合，各自发挥优势，协力合作，一切为了救治患者生命，这种综合治疗提高了治愈率，降低了死亡率。

二、科技支撑中医药抗击新冠肺炎

在此次疫情病患救治中，中医治疗发挥优势，我们也同时组织5省市8个单位的科研骨干开展科技部应急攻关项目——中西医结合防治新型冠状病毒感染肺炎的临床研究，这是科技部第一个在疫区启动的重点项目，采用现代信息手段，我们自主开发了TCM–COVID信息系统，开展中医证候学调查和临床研究，病区内用手机APP采集信息，传输到外面平台进行数据处理，临床与科研结合，前后台联动，取得了阶段性的成果（图2）。

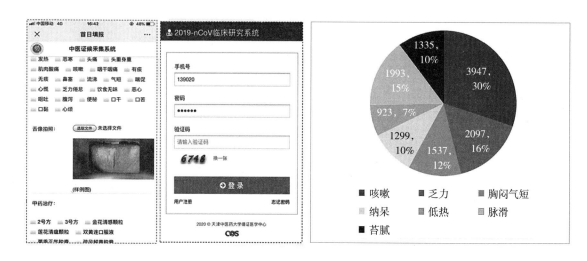

图2　天津中医药大学自主开发了TCM–COVID信息系统

西医重视病毒，中医重视证候，所以中医往往能更早地上手并拿出救治方案。证候是中医治疗方向和处方用药的基础，我们组织全国开展对确诊患者进行4个省20余家医院多中心大样本新冠肺炎中医证候流行病学调查研究。项目组对1 000余例确诊患者的中医证候学调查，明确了中医证候病机为"湿毒"。湿毒疫是以湿毒为典型特点的疫病，湿邪为患往往起病隐匿，起始症状温和，传变迅速，多生变证，缠绵难愈。主要证候要素为湿、毒、热、瘀、虚，主要侵袭肺与脾两脏，湿毒壅肺为主要病机。湿邪易夹风、夹热、夹寒，合邪致病，但在发展过程中又易发生寒化、热化、燥化，易生变证，临床证治更加复杂，这也是新冠肺炎与SARS之间的明显差别。"非典"是单纯的温热疫，而新冠肺炎出现了无症状感染者、复阳、常阳等复杂情况，可见其更狡诈、更多变、更让人猜不透。这些中医证候和病因病机认识指引了治疗方向，也支撑了国家抗疫临床指南中医部分制定。

1. 抗新冠药物研究

我们中医药团队在救治中使用中成药也不是仅仅凭经验，而是以科技为支撑，第一时间同步开展了中医药的基础研究。首先，对已上市中成药进行再评价。我们选择了一些具有抗病毒作用的中成药进行筛选与评价，收集已上市具有治疗流感、肺炎作用的中成药65种，建立细胞因子风暴细胞模型和抗肺纤维化细胞模型，通过开展虚拟筛选，再结合体外评价等工作，研究发现，连翘败毒片、芎菊上清丸、清瘟解毒片等对于抑制冠状病毒具有较好的效果；清金止嗽化痰丸、痰热清胶囊、抗病毒口服液等抗细胞因子风暴作用较好；清喉利咽颗粒、六神丸、八宝丹等具有较好的抗肺纤维化作用。通过这些研究成果，再结合临床辨证论治的经验作为参考，中医药辨证与辨病相结合，可以更有针对性地指导新冠肺炎治疗。

同时，以国家科研平台开展药物发现、评价。利用我校组分中药国家重点实验室开展抗新冠病毒中药活性筛选研究，目前从中药组分库数据库中采集2 691条化学成分信息，围绕3CLpro、PLpro、RdRp、Spike抗新冠病毒侵袭宿主及拷贝复制的主要靶点进行虚拟筛选。联合广州呼吸疾病国家重点实验室、中国科学院上海药物研究所开展体外活性验证，研究发现，黄芩、桑叶、诃子、菊花、金银花等十余种中药材具有较好抗新型冠状病毒活性，其中还发现了具有强活性的组分化合物（图3）。

图3 天津中医药大学中药组分库暨组分中药国家重点实验室

另外，我们建立了应对突发疫情中医药介入模式，形成临床救治与科学研究协同攻关机制、应急状态下中药新药发现模式和关键技术，通过文献研究、临床经验和现代化的组分中药高通量筛选，成功研制了宣肺败毒颗粒，入选国家推荐的"三药三方"，在全国推广应用。网络药理学研究发现，该方主要化学成分调控的286个关键靶标和21条通路，包括调控28个呼吸道病毒感染相关基因、68个白细胞介素等细胞因子活化相关基因以及17个肺部损伤相关基因，具有避免或缓解细胞因子风暴、多靶点保护肺脏等器官的作用。按照新药研究要求，已完成了该方颗粒剂的制备工艺及质量标准研究。采用的高载药量颗粒剂制剂技术，实现载药量高达80%，充分保留处方有效成分，并完成了三批中试和中试产品稳定性考察。

2. 抗新冠临床评价研究

在武汉前线也按照边治疗、边科研的思路进行中医药治疗新冠肺炎的临床疗效评价。在湖北省中西医结合医院对首批52例患者开展临床对照研究，于2月18日在《中医杂志》发表了全国第一篇中医药治疗新冠肺炎临床论文，结果表明中西医结合组与西药组相比，临床症状消失时间减少了2天，体温复常时间缩短了1.74天，平均转院天数减少了2.21天，临床治愈率中西医结合组较西药组高30%。继而3月底又在湖北省中西医结合医院开展了对108例普通型患者临床研究，完成为期2周治疗观察，结果也显示出同样的趋势。大疫出良药，对已上市中成药我们也开展了临床研究。对连花清瘟胶囊开展了全国9个省市23家医院共同参加的RCT的研究，共纳入284例新冠肺炎患者，结果显示，肺部影像学好转达到83.8%，对照组为64.1%；临床治愈达到78.9%，对照组为66.2%；在轻症转重的方面，治疗组较对照组降低50%。同时，体外实验也证明连花清瘟对体外的新冠病毒具有抑制作用。金花清感颗粒在武汉和北京分别做了123例和80例临床对照研究，临床试验结果显示，对于新冠肺炎轻型和普通型患者，金花清感颗粒治疗和对照组相比，转重率下降2/3，退热时间缩短了1.5天，同时反映免疫功能的白细胞、中性粒细胞计数和淋巴细胞计数有显著改善。以上结果都表明了金花清感颗粒治疗轻症和普通型具有确切的疗效，并且除了改善临床症状，也能改善相关免疫学指标。我们团队研发的宣肺败毒汤在武汉市中医院也开展了164例对照研究，分析宣肺败毒汤防治新型冠状病毒肺炎临床资料，探讨其对比连花清瘟胶囊治疗新型冠状病毒性肺炎临床疗效。结果显示宣肺败毒汤结合对症治疗新型冠状病毒肺炎能够显著改善患者症状，减少轻型和普通型转重症的比例，提高CT好转率，与连花清瘟联合对症治疗，治疗效果相当，但在改善肺部症状方面更加突出。综上，在武汉一线通过共2000余例患者的临床观察研究，用科研数据充分证明了中医药治疗轻型、普通型患者确有疗效，可有效缩短核酸转阴时间，改善临床症状和相关免疫学指标，降低转重率。

以上这些充分体现了中医药科研攻关能为打赢疫情防控阻击战提供有力的科技支撑。

三、国际抗疫，中医药任重道远

现在中国国内疫情传播基本阻断，但疫情在多国、多点爆发，据报道截至7月15日全球确诊人数已超1338万人。我国政府也多次表示愿同有需求的国家开展中医药参与疫情防控的国际合作，并提供力所能及的援助，也已及时主动同WHO合作，分享中医药参与疫情防控的有关情况，把中国最新版本的新冠肺炎中医药诊疗方案翻译成英文等十多种语种，世中联、世针联、中华中医药学会等还通过远程视频进行了数十次学术交流，主动跟有需求的国家和地区分享救治经验。同时，我国有关组织和机构已经向伊朗、泰国、法国和中国港澳等十几个国家和地区捐赠了中成药、饮片、针灸针等药品和器械。此外，还选派中医师赴外支援，并一直与境外相关单位、专家保持着密切联系。

中医中药在世界上的认知度得到了很大的提升。在武汉抗疫期间，我也多次向意大利、韩国、日本、澳大利亚、美国等多个国家医务工作者分享中医药经验，提供中医验方，援助中成药等。如3月26日，我通过世界中联组织的中医药参与全球抗疫支持行动向国际分享了"中西医结合救治新冠肺炎——中国方案的亮点"。全程共计64个国家和地区数十万参与者，包括部分疫情国世界中联监事会主席、副主席和理事会副主席等，反响较好。

中医药参与国际抗疫重点在于中医药如何走向国际，在部分国家和地区获得认同和准入是关键。中药现代化经过20多年的努力，成就斐然，包括中药产值增加、国际论文发表数量突飞猛进、在183个国家得到推广应用，并与86个国家签署政府间协议，在海外建立几十个中医中心，开设20万家中医诊所，等等。但是仍有两大问题需要解决：一是要提升中药材的品质，规范化种植，保证道地药材基本药效，生成无公害中药材。二是提供更多的临床有效证据。不仅需要通过现代医学研究它的作用机理，还需要拿出过硬的循证证据，这是中医药国际化的前提。同时，我们要统一标准，因为任何一个学科成熟发达的标志，就是要建立标准。中国是中医药宗主国，有责任发挥引领作用。我们首先与海外专家一起商讨，听取意见，建立了我国第一个高等教育的国际标准——中医本科学标准，已被50多个国家和地区采用。同时我们又组织了海内外500多位专家来编写教材，花了4年的时间，再把它翻译成英文，又花了两年的时间。完成后，2019年在匈牙利召开世界中医药大会的时候，正式推出。有了教材，有了标准，再通过国际教育，使得全世界来讨论中医药，并造福世界人民。

这次疫情对中药走向国际是一次"意外的机遇"。以临床科研协作为切入点，让海外病患体验到中医药疗效，同道认知中医药疗效。这是必要的基础。"中医走向国际，一看需求，二靠标准，一定是标准先行，而科技是基础，要练好内功，把自己的工作做好了，这样走出去，中医就会飞得更高，飞得更远。"

总之，中医药近些年越来越得到国外民众的认同，但是由于文化和医疗准入、药物标准等差异，中医药参与国际抗疫任重而道远，但是我们持开放胸怀，只要国际社会提出要求，调整医疗药物准入标准，我们愿意分享中医药经验，援助中药。我相信在广大群众的推动下，大疫当前，会让更多的政府和组织重新认知中医药，逐步接受中医药。

四、守正创新，中西医结合大有可为

"中西医并重"是党和政府一贯坚持的卫生政策方针，有中医和西医两套医学来同时保障健康也是中国人民的福祉。中医和西医是根植于东西方文化土壤的两套不同的医学体系，是站在不同的角度看待人体健康，哲学思想和诊疗方法完全不同，但中医与西医并不存在根本矛盾，其共同目的都是为了解除患者的痛苦，而且各有优势，和合共济优势互补。察势者智，驭势者赢，中西医结合不但是中国医学发展的方向，也是世界医学向更高层次发展的一种必然趋势。要正确看待中西医的关系，不要轻易排斥任意一方，而是要将二者合理地结合运用，取长补短，发挥各自的优势。这点在此次抗击新冠疫情中就得到了充分的体现，尤其在重症患者的救治中，可以说中西医结合是此次新冠肺炎疫情防控的一大特点，也是中医药传承精华、守正创新的生动实践。

但中西并重并没有很好落实，目前用西医药办法管理评价中医药仍是主流，中医药发展生态环境仍有待改善。政策很好也很多，难的是落地，这是关键。守正创新，遵循中医自身发展规律是根本。直至真正中西并重后，中国很可能走出一条解决某些世界医疗卫生难题的路子，这也将是中国对世界的一大贡献。

对于今后中西医结合，落实中西医并重，我建议需从机制和人才培养上着手：

一是完善重大传染病防治体制机制。将中医药真正融入公共卫生应急管理体系中来，实现中西医并重参与传染病防控体系；完善中西医领导和协作的机制，确保中医第一时间了解疫情、全程参与，整建制承包定点医院，按照中医的理论指导治疗，有利于快速总结出中医药诊治方案。

二是重点支持中医药传染病防控研究和基地建设。设立中医药防治传染病科技专项，予以重点支持。建设一批中医防治传染病临床基地，包括P3实验室在内的重点实验室，保障这些机构的基础条件和设施，平时可以作为感染病房、重症病房，战时可以改造为红区，成为传染病紧急救治的临床基地。

三是加强中西医结合人才培养。在高等院校教育中，加强中医疫病学、传染病学及公共卫生管理课程的教学，建立起中医药防治传染病的学科体系；培养一批中医功底深厚、急重症救治能力强的临床人才队伍，特别是急重症临床骨干人才培养；加强中医药从业人员公共卫生管理能力与水平的提升；培养更多的预防医学和临床医学结合的人才，平时临床治疗，战时进入红区。

只有这样提前完善好机制，建设好平台基地，储备好人才，下次疫情来临，我们才能迅速迎战，迅速胜战，常备不懈打好阻击战。相信中西医结合大有可为，定能成为中国人民的福祉，为健康中国保驾护航，为全面建成小康社会贡献新的力量！

（作者：张伯礼，中央肺炎疫情防控指导组专家组成员，中国工程院院士，天津中医药大学校长；黄明，天津中医药大学中医内科学博士；杨丰文，天津中医药大学助理研究员；张俊华，研究员，天津中医药大学中医药循证中心主任）

关于新冠病毒疫情防控的对策建议

理性封城防疫十策

（1月27日初稿，2月1日修改）

当前湖北、浙江等省已有二十多座城市实施"封城"，这是决胜本次防疫的终极一战，封城能否有效，关键在于能否保障城内民众基本生活品质；能否有利于疑似病人分流早诊断；能否对确诊患者早治疗；能否扼制住可能出现的群体性恐惧；等等。总之，我们面对的是具有高度不确定性的敌人，必须将政府信用和动员能力用到极致和科学，才能"人留得住，城封得好，疫防得住"。具体建议如下：

1. 封城之后要确保基本供给，所有事关居民基本生活质量的超市、药店、物流、菜场等都应正常开业。供水、燃气、消防、供电、通信、电视、垃圾收集运输处理等城市生命线更不能出任何差错。原则上应采取局部封先于全城封、有确诊者的社区严于一般社区的办法，防止一刀切的简单粗暴做法。

2. 除封城初期为控制人流和缓解中心医院"挤兑"实行暂时市内交通管制外，市内私人交通应放开。做好消毒工作后，网约车、出租车也应放开。市内主次道路、过江隧道更不必封闭，否则会影响防疫物资运输、人力调配、物流运营和社区防控和市民互助自救工作的开展。

3. 尽快建立分级医疗体系，应由省市三甲医院承担重症病人医治，市（区）县级医院就近诊治一般患者。对患者突增的疫区可采用外地对口支援封城各区和市（县）医院的办法，医疗队的医疗物资也可由派出省市政府保障。

4. 应将疫情防控重点放在城市和人口稠密的市郊，防止有限医疗资源分散低效使用。2003年SARS防治实践已证明，居住分散的远郊农村不是防疫重点。但防疫宣传工作和公共卫生工作要到位。

5. 各封城市政府应立即集中几大通信运营商协同作业，通过手机信令实时监测人口流动情况，使局部封查和防疫工作更有针对性。已实行网格式精细化智慧管理的城市，应充分运用网格监管和社区管理相结合，强化社区自我封闭、自治自防工作。

6. 建议将输血车、公交车辆简单改造为流动诊疗车，分批次将携带诊断试剂盒和消毒剂的医务人员送到各社区就地开展诊断工作，尽早化求医为送医，尽可能减少交叉感染。支持有条件的社区医院扩充隔离病房就地就近承担发烧疑似病人的诊治，减轻中心医院压力。

7. 各市政府应充分利用政府信息平台调度好国际、国内医疗救助物资的需求信息发布、物资接收、转运和分配工作。政府要善于发挥各种社会组织的救助功能而不能简单化取而代之，尤其要支持和动员物流快递企业正常运营，支撑各社区机构自我封闭、自救自防。

8. 加强12345市长公开电话和微信（按每20万人大于一线的容量扩容），抽调市级后备干部三班倒接听市长电话（每人每天接听35个电话以上），充分发挥"应急有事找政府"扼制群体恐惧的作用。

9. 机场、火车站、港口和汽车站都必须由政府派督查员全天候督查，确保正常运转，确保应急物资转运和进出人员消毒监控。市内外物流系统的正常运转尤为重要，这正如战时的后勤保障，应全力保障。

10. 所有人群集中形式的活动（如必需的开会、培训、免费发放药品物资等）都应用线上派发加线下快递来替代。政府应率先采用和鼓励所有机构采用"掌上办""线上办"的办法提供服务和部署工作。封城期间还应进一步丰富网络和电视文化活动。建议国有机构减免费用，有线电视、国内通讯流量、用电、燃气、用水等实施费用减免，直接让利于城内民众。

总之，封城属终极手段，成本极高，一般疫情不能滥用。不得已封城时也应循序渐进，科学理性应对，防止走极端，力求做到封人员流动保物流畅通，确保早预防、早诊断、早治疗，确保城内民众生活质量和防疫治疗工作的开展。

启用对口支援模式，保障白衣勇士战力

（2月7日）

今天全国各类媒体都自发悼念在抗疫第一线英勇牺牲的李文亮医生。与此同时，湖北省确诊病例仍占全国患者总数一半以上，病死率更是除湖北外全国平均值十倍以上。这一方面说明湖北还有大量的疑似病人得不到确诊；另一方面也说明该省已经确诊的患者也未能得到恰当的治疗。究其原因，全国支援的上万名医务人员常因"缺医少药"而导致防疫治疗效用大打折扣，当地医院大批医护人员也因防护装备短缺受到病毒感染威胁而影响战力。值得指出的是，一旦某医院一线医务人员染病十分之一以上，该医院就几近瘫痪了（每个重症病人至少需要6个医务人员）。为保护一线医务人员生命和作战能力，建议湖北防疫战借鉴四川"5·12"大地震灾后的"对口重建"模式。因这两者具有以下几方面的相似性：一是都需要大规模的专业队伍与行政力量的紧密协同作战；二是都需要大量专业物资装备和后勤保障供给的支持；三是民间大量捐献的物资常常因"供需不配套"而效用很低；四是仅依靠省政府集中分配物资也会因效率不高、专业知识不足和运输受阻而难以发挥高效作用。以上这几点正是当前湖北防疫战的主要困难。值得指出的是，万众瞩目的火神山、雷神山医院

和方舱医院只能解决武汉市的部分问题，对除武汉外的湖北全域抗疫影响有限。而借鉴四川省汶川地震灾后重建的"对口重建"模式是决胜湖北防疫战的重要保证。特建议如下：一、依据湖北省"九省通衢"的地理特点，就近安排自身防疫任务较轻的省会城市和计划单列市对口医治湖北各市县患者。武汉市区由军队医院包干。二、每个援助省或城市由省市卫健委副主任带队（行政能力与专业知识兼顾），抽调下属医院技术骨干携带必要器材和药物援助对口市县治疗防疫。三、医疗防疫是一个涉及患者检测诊断、治疗、药品器材供应、门诊住院场维护和后勤物资等多个子系统组成的复杂体系。成功的对口包干防疫医疗模式就是将早已磨合好的治疗体系整体搬到疫区某地，成倍强化当地防疫医治战力。不能只派医务人员而缺乏整体系统支撑。四、对口援助省市主要慈善机构负责本省捐助湖北疫区的资金和物资。疫区当地所需的紧缺药品物资由该省市政府和慈善机构网站对外公布定向捐助，专门用于支援对口市县的防疫医疗。湖北省政府物资调剂平台为各省市对口支援医疗队伍供给进行兜底保障而不是取代。五、凭对口援助省市政府"防疫救治指挥部"发放的通行证，各地公安和交通部门必须开辟绿色通道，快速放行。国家物流和快递企业监管部门应对全国和湖北省各地物流和快递畅通程度实施监管并进行每周排名，并及时奖优惩劣。总之，仿照四川灾后重建模式实施"对口包干防疫医疗"是近期决胜这场新冠病毒防疫战的关键，也是远期培育提升湖北省各市县医疗防疫能力、补齐经济社会发展短板和扩大有效投资的重要策略。

纠正基层"一刀切"的做法，力争恢复生产和抗疫战相互协同

（2月9日）

新型肺炎疫情发生后，全国上下都将面临两类风险，即期风险和预期风险。当前各地正处于疫情防控形势的转化期，应该未雨绸缪，把一部分关注重点放在预期的经济社会风险上。从全国各地疫情的应对实情来看，实际上各地在缺乏防疫分类指导的情况下，不少地方采取了"一刀切"和不断加码的政策，即停工停业、切断物流、封闭社区和道路，甚至封城。对于疫情暴发地区，这是必需的，但是对于非重点地区，是否也要向重点地区看齐？这是在防疫新形势下不得不考虑的紧迫问题。我们认为，地方政府领导在实施疫情管控的过程中，需要实事求是分类指导，防止在防控手段上盲目照搬疫情重点地区。我们担心，地方官员的恐慌和不担责心理，在疫情发生的过程中不计后果，将严重放大疫情带来的预期风险，终会给国家的经济社会发展和对外开放带来巨大的损失。毕竟各种管控措施的全面实施，将影响到无数个不同类型和规模的企业，影响到各个产业和行业的发展，同时影响到人们的正常生活。当下，全国除了集中精力防疫之外，社会的很多方面都陷入了全面停摆之中。再看一下受疫情影响的其他国家的情况。日本人口1.27亿人，目前确诊病例86个；泰国人口约6900万人，目前确诊病例25个；新加坡人口500万人，目前确诊40个。虽然确诊案例相对比较少，但是，这些国家并没有采取类似"全国一刀切"的管控措施。反观我国的一些地级城市，人口规模达到上百万人，确诊案例数仅仅在个位数，但仍然采取了很多极端措施。

从这个意义上来说，是否应该反思如何借鉴国际经验？相比世界各国，我国在面对各种抗灾的战时全民动员力方面，具有强大的体制优势。但是如果不计成本地无限放大，全国都向重点疫区看齐，未来可能付出的成本和社会代价也是无限的。也许向疫区看齐，减少出现疫情传播的风险，看似是没错和没有责任的，但是一系列的问题值得探讨：近期疫区和全国各地所急需的大量抗灾和维持社会运转的物资和商品谁来提供？一刀切封闭造成外贸企业停摆，时间一长，相关的全球生产链转移引发难以补救的长期损失，如何补救？我国省际和城市之间物流被人为中断、流通受阻（国家邮政局提出二月中旬才能恢复40%），我们如何要求外国对我国减少贸易和人员入境封锁？我们应该思考借鉴哪些方面的经验，如何在科学地采取防范措施之后，尽量减少经济和社会的成本？其实很多有效的措施和方法都在实施。例如，加强对疫区全方位的支持；强化来自疫区的相关人员的管控；对疫情发生风险相对较高的地区和城市，对居民区采取必要措施进行风险防范；通过各种媒体和新闻渠道，要求全社会提高个人的自我风险防范意识等。但是，必须承认在很多方面忽视了另外一些方法和手段。比如，一是加大科技手段的使用，充分利用手机信令和互联网大数据等，对疫情地区的人口扩散和人口流动的方向进行全方位的追踪。各地采取协同作战的方法，加强信息统筹，实现数据和信息共享。二是利用网格式精细化管理，将确诊或疑似新型肺炎患者在空间和时间上精准定位，再加上无处不在的社区和物业管理组织，强化所在楼宇单元的隔离和人员控制。三是利用全球第一的线上支付和物流快递，开展"背对背"不见面无接触式商务活动。四是利用无处不在的无线宽带网络进行专家视频问诊和在线指导治疗，等等。总结推广这些我国独有的优势，既可以大大降低防疫期间的社会成本和经济成本，又可减少对原有经济和社会秩序的干扰。更为重要的是，医学专家并不是经济专家和社会专家。他们的重要性在医学方面，而在防范经济社会风险方面，更需要其他学科的专家学者共同提出方法和解决方案，才有可能防范预期发生的其他经济和社会风险。所以，在抗击新冠肺炎决战过程中，亟须省市党委政府和有关部门依据各地疫情的轻重和发展趋势，分类指导各城市根据本地实际情况因地制宜地提出自身的解决方案，采用更为科学、人性化和低经济风险的方法来管控疫情，以期降低经济社会成本。具体分类指导方法建议如下：一是疫情较轻地区（确诊病例/人口总数低于十万分之一，相当于新加坡水平）的省市。在做好疑似病人居住楼宇局部隔离的基础上，尽快全面复工、开业，加速恢复正常的社会经济秩序，为全国经济复苏提供动力。二是疫情可控地区（确诊患者/总人口低于四万分之一，相当于浙江省水平）的省市。应在曾发患者的社区实行局部封闭和推广上述四条新措施的基础上，倡导和支持企业复工、开业，并支持企业对员工进行个人卫生防疫工作。三是疫情较为严重的区域。也应尽快恢复对防疫决战起关键作用的交通、物流和快递等行业。对防疫卫生物资生产企业和全球产业链重点企业，更应强制性复工。当地政府应对这些企业给予减免税费、灵活用工、价格浮动等方面的优惠政策，为全面复工开业奠定基础。值得指出的是，快递企业在防疫战时期的正常运作是以少数快递员的空间传递来取代多数市民的日常拥挤采购，再加"无接触配送"，可大大减少交叉感染的风险。同时，建议党中央、国务院要强调各级党政的主官们要有敢于承担风险的意识，最大化地提高科学管控的方法和手段。只有干部的恐惧心理降低了，社会的过度恐慌才有可能被缓解，群策群防的创新活力才能涌现，才有可能从根本上解决这次新冠病毒抗疫之战的即期风险和预期风险问题，把各方面的损失降到最低。

促进"复工复产"，实现"疫后复兴"

（2月17日）

当前全国除湖北之外新增确诊新冠肺炎的患者已实现15天持续下降，不少省份已多天无新增病例，理应立即全面复工复产，这一方面能为湖北抗疫决战提供强大的后勤保障，另一方面更是挫败国外反华势力遏制我国崛起的不二选择。建议采用以下策略，在确保疫情不扩散的前提下，尽快促进复工复产和扩大投资，尽快实现"疫后复兴"。

一、社区精准封闭是阻断疫情传播最有效的手段。数百万社区干部、志愿者和网格员作出了许多可歌可泣的功绩，但少数害群之马的恶劣破坏作用也随之浮现。建议从快严肃查处非疫区少数基层干部层层加码、违法挖断公路封锁交通物流、随意封闭居民门户、任意截留邮寄的防疫物资、阻挠企业复工甚至乘机敲诈勒索等典型案例，以儆效尤。

二、无论是复工复产还是抗疫，物流快递企业不仅是排头兵，更是当前急需的社会"公共品"，必须率先全面复工复产。建议国家有关部委和地方政府对这类企业给予紧急优惠政策和公开排名激励，力求"疫后复兴，粮草先行"。为防止恢复物资人员流动过程中的疫情反弹，建议在各类封闭的公共空间（包括高铁、轮船、公交车辆）和物流仓库加装臭氧发生器杀灭病毒。

三、对复工的小微企业实施上年度社保金返还的优惠政策。较之税收减免，社保金返还有三大优势：一是能鼓励企业少辞退员工，二是补助能快速精准到位，三是因"有征有返"有利于激励企业在正常年份多交社保金。

四、对全球供应链重点企业和零部件供应商，由所在地政府给予重点帮扶，促使它们尽快复工复产。国家相关部委进行监管并进行复工复产程度实时排名和相应奖惩。重点外贸企业的快速复工复产是"反脱钩"、挫败反华势力和维持全球化秩序的主要策略，应给予高度重视。

五、建议国家卫健委会同相关部委，依据各地疫情的攻防战的教训，尽快提出强化全国公共防疫和治疗体系建设方案。今后所有医院、各级党校、住宿制学校和培训机构的设计方案都必须考虑到防疫时能快速改造成传染病医院。对湖北等疫情严重的省份，可仿照汶川灾后重建"对口支援"模式，由援助省组织资源进行设计、施工、安装调试、人力培训和运行管理"一条龙"重建，尽快补齐当地公共卫生和防疫设施不足的短板。

六、全国数十万个村庄在本次新型肺炎疫情袭击过程中，表现出易封闭性、自我维持能力强、对外部公共设施依赖程度低的特点。建议将农民闲置住房和宅基地对城市居民的租赁期延长至30年以上。这一方面可满足中产阶层异地购置二套房需求，促进城乡融合振兴乡村，另一方面可迅速扩大民间投资规模，更重要的是，一旦下次疫情和灾害来袭时，城市居民可提前自行疏散至农村，从而增强国民经济体系整体韧性。

七、本次疫情攻防战最成功的经验之一就是及时封闭有疫情的居民小区并精准到具体楼宇和楼层。建议总结各地城市在疫情中暴露出的软硬件短板，在全国范围加速推进城市老旧小区改造和社区公共卫生设施建设。这不仅能改善居民日常生活品质，而且在疫情来临时，能迅速有效地进行社区自我封闭，防卫、阻断疫情传播。

八、建议全面总结各地智慧城市、公共信息系统、智慧社区和网格式精细化城市管理系统在本次防疫战中的经验与教训，结合推进5G建设进程，全面提升城市治理现代化水平。值得指出的是，近几天各地普遍出现因大量增加的在线教育和视频会议造成网络瘫痪事件暴露了网络软硬件的短板，应扩大投入尽快补齐。

据初步估算，以上八条策略一旦实施，至少可形成十万亿元的新增社会投资和相应的消费能力，更为重要的是能为国际贸易"反脱钩"和决胜防疫战、实现"疫后复兴"提供强大动力和资源保证。

（注：这四篇公开前三日已报中办、国办。总理批示两篇，副总理批示两篇。）

（作者：仇保兴，国务院参事、中国城市科学研究会理事长）

长效扶贫与全面小康的生态化路径

一、全面建成小康社会与三大差别再平衡战略

从1979年邓小平同志首次提出到2000年实现总体小康水平以来，全国人民经过艰苦奋斗基本上解决了温饱问题，但到世纪之交的2000年，中国人均CDP仅有800多美元，仍然处于一个低标准、偏重物质消费、粗放增长的阶段。并且，社会经济的不可持续问题之所以是脱贫攻坚和全面建成小康社会的短板，在于高速推进的工业化和城市化形成片面追求经济增长及物质水平的发展模式，导致了资源消耗和生态破坏，加剧了城乡、区域、贫富三大差别。世纪之交发生的"三农"形势严峻与3 000多万农村贫困人口温饱问题没有解决，体现的是"发展不平衡不充分"的社会主义初级阶段的主要矛盾。

因此，面对国内的发展转型需求，面对美国爆发新经济危机和"9·11"暴恐事件带来的地缘战略变化，2002年党的十六大明确提出：要在21世纪初的20年集中力量全面建设惠及广大人民更高生活水平的小康社会。2012年党的十八大以来，以习近平同志为核心的党中央继往开来，围绕全面小康提出一系列新思想和新战略。我们归纳为中央推进"三大差别再平衡"的方向性重大调整。一是从空间上，大力推进区域协调和城乡融合，以国债投资拉动基础设施建设来改变三大差别的外部条件；二是从发展方式上，逐步从粗放数量型增长向生态化可持续的质量效益型转变；三是从覆盖面上，包含经济、政治、社会、文化、生态以及空间系统性的发展，覆盖14亿多人口。具体经验归纳如下：

（一）城乡差别再平衡

2002年中央将"三农"问题列为重中之重，同年明确城乡统筹战略；2005年十六届五中全会在确立"建设资源节约型、环境友好型社会"的同时提出建设社会主义新农村的重大历史任务，明确发展县域经济主要靠城镇化与中小企业。2007年党的十七大明确提出建设生态文明，2008年十七届三中全会进一步指出了要建立资源节约型、环境友好型农业生产体系。2012年党的十八大把生态文明确立为新的发展战略，2013年十八届三中全会把突破二元结构作为城乡一体化的主要内容，建设美丽乡村，缩小城乡差别；但接着遭遇2014年美国结束量化宽松、外需下降，连带造成国内生产过剩、进入经济下行期，股灾与房市泡

沫化导致对应性的宏观调控。直到 2017 年党的十九大再度定向，相继提出乡村振兴战略和城乡融合发展，要确保 2020 年完成脱贫攻坚及全面小康的战略目标。近年来这些战略都带动了对农村基本建设和社会保障、教育文化等公共领域大规模的投资，贯彻了中央关于"财政金融及一切优惠政策向三农倾斜"的要求；同期"三农"投入占比最高的财政结构调整，对实现城乡再平衡起到了决定性作用。

（二）区域差别再平衡

1998 年起中央推出区域再平衡的三大战略规划，一是 1999 年提出西部大开发；二是 2002 年提出振兴东北老工业基地；三是 2005 年提出中部崛起。合计约 9 万亿元投资，成为拉动 GDP 的重要力量。

2008 年遭遇华尔街金融海啸之后的国内救市投资，继续用于区域差别再平衡。特别是进入经济下行期的 2013 年以来，一方面提出"一带一路"倡议，另一方面推进"次区域整合"，如京津冀协同发展、粤港澳大湾区建设、长江经济带建设等，形成东部、中部、东北和西部区域平衡融通的新格局。

2017 年党的十九大之后再度强化"投资拉动"，加强黄河流域生态保护，推动成渝地区"双城经济圈"建设，促进革命老区、民族地区、边疆地区、贫困地区加快发展。以区域协调发展为导向缩小区域发展差距，努力实现不同区域公共服务、基础设施和人民基本生活保障水平的相对均衡[①]。

（三）贫富差别再平衡

2001 年国家制定了《中国农村扶贫开发纲要（2001—2010 年）》，巩固扶贫成果、提高发展能力、缩小发展差距，重点扶持集中在中西部少数民族地区、革命老区、边疆地区和特困地区的贫困人口。2013 年习近平主席提出精准扶贫，2014 年制定了精准扶贫工作模式的顶层设计，2015 年印发《中共中央、国务院关于打赢脱贫攻坚战的决定》，提出 2020 年消除 7 000 余万贫困人口的战略目标。2017 年党的十九大报告要求动员全党全国全社会力量，坚持精准扶贫、精准脱贫，确保到 2020 年现行标准下农村贫困人口实现脱贫，贫困县全部摘帽，解决区域性整体贫困，打赢脱贫攻坚战。总之，把扶贫攻坚与国家重大方向性调整相结合，才能深刻理解中国对国际社会承诺 2020 年完全消除贫困的战略意义。

习近平总书记指出："'小康'讲的是发展水平，'全面'讲的是发展的平衡性、协调性、可持续性。"新世纪以来的 20 年，从 2002 年党的十六大确立全面建设小康社会、2003 年十六届三中全会之后提出"科学发展观"、2007 年党的十七大提出"建设生态文明"、2012 年党的十八大提出全面建成小康社会和"五位一体"总体布局、再到 2017 年党的十九大提出乡村振兴战略，三大再平衡战略一以贯之，基本构成了中国化解不平衡、不充分发展

---

① 《中共中央 国务院关于建立更加有效的区域协调发展新机制的意见》. 新华社. 2018.11. http://www.gov.cn/xinwen/2018-11/29/content_5344537.htm?_zbs_baidu_bk.

实现全面小康的总体部署。

二、脱贫攻坚是全面小康的战略内涵

2020年是"十三五"规划收官和决战脱贫攻坚、决胜全面小康的关键时期。习近平总书记指出："全面小康，覆盖的人口要全面，是惠及全体人民的小康，小康不小康，关键看老乡。"因此，脱贫攻坚是全面小康的战略内涵。特别是党的十八大后，以习近平总书记为核心的党中央从全面建成小康社会的总体目标出发，把精准扶贫作为脱贫攻坚的重中之重。在全党、全社会的共同努力下，中国减贫事业取得了举世瞩目的成就，贫困人口从2012年年底的9 899万人减到2019年年底的551万人，贫困发生率由10.2%降至0.6%，区域性整体贫困基本解决。至2019年，贫困人口人均可支配收入增加到11 567元，贫困群众"两不愁"质量水平明显提升，"三保障"突出问题总体解决。

但完全消除贫困乃是世界性难题，世界上仅东亚综合农协这种高度组织化的体制能够根本性消除农村贫困。可见，在任何农民去组织化的地方，农村贫困乃至"三农"问题，都是内生于现代化发展进程中因制度收益与制度成本不对称所带来的结构性问题。据此，中国贫困问题不只是微观意义上贫困线衡量标准的收入低下和物质短缺，从宏观的历史角度看，实质是现代化发展目标下国民经济不同发展阶段的资源性和制度性条件单一短缺与双重短缺导致的贫困叠加。

若在人地关系高度紧张和人均资源禀赋不足的现实矛盾下推进市场化，农业要素在"外部定价"条件下单纯依靠农业一产化收益，则不足以支撑小农家庭的生产和生活，更何况达到广义脱贫和实现全面小康的大目标。我们的研究表明：在以"资源资本化"为实质的经济发展过程中形成的增值收益如何分配，以及该过程中发生的"负反馈"如何分摊，都是制度性致贫的核心问题。中国作为一个发展中国家，客观存在着高速现代化进程中国民经济不同发展阶段形成的内部发展不平衡问题和内在差别，使发展产生的收益先被资本积聚的城市和相对较高收益的产业占取，而由贫困地区和农村承担发展的代价。

2020年，在中国决战脱贫攻坚和全面建成小康社会的关键时刻，陡然遭遇百年未遇的新冠肺炎疫情重大公共安全事件，疫情对国内工业、服务业和外贸等带来冲击，使传统产业链断裂，对外依存度高的地区整体收益下滑，演化为全面的经济和社会危机。更为严峻的是，美国强行去中国化带动的地缘政治格局重塑，进一步加剧外部性风险，中国在未来较长时期将处于产业经济下行、金融市场波动以及极端气候变化、公共安全事件常态化等多重风险叠加的危机之中。

"危"在于，一方面"新冷战"地缘政治下的全球产业结构调整并非仅遵循经济理性，势必因制度成本恶化导致新的输入型经济危机，进而引发企业倒闭、银行坏账暴增、失业和贸易赤字恶化，低收入民众和贫困人口最先受到影响，都会增加脱贫攻坚和全面建成小康社会的难度；另一方面则是中央在经济下滑和债务高企的双重压力下财政转移支付能力下降，使得过度依赖中央转移支付的贫困地区政府在脱贫攻坚上"稳定住、巩固好"成为难点。

另据各地摸底调查,已脱贫人口中有近 200 万人存在返贫风险,边缘人口中还有近 300 万人存在致贫风险,已脱贫的地区存在产业基础薄弱、项目同质化、就业不稳定、政策性收入占比高等诸多问题①,财政和传统产业输入性扶贫力度下降后可能导致双返贫的风险。

因此,愈益紧迫的内外形势,直接影响到全面小康与脱贫攻坚目标能否实现。在常态化防控中,关键是调整发展方式,推进政治、经济、科技和治理等多方面的重大转型,探索新的发展路径,才能化危为机。

三、创新全面建成小康社会的生态化路径

面临前所未有的挑战之际,中央强调以国内大循环为主体,国内国际双循环相互促进的新发展格局,国内则要把乡村振兴作为应对全球危机挑战的压舱石,进一步为全面建成小康社会和完成脱贫攻坚这两大历史任务创造条件。

"机"在于,党的十六大以来中央一以贯之的可持续发展和生态转型仍然有拓展空间,国家投资于三大差别再平衡的转型经验也依旧有效。在相对趋紧的内外环境下,中央确立重构国内大循环为主体的新战略的核心,在于区域性、在地性经济能成为乡村振兴和城乡融合的新动能,在生态文明战略转型中形成空间生态资源价值实现的可操作路径。

习近平总书记多次强调绿水青山就是金山银山,要实现生态产业化,产业生态化。这是生态化扶贫可持续的新动能。据此,应抓住城乡融合的时间窗口,持续释放"三农"领域具有的生态资源价值化的巨大增值空间。一是在乡村振兴战略贯彻中强调"空间正义",推进生态化扶贫;二是把金融供给侧改革与农业供给侧改革整合纳入全面小康战略,实现生态资本深化的目标。只有坚持政治方向的深化改革,才能从根本上化解发展的不平衡不充分,使"三生合一"的生态资源价值利于广大人民群众长期财产性收益的增加,才能真正夯实全面小康的社会经济基础。

(一)从小康到美好生活的新需求

2002 年党的十六大提出全面建设小康社会的基本标准,根本标志是人均 GDP 总值超过 3 000 美元。但到 2020 年,经国家统计局初步核算,2019 年全年国内生产总值(GDP)为 99.0865 万亿元,稳居世界第二位,人均 GDP 首次站上 1 万美元的新台阶,城镇居民人均可支配收入达到 4.2 万元,农村居民人均可支配收入达到 1.6 万元②。

随着人均 GDP 和可支配收入的显著提高,中国居民消费发生结构性转变,总体趋势上生存类消费下降,发展类消费上升。特别是社会民众对生态化特征的有效性消费需求增大,体现在生态绿色产品、生态休闲服务、自然体验教育、特色康养及民俗文化体验等以高品质

---

① 习近平.《在决战决胜脱贫攻坚座谈会议上的讲话》.中华人民共和国中央人民政府.2020.3.6. http://www.gov.cn/xinwen/2020-03/06/content_5488175.htm.
② 《2019 年国民经济运行总体平稳 发展主要预期目标较好实现》.国家统计局.2020.1.17. http://www.stats.gov.cn/tjsj/zxfb/202001/t20200117_1723383.html.

追求、多样化、个性化、定制化为核心的服务消费、绿色消费、品质消费和农村消费等绿色健康的美好生活需求上。

这也意味着中国民众从对小康生活的追求过渡到对美好生活的迫切需求上。中国社会的主要矛盾已经转化为人民日益增长的美好生活需要和不平衡不充分发展之间的矛盾。新的发展不平衡不充分区别于工业化阶段数量型增长的发展路径，而是对应生态文明阶段衍生巨大绿色需求和更高水平的美好生活存在生态化发展不充分不平衡。

因此，对应生态化发展需求和社会主要矛盾的变化，《中共中央、国务院关于实施乡村振兴战略的意见》中指出，要推进乡村绿色发展，打造人与自然和谐共生发展新格局，推动乡村自然资本加快增值，将乡村生态优势转化为发展生态经济的优势，提供更多更好的绿色生态产品和服务，促进生态和经济良性循环。那么，应该尽快将发展方式和思路调整到践行"两山两化"的质量效益型、生态经济转型上来，从以往城市化的平面投资空间拓展到山水田林湖草的空间生态资源开发，才能夯实国内大循环体系的基础。

（二）生态化空间资源开发的新路径

新时代的生态化应该具有新的内涵。要主动提升发展观念和调整政策，贯彻习近平总书记"三生统筹"的空间资源的整体开发思路。将"两山"理念落实在"生态产业化和产业生态化"的"转型"路径上。据此，生态化发展既要当期效果又要战略视野，空间维度上既要经济收益又要生态效益，特别要重视生态资源的价值贮藏功能在脱贫攻坚过程中的关键作用，避免"粗放数量型增长"再次造成生态不平衡和深度致贫。

其真实逻辑是乡村要素在工业化时代不被定价，因而能成为长期沉淀资产。其中基于地形地貌和气候环境的空间生态资源，如土地、阳光、水域、空气、山林、物种、文化等，属于既可以满足美好生活需求，并且具有效用价值的生态资源，可以进一步开发成休闲旅游、生态康养、教育服务、金融服务、生态产品、养生养老等内涵生态经济所需要的消费服务产品和投资标的物，并且这些空间生态资源和社会文化资源都具有不可移动、不可分割的乡村在地化及派生的集体性特质，其开发只有结合生态理性和在地多元主体的权益体现，才能实现生态经济收益的最大化。基于生态资源多元化且结构性粘连的特性，客观上要求生态经济增值收益分配的制度安排要实现环境和权益主体的在地化共享，从而达到生态化发展和在地民众共享收益相结合的目标。

在乡村振兴战略和城乡融合的背景下，中央进一步明确指出利用集体所有的资源要素，不断深化农村集体产权制度改革，通过探索"三变"（资源变资产、资金变股金、农民变股民）改革盘活农村沉睡资源资产。这也意味着新时期，中国在推动生态经济转型中将以农村集体经济组织作为重要载体加速自然生态资源的资本化进程。

那么，结合生态化资源资产具有结构性粘连且非标化的内涵，在重构新型农村集体经济的"三变改革"过程中，应该把大量的生态空间资源的价值实现形式代入农村改革中，对应构建符合其交易开发特征的要素市场体系。

首先，建立村级集体经济组织为载体的一级市场。

长期以来，中国农村形成的是以村域地缘和血缘为边界的产权制度。20世纪60年代至80年代初期实施"队为基础、三级所有"，也决定着家庭承包制以后仍然坚持农村集体所有制的政策。实际上，家庭分户使用村内土地和其他自然资源的制度安排，本质是由集体所有权和农户使用权共同构成的一种权利。

那么，在村域的一级资源性资产交易平台建设中，首先应该建立具有市场法人资格的集体经济组织作为空间生态资源资产化的收储单位。为此，要先以财政投入村域的建设资金以PPP方式作为杠杆纳入村级集体资产，然后集体对村民做股来吸纳村民以土地使用权、劳务及自有资金入股组建村级联合社，借此完成对生态资源资产的归集整合。这意味着结合农村集体产权制度改革做内部的两次股权化改造。一是通过量化确权的方式赋予了个体农户基本的"成员权"；二是对村社内分散的资源、资金、劳力等通过"三变"改革以流转、入股等方式纳入股份经济合作社。应该利用重构新型集体经济的机会推行股权多元化，可增设集体股、土地或林地股、房屋股、资金股、人才股、贡献股、生态股等，通过内部抵押借贷对价或内部成员之间约定俗成的议价等方式来发现本土生态资源的初始价格，坐实村社内部基于成员、资源和财产等多重权益的股权结构和相对应的收益分配制度。一方面是将集体资产做股量化给全体具有资格的成员，体现集体收益对成员的分配；另一方面则是农户将分散占有的资源资产使用权作价折股投入到集体，据此享有基于财产使用权的收益分配。只有当村内成员回归到新型集体经济组织中，以股权方式占有收益分配，才能进一步保障农户长期持续的财产性权益。

以集体经济组织为载体实现的一级市场定价，将农户之间或外部主体与农户的分散交易做了内部化整合，村集体是统一对外做规模交易的经济主体，减少了外部主体与分散农户的交易费用，才能使契约关系有维护和执行的制度基础。

其次，构建资源开发合股联营的二级市场。

集体经济组织作为发包方可以根据生态开发的需求对接不同经营主体，形成相当于股票二级市场的社会融资，优先考虑村社内部的专业合作社或良性投资的国有资产运营主体。

在这种二级平台中，对集体享有使用权和收益权的政府财政投入资金实行股份化改造，充分发挥财政资金的杠杆作用，加大集体股权谈判的地位。可以股权化方式与外部主体合股联营，或是资产发包方式，对于集体收储的可供开发的资产进行多样化经营，形成内涵结构性合约的二级平台。

在二级平台的交易中，集体经济组织可以和外部主体对生态资源资产做不同内容的产业开发，参照第二、三产业的均衡要素价格实现空间生态资源二次定价机制。一是因财政投入和集体资产集合做大了一级平台资产总价值，使得集体经济组织因全域资源市场垄断地位而提高交易地位；二是通过现代市场的结构性合约与外部多元主体对等谈判，能够平稳而持续地引入外来资本，撬动资源开发形成增值；三是可将有规模的增量收益按内部双重股权的占有比例再做分配，实现壮大集体经济和增加农民财产性收入双赢。

总之，是在一、二级两级平台中构建起活化农村生态资源资产的要素市场和定价机制，实现农村经济和资本市场的有机衔接，达到广义的生态致富。

最后，搭建活化资产交易的县域三级市场。

应加快金融供给侧改革融入生态化转型实现"生态资本深化"。据此，要在县域搭建生态化资产交易平台。一是以乡—村两级集体经济组织为基础，通过PPP模式创新，将转移支付变成杠杆资金与国企为主的农旅或乡村振兴公司、县乡或村的新型集体经济集体直接结合，形成混合所有制的股权投资于符合"两化"转型的产业并给予配套政策支持；以此激活政府"三农"投资在基层形成的"沉没成本"（沉淀下来的基础设施资产）转化为"可经营资产"。二是引入县域金融部门，配套保险公司、财政担保基金等，形成以集体经济为股东的县域平台公司对基层做嵌套的金融服务；辅之以国有大型商业银行县级支行开办批发为主的综合窗口业务，使县域平台公司可通过开发权、经营权抵押、农业担保等方式获得融资。此外，可以村域范围生态资源为依据，以集体资产价值量为基础形成绿色债券，由县级平台公司审核代发，同时由中国人民银行对绿色债券增发货币，实现主权货币的增发主要锚定在绿色债券即生态实体资产上。

这样做，也就把乡村振兴、扶贫攻坚融合起来，纳入到国内大循环为主体的新战略整合之中了。

（三）城乡融合的社会化新动能

在世界经济下行和风险叠加的时期，中央强调必须强化底线思维，做好较长时间应对风险挑战的思想准备和工作准备，集中精力抓好"六稳""六保"，而其中首要是"稳就业、保就业"。疫情期间人们的反思和行动，形成了城市资本和人才回流农村的"避险于乡野"的客观趋势，在生态文明理念和全面建成小康社会的国家战略部署下，对应集体资源资产价值实现，应推进城乡深度融合的社会化动员，只有市民和农民结合的业态创新，才有危机条件下在农村广阔天地大有作为的安身就业。

在新时代中国特色的社会主义生态化转型阶段，空间生态资源是包含了经济社会生态多样性功能，并且能够创造"六产融合"收益的结构化要素体系。只有实现"六产融合"新业态的创新，才能既实现生态文明对"两型经济"的转型要求，又能够在全球化危机之下完成国内大循环为主体的战略性调整。其间，尤其要借助互联网、大数据和社会化媒体的兴起，在资源环境条件较好的老少边穷地区重点培育城乡融合的社会新动能，带动贫困乡村实现六产化升级，打造长效扶贫的经济基础。

从产业分布而言，贫困地区的一产化农业要率先完成从数量型增长向质量效益型增长转变，实现生态功能和食品安全功能相结合的绿色生产方式；二产化农业要靠网络来延伸产业价值，轻资产、重题材，依托业态创新及传统工艺等形成定制化加工及细分服务的收益，努力实现生态化的百业兴旺；三产化要立足在地化资源条件下的"三生合一"来使农文旅运四业态集成创新，运用个性化和多元化相结合的新型创业方式带动社会流量进入乡村；四产化重点是向教育文化升级，主要结合农事体验DIY和古民居古村落的活化，开掘本地知识资源及用于本地化教育，据此容纳城市中小学发展乡村自然教育和劳动教育；五产化是生命产业，要形成生态农业为基础的养生、养老及中医药养病等"三养"创新，不断丰富以人与自然生命多样性为核心的生命产业；六产化则是在以上多元文化综合创新条件下的乡村复兴为基础的中华文明历史传承。

因此，新时代生态转型时期的生态化扶贫与全面小康新的动力，内在于城乡融合的社会化创新方式。操作重点是通过拓展数字乡村建设与城市各类消费者大数据对接，真正将人民大众对美好生活的向往和乡村生态资源资产做精准化的大数据整合，实现空间生态资源的六产化业态升级，在可持续立体循环的生态经济的最终目标的持续努力中，奠定生态化长效扶贫的基础。

四、结　语

2020年中国有望在疫情影响下探索出不同于以往全球化模式的新文明路径，依托内陆新基建投资和生态消费转型构建稳定的国内大循环，将进一步为重塑生态化经济基础创立新的方向。其内在地探索着生态产业化和资本深化的现实路径，据此实现中国主权货币锚定在本土生态资源的自我货币化之中，得以释放价值数百万亿的基础设施资产和生态资源的经济活力。只要通过生态产业化和生态资本深化构建广义的主权国家内循环为主体的机制，就能使中国在百年未遇的大危局中再次夯实软着陆基础，保障脱贫攻坚和全面小康的两大目标如期完成。

（作者：温铁军，中国人民大学乡村建设中心主任、福建农林大学新农村发展研究院执行院长、西南大学中国乡村建设学院执行院长；王茜，西南大学中国乡村建设学院咨询服务中心副主任）

中美贸易战回顾与评估

中美贸易战是近两年来影响最大的国际事件之一，不仅对中美企业和产业工人带来大量负面冲击，也影响了国际经济和政治。美方于 2018 年迅速对大量中国出口美国产品征税，尤其是进行科技封锁，对我国的经济发展形成了空前挑战。如今中美贸易战告一段落，但贸易战的阴影仍然笼罩着中美关系和中国经济，美方先前征收的关税也尚未撤销。要正确评价这场贸易战，就必须认识到中美对抗的长期性和必然性，看到贸易战在将来很长一段时间里将持续存在。

一、如何理解中美关系当前面临的挑战

中国改革开放四十年的对美国政策，总体而言是成功的。我国从改革开放后开始实行"韬光养晦"的外交政策，在外交上去意识形态化，以促进对外贸易、招商引资、创造合作机遇为手段，获得了美国和国际社会的接纳。中美关系四十年的进展，也离不开里根、老布什、克林顿等领导人的对华积极接触政策；中国融入以美国主导的国际体系，对中美两国是双赢的选择，美国也从中受益。然而近年来美国对华强硬的声音抬头，在人权、军事、台湾等"传统"领域不断向中国发难，而且试图通过跨太平洋伙伴关系协定（TPP）等国际框架孤立中国，似乎正在推翻先前的接触政策。到了特朗普时代，美国更是公开挥舞贸易保护主义大棒，华盛顿多名政界人士公然讨论中美"脱钩"（decoupling）。这些变化大多发生在过去的十年，尤其是贸易战以来的两年中，美国的转向程度和速度都令人担心。在贸易战等事件背后的中美关系转变可以从国际、国内和个人三个层面解释，大多数引起近期中美关系剧变的因素都是长期变化的，在特朗普任期之后还将持续存在。

中美关系在国际层面上是守成大国和新兴大国的关系。国际关系的现实主义学派一般认为守成国和新兴国的此消彼长会造成两国冲突，后来的新现实主义学者又提出了国力错位（power mismatch）理论，认为冲突双方，尤其是新兴国有可能高估国力并挑战对手。不少美国学者，如近期的格雷厄姆（Allison Graham）认为霸主国和挑战者之间存在所谓"修昔底德陷阱"，并以古希腊时期的雅典与斯巴达、"一战"前的英国与德国等为例加以论证；这种冲突不一定以战争形式体现，贸易竞争也是大国间竞争的表现形式。事实上美国在 20 世纪战胜了三个国际秩序的竞争者，分别是"二战"的德国、"冷战"时期的苏联和 60—80

年代经济腾飞时期的日本，其中后两者是在没有爆发全面冲突的情况下与美国竞争。就中美两国而言，近年来中国在经济总量、人均国民生产总值、技术、科研教育等方面快速追赶美国。除此以外，随着中国军力不断进步，我国在南海地区的影响力日益强化，美国安全界人士普遍将此视作对美国全球霸权的关键挑战。

昔日中美外交破冰的背景是来自苏联的威胁，而如今中美之间不存在迫切的第三方威胁。事实上尼克松访华后美苏关系回暖，中美破冰的进程也被延缓至1979年建交；而在戈尔巴乔夫上台、东欧开始发生剧变的1989年，在80年代已经与中国结成事实盟友甚至展开军事合作的美国就敢于联合其他主要西方国家发起对华制裁。美国在小布什总统上台初期便企图围绕南海与中国展开对抗，但"9·11"袭击为两国提供了合作的契机。随着恐怖主义威胁退散，中美关系的竞争面再度占据上风，从奥巴马时期美国"重返亚太"到特朗普时期"印太战略"，美国日益将中国视作首要威胁；2015年美国的中国问题专家兰普顿（David M. Lampton）提出中美关系到达转折点（tipping point）。这种警惕心在未来会日益明显，不会因为美国总统更替而衰落。

在国内层面上，美国支持与中国合作的声音正在减弱。首先是美国商界。美国之所以放心支持自由贸易，首先是因为美国企业和消费者从中国的巨大市场、廉价劳动力中受益，其次也是因为先前的大部分国家即使经济发展也无法对美国造成威胁，只能长期充当发达国家的"国际工厂"。拉美左翼学者认为生产高附加值、不可替代产品的"中心地区"发达国家能够系统性地剥削生产低附加值、可替代产品的"边缘地区"发展中国家，近期政治经济学者对巴西、东欧等地的研究发现跨国公司、本地利益集团能够形成强大阻力，阻止国家进行工业化和产业升级。"二战"后大多数成功工业化、追赶欧美的国家和地区来自东亚，采取政府扶植与企业竞争相结合的方式，而中国正是这种方式的集大成者。此外，中国的廉价劳动力、基础教育、企业家精神和庞大市场等因素也使得我国经济不但在"量"上快速积累财富，而且在"质"上有所提升，近年来部分领域甚至能够与欧美产品竞争；这些新进展造成美国国内涌现出强烈的经济民族主义情绪，不但以特朗普为代表的保守派、民粹主义者提出所谓公平贸易（fair trade），奥巴马时代的美国自由派也提出将旨在中国（以及新兴市场国家）排除在外的TPP等协议，企图单方面提高劳工、市场开发、知识产权等标准。传统上主张中美友好的美国商界日益感受到来自中方的竞争，在奥巴马、特朗普时期也有更多人转向强硬。

其次美国政界、学界的对华态度发生结构性变化，华盛顿的决策圈被强硬派人士甚至民粹主义者占据。制度主义国际关系理论认为，主导国际体系的霸主国接纳新成员加入国际制度，从而使潜在挑战者接受国际行为规范，进而融入霸主国主导的国际秩序。通过接纳中国进入美国领导的国际体系，美国一方面极大增强自身的国际权威，另一方面希望中国按照美国的预期发生"和平演变"，建立美式代议制多党民主。美国主流的自由主义发展理论家，如阿詹莫鲁（Daron Acemoglu）认为经济发展必然导致民主改革，因此美国主导的世界银行、国际货币基金组织（IMF）等机构也通过经济援助附加条件推动经济改革，美国本身在对华关系中也频繁主张中国进一步进行经济改革。然而中国在经济改革的同时也保持了政治稳定，没有出现美国学者预想的"颜色革命"，这使得更多支持对华接触的"中国通"失去耐心，而鼓吹大棒政策的强硬派占据上风。没有从政经验的特朗普总统于2016年当选后，由于本身在华盛顿的政治人脉薄弱，也缺乏折中调和的政治手腕，任用了一批长期以来因为太过极端而被边缘化的学者和政客，包括没来过中国却写出《致命中国》（Death by China）的纳瓦罗（Peter Navarro），在多次国际危机中鼓吹战争选项的博尔顿（John Bolton）等人；与此同时，日益失去政治影响的"中国通"们则因不满特朗普而离开华盛顿，这使得当前的华盛顿政策圈缺乏制衡，弥漫着反华情绪。

再次是美国社会本身存在一些难以解决的问题，社会矛盾难以解决，其政客有将矛盾外引的趋势。美国自里根以来向世界推广"华盛顿共识"等新自由主义经济原则，政府倡导开放贸易，其跨国公司在全世界布局产业。这一经济方针对各国带来了一些利好，对美国而言，美国消费者也获得实惠廉价的产品，不少跨国公司也借由在中国等地的投资降低了成本、开拓了市场；在20世纪90年代信息革命后，美国金融、服务业巨头从国际市场获得了丰厚利润。然而新自由主义也给美国社会带来了一些问题。首先是美国的制造业失去竞争力，"锈带"（The Rust Belt）等地区的工人、煤炭等夕阳产业的工人都陷入结构性失业。此外，贫富差距问题始终困扰着21世纪的美国，1%最富有的人口财富增长速度远高于其他人。2008年次贷危机和随即而来的经济低迷沉重打击了美国中产阶级，引发了美国民众对华尔街金融界，以及疏于监管的华盛顿政客的不满，后来造成2011年的"占领华尔街"运动。与此同时，奉行自由市场原则的美国机会众多，吸引了全世界的移民人才，但其国内族群间矛盾在近年愈发引人关注，亨廷顿（Samuel Huntington）等学者预见到白人在美国将成为少数族裔。这两种社会动向带动了美国的保守党运动，包括金融危机后的"茶党"运动、近期的"另类右翼"运动、抬头的法西斯和"3K"党等，它们往往敌视中国，鼓吹中国"抢走"美国人的工作机会。这些运动也是贸易战的幕后推手。

在个人层面上，特朗普总统及其团队在国际上四处挥舞保护主义大棒，无疑使得中美两国间的经济冲突提前到来。特朗普是纽约的地产商人，在竞选总统之前没有执政经验，但在2016年的总统选举中战胜老牌政客希拉里·克林顿，成为一位颇具争议的美国总统。特朗普的执政团队代表了几个集团的利益，这几个集团各自有动机对中国发动贸易战。首先是特朗普及其亲信，他们的主要目的是赢得连任，避免民主党对特朗普个人和家族进行追查。特朗普在美国拥有一批坚定拥趸，这些人大多是对华盛顿建制派（establishment）失去信心的美国白人；为了赢得选票，特朗普致力于向忠实支持者打造"诚实守信"的形象，因此必然要兑现对中国发动贸易调查、征收巨额关税的承诺。其次是以纳瓦罗、博尔顿、曾经参与美日《广场协议》谈判的莱特希泽（Robert Lighthizer）、另类右翼精神活动家班农（Steve Bannon）为前台，共和党新保守主义者在后台的鹰派集团。该集团认为美国必须在近年内全力阻止中国崛起，贸易战只是手段之一，美国必须不断向中方发起进攻。这个集团的一部分人士鼓吹中美"脱钩"，力图以种种挑衅政策破坏中美四十余年建立的合作纽带。最后是美国商界人士，他们本身是中美贸易的受益者，但企图通过贸易战使得中方进一步扩大开放，用条约形式保证美国企业在华长期收益。几派人马在对华政策上取得共识，贸易战也就难以避免了。

二、对中美贸易战经过的整理和总结

美国在奥巴马第二任期开始酝酿研究新的对华策略，随着在竞选期间就扬言要对中国"不公正贸易"进行报复的共和党候选人特朗普进驻白宫，美国决策层的鹰派色彩愈发浓重。虽然我国致力于维持和特朗普总统的友好关系，并以盛大规格接待特朗普访华，总统执政团队的反华气氛却甚嚣尘上；极右翼宣传家班农在2017年11月公开宣称，美国遏制中国崛起的时间只剩下5~8年。到了2017年年底，美国决策层基本达成对华新共识（new consensus），认为大国竞争（big power competition）取代恐怖主义成为美国的主要威胁，长期而言中国是美国主要的战略竞争对手；此共识随即体现在同年12月18日的《国家战略安全报告》（National Security Strategy Report）、2018年1月19日的《国防战略报告》（Defense Strategy Report）、1月30日国情咨文、2月4日《核态势评估报告》（Nuclear Posture Review）、2月13日《全球威胁评估报告》（Worldwide Threat Assessment）等官方文件上，很快转化为全方面遏制中国的行动。

美国首先发动贸易"闪电战"。在此之前的2017年8月18日，美国贸易谈判代表莱特希泽在特朗普授意下对"中国贸易行为"进行审查，即301调查①；以此调查结果为根据，特朗普于2018年3月22日签署总统令，对中国产的500亿产品征税，这通常被视作贸易战的开端。4月3日，美国贸易办公室公布对华征税清单，特朗普很快声称考虑就1000亿美元中国产品征税。美国对中国及其企业的经济攻势是全方位的：4月16日美国商务部制裁中兴电子（ZTE），禁止美国供应商向其出售零部件，同时威胁对阿里巴巴等科技产业进行301调查；这标志着美国在关税等常规贸易战手段外开辟科技战的新战场，有可能对中国依赖美国技术的企业进行封锁。5月初美国商务部又宣布了对37个中国企业的制裁，切断中国公司与美国银行的联系，威胁对中国进行金融战。美国初期的经济攻势来势汹汹，对中国比较依赖国外技术的大量高科技产业形成巨大压力；美方声称中国"窃取"美国技术、强迫美国企业进行技术转让，通过国有企业进行"不公平竞争"；贸易谈判代表莱特希泽在参议院听证时提出征税主要针对中国的高科技产业，集中遏制中国的《中国制造2025》产业纲领。

中国在美方迅猛而全面的经济打击面前主要采取防守态势，是这场经济争端的被动方和受害者；在特朗普发动贸易战后的3月23日，中国外交部和中国政府对美国的贸易保护主义采取了针锋相对但有节制的反制措施，采取"让利不让理"②的原则，在维护核心利益的情况下谋求停止贸易摩擦。中国在特朗普征收第一批关税后的3月25日即针对美国不久前的"232报告"和钢铝关税进行反击，中国在贸易战前期做出了比较大的让步，愿意在美方

---

① 该调查所依据的法律条款为《1988年综合贸易与竞争法》第1301~1310节，俗称301条款，故称为301调查。301调查是美国用来评估其认定"不公平"贸易行为的政府调查。
② 张宇燕、冯维江：从"接触"到"规锁"：美国对华战略意图及中美博弈的四种前景。

提出的减少贸易逆差、开放市场、保护知识产权等方面满足美方要求;但中国的反击及时向美方显示了中方维护核心利益和谈判底线的决心,也令在全世界挥舞保护主义大棒的特朗普政府首次受到真正意义上的对等反击。2018年5月,中美两国围绕着贸易战进行了双方互访和一系列谈判,国务院副总理刘鹤于19日在华盛顿宣布了双方关于停止贸易战的共识。

5月的谈判并没有制止美国继续酝酿下一波打击,中美贸易战随后进入边打边谈的"持久战"。此阶段的美国经济形势良好,而中兴事件给予希望美国"技术封锁"中国的政客们信心,因此特朗普面对中国反击采取了继续加码的策略。白宫于5月底表示美国仍然将对500亿中国高科技产品加征25%关税,该清单于6月15日正式公布。美国继续推进保护主义政策,于6月18日首次提出、9月18日宣布实施对从中国进口的2 000亿产品征收关税;虽然此轮关税在此前的民意征询中遭到多数反对,美国政府仍然一意孤行,在贸易战中持续加码。随着贸易战逐渐进入僵持阶段,美方在对中国"极限施压"的同时也对中国的科技产业,例如华为和中兴公司进行制裁;中兴公司为此付出了惨重代价,在管理层上做出极大妥协才换来美国解禁。美国也通过盟友进行长臂管辖,指使加拿大扣留华为公司首席财务官孟晚舟,威胁到中国企业雇员和政府人员的人身自由。

中国在此阶段对进口美国产品实行对等报复,商务部在美方宣布不停止贸易战后即表示"既感到出乎意料,但也在意料之中"①,随后表示"中方决不打第一枪,但如果美方实施征税措施,中方将被迫进行反制"②。国务院关税税则委员会在7—8月间先后发布2018年第5号、6号和7号公告,总共对将近1 100亿美元、涵盖多个门类的美国商品加征关税;在美国9月加征关税后,中方又于9月24日对700余项、约600亿美元的美国产品加征关税。与此同时,中国在世界贸易组织等国际平台对美国发起诉讼,申请WTO授权报复,争取国际道义支持。中美两国在此期间举行了一系列谈判,例如商务部王受文副部长8月底率队访美、此后的几轮高级磋商等;这些谈判的推进都与中方"以打促谈"的策略密不可分。特朗普与习近平主席于12月1日在阿根廷布宜诺斯艾利斯会面,中美领导人达成了通过谈判方式解决贸易争端的共识。随后中美贸易谈判紧锣密鼓展开,中方始终为完成"马拉松"式的谈判努力。

但在2019年的谈判中,美方态度的转变令中美贸易战谈判再次陷入困境;美国国内的新保守主义占据决策圈,以莱特希泽为首的美国政客毫无与中国谈判的诚意,甚至以谈判破裂、重启贸易战为目标。在5月举行的第十一轮贸易谈判中,由于美方提出的无理要求,以及在谈判期间宣布上调2 000亿产品关税至25%的行为,双方没有达成协议。中国随即以提高关税作为对等报复,官方媒体对美方毫无诚意的做法密集批评,商务部声明"如果美方一意孤行,继续升级贸易摩擦,我们将奉陪到底"③。中美之间的贸易战随即进入一个新阶段,围绕着中国的华为公司展开博弈:特朗普在5月15日要求美国进入紧急状态,准备全

---

① 中国商务部回应白宫声明. 出乎意料但也在意料之中. 中新经纬. 见 http://www.sohu.com/a/233362928_561670.
② 商务部. 中美贸易战,中方绝不打第一枪,中国青年报. 见 http://www.chinanews.com/gn/2018/07-06/8558093.shtml.
③ 新华社、商务部:如果美方继续升级贸易摩擦 我们将奉陪到底。

面切断美国企业与华为的业务；美国主导的部分行业组织将华为除名；此外美国四处游说其他国家，企图阻止第三国使用华为提供的通信技术。面对美国倾国之力的围堵，华为公司拿出备用操作系统等技术储备，在与美国的谈判中争取到了重要筹码，也最终赢得了美方的妥协。围绕华为的博弈在中美僵持阶段具有重要战略意义，可以被称作贸易战中的"上甘岭"；由于大规模征收关税成效有限，美国转而动用政治、司法资源集中对华为进行封堵，却未能得逞。通过美国技术战和华为的应对，我国更多企业也开始意识到独立自主进行技术创新的重要性。

莱特希泽等人的强硬姿态、特朗普政府反复无常的所谓"极限施压"都对中美贸易战造成巨大阻碍，然而无论是华为公司还是中国政府都没有屈服于美方的威胁。随着特朗普日益面临2020总统大选的压力，美方也开始希望达成协议，为特朗普充满争议的四年执政增加一项重要政绩。在中美两国首脑G20大阪峰会见面后，双方基本上达成了停战意向，短暂搁置的中美高层磋商因而在2019年7月重启。虽然美方仍然故伎重演，在每次谈判之前企图以空头威胁增加谈判筹码，其间又使出将中国列为"汇率操纵国"等小动作，但美国继续加码的意愿已经不高。一个例子是美国于8月初威胁9月1日对中国3 000亿美元加征10%关税，中国随即于8月5日传出暂停采购美国农产品的消息，并由各大官方媒体连续抨击美方。在中国展示反制决心的情况下，特朗普先是将这部分关税推迟至10月中旬，后来也并没有加征这笔关税。在华为问题上，美方同样多次延长美国企业与华为进行业务往来的"许可证"，实际上暂时没有对华为实行"禁运"。贸易战随着双方在2019年12月15日达成第一阶段协议而告一段落，中国在知识产权、金融开放等问题上做出了较大让步，并承诺购买大批美国商品，但通过停战为国内产业赢得了时间，应该说是可以接受的结果。

三、贸易战长期化的可能性

中美贸易战自2018年3月22日，美国特朗普政府根据其"301调查"对从中国进口商品征收高额关税算起，至今已有两年时间。特朗普政府对中国发起的贸易战是与其他策略配合进行，是特朗普对华"组合拳"的一部分。如前所述，特朗普班子的对华利益和目标不尽一致，美国在对华战略上基本是连贯的，但在战术上各个派系的侧重点不同。随着特朗普执政班子人员更迭，美国在"组合拳"中的侧重也会时刻发生变化，贸易战本身也是时停时打。虽然当前中美经贸关系暂时平稳，我国仍应随时做好特朗普重启贸易战的准备。

特朗普政府目前将贸易战第一阶段协议当作其政绩，宣称美方在将近两年的贸易冲突中获胜。双方在这个时间点达成协议离不开特朗普执政班子的内部变化，随着总统大选的临近，特朗普急于取得阶段性成果，从而疏远莱特希泽等不愿达成协议的极端派。特朗普的执政四年充满争议，其移民政策、国内经济政策、社会福利政策等都引起左翼选民不满；从2018年美国中期选举看来，一旦选民人数占优的民主党调动选民投票积极性，特朗普就必须认真准备2020大选。特朗普在外交领域并没有特别出彩的表现，与伊朗交恶并几次濒临战争，与朝鲜的谈判未能取得实质性进展，与盟友的关系也由于其"美国优先"政策而或多或少有所恶化。与此同时，特朗普获得美国民众肯定的方面是他治下的美国经济；奥巴马的休养生息政策令美国经济充满活力，特朗普的反移民、保护主义政策则立竿见影地令工作岗位回流，这些都将是总统在2020年争取连任时的宣传方向。与中国的协议既补足了特朗普在外交工作上的短板，又强化了他"懂经济"的形象，特朗普必然会争取达成协议。对我国而言，美国政府提出的几点开放要求与我国经济改革的大方向是一致的，而采购美国产品的承诺固然是给美方的"大礼包"，同时也是未来谈判中可以视美方表现暂停甚至终止的筹码。顺应特朗普政府需求达成协议，对我国是能够接受的代价。

特朗普的"停火"协议具有阶段性，一旦特朗普成功连任，其团队随时可能开启贸易战的新阶段；如果民主党人在2020年上台，贸易战也未必结束，部分民主党参选人在电视辩论中明确表示不会取消特朗普时代的关税。我国需要清醒地认识到，贸易战只是美国对华遏制政策的冰山一角。在台湾、香港、新疆、西藏、东海、南海等问题上，美国从来没有停止对中国主权的侵犯；此外美国还通过其他一些手段，如支持印太地区盟友、破坏中国海外投资、要求中国参与《中导条约》等，企图限制中国的发展。在过去的两年里，美国两党政客从多个方面提议围堵中国，一些贸易战决策，如制裁华为就得到了两党多名议员的支持。随着反华成为华盛顿政客圈的"政治正确"，中美关系已经进入以竞争为主的新阶段，美国针对中国政府、企业、个人的遏制政策仍将层出不穷。因此，我国看待贸易战切忌局限于美方一次表态、一纸文件，需要做好持久战的准备。

中国是国际贸易的受益者，维持开放的国际贸易体系有利于中国的整体发展；加入世贸组织后中国大多数行业的发展都表明，中国企业不怕国际竞争，也具备很强的创新能力。时停时续的贸易战带来两种对中国经济发展和外交工作有害的极端观点，首先是贸易保护主义。虽然中国对美国展开对等反击，中国仍然需要深化开放，通过与其他国家的经济往来抵消贸易战的冲击；这也是我国正在实行的经济战略。面对美国对我国的封堵，争取国际支持、维护和拓展国际市场是我国的必经之路。另一种不可取的观点是投降论，这种看法在中美贸易战初期，尤其是中兴事件时纷纷涌现。事实上只要假以时日，中国企业能够摆脱对美国技术的依赖，像华为公司一样适应美国技术封锁的极端压力；而经济依赖本质上是相互的，美国供应商为了避免失去中国客户，同样很难坚持长期对华技术封锁。此外中美贸易战的背后也有经济周期影响，我国在供给侧改革和"去杠杆"中经济增长大幅放缓，而美国则享受奥巴马经济调整的红利，因此美方认为美国能够在消耗战中拖垮中国。随着时间的推移，美国也可能面临新一轮经济衰退，届时美方势必无法维持目前咄咄逼人的贸易战攻势。在国内企业面临困境、天灾人祸对经济带来严重负面影响的当前，面对美方挑衅，我国必须拥有足够的战略定力。

四、结　语

持续两年多的贸易战是中美关系恶化的一个体现，其影响可能长期存在。美国的关税大棒归根到底是其对华政策转向的体现，对华接触的外交政策已经是过去时，各种遏制中国发展的政策在未来将接踵而来,特朗普及其继任者也随时可以继续征收关税。美国部分极端派鼓吹的"中美脱钩"虽然仍旧遥远,却值得观察者和外交决策者警惕;对于贸易战马拉松式谈判取得的停战结果,两国应以坦诚态度加以维护。中国在未来仍将面对美方持续不断的关税、调查、技术封锁,如何调整经济结构,帮助企业适应保护主义愈发强大的国际市场,是我国各级决策者必须解决的关键难题。

(作者：金灿荣,中国人民大学甲级 A 岗教授,长江学者特聘教授;金君达,波士顿大学博士,清华大学苏世民学院讲师)

论我国城镇化空间格局的演化

国土指国家主权管辖范围内的地域空间。国土既是资源，也是环境，包括自然和人文两个方面。经济社会发展，工业化和城镇化必然要涉及国土资源的开发利用和国土环境的治理保护。土地是不可移动的自然资源，因而也是最重要的国土资源。编制全国国土总体规划就是要使经济社会的发展与城乡人口的分布、资源的开发利用和环境的治理保护在全国不同的地域空间综合协调，和谐共处。因而有关我国人口城镇化的空间格局的演化应成为编制全国国土空间规划的重要组成部分。

编制综合性的国土空间规划应兼顾经济效益、生态效益和社会效益，但在不同的发展阶段往往有不同的侧重。在工业化和城镇化的早中期往往更多地强调经济效益和空间集聚，待工业化和城镇化进入中后期后，才开始较多地关注其生态效益和社会效益，以及在空间的适度扩散。例如，在20世纪80年代，法国和日本的国土整治和国土规划，均开始由国家核心地区首都圈的高密度的不均衡发展，逐步转向振兴外围地区的相对均衡发展，以及尊重自然和保护环境的可持续发展，作为规划的主要目标。法国曾提出要重点解决"繁荣的大巴黎和荒芜的法兰西"问题。日本则提出要着力管控过度集聚的东京大都市圈，在全国营造多个良好的生活圈。任何国家都存在着经济和人口高密度的核心地区以及受其辐射影响的外围腹地。有些幅员辽阔的大国可能存在着多个不同层次的核心地区与外围地区。

我国的城镇化曾经历过曲折的道路。在计划经济年代，曾为备战而提倡工业分散布局，鼓励发展小城镇，严格控制大城市规模。改革开放后，在市场经济的驱动下，出现了大城市热。许多城市都在竭力争取扩大自己的城市人口规模，以发展成为特大、超大城市作为自己的规划目标。行政区划体制的变革，实行地（区）市合并，且将众多市辖县和县级市改成市辖区，人为地加速了大城市的发展。致使我国的城镇化不是使城市的个数越来越多，而是越来越少；特大超大城市在城镇总人口中的比重也越来越高。为了防止特大、超大城市不断摊大饼式空间扩张导致生态和居住环境的恶化，提倡在其周围发展众多卫星城和中小城市，形成都市圈；或与周围较多的大中城市、都市圈组合成相互联系紧密的城市群。城市群已被我国学术界视为城镇人口密集的经济核心地区最佳的城镇化空间布局形态。但应该明确，城市群是指城镇密集的经济核心地区的城市，城镇密集地区也就是城市群所在的经济核心地区。现今有人任意将城市群的地域范围做大，把许多城镇化水平较低、离经济核心区较远的欠发达地区的城市也划入城市群，就失去其城市群的原有意义。同样，也有人将都市圈的范围划得很大，混淆了都市圈和都市经济圈的不同地域概念。

多年来，我国一直将发展城市群作为全国新型城镇化的重点，直至"十三五"规划仍把发展城市群视为我国新型城镇化的主体，对此我曾持保留意见，因为城市群所在的我国核心地区的地域范围毕竟只占全国广大国土面积的较小比重，不能把广大农村腹地需向城镇转移的很大部分人口都集中到城市群所在的核心地区，这将会导致深重的生态灾难，而且将使许多社会问题难以解决。

我认为，我国已经历了经济高速增长的工业化中期阶段，并已开始向更重视创新和优质高效的工业化后期转型，向信息化、智能化社会推进。在产业结构中，第三产业的比重越来越高；在人口就业结构中，从事现代服务业和社会服务业的比重也越来越大。智力密集型的创新产业的发展，对人才和教育、科技、文化资源的依赖远大于对自然资源和一般劳动资源的依赖，人们对自然生态和生活环境质量的要求却越来越高。我国社会主义建设的崇高目标，是要让全国人民走共同富裕的道路，在完成全国贫困地区的初步脱贫任务后，还要致力于逐步缩小地区间、城乡间的相对贫富差距，逐步实现社会主义公共服务的均等化。因而在规划全国经济和人口的空间布局时，不能再继续向城市群所在的发达的核心地区集聚发展。除中西部地区位于东西主轴线上的少数几个城市群，以及京津冀城市群中的薄弱环节冀中地区，尚待进一步在量的规模上有所增强外，多数城市群已由量的扩张转向质的优化。要鼓励发达的核心地区由区内的点轴空间集聚发展，转向外围广大腹地网络节点的适度空间扩散发展。加大核心地区的富余资金、技术、人才、信息向广大外围腹地流动的辐射影响力。随核心地区产业结构优化升级而失去市场竞争优势的某些劳动密集型产业，应优先考虑向其外围经济腹地转移。

我认为，针对我国现有城市群外围的广大农村地区，大力发展县域经济，鼓励部分需转移的农民在县域内就近城镇化，已提上重要日程。有以下几条理由：

（1）县是我国行政区划的基本单元，有的县比欧洲的小国还大，不搞各县县域内的现代化，就不可能有全国的现代化。

（2）县域内的现代化，首先是农业生产的现代化。必须将传统的主要依靠人力耕作的小农经济改造成现代化、产业化的大农业或精致高效的特色农业。让更多的农民转向从事非农产业。

（3）各县多具有因地制宜地发展能体现各自相对优势的特色产业，或通过地缘和乡亲关系招商引资吸纳从大都市、城市群转移过来的某些劳动密集型产业的条件。

（4）随着现代化的交通、通信、供电、水利、环保等各项基础设施建设在全国广大农村地区取得很大进展，农村地区的金融、贸易、旅游、休闲等各种现代服务业的蓬勃兴起，为各县提供越来越多非农产业的就业岗位。

（5）不发展县域内的非农产业，不搞县域内的就近城镇化，就难以保证已脱贫的贫困县和农村贫困户不再返贫。

（6）由国家推动的各县在医疗、教育、文化、体育等现代社会公共服务设施方面的均等化，不可能分散到所有农村，只能将重点放到县城和若干中心镇，让全县农村居民均可就近享用这些现代化的社会公共服务，并可吸纳众多大专院校的毕业生来此就业。

（7）许多进入大都市打工的农民工，由于当地的住房、交通等生活成本过高，即使能为其解决户籍问题，也不愿在此长期定居。经多年辛勤积累筹足必要的资金后，多愿回家乡的县城或中心镇购房养老或重新创业。

（8）正在全国大规模开展的新农村建设，若能与县域内部分农村人口的就近城镇化紧密地结合在一起，将可有效地推进逐步缩小城乡差别的城乡一体化。

（9）大力发展县域经济，推进县域内部分农村人口的就近城镇化，是扩大我国内需市场，提升经济发展活力和潜力的有效途径。

为推进县域内的就近城镇化，需为其解决以下几个制度性问题：

首先，需要对农村的土地制度进行必要的改革，应允许农村的宅基地可在县内市场流通，农民在县内城镇购房，可用自己的宅基地顶价。农村的人居占地面积肯定大于城镇的人居占地面积。所以，日本的城镇化不仅没有减少耕地面积，反而增加了耕地面积。在我国由于农村宅基地不能进入市场流通，必然导致一方面因城镇化而大量占用耕地面积，另一方面却因大量农村人口外流而出现大片宅基地无人居住的空心村。若能将空心村无人住的宅基地复垦为耕地，即足可顶替因城镇化需占用的耕地。只要能通过农村土地制度的改革，妥善解决城镇化的占用耕地问题，即使在位于我国重要农产区的县域，也不应限制其部分农村人口的城镇化。

其次，需改革我国现行行政区划的设市体制。我国曾采取过切块（县城）设市、县市并列和撤县设市、城乡混合的不同的设市体制，均存在不同的问题，致使国务院曾一度长期冻结设市。我们建议对撤县设市严加控制，必须是已经高度城市化的县才能将全县改为市。在众多县内已拥有10多万城镇人口的县城和拥有5万城镇人口以上的中心镇均可考虑设县辖市。县城设市后可赋以副县级，现今我国许多省会城市也都赋以副省级。在同一县内可下辖若干个市，这在日本和我国台湾已早有先例。这样才能体现随我国城镇化的发展，城市不是越来越少，而是越来越多。

再次，要发扬我国发达地区帮扶贫困地区和欠发达地区的优良传统。在发达地区的城市群与其外围农村地区的众多欠发达县之间，应建立起各自分工明确、措施具体的帮扶制度和互利合作制度。

最后，请允许我就本文的撰写过程做些说明。2020年4月，我曾应自然资源部陆部长的函邀，就我国即将开展的全国国土空间规划写了一些不成熟的书面建议，曾供少数友人参阅。中科院地理所研究员、欧亚科学院院士毛汉英阅后赞同我的观点，并建议我适当修改后先在《中国城市发展报告（2019/2020）》刊出。我就利用这一机会改写成侧重论述我国城镇化空间格局演化趋势的短文，试图能以此对即将参与编制"十四五"经济社会发展规划和新一轮全国国土空间规划的同行们产生一定影响。

（作者：胡序威，原城乡建设部顾问，原中国城市规划学会副理事长，中国科学院地理科学与自然研究所研究员）

观察篇

2019年中国市长协会舆情观察

一、舆情综述

2019年，谷尼舆情大数据平台共监测到约430万条相关信息，主要分布在教育、环保、安全维稳、招商旅游、改革等领域。

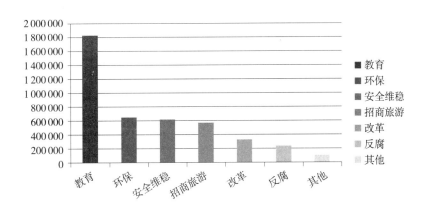

"教育""环保""安全维稳"等得到最高关注度。其中，今年教育话题较多（北大"退档"事件、清理取消29项证明、建校园足球特色学校、"中考照顾生"名单流出）等话

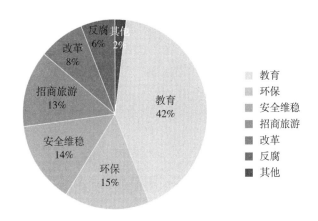

题持续走热,总体占42%,居第一位;随着公众环保意识的逐渐提高,习近平总书记在郑州主持召开"黄河流域生态保护与高质量发展座谈会",该讲话发表后在全国学术界及黄河沿岸九省区引起重大反响,环保舆情关注占比为15%,跃居第二位;安全维稳话题占比14%,占第三位;招商旅游话题占13%,因今年旅游业整顿话题较多,关注度也一直较高。

2019年,关于市长的新闻稿件有208 930篇,从媒体关注度舆情趋势图中5月和6月份关注度最高。从主流媒体关注比例图可看出,发布新闻量占比较高的是人民网(31.42%)、新浪新闻(24.16%)、新华网(20.05%)等媒体。值得关注的事件有:网络媒体"大河财立方"发布的《新乡市市长王登喜会见红星美凯龙集团总裁,洽谈商业地产、文旅项目等合作》(转载152次);新浪微博"集微网官网"发布的《上海市副市长吴清表示,上海已经建成了3 000个5G基站,预计今年年底前将完成13 000个5G基站建设,进一步实现5G网络的全覆盖》(转载量3 277,评论3 120);微信公众号"长安街知事"发布的《江苏将诞生"全国最年轻地级市长"》(阅读数10万+,点赞数878)。

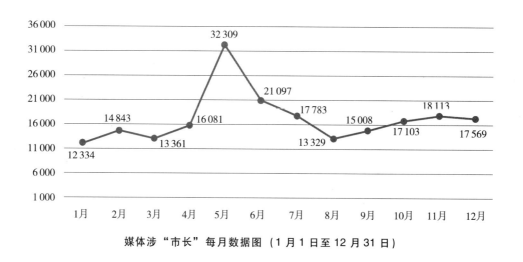

媒体涉"市长"每月数据图(1月1日至12月31日)

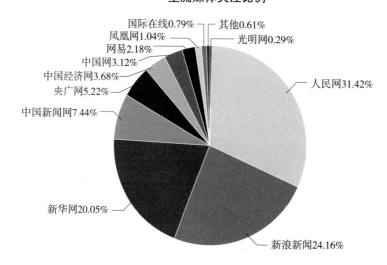

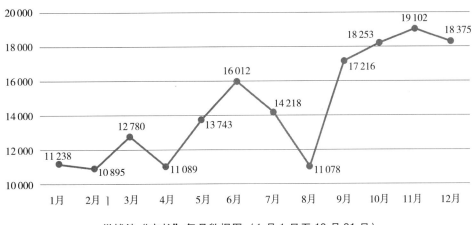

微博涉"市长"每月数据图（1月1日至12月31日）

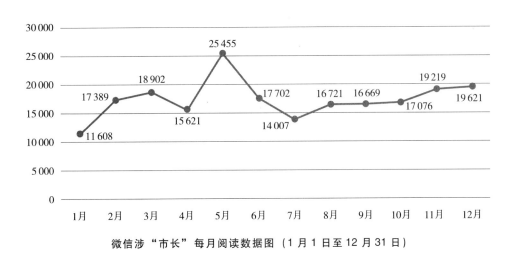

微信涉"市长"每月阅读数据图（1月1日至12月31日）

新闻

序号	事件	来源	转载量
1	新乡市市长王登喜会见红星美凯龙集团总裁,洽谈商业地产、文旅项目等合作	大河财立方	152
2	重庆副市长刘桂平调任建行行长获批　A股上市行近30名高层变动	新浪	142
3	上海市长应勇主持座谈会,分析研判2020年经济领域工作思路	人民网	135
4	深圳市副市长王立新参加人工智能创新应用先导区揭牌仪式	人民网	127
5	北京市长陈吉宁:确保企业社保缴费负担不增加	中国新闻网	120
6	秦皇岛市长张瑞书:把秦皇岛建设成"一流国际旅游城市"	搜狐网	115
7	天津市委书记、市长李鸿忠的一次特别"推介活动"	中国新闻网	112
8	郑州市市长王新伟:争取年内在引进全国一流大学上有所突破	网易网	109
9	东莞市长肖亚非:国家已初步同意在东莞设粤港澳大湾区大学	中国新闻网	102
10	廊坊市副市长王凯军赴进博会　大兴机场廊坊临空经济区招商获青睐	中国新闻网	99

微博

序号	事件	来源	转载量	评论
1	上海市副市长吴清表示,上海已经建成了3 000个5G基站,预计今年年底前将完成13 000个5G基站建设,进一步实现5G网络的全覆盖	集微网官网	3 277	3 120
2	SM李秀满与中国青岛市长孟凡利会面,讨论未来城市趋势	韩国me2day	2 541	1 831
3	泰州市委常委、常务副市长杨杰提到,将努力提供更加良好的营商环境	联美投资	1 046	221
4	上海市副市长宗明女士宣布,2020第十届英雄联盟全球总决赛正式落户上海	英雄联盟赛事	1 512	939
5	深圳副市长王立新:大湾区百万年薪只缴15万的税,政府帮缴30万	_zhyd_	941	64
6	河南濮阳市长杨青玖:横下一条心　拧成一股绳　全力以赴打赢大气污染防治攻坚战	河南环境	701	25
7	万宁市副市长王三防莅临中果协槟榔分会成立大会	生活百味酱	476	585
8	东莞市长肖亚非:国家已初步同意在东莞设粤港澳大湾区大学	商界财报主编老王	308	24
9	珠海市市长姚奕生:举全市之力,支持格力电器做强做优做大	新浪财经	278	283
10	天津市长张国清:权健案已经进入到司法程序　天津要拔传销的根	包河清韵	227	47

微信

序号	事件	公众号	阅读数	点赞数
1	江苏将诞生"全国最年轻地级市长"	长安街知事	10万+	878
2	重庆前市长黄奇帆重磅演讲:国际贸易格局已发生根本变化	天下经观	5.8万	281
3	太原市长李晓波最新回复:这7个城中村要拆	掌上太原	4.1万	409
4	天津市长张国清:权健案已经进入到司法程序　天津要拔传销的根	包河清韵	3.9万	417
5	临汾代市长环境报撰文:生态环境部门要聚焦主责,改变"包打天下"的局面	中国环境新闻	3.8万	167
6	惠州市长刘吉:惠州将打造成国内一流城市!大湾区枢纽门户	深圳房产在线	3.4万	160
7	浙江省衢州市副市长田俊:政府的理念就是为老百姓做事情	中宏网	2万	125
8	上海市市长应勇会见台北市市长柯文哲一行	今日台湾	1.1万	98
9	西安市市长李明远:愿与绿地集团进一步加强合作　共建大西安	绿地集团	1万	107
10	广州市长温国辉透露,加快建设东部交通枢纽,日均客流量将达80万人次	活在新塘	8 106	99

二、反腐倡廉舆情分析

（一）舆情走势

由上图可以看出,2019年公开的贪腐类案件骤然增多,民众对反腐的关注空前高涨,引发反腐舆情信息量走势较有起伏。随着4月中纪委发布一组漫画详解年度考核,一时间激起舆情哗然,使得5月份信息达到全年最高点。

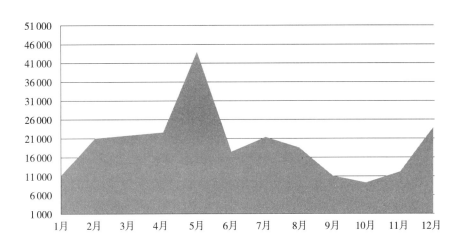

(二) 2019年重点话题事件

1. 中央纪委国家监委印发《监察机关监督执法工作规定》

监测数据：共检测到149 000条相关数据

事件背景：2019年7月15日，经党中央批准，中央纪委国家监委印发《监察机关监督执法工作规定》（以下简称《规定》），要求各级纪检监察机关和纪检监察干部认真遵照执行《规定》，确保国家监察权规范和正确行使。

《规定》严格监督执法程序，对监察机关开展日常监督、谈话函询、初步核实、立案调查的审批程序作出具体规定，明确各项调查措施的使用条件、报批程序和文书手续；落实监察机关与司法机关、执法部门互相配合、互相制约要求，明确互涉案件的管辖原则，以及与检察机关在案件移送衔接、提前介入、退回补充调查等方面的协作机制；强化法治思维，在措施使用、证据标准上主动对接以审判为中心的刑事诉讼制度改革；此外，《规定》还要求进一步强化自我约束，自觉接受监督，建设一支忠诚干净担当的监察队伍。

2. 中央纪委办公厅、国家监委办公厅印发《纪检监察机关办理反腐败追逃追赃等涉外案件规定（试行）》

监测数据：共检测到125 000条相关数据

事件背景：2019年8月21日，中央纪委办公厅、国家监委办公厅印发《纪检监察机关办理反腐败追逃追赃等涉外案件规定（试行）》[以下简称《规定（试行）》]，要求各级纪检监察机关增强"四个意识"、坚定"四个自信"、做到"两个维护"，把反腐败追逃追赃工作作为全面从严治党和反腐败斗争重要一环，纳入反腐败工作总体部署，建立统一领导、归口管理、分级负责、协调配合的工作机制。

《规定（试行）》深入贯彻习近平新时代中国特色社会主义思想和党的十九大精神，严格遵循有关党内法规和国家法律，明确追逃追赃工作范围、各级纪检监察机关的追逃追赃职责和追逃追赃部门的工作任务；对外逃信息报送提出具体要求，明确外逃信息的范围和报告、处置程序；要求强化国内基础工作，依法开展调查取证、采取有关措施；强调要统筹利用各方面国际合作资源，借助多双边条约框架下司法协助、执法合作等渠道，综合采取引渡、遣返、异地追诉、劝返等多种方式开展追逃工作；坚持一体推进追逃防逃追赃，明确防逃责任，突出防逃工作重点；明确纪律要求和奖励机制，要求建立一支政治素质高、专业能力强的追逃追赃队伍。

《规定（试行）》是深化纪检监察体制改革、健全执纪执法工作机制的重要成果，是以法治思维和法治方式追逃追赃的重要遵循，对于提高追逃追赃工作规范化、法治化水平具有重要意义。中央纪委国家监委要求，各级纪检监察机关要认真贯彻执行《规定（试行）》，扎实开展反腐败国际合作，一手抓统筹协调，一手抓个案攻坚，推动追逃追赃工作高质量发展，始终保持对外逃腐败分子的高压态势，巩固发展反腐败斗争压倒性胜利。

3. 国务院召开第二次廉政工作会议　李克强发表重要讲话

监测数据：共检测到 6 300 条相关数据

事件背景：建设廉洁政府、持之以恒正风肃纪，打造持廉守正、勤政为民的公务员队伍，是国务院每年都要专题部署并不断深入推进的重点工作。

2019 年 4 月 23 日，国务院召开第二次廉政工作会议，中共中央政治局常委、国务院总理李克强发表重要讲话强调，各级政府和部门要认真落实习近平总书记在中央纪委三次全会上的重要讲话精神，按照中央纪委三次全会和《政府工作报告》有关要求，把党风廉政建设和反腐败工作不断推向深入。

三、安全维稳舆情分析

（一）舆情走势

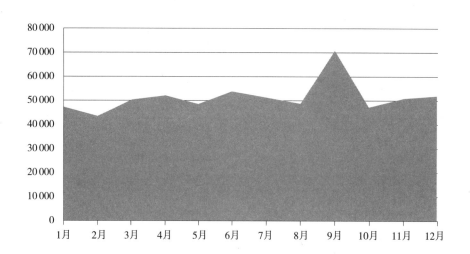

由上图可以看出，安全维稳舆情在 2019 年信息量起伏较小，整体只出现一个峰值。2 月份达到低谷。相较而言，习近平主席对国家网络安全宣传周作出重要指示，成为网络媒体关注焦点后，使 9 月信息量全年最高。

（二）2019 年重点话题事件

1. 第二届食品安全国家标准审评委员会成立大会召开

监测数据：共检测到 42 300 条相关数据

事件背景：2019 年 7 月 12 日，第二届食品安全国家标准审评委员会（以下简称委员会）成立大会在京召开。委员会主任委员、国家卫生健康委主任马晓伟对大会作出批示。委员会常务副主任委员、国家卫生健康委副主任李斌出席会议并做讲话。会议审议通过《食品安全国家标准审评委员会章程》。

马晓伟同志在批示中提出，希望全体委员贯彻落实习近平总书记"最严谨的标准"要求，增强责任意识、依法履职、严格自律，打造最严谨的食品安全标准体系。李斌同志在讲话中阐述了食品安全标准工作在实施健康中国战略中的重要意义，提出新形势下食品安全标准的工作目标和工作方向，要求各位委员团结协作，尽职担当，履行好标准审查职责。

国际食品法典委员会秘书长汤姆·海兰德在贺信中指出，中国在食品安全标准领域取得的成就世界瞩目，标准制定原则和程序与国际食品法典标准契合，标准体系框架也充分借鉴和采纳了国际食品法典的内容。中国主持两个国际食品法典委员会，为完善国际食品标准、保护全球消费者健康和促进国际食品贸易公平做出了巨大贡献。

2. 首部优化营商环境法规出台

监测数据：共检测到 106 000 条相关数据

事件背景：10 月 22 日，国务院总理李克强签署第 722 号国务院令，宣布《优化营商环境条例》（以下简称《条例》）已经在 2019 年 10 月 8 日国务院第 66 次常务会议通过，自 2020 年 1 月 1 日起施行（共 7 章 72 条）。这也是国家层面首次出台此类条例。重点是"确立对内外资企业等各类市场主体一视同仁的营商环境基本制度规范"。其中"对各类市场主体一视同仁"也被外界热切关注。

《条例》明确了优化营商环境的原则和方向、加强市场主体保护、优化市场环境、提升政务服务能力和水平、规范和创新监管执法以及加强法治保障六方面内容。《条例》的出台，将从立法层面为优化营商环境提供法律遵循，为持续优化营商环境、实现高质量发展，推动全面振兴全方位振兴起到促进和保障作用。

3. 2019 年国家网络安全宣传周在津开幕

监测数据：共检测到 2 960 条相关数据

事件背景：本届宣传周以"网络安全为人民，网络安全靠人民"为主题，9 月 16 日至 22 日期间将举办网络安全博览会、网络安全主题日等活动。

中共中央总书记、国家主席、中央军委主席习近平对国家网络安全宣传周作出重要指示，强调举办网络安全宣传周、提升全民网络安全意识和技能，是国家网络安全工作的重要内容。国家网络安全工作要坚持网络安全为人民、网络安全靠人民，保障个人信息安全，维护公民在网络空间的合法权益。要坚持网络安全教育、技术、产业融合发展，形成人才培养、技术创新、产业发展的良性生态。要坚持促进发展和依法管理相统一，既大力培育人工智能、物联网、下一代通信网络等新技术新应用,又积极利用法律法规和标准规范引导新技术应用。要坚持安全可控和开放创新并重,立足于开放环境维护网络安全,加强国际交流合作,提升广大人民群众在网络空间的获得感、幸福感、安全感。

四、改革舆情分析

(一)舆情走势

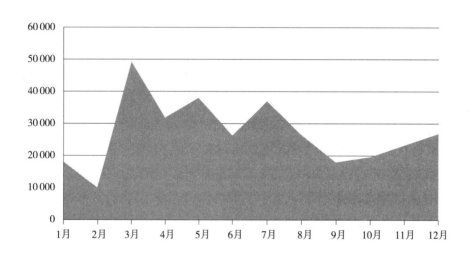

由上图看出,改革舆情在2019年信息量起伏较大,每年习近平主席主持召开中央全面深化改革会议涉及相关议题必将引起媒体和网民的大量关注。其中3月份,增值税改革措施逐步落实,舆情迅速上升并达到全年最高值。

(二)2019年重点话题事件

1. 习近平主持召开中央全面深化改革委员会第七次会议

监测数据:共检测到428 000条相关数据

事件背景:2019年3月19日下午,中共中央总书记、国家主席、中央军委主席、中央全面深化改革委员会主任习近平主持召开中央全面深化改革委员会第七次会议并发表重要讲话。他强调,当前,很多重大改革已经进入推进落实的关键时期,改革任务越是繁重,越要把稳方向、突出实效、全力攻坚,通过改革有效解决困扰基层的形式主义问题,继续把增强人民群众获得感、幸福感、安全感放到突出位置来抓,坚定不移推动落实重大改革举措。

2. 习近平总书记提出"精准扶贫"

监测数据:共检测到221 000条相关数据

事件背景:6年前,习近平总书记在湖南湘西十八洞村考察调研时,首次提出"精准扶贫"理念，作出了"实事求是、因地制宜、分类指导、精准扶贫"的重要指示，要求当地闯出"不栽盆景，不搭风景""可复制、可推广"的脱贫之路。目前脱贫攻坚已到了决战决胜、全面收官的关键阶段。

习近平总书记关于扶贫工作的重要论述思想深刻、体系完整、逻辑严密、内涵丰富。

明确提出了脱贫攻坚的目标任务。党的十八大以来，以习近平同志为核心的党中央把脱贫攻坚作为全面建成小康社会的底线任务和标志性指标，明确提出，到2020年现行标准下的贫困人口全部脱贫、贫困县全部摘帽、解决区域性整体贫困。实现这一目标，标志着我国将彻底消除绝对贫困，将提前10年实现联合国2030年可持续发展议程确定的减贫目标。

深刻阐述了脱贫攻坚的基本方略。精准扶贫精准脱贫，源于习近平总书记长期的理论思考与实践探索，是中国扶贫理论和实践的重大创新。其核心内容是，做到扶持对象、项目安排、资金使用、措施到户、因村派人、脱贫成效"六个精准"，实施发展生产脱贫一批、易地搬迁脱贫一批、生态补偿脱贫一批、发展教育脱贫一批、社会保障兜底一批"五个一批"工程，解决扶持谁、谁来扶、怎么扶、如何退"四个问题"。"精准"不仅是脱贫攻坚的基本要求，也成为指导当前许多工作的科学方法。

科学指引了脱贫攻坚的前进方向。新时期脱贫攻坚突出目标导向和问题导向，分阶段分专题部署推进工作。在脱贫攻坚初期，强调打赢脱贫攻坚战的重要性、紧迫性、艰巨性，加强顶层设计，提供制度保障。在脱贫攻坚中期，明确要求集中力量攻克深度贫困堡垒，解决"两不愁三保障"突出问题，加强作风建设和能力建设，力戒形式主义、官僚主义，防止数字脱贫虚假脱贫。在脱贫攻坚后期，反复强调防止脱贫摘帽后松劲懈怠，要做到摘帽不摘责任、不摘政策、不摘帮扶、不摘监管，要把巩固脱贫成果、防止返贫摆到更加重要的位置。

3. 深化增值税改革，全年减税预计超万亿元

监测数据：共检测到53 500条相关数据

事件背景：今年以来，国家大力实施减税降费，从1月1日个税专项附加扣除政策正式执行，到1月9日小微企业普惠性减税措施推出，再到4月1日深化增值税改革，一系列减税举措直击当前市场主体的难点，有效减轻企业负担，增加居民收入，完善税收制度，成为深化供给侧结构性改革、推动经济高质量发展的重要举措。

增值税是我国第一大税种，深化增值税改革，逐步建立现代增值税制度是我国现阶段税制改革的一项重要任务。此轮深化增值税改革主要包括降低增值税税率水平，将制造业等现行16%的税率降到13%，将交通运输业等现行10%的税率降到9%，保持6%一档税率不变。同时，扩大进项税抵扣范围，试行期末留抵退税制度，对生产、生活性服务业进项税额加计抵减，确保所有行业税负只减不增，预计全年减税降负规模将超过1万亿元。

五、招商旅游舆情分析

(一) 舆情走势

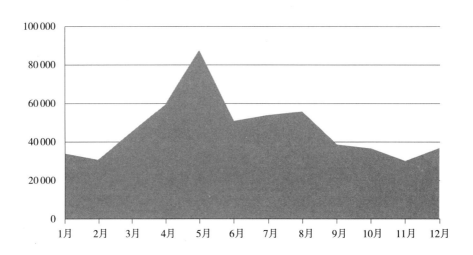

由上图可以看出,2019年招商旅游舆情信息与2018年波动较相似。因红色旅游热情高涨和五一放假,人们出游较多,使4月份、5月份招商旅游舆情信息量达到最高。其他时间段相关舆情信息较为稳定。

(二) 2019年重点话题事件

1. 第二届中国国际进口博览会

监测数据:共检测到292 000条相关数据

事件背景:2019年11月5日至10日,第二届中国国际进口博览会在中国上海国家会展中心举行。

国家主席习近平出席开幕式并发表题为《开放合作 命运与共》的主旨演讲,强调各国要以更加开放的心态和举措,共建开放合作、开放创新、开放共享的世界经济,重申中国开放的大门只会越开越大,中国坚持以开放促改革、促发展、促创新,持续推进更高水平的对外开放。

2019年11月10日,第二届中国国际进口博览会闭幕。中国国际进口博览局副局长孙成海介绍,此次进博会交易采购成果丰硕,按一年计,累计意向成交711.3亿美元,比第一届增长23%;为期六天累计进场超过91万人次。

2. 文化和旅旅部公布民宿星级标准

监测数据:共检测到170 000条相关数据

事件背景:2019年7月24日,文化和旅游部公布了新版《旅游民宿基本要求与评价》,

游客以后可以根据星级挑选民宿，避免选择困难。新标准将旅游民宿等级由金宿、银宿两个等级修改为三星级、四星级、五星级3个等级（由低到高）并明确了划分条件。新标准更加体现发展新理念，体现文旅融合，同时加强了对卫生、安全、消防等方面的要求，健全退出机制。对于发生私设摄像头侵犯游客隐私等行为的民宿将取消星级。

此外，五星级民宿对设施和设备的要求较高，具体有：客房应有品质优良的床垫和床上棉织品（被套、被芯、床单、枕芯、枕套及床衬垫等）及毛巾；客房应有方便舒适的独立卫生间，24小时供应冷热水，客用品品质优良。照明和通风应效果良好，排水通畅，有防滑防溅措施；厨房应有与接待规模相匹配的冷冻、冷藏设施，生熟食品及半成食品分柜置放；应有适应所在地区气候的供暖、制冷设施，效果较好，各区域通风良好，宜采用节能降噪产品等。

对于服务和接待，五星级民宿要能做到：客房床单、被套、枕套、毛巾等应做到每客必换，并能应游客要求提供相应服务；拖鞋、杯具等公用物品应一客一消毒；卫生间应每天清理不少于一次，无异味、无积水、无污渍；夜间应有值班人员或值班电话等。

3. 兰陵实施"旅游+扶贫"战略，推动乡村旅游发展与精准扶贫有机结合

监测数据：共检测到3 750条相关数据

事件背景：习近平总书记指出："脱贫攻坚，发展乡村旅游是一个重要渠道。"近年来，兰陵县依托生态资源优势，大力实施"旅游+扶贫"战略，抓住乡村旅游兴起的有利时机，将乡村旅游发展与精准扶贫工作有机结合，坚持政府引导、科学规划、市场运作、农民主体和社会参与的原则，为贫困人口创业、就业、增收搭建平台，探索出产业扶贫与乡村旅游融合发展的新模式。2017年10月，山东卫视新闻联播播出了《十九大时光：发展乡村旅游，绿水青山成金山银山》，专题报道了兰陵县压油沟村通过实施旅游扶贫发生的变化。兰陵县在2018年4月召开的全省乡村旅游扶贫培训会议、10月召开的全国文化和旅游扶贫论坛上就压油沟乡村旅游做法做了经验介绍。2019年1月份，兰陵县作为全省8个县区之一列入全国农村一二三产业融合发展先导区创建名单。

六、教育舆情分析

(一) 舆情走势

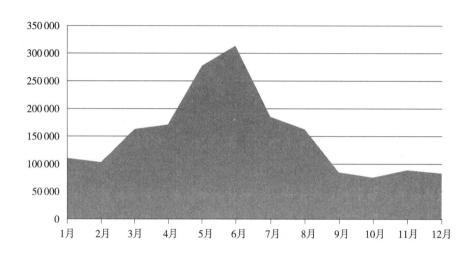

从上图看出,教育舆情在2019年信息量起伏较大。4月份毕业大学生就业问题,迅速成为网络热门话题,引起了人们的广泛关注。6月份国家主席习近平应邀出席圣彼得堡国际经济论坛、高考成绩公布等事件再次引发社会各界广泛关注。

(二) 2019年重点话题事件

1. 教育部明确六大教育行政执法范畴

监测数据:共检测到102 000条相关数据

事件背景:2019年12月27日,教育部发布了《关于加强教育行政执法工作的意见》(以下简称《意见》),明确了教育行政执法工作的六大范畴,其中,查处学校和其他教育机构违规招收学生、违规向受教育者收取费用、违规颁发学位证书、学历证书等学业证书等行为被列入其中。

《意见》明确指出,教育行政执法工作的重点是增强教育行政部门根据法律法规规章规定履行教育管理职权,依法实施行政处罚、行政检查、行政强制的意识和能力。重点范畴还包括:查处违法举办学校(包括大中小学校、幼儿园、中外合作办学机构)和举办应由教育行政部门审批的其他教育机构的行为;查处学校和其他教育机构擅自分立、合并,擅自变更名称、层次、类别、举办者,恶意终止办学、抽逃资金或者挪用办学经费等行为;查处教师违法行为;查处父母或者其他法定监护人未依法送适龄儿童、少年入学接受义务教育的行为;查处国家教育考试中的严重作弊行为,以及其他法律法规规章明确由教育行政部门以行政执法方式管理的事项。

为了"减少对学校正常办学活动的干扰"，《意见》提出要创新执法方式，实施教育系统"双随机一公开"检查制度，制定随机抽查事项清单和抽查对象名录库、执法检查人员名录库。探索建立由教育行政部门统筹对学校和其他教育机构实施行政检查的制度，制定年度规划和检查清单，合理确定随机抽查的比例和频次，减少对学校正常办学活动的干扰。

《意见》强调，各地要根据教育法律法规规章的规定，全面梳理行政处罚、行政检查等事项，明确责任主体、细化任务分工，全面落实执法责任制。2020年年底前，要制定、公示执法事项清单，建立动态调整机制。

2. 教育部发布通知：清理取消29项证明事项

监测数据：共检测到82 500条相关数据

事件背景：2019年4月24日，从教育部获悉，为减证便民、优化服务，教育部发布《关于取消一批证明事项的通知》，清理取消了29项证明事项，涉及学籍证明、教师资格申请等内容。

此次清理取消的证明事项包括：部门规章设定的10项证明事项，部门规范性文件设定的12项证明事项，以及无明文规定但在部分地区或学校实施的7项证明事项。

另外，针对学生休学、转学等证明事项，通知提出，小学学生、特殊教育学校学生因病休学时提交的医疗单位证明，改为出示县级以上医院病历；普通高中学生跨省（区、市）转学时提交的学业水平考试成绩证明，改为内部核查；中等职业学校学生因病转专业、因病休学提交的县级以上医院证明，改为出示县级以上医院病历；高校学生申请资助时需由家庭所在地乡、镇或街道民政部门对学生家庭经济情况予以证明的环节，改为申请人书面承诺等。

3. 教育部：学校不得为防止安全事故而限制取消课间活动

监测数据：共检测到64 500条相关数据

事件背景：2019年8月20日，教育部就日前五部门联合印发的《关于完善安全事故处理机制 维护学校教育教学秩序的意见》举行新闻发布会。根据意见，学校不得为防止发生安全事故而限制或取消正常的课间活动、体育活动和其他社会实践活动。

教育部政策法规司司长邓传淮表示，体育运动、社会实践活动是落实立德树人根本任务、促进受教育者德智体美劳全面发展的重要途径。学校因为安全风险而取消体育课、社会实践活动，有不当，也有无奈。一方面，学校这样的做法，很大程度上是因为头上悬着安全问题这把利剑，学校不堪承受安全压力和"校闹"行为。解决这一问题，首要的是落实习近平总书记重要讲话精神，各级党委政府切实为学校办学安全托底，学校的安全底板筑牢了，后顾之忧解除了，自然就会很大程度上解决这一问题。另一方面，学校也要客观理性认识安全风险，关键是做好风险防控，加强安全教育、安全管理，通过保险等各种机制分担安全风险。

七、环保舆情分析

(一) 舆情走势

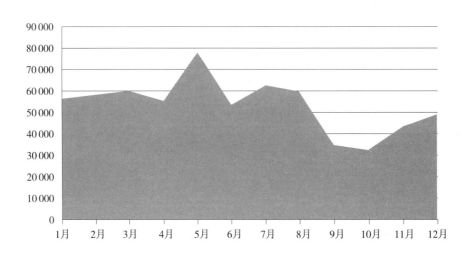

由上图可见,环保舆情在2019年信息量浮动较大。每一次环境污染舆情的出现,必然伴随着极高的网络轰动和舆情热议,像"自然保护区负责人失职失责""宁夏中卫环境污染事件""垃圾分类话题"等事件,都曾一度掀起社会的舆论热潮。其中,5月份第二轮中央环保督察"回头看"启动,取得了"百姓点赞",关注度一直较高。

(二) 2019年重点话题事件

1. 生态环境部召开《环境噪声污染防治法》修改启动会

监测数据:共检测到304 000条相关数据

事件背景:2019年4月1日,受全国人大环资委委托,生态环境部召开了《环境噪声污染防治法》(以下简称《噪声法》)修改启动会。会上,生态环境部有关负责人强调,要充分认识《噪声法》修改的重要意义,在习近平生态文明思想指导下,以人民为中心,积极稳妥做好《噪声法》修改,为不断满足人民群众日益增长的"宁静"生活环境需要提供法律依据。

生态环境部有关负责人指出,现行《噪声法》实施以来,在完善环境噪声有关规章和标准体系,提高环境噪声管理能力,促进产业发展,改善生活环境,保障人体健康等方面发挥了重要作用。

生态环境部有关负责人要求,下一步在修法过程中,要按照积极稳妥务实的修法原则,确保法律中重要制度的有效性;要突出源头治理、问题导向,充分借鉴国外相关法律法规的经验和国内各地基层成熟有效的做法;要加强普法,提升管理能力水平和社会公众参与,凝聚社会共识;要保障修法投入,确保任务按期完成。

2. 生态环境部：进一步深化生态环境监管服务　推动经济高质量发展

监测数据：共检测到 130 000 条相关数据

事件背景：9 月 11 日消息，生态环境部发布《关于进一步深化生态环境监管服务　推动经济高质量发展的意见》（简称《意见》）。

《意见》提出，加大"放"的力度，激发市场主体活力。一是完善市场准入机制。进一步梳理生态环境领域市场准入清单，清单之外不得另设门槛和隐性限制。二是精简规范许可审批事项。三是深化环评审批改革。建立国家重大项目、地方重大项目、外资利用重大项目清单，加强与部门和地方联动，主动服务、提前介入重大基础设施、民生工程和重大产业布局项目，加快环评审批速度，进一步压缩项目环评审批时间，切实做好稳投资、稳外资工作。

《意见》指出，加强经济政策激励引导。积极推动落实环境保护税、环境保护专用设备企业所得税、第三方治理企业所得税、污水垃圾与污泥处理及再生水产品增值税返还等优惠政策。《意见》还指出，大力推进环境基础设施建设。

3. 习近平：在黄河流域生态保护和高质量发展座谈会上的讲话

监测数据：共检测到 62 000 条相关数据

事件背景：中共中央总书记、国家主席、中央军委主席习近平 9 月 18 日上午在郑州主持召开黄河流域生态保护和高质量发展座谈会并发表重要讲话。他强调，要坚持绿水青山就是金山银山的理念，坚持生态优先、绿色发展，以水而定、量水而行，因地制宜、分类施策，上下游、干支流、左右岸统筹谋划，共同抓好大保护，协同推进大治理，着力加强生态保护治理、保障黄河长治久安、促进全流域高质量发展、改善人民群众生活、保护传承弘扬黄河文化，让黄河成为造福人民的幸福河。这是对黄河流域生态保护和经济社会发展规律的深刻洞察和科学把握，是习近平新时代中国特色社会主义思想的丰富发展，为黄河流域破解保护与发展的矛盾提供了思想指引和行动指南。沿黄各省区要充分认识这一国家发展战略的重大意义，坚持共同抓好大保护，协同推进大治理，齐心协力开创黄河流域生态保护和高质量发展新局面。

（作者：中国市长协会；技术支持：谷尼舆情库）

中国城市旅游业发展概述

近年来,中国城市旅游业保持高速度、高质量发展态势,持续助力城市经济增长与社会发展,积极带动相关产业协同发展,表现出强大的生命力和源源不断的发展动力,为中国国民经济增长、经济结构优化作出了突出贡献。随着新时代的到来,城市旅游业在满足人民对美好生活追求的愿景中肩负着重要的历史使命,将不断孕育出极具发展潜力的旅游新业态,加速向网络化、休闲化、生态化、区域化以及服务优质化等方向发展。

一、城市旅游业发展历程

(一) 城市旅游业发展阶段

城市旅游业的萌芽阶段(1949—1978年):新中国成立后,随着国外友好人士的到访,1954年首都成立了隶属国务院的外事接待单位"中国国际旅行社"总社和它的12个重要接待地的分社,新中国的城市旅游业自此开始。这一时期,中国的城市旅游业带有很强的政治色彩,以接待极少数入境旅游者为重点。此时的城市旅游业服务对象为参与国家外事活动的外宾以及回国观光探亲的海外华侨等。

现代城市旅游业起始阶段(1978—1991年):1978年12月,随着改革开放正式拉开帷幕,中国城市旅游业发展正式迈入新的阶段。广州、桂林、北京、西安、上海五个城市组成了针对国外游客的黄金旅游线路。1982年中国第一家合资酒店——北京建国饭店开业;1983年中国第一家中外合资的五星级宾馆——广州白天鹅宾馆开业;1985年正式发布《旅行社管理暂行条例》;1987年颁布《旅游涉外饭店星级的划分与评定》标准。此阶段是中国城市现代旅游业的起始与奠基时期,开始走向产业化,然而这一阶段的城市旅游业仍以接待入境旅游者为主。

城市旅游业快速发展阶段(1991—2008年):1991年起各省陆续将国内旅游业纳入统计中,1993年国家旅游局委托国家统计局对中国城镇居民国内旅游情况进行抽样调查统计,城市旅游业正式纳入到常规统计。1995年实行双休日制度,居民休闲时间增多,国内旅游市场进一步繁荣。1995年国家旅游局发布《关于开展创建和评选中国优秀旅游城市活动的通知》。1998年国家旅游局出台了《中国优秀旅游城市检查标准(试行)》和《中国优秀旅游城市验收办法》，到2010年共有337座城市分九批通过了中国优秀旅游城市验收（图1）。1999年"黄金周"制度确立，催化了城市旅游业的进一步发展。到2008年国内游客达17亿人次，入境游客达1.3亿人次；国内旅游业收入达8 749.30亿元，国际旅游业收入达4.08亿美元，城市旅游业迎来蓬勃发展时期。

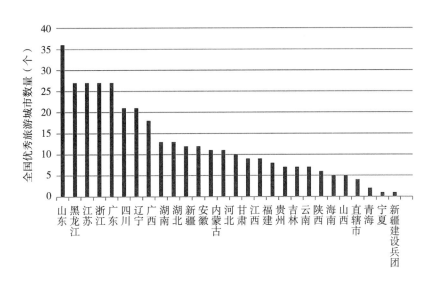

图1　中国优秀旅游城市分布及数量

数据来源：国家文化和旅游部

城市旅游业深化改革阶段（2008年至今）：我国城市旅游业受2008年世界金融危机的影响，入境旅游规模一度有所萎缩，但受北京奥运会、上海世博会和广州亚运会举办的带动，国内城市旅游依然呈现上升趋势。2014年中央经济工作会议上提出中国经济进入新常态的重要论断，推动着城市旅游业供给侧结构性改革，对提升城市旅游产品供给质量、培育城市旅游新业态具有深刻意义。2018年国务院出台了《促进全域旅游发展的指导意见》，进一步拓宽了城市旅游空间。伴随着城市旅游业的有序发展以及积极的政策引导，我国城市旅游业进入了以新战略、新需求、新供给、新业态为特征的新常态发展阶段。

（二）城市旅游活力不断增强

进入21世纪以来，随着改革开放的进一步深化和国家整体经济水平的大幅提升，中国确立了世界最大的国内旅游市场地位，城市旅游市场迅速扩张。城市居民是中国城市旅游业最大的客源市场，同时城镇居民旅游状况是衡量城市旅游业发展状况的重要指标。截至2018年，城镇居民国内旅游人次达41.99亿，为2000年的3.87倍；城镇居民国内旅游总花费达42 590亿元，为2000年的4.53倍，人均旅游花费1 034元，较2010年同比增长99.97%。特别是在2008年后，人均GDP突破3 000美元[1]，城镇居民的旅游规模与旅游业收入开启了加速上升模式（图2）。

---

[1] 国家统计局《中国统计年鉴2010—2019》。

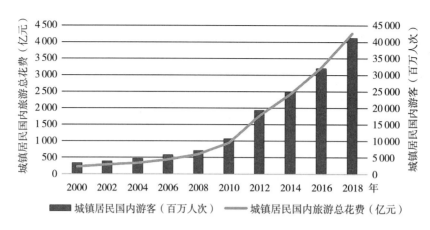

图2 2000—2018年中国城镇居民旅游业发展状况

数据来源：国家统计局编《中国统计年鉴2010—2019》

（三）城市入境旅游规模稳步扩大

城市是入境旅游活动的起点与终点，近年我国城市入境旅游人次平稳增长。据统计，2019年全国半数以上的省份，入境旅游规模跨越100万人次的门槛，全国入境游客达14 531万人次，旅游业外汇收入达1 313亿美元[①]（图3）。港澳地区始终是我国城市入境旅游最主要的客源市场。近年，国外、港澳、台湾地区三大旅游入境市场的入境旅游人数稳步攀升。我国城市入境旅游空间向纵深方向拓展，空间结构进一步改善[②]。2019年，在入境旅游奖励专项资金、境外游客购物离境退税、144小时过境免签等一系列政策推动下，城市入境旅游业迎来新的发展机遇。

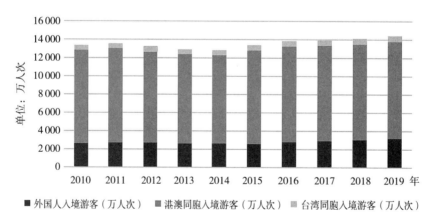

图3 2019年中国入境游客规模及游客客源构成

数据来源：国家统计局

[①] 国家统计局《国民经济和社会发展公报2019》。
[②] 中国经济网《2019十大入境游热门城市发布》https：//baijiahao.baidu.com/s？id＝1653961360477599911&wfr＝spider&for＝pc。

2019年11月，文化和旅游部发布《关于启动2020年度内地与港澳文化和旅游交流重点项目申报工作的通知》，对于港澳融入国家文化和旅游发展大局、促进粤港澳大湾区文化和旅游交流合作具有深刻影响。加之"一带一路"发展战略和亚洲旅游促进计划的实施，不仅为港澳营造了良好的国际旅游发展环境，也为港澳地区城市旅游业发展带来了新的机遇①。

二、城市旅游业发展现状特点

（一）城市旅游业运行与企业发展稳中向好

1. 城市旅游业快速发展

2019年中国国内游客规模60.1亿人次，同比增长8.4%；国内旅游业规模收入57 251亿元，同比增长11.7%。入境游客14 531万人次，同比增长2.9%。其中，国外游客3 188万人次，同比增长4.4%；香港、澳门和台湾同胞11 342万人次，同比增长2.5%。在入境游客中，过夜游客6 573万人次，同比增长4.5%。国际旅游业收入1 313亿美元，同比增长3.3%②。在国内旅游业发展态势大好的积极环境下，城市旅游业运行稳中向好。根据城市的游客数量（人次）、旅游业收入、旅游业比重、交通便利程度和旅游基础设施五个维度综合衡量，各城市旅游业发达程度排名前10位的城市依次为：北京、重庆、上海、广州、天津、成都、杭州、武汉、西安、苏州③。

中国的大型旅行社与星级饭店主要聚集在城镇地域范围内，是支撑城市旅游业高效运行的基础条件。截至2019年9月，全国旅行社总数达38 433家，广东、北京、江苏、浙江和山东五省旅行社数都在2 500家以上④。城市传统旅行社与在线旅行社的边界日渐模糊，两者的一体化正在加速发展。城市旅行社企业呈现高效化、在线化、稳定化的发展态势。截至2019年第三季度，全国共有10 284家星级饭店，其中8 077家通过省级文化和旅游行政部门审核，包括一星级34家，二星级1 166家，三星级3 831家，四星级2 247家，五星级799家；星级饭店总数较2018年增长1 052家，同比增长11.4%⑤，呈现上升态势（图4）。由此可见，中国城市旅游住宿业发展质量正在稳步优化、升级。

国家旅游业扶持政策创新不断推动城市旅游产业高质量发展。2019年上半年，文化和旅游部印发了《国家全域旅游示范区验收、认定和管理实施办法（试行）》《国家全域旅游示范区验收标准（试行）》和《国家全域旅游示范区验收工作手册》，遴选出71家首批国家全域旅游示范区。2019年下半年，国务院办公厅印发《关于进一步激发文化和旅游消费潜

---

① 中国旅游研究院《2019年旅游经济运行盘点及2020年发展预测：内地大陆与港澳台旅游合作》。
② 国家统计局《国民经济和社会发展公报2019》。
③ 界面新闻《2019年中国旅游业最发达城市排行榜》https://www.jiemian.com/article/3536255.html。
④ 国家文化和旅游部《文化和旅游部关于2019年第三季度全国旅行社统计调查报告》。
⑤ 国家文化和旅游部《2019年上半年全国星级饭店统计报告》。

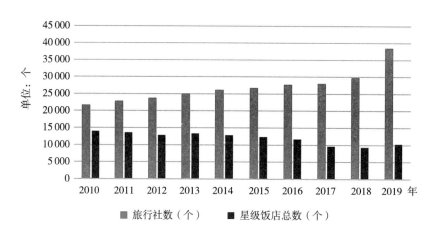

图4 2010—2019年旅行社与星级饭店数量变化

数据来源：国家统计局编《中国统计年鉴2010—2019》

力的意见》，在城市旅游业改革、冬季旅游供给侧改革、"旅游+"等方面，全国各地加快政策供给，推动城市旅游业的快速发展。

2. 城市旅游景区管理体制逐步优化

依照中华人民共和国国家标准《旅游景区质量等级的划分与评定》和《旅游景区质量等级管理办法》，截至2020年1月，中国5A级景区数量达280家。2019年，各城市旅游景区主管部门认真贯彻国家发展改革委印发的《关于完善国有景区门票价格形成机制　降低重点国有景区门票价格的指导意见》，完善国有景区门票价格形成机制、降低重点国有景区门票价格，加快构建社会效益和经济效益相统一的国有景区运营管理体制机制，释放城市旅游消费需求，推动城市旅游业加快由门票经济向产业经济、小众旅游向大众旅游、景点旅游向全域旅游转型升级。城市旅游景区的管理体制走向高效化、现代化。

3. 城市在线旅游业高速发展

城市在线旅游业保持快速增长势头，在线旅游业龙头企业的业绩总体良好。2019年，大型在线旅游平台（OTA）主要营业指标同比增长19%以上，高于2018年在线旅游业的增速（9.3%）。据各大平台2019年财务报告显示，美团点评、携程、同程艺龙等大型在线旅游平台公布的旅游业相关营业收入的增速均超过了16%。城市旅游企业不断加速线上旅游业务的创新，智慧旅游与旅游大数据、定制旅行、数字文旅和文旅云、数字文创、人工智能与文旅数据建设、旅游物联网、旅游IP、AR/VR等在线旅游产品服务大量涌现[1]，城市数字文旅企业呈现快速增长趋势。

4. 城市旅游消费持续火热

2019年，中国国民经济平稳运行，人民生活持续改善，城市旅游消费意愿不断释放。居民出游力指数（居民旅游消费占消费总支出比例）达到18.8%，并在近年来稳步提升，旅游消费逐渐成为人们消费的刚性需求。从全国居民旅游消费地域分布来看，上海、广州、

---

[1] 中国旅游研究院《2019中国旅游集团发展报告》。

北京、南京、深圳、苏州、武汉、杭州、成都、西安的居民出游力指数最高。同时，中西部地区出游力指数与东部地区差距逐渐缩小，城市旅游消费呈现相对均衡化。从全国各地出游力情况来看，2019年国庆期间居民出游力排名前10位的城市为：上海、北京、广州、深圳、南京、武汉、苏州、合肥、杭州、郑州[①]。

在创建全域旅游示范区、降低国有重点景区门票价格、国家文化公园试点、部署推进厕所革命等一系列重点工作稳步推进的过程中，城市旅游消费潜力进一步释放。2019年，各地结合实际情况，制定实施景区门票减免、景区淡季免费开放、演出门票打折等政策。安徽省出台《关于进一步减负增效纾困解难优化环境促进经济持续健康发展的若干意见》。山东省持续推动景区免费开放工作，举办文化和旅游消费季、消费月、数字文旅消费体验等活动。吉林、浙江、安徽、山东等地相继开展了城市旅游消费季；天津市举办了天津市庆祝新中国成立70周年名家经典惠民演出季；黑龙江举办了"书香中国，龙江读书月"的全民阅读活动，发行文化和旅游消费银行卡并给予特惠商户折扣、消费分期等用户权益。

5. 城市旅游业带动相关产业协同发展

城市旅游业的综合性，决定了其对相关产业的依赖性和带动性特征。首先，我国城市旅游业发展不断促进城市管理和服务的手段、方式提升。近年来，我国城市环境资源与公共设施管理业、城市商务服务业、保险业等在城市旅游业的催化作用下，培育出全新的管理与服务模式。其次，城市旅游业发展促进了城市交通环境的优化。城市旅游业发展要求城市公共交通运输业、铁路旅客运输业、航空旅客运输业、道路运输业等开展更合理的规划布局，进一步提升城市的流动性。通过完善城市交通基础设施建设，有力地推动城市交通类相关产业的快速发展。此外，伴随着当前5G技术的应用，城市旅游业与信息产业形成了更为紧密的内在联系，从"互联网+"到"+旅游"再到"旅游+"，始终依靠信息技术的支撑。城市旅游业为城市信息传输服务业、计算机服务和软件业提供了更为广阔的发展空间，并不断推进信息技术类产业的创新发展。近年来衍生出的城市旅游新业态，例如研学旅行、夜间旅行、康养旅游等，通过进一步深化城市旅游产品改革，促使城市旅游与相关产业形成更为密切的协同关系，为城市旅游业相关产业发展提供全新动力。

（二）城市旅游业发展的地理格局差异显著

城市旅游目的地发展呈现"东强西弱"格局。虽然近年西部地区城市旅游业快速发展，宁夏、新疆、广西、贵州的国内旅游业收入、国内游客接待人数快速增长。但是东部地区的城市旅游服务质量指数、星级饭店发展指数、旅行社发展指数仍远超中西部地区，其中星级饭店数量和旅行社数量约占国内的二分之一。2019年，中国国内城市旅游业发展"东强西弱、南强北弱"的格局仍未改变。东部地区的旅游接待能力和目的地建设保持领先地位，旅游接待人次和旅游收入均超越中西部地区。《2019中国旅游业发展报告》对中国省域旅游竞争力和重点城市旅游竞争力进行了评价和排名，广东、江苏、浙江、山东、上海、北京、福建、湖南、江西、贵州10省市进入省域旅游综合竞争力第一梯队；杭州、广州、深圳、

[①] 中国旅游研究院《2019年旅游经济运行盘点及2020年发展预测：旅游经济运行分析》。

西安、厦门5市进入副省级城市旅游综合竞争力第一梯队。

国内城市旅游客源市场地理格局差异显著,但呈现趋向于均衡发展的态势。2019年,中国各大国内旅游客源地的游客产出量均保持增长趋势。从区域角度看,仍延续东、中、西三级阶梯状发展格局,出游比例为6.2:2.5:1.3;相比2018年的6.3:2.4:1.3,旅游客源市场格局发展相对均衡。从全国角度看,2019年中国国内客源城市依旧集中在环渤海、长三角、珠三角、成渝四大经济区;从省级角度来看,上海、北京、江苏、广东、浙江五个省(市)排在全国前五位[①]。由于一线城市以及沿海发达城市拥有较高的经济水平和居民消费能力,故其仍是国内城市旅游业的主体,旅游已经成为当地城市居民的主要休闲方式之一。

(三)城市文化和旅游融合趋势强劲

2019年是文化和旅游融合深化发展之年,随着《进一步激化文化和旅游消费潜力的意见》等政策的陆续出台,城市的文旅融合发展环境持续优化。2019年,博物馆、历史文化型景区及文化艺术场馆在节假日平均消费金额增幅超过25%;消费人次增幅、同比增幅均值高于30%。2019年国庆期间,重点博物馆、大型主题乐园等全国热门文化旅游景区的消费人次同比增长22.9%。其中,红色旅游发展增速尤为突出,全国重点红色旅游景区消费人次同比增长23.2%[②]。为响应文化和旅游融合发展政策,各地加速整合文化和旅游资源。北京、上海、陕西等多个省市推出了"文旅融合26条"等多项促进城市文旅融合的新举措[③],为城市文化和旅游融合发展提供了体制机制与政策保障。吉林、江西、黑龙江等多个省市以建设产业联盟作为城市文化和旅游产业资源共享平台和对接渠道。

(四)城市休闲条件与城市旅游生态不断优化

1. 城市旅游休闲条件不断优化

在文旅融合、全域旅游、区域一体化等国家战略驱动下,城市休闲业呈现纵深化发展趋势。相关部门把落实职工带薪休假作为重要抓手,以多种手段保障职工带薪休假、合法休假权益,有效增加了居民休闲时间,刺激城市休闲旅游消费;同时加强休闲旅游产品供给质量,鼓励弹性作息和错峰休假,落实带年薪休假,持续优化城市休闲环境。城镇居民居家休闲比例不断下降,户外休闲比例稳步上升,远距离休闲比例持续增加,城镇居民休闲空间持续扩张,社区空间、公园绿地、旅游景区、异地康养地都成为重要的城市休闲空间。国家重点推进旅游、文化、体育、健康、养老、教育等幸福产业的发展,进一步满足城市日益更新的休闲旅游需求。

2. 城市公园与生态文明建设优化了城市旅游生态

近年来,中国城市旅游生态环境日益改善,为城市旅游休闲提供了更加良好的生态空

[①] 中国旅游研究院《2019中国旅游业发展报告》。
[②] 中国旅游研究院《中国旅游消费大数据报告2019》。
[③] 中国旅游研究院《2019年旅游经济运行盘点及2020年发展预测:旅游经济运行分析》。

间。截至2019年1月，中国城市绿地面积达304.71万公顷，同比增长4.31%；全国城市公园绿地面积达72.37万公顷，同比增长5.13%；建成区绿化覆盖率41.1%，同比增长0.2%（图5）。全国公园个数量达16 735个，其中新增公园1 102个，同比增长7.05%；公园面积49.42万公顷，同比增长11.16%。

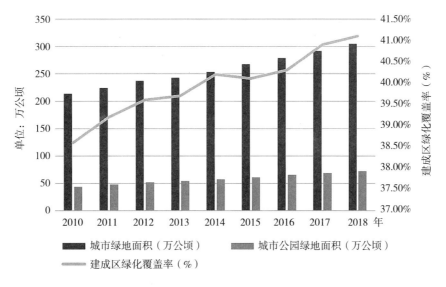

图5 2010—2018年中国城市绿地、公园数量变化

数据来源：国家统计局数据编《中国统计年鉴2010—2019》

习近平总书记在党的十九大报告中指出，加快生态文明体制改革，建设美丽中国。生态文明建设正以前所未有的力度和效率积极推进，不仅为城市旅游业的发展提供了更为优良的环境条件，也为改善城市旅游生态提供了更加健全的政策、技术支持。

（五）区域旅游政策加速城市旅游业供给结构性改革

1. 全域旅游优化城市旅游业质量

2015年，国家旅游局正式下发了《关于开展"国家全域旅游示范区"创建工作的通知》，2016年全域旅游创建工作也被列入国务院《政府工作报告》。2018年3月，国务院办公厅印发《关于促进全域旅游发展的指导意见》，强调要牢固树立和贯彻落实新发展理念，按照"统筹协调，融合发展；因地制宜，绿色发展；改革创新，示范引导"三项基本原则，对加快城市旅游业供给侧结构性改革，以及实现城市旅游发展全域化、城市旅游供给品质化、旅游效益最大化的重要目标具有深远意义。

2019年3月，文化和旅游部办公厅关于印发《国家全域旅游示范区验收、认定和管理实施办法（试行）》和《国家全域旅游示范区验收标准（试行）》的通知，进一步规范全域旅游示范区验收、认定和管理工作，切实改善中国城乡旅游环境、全面优化城乡旅游质量。2019年9月，文化和旅游部公示首批国家全域旅游示范区名单，全域旅游示范区达71个，其中江苏、浙江、四川、山西、山东、江西、湖南、湖北、河南、河北、贵州、福建、北京

13个省市的国家全域旅游示范区多达3个①。2019年，城市全域旅游向着规模化、深度化、品质化方向发展，城市旅游基础设施更加健全、城市旅游环境质量不断改善，促使城市旅游业质量持续提升。

2. 城市旅游业呈现一体化发展态势

2019年，为积极响应京津冀协同发展、长江经济带、粤港澳大湾区、长三角一体化等国家战略，大力推进粤港澳大湾区世界级旅游目的地建设、长三角联合打造国际文旅精品路线、京津冀联合推广冬季冰雪文旅资源等重大举措。同时中西部城市旅游市场开发、城市旅游基础设施建设等方面日趋完善。《2019中国旅游业发展报告》就长江经济带旅游一体化发展，综合评价了11省市旅游业发展水平：浙江、江苏、上海处于长江经济带旅游业发展水平第一阶梯队；云南、四川、湖北、安徽和湖南处于第二阶梯队；重庆、江西、贵州三省市处在第三阶梯队②。随着城市旅游经济的密切交流，长江经济带旅游城市呈现更为密切的一体化趋势。2019年9月，文化和旅游部还确定了45个"一带一路"国际合作重点项目，为"一带一路"沿线城市文化和旅游业发展提供政策扶持，加强沿线城市的旅游创新和一体化发展。

2019年，中国的大尺度旅游流动趋势主要表现为：环渤海、长三角、珠三角三大经济区流向中部地区，西部旅游资源大省的西向旅游流，以及西部经济相对发达地区流向东部三大经济区的东向旅游流。从区域尺度旅游流层面看，核心旅游地区和城市带动效应依旧明显，环渤海、长三角、珠三角三大经济区和中部六省的旅游流变化幅度较小，北京、上海、浙江等热点城市的旅游流动频率与流动量明显高于周边城市。区域之间客流互动加强，特别是热点城市间频繁的旅游交流，推动了区域城市旅游的一体化发展。

（六）城市旅游公共服务与城市旅游服务质量显著提升

1. 厕所革命进一步推动城市公共服务设施升级

2015年年初开始实施的厕所革命逐步从景区扩展到全域、从城市扩展到农村、从数量增加到质量提升、从厕所封闭管理到开放管理，大幅提升了城市公共服务设施建设进程。2017年，国家旅游局制定了《全国旅游厕所建设管理新三年行动计划（2018—2020）》，新一轮的厕所革命对健全城市公共服务设施提出了更高的要求，强调用全域旅游发展理念指导推进厕所革命向纵深发展，坚持景区内外共同推进厕所革命、城乡一体化推进厕所革命。以游客满意度为评价依据，厕所革命切实保障了城市公共服务设施的完善与服务质量的提升。2019年，文化和旅游部与百度地图合作，启动了旅游厕所电子地图上线工作，上线厕所9.8万座，覆盖全国31个省、直辖市、自治区。截至2019年12月，全国共建成旅游厕所2.23万座。城市开放厕所平衡指数最高的前10位城市分别为：深圳、佛山、上海、无锡、北京、

---

① 国家文化和旅游部《文化和旅游部关于公布首批国家全域旅游示范区名单的通知》。
② 光明网《2019中国旅游业发展报告》http://difang.gmw.cn/hb/2019-12/19/content_33415754.htm.

苏州、宁波、东莞、常州和武汉[1]。旅游厕所革命进一步推动了城市公共服务设施的升级改造进程。

2. 城市旅游服务质量显著提升

2019年，文化和旅游部开展了文化和旅游市场整治行动、A级旅游景区整改提质行动，发布了《关于实施旅游服务质量提升计划的指导意见》。湖北、湖南、福建、重庆、吉林、陕西等地的旅游服务提升方案陆续出台，为城市旅游服务质量提升提供了一系列政策保障。全国多个城市号召本地居民绿色出行，让路于客、让景于客等，使游客充分感受到旅游城市的"温度"。

文化、创意、科技为城市旅游服务提升带来新动能。以5G、物联网、人工智能、实验室经济为代表的科技进步正在从概念到场景，被广大游客所接受。高铁、扫码支付、共享单车、网购被誉为"新四大发明"，为城市入境游客带来了全新体验。互联网、文创、VR/AR等当代科技新要素提升了城市旅游业的服务效率与服务质量，为城市旅游业实现高质量发展提供了可能。

三、城市旅游业发展存在的问题

（一）城市旅游业发展不平衡

1. 城市旅游市场的不平衡

城市国内旅游市场不平衡。随着中国城市经济、社会发展水平的不断提高，居民旅游消费日益多样化，但不同群体之间的旅游消费悬殊。高收入群体是高端旅游、出境旅游的主体；中等收入群体崛起，中等偏上收入和中等收入居民则更倾向于低价游；而中低收入、低收入群体几乎不会参与旅游活动。此外，城、乡居民经济收入差距依然悬殊，乡村居民旅游消费较为低迷。不同的经济发展水平加剧了城、乡居民旅游消费的不平衡，城市旅游市场不平衡性也日渐凸显。

城市出入境旅游市场不平衡。《中国出境旅游发展年度报告（2018）》数据显示，中国出境旅游市场占比仅为9.42%，且出境旅游目的地多为港澳台地区，国际化程度较低，发展不平衡[2]。港澳台地区的入境游客一直是中国大陆入境旅游市场的主力军，中国接待国外游客总量大，但入境旅游外汇收入低，城市入境旅游市场的不平衡性是长期制约城市旅游业发展的顽疾。

2. 城市旅游时间的不平衡

受中国休假制度影响，城镇居民假日出游的比重逐年递增。城市旅游呈现出七个休假高峰集中出行和其他时间段分散出行的客流量不平衡现象。经测算，2019年"五一"假日期

---

[1] 中国旅游研究院《2019年旅游经济运行盘点及2020年发展预测：旅游公共服务与行政管理》。
[2] 中国旅游研究院《中国出境旅游发展年度报告（2018）》。

间国内旅游接待总人数1.95亿人次，按可比口径增长13.7%。高峰出行往往会降低游客体验、加大城市景区环境、服务和基础设施的接待压力。受现阶段中国城市的劳动生产力水平、休闲观念、带薪年休假制度等因素的综合影响，中国城市居民的休闲时间与发达国家相比存在明显差距，在一定程度上制约了城市旅游业的发展。

3. 城市旅游业地理格局发展的不平衡

中国城市旅游目的地发展长期呈现"东强西弱、南强北弱"的格局。东部地区城市的旅游接待能力和目的地建设始终保持领先地位，旅游接待人次和旅游收入均超越中西部地区城市。尽管近年来中西部地区城市旅游业取得快速发展，但是东部地区城市在旅游客源市场、旅游接待质量、旅游基础设施等方面远超过中西部地区城市。同时城市在线旅游与城市旅游新业态的快速发展更加剧了城市旅游业发展地理格局的不平衡性。

（二）城市旅游业发展尚不充分

1. 城市旅游业产品供给不足

中国城市旅游业由于规模化、产业化层次较低，致使城市旅游产品供给不足；且多数旅游企业各自分散经营、相互合作少，游客消费成本高，城市旅游市场发展面临瓶颈。未来中国旅游业的发展应逐步从劳动密集型向资本技术密集型转变，从资源驱动向创新驱动转变，这一转变必然会引起城市旅游产业链条的延伸，从满足单纯的游览需求向满足专业化和多样化的旅游需求延伸。中国城市旅游产品品牌化、多样化进程缓慢，尽管一些旅游城市已在挖掘自身文化内涵、细化景观设计、鼓励旅游新业态等方面缓慢前进，但总体上仍面临城市旅游产品重复性高、专业化和多样性服务水平低等问题，严重依赖"门票经济"。

2. 城市旅游资源开发、休闲空间利用不充分

依托城市旅游资源与地域特色，中国城市旅游开发具有独特的潜在竞争力。但许多地区为追求短期的社会和经济效益，更重视旅游数量和范围的横向开发，而忽视对城市资源特色、旅游文化创意等内容的纵向挖掘，导致城市旅游资源没有得到精细、高效的开发。

城乡一体的全域休闲空间尚未形成，城市旅游休闲空间利用不充分。现阶段，中国城市社区休闲空间总量不足、分布不均。各社区的休闲空间和设施没有实现共享，很多社区在建设过程中并未实现"闲住平衡"，影响了城市旅游休闲功能的充分发挥。此外，部分旅游景区开发由于忽视当地居民的休闲游憩功能，导致异地旅游产品供给和城市休闲市场需求严重错位。

3. 城市旅游新业态发展不充分

城市旅游的新业态缺乏引导和培育，旅游新业态的崛起受限。2019年城市夜间旅游快速发展，门票经济持续弱化，但高质量旅游产品仍相对稀缺。夜间旅游休闲、虚拟空间休闲活动等城市旅游新业态已迎来巨大的市场需求，而城市夜间旅游布局由于缺乏充分的市场调研和科学规划，致使城市旅游供需不匹配。城市旅游者个性化和碎片化的旅游需求凸显，定制化旅游、文化旅游成为城市旅游的新潮流。而相应的旅游产品匮乏、陈旧，未得到积极培育，难以充分满足新业态旅游产品的市场需求。

(三) 城市旅游公共服务信息化、共享化发展力度匮乏

在全社会、全行业供给侧结构性改革的大潮下，深化城市公共服务改革、推动城市旅游公共服务信息化和共享化发展成为必然趋势。城市旅游公共服务需求向精细化、"旅游+"、社会共建共享、综合目的地服务方向转变。现阶段，中国5G网络建设迅速发展，而城市旅游集中区域的通信基础设施建设还有待提升，城市无线网络覆盖范围有限，制约了城市旅游公共服务信息化发展。同时，在推进城市旅游公共服务提升进程中，各有关部门职责不明晰、协调配合程度较低。此外，旅游公共服务的重点领域和环节监管难度大，对城市旅游市场监管力度尚不到位，制约了城市旅游公共服务共享化的进一步发展。

(四) 城市旅游品牌建设缺乏文化深度

文化和旅游的融合发展为城市旅游品牌建设提出更高标准，城市旅游目的地建设需要突出目的地文化特色、挖掘旅游品牌的文化深度。当前，中国城市旅游品牌特色不明显，城市旅游地大多"千景一面"。城市旅游产品同质化、商业化，旅游品牌建设与城市文化严重脱节、特色匮乏。城市文化旅游品牌建设意识薄弱，过分重视短期的营销影响力，难以激发城市文化旅游资源潜力；城市文化旅游品牌主题模糊、发展规模小、分布散，弱化了城市文化旅游品牌的整体竞争力。

四、未来发展展望

(一) 城市旅游业应更好满足人民对追求美好生活的需求

党的十九大报告指出，我国社会主要矛盾已经转化为人民日益增长的美好生活需要和不平衡不充分的发展之间的矛盾。中国城市旅游业存在旅游供需不匹配、旅游市场发展不平衡、区域旅游发展不均衡等突出问题。今后城市旅游业改革应将人民对美好生活的向往与需求作为一切工作的出发点和落脚点，从以下三方面着力解决制约城市旅游业发展的瓶颈：一是紧紧围绕着社会主要矛盾的变化，深入研究旅游业发展不平衡不充分的具体表现、障碍以及解决之策。二是继续深化旅游业供给侧结构性改革，抓紧城市旅游业发展的新趋势，重点优化城市旅游市场结构、旅游产品结构和旅游产业结构。三是统筹兼顾当地居民与游客的权利，更多地赋予城市居民旅游的发展权利，与游客共创共享旅游发展带来的多方面效益，推动城市旅游业更平衡、更充分地满足人民对美好生活的需求。

(二) 继续优化城市旅游市场结构

中国城市旅游市场结构仍较单一，城市观光型旅游依然占主体地位，并将会在较长一段时期内保持第一的市场份额。但随着我国中等收入家庭阶层的逐步扩大，对生活品质的要求逐步提升，休闲度假类旅游产品的需求量将快速上升。届时，城市休闲度假旅游将迅速崛

起，城市旅游表现形式也将趋于多样化，其市场结构将逐步从观光游向休闲度假游过渡。为此，一要加强数据分析和理论抽象，发挥城市旅游协会和学术共同体的作用，创新和完善城市旅游发展理论；二要系统梳理政府与市场的边界，推进城市旅游产品管理体制改革和治理机制创新，不断激励新时代城市旅游业发展模式创新。

（三）进一步提升城市旅游发展质量

近年来，随着中国城市旅游业的高速发展，城市旅游产业地位不断提升、体系逐渐完善、国际影响力显著增强。然而，中国城市旅游业的高速增长，是以规模扩张为显著特征的粗放型发展模式。今后，城市旅游业要注重质的提高，走内涵式旅游发展模式，推动城市旅游优质化发展，其发展重点为：一要推动城市文化与旅游的深度融合，充分挖掘城市旅游的文化属性；二要大力推动城市旅游业制度创新，进一步推动城市旅游管理体制改革、导游管理体制改革、带薪休假制度等；三要推动高新科技与现代城市旅游业实现深度融合。重点推动虚拟现实、大数据、云计算、人工智能等现代技术在城市旅游业的广泛应用。

（四）以全域旅游推动城市旅游模式变革

当前，我国正在大力推进的全域旅游，无论是"自上而下"还是"自下而上"改革模式，由于管理方式和管理体制的固化，处于难以推动的尴尬局面，而解决困境的关键在于全面深化改革。全域旅游作为一种发展模式与理念，是深化城市旅游业改革的重要突破口，能有效地协调两种不同的改革模式，既可为"自上而下"的改革奠定社会基础，也可为"自下而上"的改革提供制度保障，最终形成"上""下"协同的综合改革机制，从而推动新时代城市旅游业实现更高质量的发展。为此要求：一方面要重点突破制约城市旅游业深化改革开放的法规、文件，为开启全域旅游模式提供制度保障；另一方面，要有效协调不同旅游管理部门的利益，打破条块分割的旅游管理体制。

（五）稳步发展城市旅游新业态

我国城市文旅产业发展前景广阔。新业态、新技术已经成为推动新时期城市文旅产业发展的重要基础。随着5G在城市文旅产业的应用，移动互联网技术进一步发展，城市旅游数字化水平将进一步提升，不断催生出新的文旅业态、新的商业模式。为此，一要从战略高度重视城市夜间旅游的高质量发展，充分发挥市场作用，扩大市场主体、丰富夜间休闲与旅游产品；二要进一步提升城市避暑和冰雪旅游的产品竞争力，推动避暑旅游与城市文化旅游、研学旅游、康养旅游、夜间旅游融合发展；三要定制旅游需更加凸显个性，定制旅游的发展需要更广泛的社会共识，并需进一步发挥市场的主体作用。

（作者：钟林生，中国科学院地理科学与资源研究所旅游与社会文化地理研究室主任、研究员、博士生导师；李猛，中国科学院地理科学与资源研究所博士生）

参考文献

[1] 夏杰长,徐金海.中国旅游业改革开放40年:回顾与展望[J].经济与管理研究,2018,39(06):3-14.

[2] 刘德谦.中国旅游70年:行为、决策与学科发展[J].经济管理,2019,41(12):177-202.

[3] 张城铭,翁时秀,保继刚.1978年改革开放以来中国旅游业发展的地理格局[J].地理学报,2019,74(10):1980-2000.

[4] 冯学钢,吴琳.长三角区域旅游一体化发展研究[J].科学发展,2019(06):66-72.

新世纪前二十年的伟大丰碑

——中国全面建成小康社会观察

2020年，注定是中国历史上大写的一年：中国将胜利地实现全面建成小康社会的奋斗目标，为中国共产党成立一百周年准备了最珍贵的厚礼。

这也是人类近代以来最精彩的故事，是当今世界百年未有之大变局的光辉篇章，她已经开始并继续延续着中华民族伟大复兴的中国梦，给当今迷茫的世界以安慰与启迪！

一、难得的成就

中国全面建成小康社会是在突如其来的新冠肺炎疫情的严峻条件下实现的，这尤其难得。

疫情对于中国是一次大考。中国能不能打赢这场阻击战、总体战的人民战争？能不能在打赢这场阻击战、总体战、人民战争的同时实现既定的全面建成小康社会的宏伟目标？许多朋友为我们担心，因为确实困难太大了。

任何困难也吓不倒、难不住英雄的中国人民。以习近平同志为核心的党中央高屋建瓴、运筹帷幄、排兵布阵，习近平同志亲自指挥、亲自部署，坚持把人民生命安全和身体健康放在第一位。在党中央坚强领导下，中央应对疫情工作领导小组及时研究部署，中央指导组加强指导督导，国务院联防联控机制统筹协调，各地区各部门履职尽责，社会各方面全力以赴，气壮山河、英雄辈出。医务工作者仁心精诚，人民解放军勇挑重担，科技工作者协同攻关，社区工作者、公安干警、基层干部、媒体工作者、志愿者坚守岗位，快递、环卫、抗疫物资生产运输人员不辞劳苦，武汉人民、湖北人民坚韧不拔，社会各界和港澳台同胞、海外侨胞捐款捐物。中华儿女风雨同舟、守望相助，筑起了抗击疫情的巍峨长城。

一个正在为全面建成小康社会收官的国家，疫情是一场高能量的破坏性考验。全国人民坚定信心、科学防治、精准施策，抓紧抓实抓细各项工作。全国一盘棋，我们都是一家人。四万多名医护人员从全国各地飞驰武汉和湖北，火神山、雷神山医院和方舱医院快速收治，各种保障医用物资如长江之水源源涌来，再现当年人民支援淮海战役前线的盛况。中西医结合，一切为救人，最大程度提高治愈率、降低病亡率。华夏人无分老幼，神州地无分南北，延长假期，推迟开学、灵活复工、错峰出行，有效地遏制疫情蔓延。加强药物、疫苗和检测试剂研发，迅速恢复和扩大医用物资生产，抓好生活必需品保供稳价，保障交通干线畅通和煤、电、油、气供应。针对境外疫情蔓延，及时构建外防输入体系，加强对境外中国公民和侨胞的关心照顾。公开、透明、负责任地开展国际合作，主动分享防疫技术和做法。中国不但人心不散、秩序不乱，而是恰恰相反，人心更紧密，秩序更严整，人们共有一个信念：保卫武汉、保卫湖北、保卫全中国、保卫整个人类！

对我们这样一个拥有14亿人口的发展中国家来说，能在短期内有效控制疫情，保障人民基本生活，十分不易、成之维艰。我们也付出了巨大代价，四千多同胞罹难，经济出现负增长。党和政府统筹推进疫情防控和经济社会发展，适时推进复工复产，采取一系列超常措施和特殊做法，迅速激发我国经济的坚强韧性和深厚潜能。我们衷心感谢全国人民的辛苦劳动与巨大积累，我们衷心感谢全国人民面对疫情的坚定与勇敢，我们可以告慰列祖列宗，中国全面建成小康社会的目标冲破疫情险阻而正在实现。

截至2019年年底，我们的国内生产总值达到99.1万亿元，距世界经济第一大经济体美国的差距越来越小，与世界经济第三名的差距越来越大；经济结构和区域布局逐步优化，先进制造业、现代服务业较快增长，粮食产量1.33万亿斤，常住人口城镇化率首次超过60%；我们发展经济再也不是简单地靠廉价劳动力和耗费资源、污染环境和破坏生态，而是主要靠新动能的切入，科技创新、新兴产业、传统产业升级，人民群众的积极性和聪明才智迸发涌流，每天净增企业万户以上；供给侧结构性改革深化，国家大规模减税降费，仅2019年消费者和市场主体获益达2.36万亿元；防范系统性风险、消除贫困和环境治理三大攻坚战取得关键进展。农村贫困人口大量减少，贫困发生率降至0.6%。

全面建成小康社会，大家最直接感受到的自然是民生。全国居民人均可支配收入超过3万元，义务教育、基本养老、医疗、社会保障水平提高，城镇廉租房建设和农村危房改造深入推进。

中国人均预期寿命在世界上的位置远远高于中国人均可支配收入在世界上的位置，这鲜明地体现出中国共产党独特高尚的执政理念：生命至上、健康为本。加强公共卫生体系建设，改革疾病预防控制体制，加强传染病防治能力建设，完善传染病直报和预警系统，及时公开透明发布疫情信息，加大疫苗、药物和快速检测技术研发投入，增加防疫救治医疗设施，强化基层卫生防疫，加快公共卫生人才队伍建设，普及卫生健康知识，倡导健康文明生活方式。这次抗击疫情凸显出我们国家的公共医疗能力，让全世界看到了中国的定力和魅力。

全面建成小康社会，就要求实现阶层的向上流动，推动教育公平发展和质量提升是必由之路。我们有序组织中小学教育教学和中高考，加强乡镇寄宿制学校、乡村小规模学校和县城学校，完善随迁子女义务教育入学，办好特殊教育、继续教育，支持和规范民办教育。发展普惠性学前教育，帮助民办幼儿园纾困。推动高等教育内涵式发展，推进一流大学和一流学科的"双一流"建设，支持中西部高校，扩大高校面向农村和贫困地区招生规模。优化教育投入结构，缩小城乡、区域、校际差距，让教育资源惠及所有家庭和孩子，让每一个孩子拥有光明的未来。

全面建成小康社会，一个重要指标就是如何对待弱势群体。老年人和失业人员最为典型。全国范围内多次上调退休人员基本养老金，提高城乡居民基础养老金最低标准，实现企业职工基本养老保险基金省级统收统支，提高中央调剂比例。全国近3亿人领取养老金并且按时足额发放。扩大失业保险保障范围，将参保不足一年的农民工等失业人员纳入常住地保障。完善社会救助。扩大低保保障范围，对城乡困难家庭应保尽保，将符合条件的城镇失业和返乡人员及时纳入低保。对因灾、因病、因残遭遇暂时困难的人员，实施社会救助。

全面建成小康社会，包括精神文化的建设与丰富。我们加强和创新社会治理，培育和践行社会主义核心价值观，加强公共文化服务，全民健身与全民阅读双轮驱动，全社会充满朝气。加强乡村治理。保障妇女、儿童、残疾人合法权益。加强法律援助，及时解决群众合理诉求，妥善化解矛盾纠纷。完善社会治安防控体系，中国的犯罪率处于世界低水平，全面小康与平安中国成为中国最亮丽的名片。

全面建成小康社会，党的领导和政府建设是最重要的保证。党的十八大以来，党中央、国务院铁腕反腐肃贪，老虎苍蝇一起打，党风、政风发生了根本性转变。各级党组织和各级政府牢记"为中国人民谋幸福，为中华民族谋复兴"的初心和使命，自觉履行全心全意为人民服务的崇高宗旨，人民为要、人民为上、人民为重、人民为亲，坚持依法行政，坚持政务公开，坚持提高治理能力。党组织和政府自觉接受法律监督、民主监督、审计监督、社会监督和舆论监督。广大党员和政府工作人员纠治"四风"（形式主义、官僚主义、享乐主义和奢靡之风），为担当者担当，让履职者尽责，尊重人民首创精神，激发社会活力，凝聚亿万群众的智慧和力量。

一个全面小康社会的建成，谁能不为之欢欣鼓舞呢！

二、宝贵的经验

抚今追昔，感慨良多。为什么我们面对突如其来的疫情仍然能够实现既定目标呢？

第一是全党全国人民一条心，一张蓝图绘到底，全面建成小康社会不动摇。

全党全国各族人民坚决贯彻党的基本理论、基本路线、基本方略，增强"四个意识"（政治意识、大局意识、核心意识、看齐意识），坚定"四个自信"（道路自信、制度自信、理论自信、文化自信），做到"两个维护"（坚决维护习近平总书记党中央的核心、全党的核心地位，坚决维护党中央权威和集中统一领导），紧扣全面建成小康社会目标任务，统筹推进疫情防控和经济社会发展，在疫情防控常态化前提下，坚持稳中求进总基调，坚持创新、协调、绿色、开放、共享的新发展理念，坚持以供给侧结构性改革为主线，坚持以改革开放为动力推动高质量发展，加大"六稳"（稳居民就业、稳基本民生、稳市场主体、稳粮食能源安全、稳产业链供应链稳定、稳基层运转）工作力度，坚定实施扩大内需战略。

全面建成小康社会包括城乡劳动力的充分就业、城乡居民的兜底保证、贫困人口的真正脱贫、有效防范与化解系统性风险，保证天蓝、水绿、土净，这需要经济保规模、上质量、强韧劲。我们通过补短板、去库存、降成本、促消费，拉动市场，正在走出有效应对冲击、实现良性循环的新路子。

投资重要，更重要的是投资有效。中央政府2020年安排地方政府专项债券3.75万亿元，比上年增加1.6万亿元，提高专项债券可用作项目资本金的比例。重点支持既促消费、惠民生又调结构、增后劲的新型基础设施建设。主要是发展新一代信息网络，拓展5G应用，建设数据中心，增加充电桩、换电站等设施，推广新能源汽车。加强新型城镇化建设，大力提升县城公共设施和服务能力，适应农民日益增长的到县城就业安家需求。新开工改造城镇老旧小区3.9万个，支持管网改造、加装电梯等，发展居家养老、用餐、保洁等丰富多样的社区服务。这让不同城乡、不同区域、不同行业、不同身份、不同年龄的各族人民享受全面小康的品质与服务，中国人从来没有像今天这样幸福与和谐。

第二是一切从实际出发，大胆及时地做出调整。

疫情突如其来，中华民族坚如磐石，源于党和政府应对得体。党中央、国务院果断地调整疫情前考虑的预期目标，2020年优先稳就业、保民生，对城镇新增就业率、城镇调查失业率、城镇登记失业率、居民消费价格涨幅均做出严格规定。进出口促稳提质，国际收支确保基本平衡。变中有不变。不变的是居民收入增长与经济增长基本同步，现行标准下农村贫困人口全部脱贫、贫困县全部摘帽，重大金融风险多重防控，单位国内生产总值能耗和主要污染物排放量继续下降，努力完成"十三五"规划目标任务。

虽然推迟到2020年5月举行的十三届全国人大三次会议通过的《政府工作报告》对2020年经济增速没有规定具体目标，但规定了"底线"，那就是集中精力抓好"六稳""六保"（保居民就业、保基本民生、保市场主体、保粮食能源安全、保产业链供应链稳定、保基层运转）。"六保"是"六稳"工作的着力点。守住"六保"底线，就能稳住经济基本盘；以"保"促"稳"、以"稳"促"进"，这就为全面建成小康社会夯实了基础。

千方百计稳定和扩大就业。加强对重点行业、重点群体就业支持。促进2020年874万高校毕业生的市场化社会化就业，农民工在就业地平等享受就业服务。2020年对低收入人员实行社保费自愿缓缴政策，涉及就业的行政事业性收费全部取消。2020和2021两年职业技能培训3500万人次以上。

第三是更加积极有为的财政政策。

政策和策略是党的生命。特殊时期更需特殊之策，用财之道亦能培生财之基。2020年赤字率安排3.6%以上，财政赤字规模比上年增加1万亿元，同时发行1万亿元抗疫特别国债。这2万亿元全部转给地方，建立特殊转移支付机制，资金直达市县基层、直接惠企利民。作为第二大世界经济体，这种大胆而巧妙的财政政策显示了治国理政的独特匠心与娴熟本领。

各级党组织和政府心系百姓，党中央、国务院带头过紧日子，中央本级支出安排负增长，其中非急需、非刚性支出压减50%以上。各级财政支出向基本民生倾斜，大力压减一般性支出，不许新建楼堂馆所，严禁铺张浪费。以党中央、国务院和各级党政机关的"紧日子"保人民群众的"稳日子。"

减税降费再出新招，阶段性政策与制度性安排结合，放水养鱼，助力市场主体。继续执行2019年出台的下调增值税税率和企业养老保险费率政策，新增减税降费约5 000亿元。前期出台的2020年6月到期的减税降费政策，包括免征中小微企业养老、失业和工伤保险单位缴费，减免小规模纳税人增值税，免征公共交通运输、餐饮住宿、旅游娱乐、文化体育等服务增值税，减免民航发展基金、港口建设费，执行期限全部延长到2020年年底。小微企业、个体工商户所得税缴纳一律延缓到2021年。预计全年为企业新增减负超过2.5万亿元。

第四是以改革激发活力，加速新旧动能转换。

中央和地方各级政府深化"放管服"（放权、管理、服务）改革，简化手续，促进全面复工复产、复市复业。推动更多服务事项一网通办，做到企业开办全程网上办理。放宽小微企业、个体工商户登记经营场所限制，便利各类创业者注册经营。支持大中小企业融通发展。完善社会信用体系。以公正监管维护公平竞争，持续打造市场化、法治化、国际化营商环境。

制造业升级和新兴产业方兴未艾，"中国制造"移步换形为"中国智造"。拥有最全工业品种和最大工业生产能力的中国制造业呈现出万马奔腾的良好态势。工业互联网、新兴产业集群、研发设计、现代物流、检验检测认证等生产性服务业风生水起，电商网购、在线服务等新业态不但在抗疫中发挥重要作用，而且进一步得到国家支持，"互联网+"和数字经济欣欣向荣。

科学技术是第一生产力。国家稳定支持基础研究和应用基础研究，引导企业增加研发投入，促进产学研融通创新。重组国家重点实验室体系，发展社会研发机构，加强关键核心技术攻关。深化国际科技合作，加强知识产权保护。改革科技成果转化机制，畅通创新链，营造鼓励创新、宽容失败的科研环境。实行重点项目攻关"揭榜挂帅"，鼓励想干事能干事的人才干成事、干大事。

第五是深入推进新型城镇化和区域发展战略。

全面建成小康社会，中心城市和城市群发挥了综合带动作用，新型城镇化与工业化信息化携手并进。新型城镇化绝不是房地产的"畸形繁荣"。党和政府的定位非常清晰，"房子是用来住的、不是用来炒的"，因城施策，调控房地产市场回归理性。城镇不仅仅是钢筋水泥的堆砌，也是产业的集聚和文化的融会，更是款款温馨的"烟火气"。让更多的中国人生活在宜业、宜居、宜教、宜养、宜游的城镇，一代代志士仁人穿透历史的期待，正在成为现实。

若干区域发展战略迅速推进。包括西部大开发，东北全面振兴，中部崛起，东部率先，京津冀协同，雄安建设、粤港澳大湾区，长三角一体化，长江经济带，黄河流域生态保护和高质量发展，成渝双城经济圈，革命老区、民族地区、边疆地区、贫困地区加快发展，海洋经济，等等，任何访问中国的外国人，只要不怀偏见，就会发自内心地承认这样一个事实：全面建设并建成小康社会的中国，是世界经济的发动机，是人类21世纪的增长极，是中国人乃至世界各国人民创业创新创造的神奇热土。

是不是全面小康，关键在老乡。毕竟我们的人口城镇化率刚刚达到60%。让农民变市民，就要千方百计地关注农村外出务工劳动力。各地政府纷纷出台外来务工人员在就业地稳岗，逐步变身本城镇人口的具体政策。同时对某些贫困农村消费帮扶、产业帮扶、搬迁帮扶、定点帮扶、对口帮扶，强化对特殊贫困人口的救济保障。对于已经摘帽的贫困县继续主要的扶持政策，将脱贫与乡村振兴有效衔接，尽快让脱贫群众迈向富裕。

全面建成小康社会，包含着一个不言自明的前提，中国农业必须强大，自己生产的粮食必须装足中国人的饭碗。"人是铁，饭是钢，一顿不吃饿得慌"。这是最朴素也是最基本更是我们用残酷代价换来的刻骨铭心的真理。中国如此之大，一旦粮食短缺，不要说国际市场能不能供应，愿不愿供应，就是人家免费供应，也来不及，更等不起。党和政府努力抓好农业生产，稳定粮食生产面积和产量，新建高标准农田8 000万亩，惩处违法违规侵占耕地行为，提高粮食收购价，增加产粮大县奖励，加强畜禽水产养殖，防治重大病虫害，培育推广优良品种，完善农机补贴，健全农产品流通体系。压实"米袋子"省长负责制和"菜篮子"市长负责制。

中国全面建成小康社会，是在更加对外开放的环境下完成的。全面建设并建成小康社会的中国既是国际社会的稳定锚，也是请世界各国搭乘的顺风船。面对外部环境变化，面对国际社会的困难，我们坚定不移地扩大开放，大幅缩减外资准入负面清单，积极增加进口，帮助稳定全球产业链、供应链，加大信贷投放，降低进出口合规成本，出台跨境服务贸易负面清单，加快跨境电商等新业态发展，提升国际货运能力，赋予自贸试验区更大自主权，在中西部地区增设自贸试验区、综合保税区，增加服务业扩大开放综合试点，加快海南自由贸易港建设，营造内外资企业一视同仁、公平竞争的市场环境，发展面向世界的大市场。中国坚定不移走和平发展道路，全面建成小康社会的中国是促进世界和平与繁荣的重要力量。

三、神圣的启示

中国全面建成小康社会，对于中国人来说，身在其中，不须赘言。那么对于世界和历史来说，意义为何？

第一，中国全面建成小康社会是世界伟大样本。中国创造了世界仅见的经济增长奇迹和社会稳定奇迹，以其巨大的幅员、世界第一的人口、昂扬的精神状态跨越地理边界，深刻地影响了世界格局，改写了21世纪国际经济结构和地缘政治版图，极大拓展了发展中国家走向现代化的途径。

这是人类空前的期望，但不是绝后的顶级风景：超大规模经济体量、超长时间历史纵深、超常复杂的民族宗教结构和从未间断的文化血脉。中国样本不同于以美英为代表的西方样本，不同于以阿根廷、智利为代表的拉美样本，不同于以日本为代表的东亚样本，也不同于传统社会主义模式的苏联样本。他们的种种学说都不能令人信服地解释当今的中国实践，各国的学者都在努力学中文、通过各种渠道访问中国，希望找到中国奇迹的密码。

第二，中国全面建成小康社会，雄辩地证明中国特色社会主义的道路正确、制度有效、理论创新和文化活力，让曾经在欧风美雨面前困惑的中国人找回了自信。

中国全面建成小康社会，为解决人类面临的共同难题提供了可资借鉴的"中国方案"，其中的"中国智慧"是不是放之四海而皆准的人同此心、心同此理呢？习近平同志首创的"人类命运共同体"理念、"一带一路"国际合作、构建新型国际关系、倡导共商、共建、共享的全球治理观和"开放、融通、互利、共赢"的合作观等一系列中国主张、中国价值，为解决全人类面临的重大问题提供了思路，正在改写西方五百年主导的逻辑。各美其美、美人之美、美美与共、天下美美，信然。

第三，中国全面建成小康社会，迈开中国从大国走向强国的雄伟步伐，自立自强的中国正不断向世界舞台中央挺进。中国不但在经济上、物质上迅速强大，也在改变近代以来"西强我弱"的国际话语镜像。强劲的"中国动力"与臻美的"中国精神"比翼齐飞。

大国自然需要承担大国责任。全面建成小康社会的中国懂得一个深刻而简单的道理：21世纪是世界的世纪。中国作为地球村的成员，作为曾经长期遭受列强欺负的被压迫民族，从来反对霸权主义，从来反对强权政治。说到当前的疫情，大家就会联想到一百年前的"西班牙流感"，全球化的世界，大家面临的问题必须大家共同解决。曾几何时，两次世界大战和长达近半个世纪的"冷战"，不就是因为总有些政治家和政治集团抱着霸主心态，不自量力地企图称孤道寡吗？目前美国政府放弃自己应负的责任，推波助澜地区冲突和局部战争，同样是霸主心态的另类表现。

历史总是按自己的定律演进，总是在实践中一次次展现强大生命力。中国全面建成小康社会，为世界各国的独立自主，为世界和平稳定，为消除人类面临的治理赤字、信任赤字、和平赤字、发展赤字提供了巨大能量。中国永远不称霸，中国永远不会像某些政治势力那样，揣着大国必战、国强必霸的野心，能"一国独霸"就绝不与他国商量，不能"一国独霸"就搞所谓"几方共治"。不是讲民主么？为什么国内一套，国际上另一套？世界的命运应该由各国共同掌握，全球事务应该由各国共同商量，发展成果应该由各国共同分享。

中国全面建成小康社会，这是中国共产党人奋斗一百年的无上光荣。

中国共产党牢记毛泽东同志"谦虚使人进步、骄傲使人落后"的教导。我们在肯定成绩的同时，也清醒地看到困难和问题。比如从全国住户收支与生活状况调查数据来看，我们国家6亿人每月收入仍然只有1 000元左右，这反映了我国社会主要矛盾是人民日益增长的美好生活需要和不平衡不充分发展之间的矛盾，反映了我国的基本国情。我们明白，全面建成小康社会的中国仍然是世界上最大的发展中国家，农村和中西部地区相当一部分居民收入水平依然偏低。但是全面建成小康社会的中国毕竟进入新的发展阶段，将会有越来越多的低收入和中间偏下收入群体转化为中等收入群体。我国市场潜力如滔滔东海，发展未有穷期。

中国决胜全面建成小康社会，将开启第二个百年的新征程，一个社会主义的现代化强国正在向我们微笑。

（作者：刘洪海，国际欧亚科学院中国科学中心秘书长）

积极探索适合中国国情的养老模式

中国自 2000 年左右进入老龄社会以来，人口老龄化及其相关的养老问题日益得到全社会的关注。快速的人口老龄化将导致中国养老服务需求激增，找到适合中国国情的养老模式，走一条有中国特色的应对人口老龄化之路具有十分重大的意义。正如习近平总书记所指出的那样："有效应对我国人口老龄化，事关国家发展全局，事关亿万百姓福祉。"

一、快速人口老龄化背景下的养老难题

当前，我国正处于快速人口老龄化进程之中。截至 2019 年底，中国 60 周岁及以上人口为 25 388 万，占总人口的 18.1%；其中 65 周岁及以上人口为 17 603 万，占总人口的 12.6%[①]。根据预测，中国老年人口规模将持续扩大。中国 60 岁及以上老年人口将在 2024 年超过 3 亿，2032 年超过 4 亿，2050 年达到 5 亿左右；65 岁及以上老年人口将在 2022 年超过 2 亿，2033 年超过 3 亿，2050 年约为 3.84 亿。中国老年人口比例将随之持续上升。在总和生育率为 1.5 的条件下，中国 60 岁及以上老年人口比例将在 2022 年超过 20%，2034 年超过 30%，2050 年达到 38.72%；65 岁及以上老年人口比例将在 2022 年超过 14%；2033 年超过 21%，2045 年超过 28%，2050 年达到 29.67%。在总和生育率为 1.65 的条件下，65 岁及以上老年人口比例将在 2022 年超过 14%，2033 年超过 21%，2048 年超过 28%，2050 年达到 28.82%。如果我们把 65 岁及以上老年人口比例达到 14% 称为中度老龄化、达到 21% 称为重度老龄化，达到 28% 称为极度老龄化，那么综合两个预测方案，可以发现，中国将在 2022 年进入中度老龄化，2033 年进入重度老龄化，2045—2048 年进入极度老龄化[②]。

人口老龄化的快速发展带来了养老服务需求的急剧增长。即便是其他因素不发生变化，仅仅由于老年人口规模扩大就会带来养老服务需求的快速膨胀。如果再进一步考虑到与此同时所发生的家庭小型化、少子化、人口流动、老年人需求变化升级等因素，养老服务需求的增长将显著快于老年人口的增长。家庭小型化和少子化导致家庭内部的养老服务支持力量明

---

① 国家统计局. 中华人民共和国 2019 年国民经济和社会发展统计公报，http://www.stats.gov.cn/tjsj/zxfb/202002/t20200228_1728913.html.
② 林宝. 应对人口老龄化并非朝夕之功 [J]. 群言，2019（12）：4-6.

显下降，而以劳动年龄人口为主体的人口流动则导致众多老年人与子女之间的代际分离，进一步削弱了家庭内部的养老服务能力，传统家庭养老模式受到极大的冲击，老年人不得不更多寻求社会养老服务。同时，由于改革开放以来我国经济实现了快速发展，人民生活水平显著提高，老年人的养老服务需求也不断升级，呈现出多样化和多层次的特征。如何迅速建立起与之相适应的公共服务和社会服务体系，满足老年人不断增长的养老需求，是当前中国面临的一大难题。

近年来，各级政府采取了一系列措施促进养老服务发展，改善养老服务供给质量。2013年9月，国务院发布了《关于加快发展养老服务业的若干意见》（国发〔2013〕35号），强调要"充分发挥政府作用"和"社会力量的主体作用"，使养老服务业在积极应对人口老龄化、保障和改善民生、推动服务业发展和经济转型升级等方面发挥重要作用，在投融资、土地供应、税收优惠、补贴支持、人才培养和就业、鼓励公益慈善等六个方面提出了一系列政策。此后各部门和各地区相继出台了大量文件落实相关政策，有力推动了养老服务业的发展。但是，养老服务供给方面，仍然存在总体供给不足和结构失衡的问题。

总体供给能力不足是指供小于需，具体表现为众多的老年人有养老服务需求，却无法获得相应的养老服务。供给能力不足与快速的社会转型有关。长期以来，中国老年人的养老主要由家庭成员来提供服务，但是，随着人口老龄化、少子高龄化和家庭小型化的发展，家庭提供养老服务（主要是生活照料）的能力显著下降，老年人的社会养老服务需求快速增长。在此情况下，整个社会还处于路径依赖之中，没有及时建立社会化养老服务供给体系以弥补家庭养老能力的不足，无法满足老年人不断增长的养老服务需求。养老服务供给总量不足的结果是，尽管中国老年人口众多，潜在需求巨大，但由于部分需求无法得到满足，养老服务市场规模仍然相对较小。

供给结构失衡主要表现在供给错位，具体表现为供给结构与需求结构脱节，存在大量无效供给，养老服务的实际使用率较低。概括起来，供给侧出现了几个明显的错位现象：一是对象不准，存在"避重就轻"现象，大多数项目将服务对象锁定为服务相对简单的健康老年人，而有意无意忽视更需要服务却服务难度相对较大的失能半失能老人。二是内容不对，存在"挂羊头卖狗肉"的现象，一些项目打着养老服务旗号，却并非真正的养老服务项目；还存在"删繁就简"的现象，大多提供一般化、可替代性较强的日常生活服务，而较少提供有一定专业性的照护服务。三是质量不高，存在"得过且过"的现象，市场上个性化、针对性强的高质量养老服务仍然十分难寻，服务多限于满足老年人的基本需求，对老年人缺乏足够的吸引力。养老服务供给的结构性问题导致有限的资源被大量闲置，未能很好发挥效用，进行结构性改革势在必行[①]。

---

① 林宝. 养老服务供给侧改革：重点任务与改革思路 [J]. 北京工业大学学报（社会科学版），2017，17（06）：11-16.

二、中国养老模式选择必须立足中国国情

解决中国的养老难题，必须立足中国基本国情走有中国特色的养老之路，实现"中国式养老"。具体地说，就是中国养老模式选择必须考虑中国人口老龄化的特点、传统文化的影响、社会主义国家的性质和当前的时代特征，这些都将给养老模式选择烙上深深的印迹。

中国人口老龄化的独特特点是养老模式选择的现实依据。首先，中国人口老龄化是在经济不发达的情况下起步，如果将世界各地区的经济发展水平和老龄化水平从高到低进行排序，可以发现中国人口老龄化水平的排名明显高于经济发展水平的排名，表现出明显的未富先老特征。未富先老会导致整个社会还未积累起足够的财富来应对人口老龄化的挑战，对解决养老问题形成现实的制约和影响。其次，中国人口老龄化速度也是世界上最快的国家之一。据预测，我国65+人口比例从7%到14%将仅需22年，远低于欧美发达国家所经历的时间（多在40年以上）。快速的人口老龄化留给社会的反应时间有限，必须抓住时机进行制度建设和财富积累。再次，中国有着世界上规模最大的老年人口。在"十四五"时期60岁及以上老年人口有望达到3亿，到21世纪中叶甚至将达到5亿左右。养老中的任何问题可能都涉及亿万人的福利，必须审慎应对。最后，区域和城乡差异巨大，导致养老问题更加复杂多变，必须处理好不同地区和城乡之间的统筹与平衡。

中国传统的孝老、敬老文化是养老模式选择的历史根基。中国人讲究孝道，敬老文化源远流长。一般认为，孝文化自先秦已经形成。孔子强调子女对父母的赡养建立在尊敬的基础上，要"以色事亲"，和颜悦色地侍奉父母，从而使父母精神愉悦[1]。以孝老、敬老文化为基础形成了中国传统的家庭养老模式，家庭成为老年人物质和精神供养当然来源和养老的当然居所。当然，传统家庭养老模式仍然有来自国家的支持，有研究认为实际上是一种国家支持下的家庭养老[2]。深厚的孝老、敬老文化和悠久的家庭养老传统将为构建新的养老模式提供丰富的养分，这也是我国在养老服务体系建设中，一直强调要"以家庭为基础"的原因所在，也是十九大报告中强调"构建养老、孝老、敬老政策体系和社会环境"的原因所在。

中国的社会主义国家性质和长期实行计划生育政策是养老模式选择的制度背景。公平正义是社会主义的本质要求，是社会主义的题中之意[3]。中国作为社会主义国家，养老模式选择也必须坚守公平正义，政府要坚持执政为民、为人民服务的根本宗旨，履行保障基本养老服务的责任，确保"人人享有基本养老服务"。同时，由于中国长期实行计划生育政策，特别是在城镇和一些农村地区还实施了严格的独生子女政策，人们在响应国家号召严格控制人口增长的同时，也导致了普遍的少子化，传统家庭养老力量（特别是照料资源）大为削弱，使政府有更大、更重的组织好社会养老服务的责任。

---

[1] 吕红平，李振纲. 孔子孝道观与家庭养老方式 [J]. 人口研究，2008（02）：81-86.
[2] 姚远. 养老：一种特定的传统文化 [J]. 人口研究，1996（06）：30-35.
[3] 何建华. 公平正义：社会主义的核心价值观 [J]. 中央社会主义学院学报，2007（03）：64-68.

中国当前正处于从传统社会向现代社会转型的社会转型期，中国特色社会主义建设进入新时代，这是养老模式选择的时代特征。在社会转型期，正是养老社会化的快速发展阶段，是养老模式从传统向现代转型的阶段，也是各项养老制度建设的关键时期，必须加快各项制度建设，形成完备的养老政策体系和良好的养老社会环境。中国特色社会主义建设进入新时代，我国社会主要矛盾已经转化为人民日益增长的美好生活需要和不平衡不充分的发展之间的矛盾，必须着力解决养老领域存在的不平衡不充分问题，满足老年人日益增长的美好生活需要。

三、构建中国特色养老模式的建议

近年来，随着人口老龄化不断发展，中国也一直在加强养老服务体系建设，致力于实现老年人"人人享有基本养老服务"的目标。但与满足老年人美好生活需要的要求相比，养老服务体系建设仍然任重而道远，需要进一步明确养老服务体系建设方向，树立积极的养老导向，完善相关政策体系。

（一）努力构建以老年人为中心的多层次养老服务体系

必须发挥政府的主导作用，调动社会各主体的积极性，共同承担养老责任，逐渐形成以老年人为中心的由家庭、社区、养老机构、其他社会成员和组织等组成的多层次养老服务体系。最终，老年人处于一个由多个同心圆组成的体系之中：最中心是老年人，外围第一层是老年人的家庭成员、第二层是社区、第三层是企业、其他社会组织和个人，包括养老机构。老年人可以向任何一层寻求养老服务，但最终向哪一层寻求服务，将取决于老年人的需求和选择[1]。养老服务体系建设的目标是要让老年人有实现各种选择的可能性。这一层层的同心圆就是养老服务的一道道防线。其核心就是要动员全社会共同参与，共同解决养老服务问题。马德里老龄大会强调，我们必须与地方当局、民间社会、包括非政府组织、私营部门、志愿者和志愿组织、老年人自己、老年人协会以及家庭和社区共同努力。除了政府所提供的服务之外，家庭、志愿人员、社区、老年人组织和其他社区组织可在向老年人提供支援和非正规照顾方面发挥重要作用[2]。建设以老年人为中心的多层次养老服务体系，关键在于要动员全社会力量，以老年人为中心，以需求为导向，优化资源配置，形成合理的养老服务供给体系或是模式。

具体来讲，要建设以老年人为中心的多层次养老服务体系，首先必须处理好政府与市场的关系，明确政府在养老服务领域的公共服务职能，保障基本养老服务供给和良好的养老服务市场环境。强调解决养老问题的政府责任是国际共识。2002年在马德里召开的第二次老

---

[1] 林宝. 建设以老年人为中心的多层次社会养老服务体系[C]. 科学发展：社会管理与社会和谐——2011学术前沿论丛（上）. 北京市社会科学界联合会, 2011：165-170.
[2] 姚远. 养老：一种特定的传统文化[J]. 人口研究, 1996（06）：30-35.

龄问题世界大会强调，政府担负着主要责任，应促进、提供和确保（老年人）获得基本社会服务，同时铭记老年人的具体需求[①]。尽管不同国家养老模式存在差异，但各国政府都有保障养老服务供给和服务质量的责任，以确保老年人可以享有基本养老服务（福利性的或是通过市场机制实现）。当前，应尽快明确基本养老服务内容，通过规划和政策引导，加强基本养老服务供给和保障。

其次，要通过政策引导鼓励家庭成员承担养老服务责任，构筑养老服务的第一道防线。家庭在养老中具有十分重要的作用，一方面是家庭支持的重要性。即便在现代社会，家庭仍然是养老的重要力量，特别是在精神慰藉方面几乎有不可替代的作用。如新加坡、日本等国家通过实施多种措施鼓励家庭成员与老年人就近居住，实现"依亲而居"[②]，发挥家庭在养老中的作用。另一方面是居家养老的重要性。通过对家庭和社区养老环境的改造，使老年人留在原有住所和熟悉环境中养老，维持社会关系和支持网络，在国际上也越来越为人们所重视。当前，应通过税收减免、休假制度、社会舆论引导等措施鼓励家庭成员发扬孝老、敬老优良传统，承担养老服务责任，通过社区、家庭适老化改造等为老年人创造良好的居家养老环境。

再次，必须大力发展社区养老服务和嵌入式的小型社区养老服务机构，为老年人就地养老创造条件，构筑养老服务的第二道防线。社区服务在整个养老服务体系中居于中心地位，影响着居家养老质量和机构养老需求。在社区养老服务发展中，首先要各级政府要做到职责明确、责任到位，各有关职能部门要各司其职、齐抓共管。其次要积极推进社区养老服务机构和设施的规范化建设。根据我国国情和老年人的现实需要，社区养老服务应该提供生活照料、医疗康复、信息中介等三方面的服务。同时大力发展嵌入式的小型社区养老服务机构，为部分需要照护的老年人提供不离社区、不离家人的就地养老模式。

最后，还必须大力发展护理型养老机构，为老年人进入失能期进行兜底保障，构筑养老服务的最后防线。对现有养老机构，首先，要推进养老机构向医养结合转型。医养结合的目的是增加养老机构的医疗便利性，提高入住机构的老年人的医疗服务可获得性。其次，要推动现有养老机构向护理型机构转型。特别是公办养老机构，更应将有限的公共资源集中用于对最需要养老服务的人群——失能老人的兜底，护理型的床位比例应该更高。护理型床位应有不同的等级，在功能和层次上有所差异，以满足不同护理需求。对未来新建的养老机构，应重点鼓励向专业性方向发展，在养老机构的建设和运营补贴政策上，应以专业性养老机构为主。

（二）树立以促进老年社会参与为核心的积极养老导向

应通过为老年人创造就业、参加志愿服务和社会交往等活动的机会，使老年人参与到社

---

① 联合国：第二次老龄问题世界大会的报告，https://documents-dds-ny.un.org/doc/UNDOC/GEN/N02/397/50/PDF/N0239750.pdf?OpenElement
② 韦艳，张本波."依亲而居"：补齐家庭养老短板的国际经验与借鉴[J].宏观经济研究，2019（12）：160-166.

会、经济、政治和文化等社会生活中去，成为社会生活的积极参与者，社会发展的推动者，而不是被动的养老。为此，必须消除不利于老年人社会参与的制度障碍，建立相应的激励机制。

一方面，应改革当前僵化的强制性退休年龄规定，尊重老年人的劳动权利和选择权，改为弹性退休年龄，让老年人可根据自身的身体条件和意愿选择退休年龄，同时根据不同退休年龄确定相应的养老金支付标准，引导老年人尽可能延长工作年限。我国目前的退休年龄规定始于20世纪50年代，随着寿命延长和人口老龄化，退休年龄改革的必要性正在增加，特别是退休年龄的强制性规定影响了部分有继续工作意愿的人继续留在劳动力市场，客观上对劳动权利是一种损害。当前，应尽快出台延迟退休年龄方案，向全社会公布，寻求最大共识，尽快实施。自十八届三中全会提出研究渐进式退休年龄改革方案以来，延迟退休年龄就像一只迟迟不落地的靴子，经常引起社会各种猜测，甚至引发网络舆情，让民众有诸多焦虑，增添了社会不稳定因素，早日出台方案将使民众吃一颗定心丸，避免受各种流言影响。渐进式延迟退休年龄是一项影响面广、涉及人群较多的改革，同时也是一项历时较长的改革，如果出台方案和开始延迟之间有较长的缓冲期，影响会在更远的时期到来，有利于减小改革阻力。

另一方面，应通过时间银行等措施鼓励老年人开展亲友互助、邻里互助、志愿服务，吸引更多的老年人参与养老服务，实现老年人之间的互助养老。我国60~64岁的低龄老年人口近8000万人，如果考虑到部分女性的退休年龄低至50岁，实际上，在50~64岁之间存在大量的人力资源未能充分发挥其作用，应创造有利于这部分人群发挥作用的有利环境，特别是可以通过时间银行等制度设计让他们参与到养老服务中来，在补充当前养老服务力量的同时，也为自己的老年生活增加一份保障。

（三）建设以养老保险制度为支柱的收入保障机制

收入保障是老年人维持生活水平和获取服务的关键。老年收入来源主要有养老保险、个人储蓄、家庭支持和社会救助等，其中养老保险制度应该逐渐成为老年收入保障的支柱。

一是引入公民养老金，建立普惠性、兜底性的第一层次养老金。中国目前已经实现养老保险制度的全覆盖，实际上具备了建立公民养老金制度的条件。建议将城乡居民养老保险社会统筹部分改革为公民养老金，形成覆盖全民的普惠性和兜底性的第一层次养老金。在此基础上，将现有制度整合成个人缴费相关的养老金、单位补充养老金、个人养老储蓄等多个层次，建立起多层次的老年收入保障体系。建立公民养老金制度，将有利于增加社会公平感和认同感。

二是尽快推进基础养老金全国统筹。基于各地区缴费率不同，为保障公平，必须将缴费率纳入统筹后的基础养老金待遇计算方式。建议基础养老金全国统筹后的待遇确定包括两个部分：上年全国在岗职工平均工资；个人指数化的平均缴费贡献。个人指数化的平均缴费贡献以上年全国职工在岗职工平均工资乘以个人缴费贡献指数。个人缴费贡献指数是个人各年实际缴费额与理论应缴费额的比值的平均数。个人各年实际缴费额等于个人各年的缴费基数乘以实际缴费率，理论缴费额等于各年的全国平均工资乘以制度规定的全国统一缴费率（原为20%，现为16%）。然后以上年全国在岗职工平均工资与个人指数化的缴费贡献的平均值作为确定基础养老金待遇的基数。与目前的待遇确定公式的区别在于，这种方法将个人实际缴费率纳入了待遇计算。有三个好处：一是真正实现了横向公平和纵向公平的统一，民众易于接受；二是真正实现了全国统筹，完全消除了地区差别因素，可以实现无障碍的异地转移；三是可以实现新旧制度的有效衔接①。

三是在待遇确定和调整机制中纳入人口老龄化因素。首先，应将人口老龄化因素纳入待遇确定计算公式之中，确保待遇计算参数，如计发月数等反映当期人口老龄化状况；其次将人口老龄化因素纳入养老金指数化，应该真正建立起工资指数、物价指数、人口结构变化与养老金调整机制之间的联系。建议确定一个包含工资指数、物价指数和人口结构因素的基础养老金调整机制，对社会公布，实现调整机制的透明化和科学化。调整指数可控制在一定的范围内，可以工资增长率确定养老金增长率的上限，以消费物价指数确定养老金增长率的下限。

（四）建设以长期护理保险制度为基础的服务负担分担机制

长期护理保险试点目前已经超过三年，应该总结经验，尽快出台统一制度。试点期过长会导致各地的制度定型，造成制度分割，将来统一制度难度会加大。而且，目前各地试点已经有了一些探索和经验，可以为建立统一制度提供一些参考。此外，试点的城市较少、覆盖范围有限，大部分地区没有覆盖农村居民，不能满足更多地区更多群众的长期护理需求。

尽快出台统一的福利性、普惠性和强制性长期护理保险制度，为国民提供标准化的基本护理保障。建议中国未来长期护理保险制度以各类医疗保险参保人群作为长期护理保险制度的覆盖人群，即根据目前城镇职工医疗保险、城乡居民医疗保险的覆盖范围，将大部分在职人员和全部老年人纳入参保范围。建立政府补贴、保险缴费和使用者负担三源合一的筹资机制。建议在三个资金来源中，以保险缴费为主，在整个筹资机制中占60%~70%，使用者负担10%~20%，政府补贴10%~20%。建立全国统一的护理需求分级和评估制度。护理需求分级标准可借鉴日本和韩国的经验，其宽严程度介于二者之间，具体可分为3~5级，其等级划分标准需根据自理能力而确定，而不限于某些特殊的疾病。实施实物支付、现金支付和混合支付相结合的保险给付②。

总之，解决养老问题需要全社会共同努力，应抓住当前人口老龄化程度还相对较低、年轻老年人比重较大的战略机遇期，加强制度建设，建立鼓励社会各方各尽其责的机制和环境，积极探索，真正找到适合中国国情的养老模式。

（作者：林宝，中国社会科学院人口与劳动经济研究所养老与保障研究室主任、研究员，兼任中国社会科学院老年与家庭研究中心副主任，中国社会科学院大学教授、博士生导师）

---

① 林宝：《基础养老金全国统筹的待遇确定方法研究》，《中国人口科学》2016年第2期。
② 林宝：对中国长期护理保险制度模式的初步思考，《老龄科学研究》2015年第5期。

河南省18地市营商环境评价

——方法、结果、问题与对策建议

良好的营商环境，是吸引力、竞争力，更是创造力、驱动力，还是社会发展进步的风向标。打造良好的营商环境是建设现代化经济体系、促进高质量发展的前提条件。党的十八大以来，以习近平同志为核心的党中央高度重视优化营商环境工作。2017年7月17日，习近平总书记在中央财经领导小组第16次会议上强调，要营造稳定公正透明、可预期的营商环境，加快建设开放型经济新体制，并对外商投资管理模式、改善营商环境与创业环境的制度和法规建设、产权保护特别是知识产权保护、扩大金融业对外开放等提出了指导性意见，要求北京、上海、广州、深圳等特大城市应率先加入营商环境改善力度。2018年11月5日，国家主席习近平在首届国际进出口博览会开幕式的主旨演讲中提出，要营造国际一流的营商环境。中国将加快出台外商投资法规，完善公开、透明的涉外法规体系，全面深入实施准入前国民待遇加负面清单管理制度。中国将尊重国际营商惯例，对在中国境内注册的各类企业一视同仁、平等对待。中国将保护外资企业合法权益，坚决依法惩处侵犯外商合法权益特别是侵犯知识产权的行为，提高知识产权审查质量和审查效率，引入惩罚性赔偿制度，显著提高违法成本；并指出，营商环境只有更好，没有最好。李克强总理在2018年3月和2019年3月召开的第十三届全国人大一次和二次会议所做的《政府工作报告》中都提到优化营商环境，强调深化"放管服"改革，在全国推开"证照分离"改革，推进企业投资项目承诺制改革试点；加快建立统一开放、竞争有序的现代市场体系，放宽市场准入，加强公正监管，打造法治化、市场化、国际化、便利化的营商环境，让各类市场主体更加活跃。2019年10月8日，国务院第66次常务会议审议通过的《优化营商环境条例》，包括总则、市场主体保护、市场环境、政务服务、监管执法、法治保障、附则共7章72条，可作为营商环境评价的主要遵循。

近五年来，中国营商环境取得了显著改善，据世界银行发布的《全球营商环境报告2020》，中国营商环境总得分为77.9分，比去年增加了4.26分，在全球评价的190个经济体（国家和地区）中，排名跃居第31位，比2015年度的第84位、2018年度的第78位和2019年度的第46位分别上升了53位、47位和15位，连续两年被世界银行评为全球营商环境改善幅度最大的10个经济体之一。

一、营商环境评价方法概述

2018年11月28日，国务院第34次常务会议决定，按照国际可比、对标世行、中国特色原则，开展中国城市营商环境评价，并逐步在全国展开。2019年2月，国务院正式批复营商环境评价实施方案，确定在直辖市、计划单列市、部分省会城市和地级市进行。根据党中央、国务院指示精神，中共河南省委办公厅、河南省人民政府办公厅于2018年8月25日印发《河南省优化营商环境三年行动方案（2018—2020年）》，按照对标一流、争创优势、改革创新、先行先试、整体设计、重点突破、凝聚合力、协同推进原则，要求在2018年建立全省营商环境评价体系、制度框架和责任分工体系；2019年在全省全面推开营商环境考核和第三方评价工作；2020年全省各个领域营商环境全面进入国内先进行列，其中跨境贸易、开办企业便利度等部分指标达到国际先进水平，成为全国营商环境新高地。

（一）评价对象与评价指标体系

河南省作为全国营商环境的试点省，评价工作自2019年2月起至10月告一段落，评价对象为全省18个地级城市（含省直管市济源）。本次评价以世界银行《2017/2018年度营商环境报告》衡量营商环境便利度的10项指标（开办企业、办理施工许可、获得电力、不动产登记、获得信贷、保护中小投资者、纳税、跨境贸易、执行合同、办理破产）为基础，结合中国政府颁布的有关法令、政策、法规和前期试点经验，构建了包括三个维度、18个一级指标、87个二级指标的河南省城市营商环境评价指标体系。其中三个维度分别为：衡量企业生命周期的流程类指标，包括8个一级指标；反映城市投资吸引力因素类指标，包括6个一级指标；体现城市监管服务质量类指标，包括4个一级指标（见图1）。

图1各项指标体系的权重，根据世界银行评估方法，18个一级指标权重设定为均权或等权；二级指标赋值时根据问卷调查、部门上报和假设模拟等方式获得的数据，其中绝对指标（如办理的环节、程序、时间等）和相对指标（如总税率、成本占比等）可直接赋值，而指数指标则需转化为比例值赋值。

（二）数据来源

本次营商环境评价数据以2018年为主，并以2019年1~5月数据作为校核。数据主要来源有以下四方面：①企业访谈考察与问卷调查。企业作为市场的主体，也是营商环境的直接服务对象。调研期间，共访谈了200多位不同类型企业家（以民企为主），实地考察了100多家不同类型实体企业（主要是工业企业），深入了解不同群体对营商环境的感受、需求、问题和建议；发放了2万份企业问卷调查表，从企业的业务记录中获取程序、时间、花费等信息，从企业获得感角度取得服务方式与服务质量的评价。②召开政府有关职能部门座谈会。政府部门是营商环境政策与条例的制定者、贯彻执行者和监督者。本次对18个地级

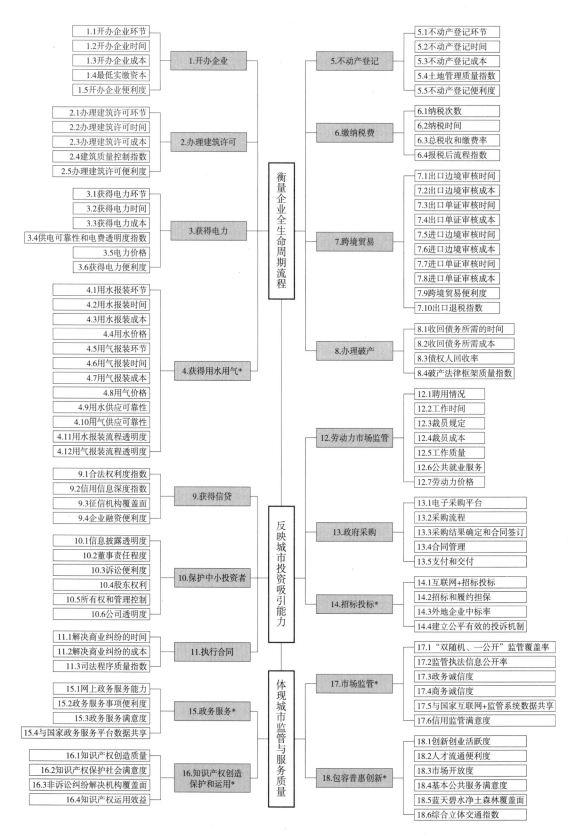

图1 河南省18地市环境评价指标体系

注：*表示该指标为非世界银行的中国特色营商环境评价指标

市政府有关营商环境的职能部门（包括发展改革委、工业和信息化局、商务局、市场监督管理局、财政局、税务局、金融工作局、科技局、人力资源和社会保障局、自然资源和规划局、住房和城乡建设局、交通局、供电公司，以及不属于政府序列的市中级人民法院和市人民银行、建设银行等），按调研提纲召开了集体座谈会，并发放了1.6万份问卷调查表。③有关经济社会统计资料。如《河南省统计年鉴2019》及统计年报，18个地市2019年的统计年鉴及统计年报。④网络数据。通过关键词搜索和文本信息提取等方式，从电子政务和政府网站采集有关营商环境信息数据共10万条。

（三）评价方法

河南省18地市营商环境评价方法主要采用世界银行进行营商环境评价开发的"前沿距离法"，计算营商环境便利度得分。"前沿水平"代表世界银行评价的190个经济体最近5年内每项指标曾达到的最佳表现。前沿距离显示当前每个评价城离"前沿水平"的差距，数值介于0~100分区间，其中0分代表最差表现，100分代表前沿水平。前沿距离可表示年度营商环境便利的程度，计算公式为：

$$f某指标_{city} = （最差表现 - 当前值）/（最差表现 - 前沿值）\times 100$$

式中，$f某指标_{city}$代表评价城市某一项营商环境的便利度得分，分值在0~100之间，分值越高，说明评价地区营商环境越好。

本次评价运用简单平均法先汇总每个二级指标的得分，再汇总一级指标的得分，可得到该城市营商环境总得分。

二、营商环境评价结果

（一）总体评价结果

根据上述营商环境评价指标体系及评价方法，可得出河南省18个地市营商环境的综合得分，其中郑州市最高为74.26分，相当于世界银行指标得分全球排名第50位水平；洛阳市和鹤壁市分别为71.99分和71.97分，居第二、三位，相当于世界银行指标得分全球排名第62位水平；得分最低的商丘市，为63.33分，全省18地市平均值为69.26分。按得分从高到低可分为三个方阵，其中第一方阵包括郑州、洛阳、鹤壁、许昌、漯河、濮阳6个地市；第二方阵包括开封、焦作、平顶山、新乡、安阳、三门峡6个地市，第三方阵包括济源、驻马店、南阳、信阳、周口、商丘6个地市。全省18个地市营商环境得分的地区分布呈现"中心强、外围弱"的圈层分布格局，其中营商环境得分较高的地区主要分布于中部、西部和北部（见图2）。

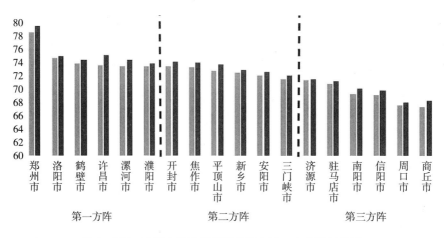

图2 河南18地市营商环境得分排序及三大方阵划分图

（注：左为2018年数据，右为2019年1—5月数据）

（二）三个维度指标评价结果

根据营商环境评价指标体系中的三个维度指标考察，河南省18个地市存在显著差异。其中衡量企业全生命周期流程的指标和反映城市投资吸引能力的指标得分较高，18个地市均值分别为74.80分和71.29分，而体现城市监管和服务质量的指标仅得50.45分，为营商环境的明显短板。

在衡量企业全生命周期的流程维度指标方面，河南省18个地市差异相对较小，其中，郑州、开封、鹤壁、洛阳、许昌和漯河为第一方阵，平均得分75.81分；新乡、安阳、平顶山、济源、濮阳、三门峡为第二方阵，平均得分74.99分；驻马店、焦作、周口、信阳、南阳和商丘为第三方阵，平均得分73.59分（图3）。

从反映城市投资吸引能力维度指标考察，河南省18个地市差异较明显。其中，郑州、

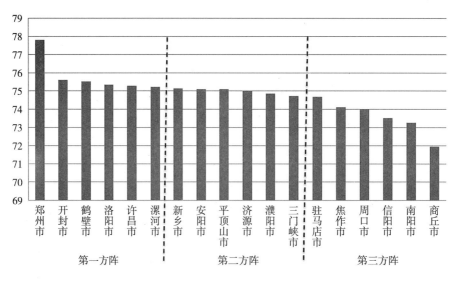

图3 河南省18地市衡量企业全生命周期流程的营商环境得分比较

许昌、濮阳、开封、洛阳和漯河为第一方阵，平均得分 75.68 分，投资吸引能力较强；鹤壁、焦作、新乡、平顶山、安阳和三门峡为第二方阵，平均得分 70.19 分，投资吸引能力中等；驻马店、南阳、济源、信阳、周口和商丘为第三方阵，平均得分 65.72 分，投资吸引能力相对较弱（图 4）。

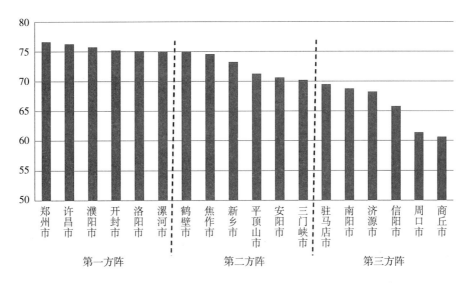

图 4　河南省 18 地市反映城市投资吸引能力的营商环境得分比较

从体现城市监管与服务质量维度指标考察，河南省 18 地市总体得分均较低，且差异明显。其中，郑州、洛阳、鹤壁、焦作、漯河和濮阳为第一方阵，平均得分 55.82 分；平顶山、济源、开封、许昌、安阳和三门峡为第二方阵，平均得分 49.24 分；新乡、信阳、商丘、驻马店、南阳和周口为第三方阵，平均得分 44.35 分（图 5）。未来，该维度指标改善与提升的潜力较大。

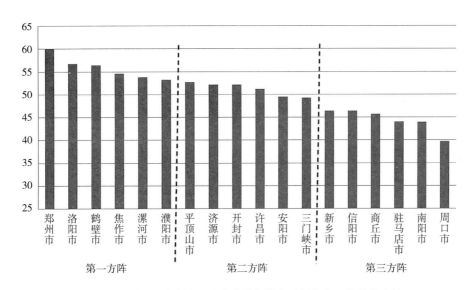

图 5　河南省 18 地市体现城市监管与服务质量营商环境得分比较

三、营商环境存在的主要问题及优化对策建议

（一）存在的主要问题

1. 生产要素成本上升，对国内外投资者吸引力下降

劳动力、土地、资本为基本生产要素。河南作为全国第一人口大省，平原面积占比较大，可开发利用的土地资源相对充裕。因此，改革开放以来，劳动力和土地是河南省18地市吸引国内外投资者的比较优势。但自2010年以来，随着"人口红利"的逐步消失，劳动力市场从"供大于求"转变为"求大于供"；在建设用地方面，受耕地和生态红线的硬约束，供地日益紧张，由此导致劳动力和土地价格不断上涨，其要素成本优势逐渐丧失。其中，在用工方面，2015年以来，由于城市居住及生活成本呈较快上涨态势，由此倒逼工资上涨；加之企业员工包括"五险一金"在内的社保缴费率不断提高，使得劳动力成本快速上升。目前，招工难、稳工难、熟练工人难留已成为河南省18地市劳动力市场的普遍现象。在用地保障方面，由于土地利用规划与产业发展规划、城乡建设规划未能实现"多规合一"，耕地占补平衡缺乏统筹规划，致使城市土地调配力度有限，加之土地使用税费较高（如郑州市为5.75元/平方米，甚至高于北京市的4.75元/平方米），用地成本不断推高，使得工业项目落地难度加大。此外，河南18市由于地处内陆，平均物流成本占GDP的15.3%，明显高于沿海省市的12%。生产要素成本上升，使得企业创业投资压力增大，对国内外投资者吸引力下降。

2. 创新企业能力不强，保障机制有待完善

研发长期投入不足，是河南省18地市创新能力不强的主要原因。2018年，河南省研发总投入（R&D）占GDP的1.4%，明显低于全国均值2.1%。在河南18个地市中，研发投入占GDP最高的洛阳市为2.14%，郑州市为1.9%；而邻近的西安达5.10%，武汉为3.52%，合肥为3.24%，长沙为2.6%。

河南省18地市"双创"人才队伍建设明显滞后，致使研发型人才力量薄弱，尤其是高端人才严重缺乏。尽管自2015年以来，河南省政府及18个地市政府均出台了鼓励人才流动和吸引各类人才的优惠政策，但与沿海发达地区和周边省市相比，在住房、薪酬、职称评定、科研经费支持力度，以及创业创新股权激励政策方面落实不到位，导致本地人才留不住，外地人才又进不来。例如，2018年郑州市引进各类人才39 854人，而武汉与西安分别引进30万人和38.6万人。

3. 生态环境问题突出，制约城市营商环境的改善

河南作为经济发展滞后的人口大省，随着城市经济社会的快速发展，对自然环境的负面影响日渐加重，特别是豫北和豫西大部分地市，高耗能、重污染的钢铁、煤炭（煤电）、有色金属、化工、建材等资源型产业占主导地位，致使环境污染严重，其中尤以大气污染最为突出。2018年，河南省大气环境优良天数占全年的56.5%，明显低于全国平均值79.3%。

其中，优良天数占比小于50%的地市有：洛阳（49.59%）、新乡（48.49%）、郑州（46.05%）、安阳（43.84%）和焦作（41.37%）。据生态环境部2018年10月至2019年3月对京津冀及周边"2+26"市PM2.5浓度监测数据，在京津两市周边26个地市中，污染最重（平均PM2.5浓度最高和重污染天数最多）的城市分别为河南的安阳和濮阳两市。在水污染方面，绝大部分流经城市河道水质为Ⅳ-Ⅴ类，少部分为劣Ⅴ类。

生态环境恶化，对河南中西部和北部地区城市营商环境影响尤为明显，如安阳、平顶山、三门峡、济源、焦作等市发展陷入"资源型产业结构—环境污染严重—环保措施一刀切—营商环境恶化—招商引资难度加大—产业结构低端锁定"的封闭循环圈。

4. 经济外向度低，外向型经济和跨境贸易是短板

2018年，河南经济外向度（外贸进出口总额/GDP）为11.47%，不仅明显低于全国平均水平（33.88%），更低于沿海地区各省市平均值（43.82%）。在全省18个地市中，省会郑州一市独大（外贸进出口总额占全省74.5%，经济外向度为40.47%，其他各地市经济外向度低于8%）。而郑州外贸进出口主要依赖于富士康集团的拉动（分别占全省和郑州市外贸进出口总额的61.5%和82.6%）。

河南省18地市经济外向度低的主要原因，一是由于产业结构层次较低，绝大部分城市以资源型（矿产资源和农副产品资源）开采加工为主，产业链短，产品大多数为资源和劳动密集型初级产品，未能融入国际产业分工合作体系，仅有的手机亦属代工性质，外贸产品种类少、附加值低。二是由于跨境贸易不便。全省跨境贸易的74.5%集中于郑州海关，其他各市海关尚处于筹建阶段。海关对进出口货物边境审核环节较多、耗时较长（特别是进口货物），其便利度有待改善。

5. 民企投融资普遍较难，金融服务亟待提高

河南省18地市民营企业尤其是中小微企业融资难、融资成本高具有普遍性，成为优化营商环境的瓶颈之一。2018年18个地市营商环境评价中，获得信贷指标测评总得分均值为71.47分，其中前三名分别为郑州（71.83分）、洛阳（69.40分）和焦作（68.04分），比北京、上海、广州等沿海城市低10~15分。究其原因，一是融资渠道单一。银行作为现有民企投融资主渠道，审批程序复杂、服务模式与产品趋同，且成本较高（利率普遍上浮30%~50%）；而国家近期推出针对中小微企业上市的证券市场在河南尚未启动。二是缺乏风险担保机制。2016年省政府出台的《关于促进融资担保行业加快发展的实施意见》至今仍未得到落实。三是信用体系建设亟待加强，尚未建立对失信主体的惩戒措施和机制。

6. 对产权缺乏长效保护机制和法治保障

产权是民营企业家发展民营经济的基础，只有切实保护好产权，民营经济才能不断发展壮大，并激发其市场主体活力。河南省18个地市在产权保护方面存在的主要问题：一是对知识产权保护法制有待加强。现有体制下知识产权保护起点低、多头管理与管理职能交叉、执法力量分散、司法认定程序复杂、耗时较长、违法成本较低。二是商事审判司法鉴定效率低下，案件审判周期长，以及对鉴定机构监管缺失，导致民企商务诉讼不仅时间和经济成本较高，而且即便胜诉后也难以执行。三是市场主体救治和退出机制不健全。由于缺少有效的

法律保障体系，破产企业救治和处理难度较大。

（二）优化营商环境的对策建议

1. 依托多层次对外开放平台，打造中西部内陆开放新高地

一是打造多层次对外开放平台。2017年3月，国务院发布《关于印发中国（河南）自由贸易区总体方案通知》，该试验区面积为119.77平方千米，包括：郑州片区73.17平方千米，开封片区19.94平方千米，洛阳片区26.66平方千米。自贸试验区要求以制度创新为核心，以可复制可推广为基本要求，通过3~5年的改革探索，形成与国际投资贸易相衔接的制度创新体系，营造法治化、国际化、便利化的营商环境，努力建成为投资贸易便利、高端产业集聚、交通物流通达、监管高效便捷的高水平对外开放高地；并通过其辐射带动，推动河南自贸试验区与航空港经济综合试验区、自主创新示范区、跨境电商综试区及其他15个地市的综合保税区（片）和高新技术开发区联动发展，打造多层次对外开放平台。

二是积极开拓国际市场，推动全方位对外开放。加强与欧盟、日本、韩国、俄罗斯以及东南亚、中亚、西亚等国家和地区的深度合作，积极开拓拉美和非洲等新兴市场，充分发挥新亚欧大陆桥和郑州航空港在扩大对外开放和开拓国际市场中的重要作用。

三是大力发展外向型经济。要下大力气引进国际"500强"企业，更好地融入国际产业链、供应链和价值链。同时，要有计划培育壮大一批民营出口企业和出口加工基地。如郑州自贸片区重点发展智能终端、高端装备和汽车、生物医药等先进制造业，以及现代物流、跨境电商、现代金融、服务外包等现代服务业；洛阳自贸片区重点发展现代装备、机器人、新材料等高端制造业，以及研发设计、电子商务、服务外包、国际文化旅游等现代服务业；其他各市都要大力发展各具特色的外向型经济。

四是打造跨境电商高地。一方面，要扩大跨境电商试点覆盖范围和交易领域，优化生存环境，持续发展壮大产业主体，推动产业集群发展；另一方面，要创新物流模式，加快建立海外仓储，引导物流企业兼并、重组、整合、组建跨境物流集团，大力发展第三方跨境物流。

五是推动海关特殊监管区域的制度改革创新。例如，大力推进报检报关、通关与物流"并联"作业，创新"通关一体化""分送集报""保税货物区结转"等监管，为企业提供全面压缩通关时间的监管服务，提高保税货物的流转效率。

2. 不断降低企业发展的要素成本，推动实体经济发展和产业转型升级

一是降低城镇职工的基本养老保险单位缴费比例。根据2019年国务院办公厅印发的《降低社会保险费率综合方案的通知》要求，自2019年5月起统一降至16%，并继续实施阶段性降低失业保险和工伤保险率、调整社保缴费基数等政策，降低企业用工成本。

二是合理确定土地使用年限。根据产业生命周期，工业用地可按10年、20年及50年确定合理使用年限，并在不改变用途条件下，提高土地利用率和增加容积率；同时要节约高效利用好存量闲置空地、厂房、楼宇，推动"腾笼换鸟"。通过上述措施，降低企业用地成本。

三是推动产业转型升级。逐步压缩产能过剩的劳动密集型产业，尤其是用工成本较高、以资源性开采加工为主的重化工产业；加快发展用工成本相对较低、并可推动中老年妇女就业创业的城市服务业，促进金融、互联网服务、大健康与养老等新兴服务业的发展，推动城市从以"二产"为主转变为"二产三产并重"、部分大城市以服务业为主的产业发展格局。

3. 加强生态环境保护，促进经济与生态环境协调发展

一是加大环境污染治理力度。严格管控钢铁、有色冶金、火电、化工、建材等高耗能、重污染行业的污染达标治理力度，以环保倒逼其加快淘汰落后产能；同时，建立健全各地市大气污染联防联控机制，控制区域复合型大气污染，力争2025年18个地市全年PM2.5优良天数占比达80%。

二是要抓紧当前以供给侧改革推动经济高质量发展的机遇，以信息技术和智能技术加快改造提升传统产业，促进节能、降耗、提质增效；大力发展先进装备制造、机器人、智能制造、新能源、新材料等新兴产业，促进经济与生态环境协调发展。

三是建立生态补偿机制。国家"十三五"经济社会发展规划纲要提出，为从源头上扭转生态环境恶化趋势，必须建立生态受益区与保护区之间的横向生态补偿机制。河南省生态收益区主要是18个地市，保护区则主要分布于中西部的伏牛山区、西北部的南太行山区、东南部的大别山区和南部的桐柏山区。根据生态系统的服务价值、生态环境的保护成本、受损生态系统的恢复费用和发展机会成本综合测算，确定每年补偿数额，受益地市通过财政转移支付和对口支援等方式按年度向保护区进行补偿。

4. 加大创新投入，增加创新活力

一是加大科技创新资金投入，是激发企业创新和提高其核心竞争力的重要途径。力争到2020年河南省研发投入占GDP比重达1.8%~2.0%。其中，洛阳、郑州达2.3%~2.5%，其他地市提高到1.5%~1.8%。

二是落实人才引进力度。充分发挥企业在引进人才中的主体作用，全面贯彻执行省政府于2017年8月发布的《关于深化人才发展体制机制改革，加快推进人才强省实施意见》，推进加速"人才+项目+产业"深度融合为目标的"智汇郑州"人才工程，深化人才分类评价和职称制度改革，落实创新创业人才的多项激励机制（包括股权和期权激励办法等）。

三是加强新型基础设施建设。要抓住产业数字化、数字产业化赋予的机遇，加快基础网络（5G网络、工业互联网、物联网等）、数据中心、人工智能运算等新型基础设施建设，在着力壮大新增长点（如数字经济和生命健康）、形成发展新动能的同时，为优化营商环境提供有力支撑。

四是完善创新体系建设。包括搭建创新平台，营造创新环境，完善创新服务。18地市应将构建集"研发+孵化+中试+产业化"平台建设作为重点，加强各类企业与科研院所、高校的创新合作，促进产学研相结合，使创新成果尽快转化为新产品开发和传统产业升级。

5. 加大金融改革力度，缓解民企融资成本高问题

一是拓宽企业融资渠道。一方面完善多层次资本市场建设，加快发展直接融资，推动新三板、四板股票市场，完善企业上市（挂牌）后建设，建立上市企业绿色通道；另一方面，

大力发展融资租赁业务，由于其对企业资信与担保门槛不高，所以非常适合中小微企业融资。

二是降低企业融资成本。重点解决单户授信1000万元以下的小微企业融资成本，鼓励企业进行知识产权质押融资，给予最高不超过60%、年度最高80万元补贴。

三是加强信用体系建设。根据省、市出台的公共信用管理规定，对失信行为作出详细界定，具体规定失信主体的惩戒措施和守信主体的激励措施。加强各类金融机构信用信息整合和共享，构建完善的金融信息体系网络。

四是完善金融风险补偿和分担机制。引导政府、银行、担保机构合作，发挥政府的主导和政策导向作用，共同分担融资风险，破解银行对小微企业"不敢贷、不愿贷"问题。同时引导银保合作，支持鼓励保险机构开发民营企业贷款担保，与商业银行合理分担不良贷款风险。

6. 加强法制建设，构建民营企业发展长效保障机制

一是依法保护产权和企业家的合法权益。坚持依法平等、全面保护、对特殊群体特别保护原则，既要保护物权、债权、股权、知识产权和其他各种无形资产，也要保护企业家的人身权、经营自主权、创新创业权，做到产权和企业家合法权益保护无死角、无障碍。加强落实各项产权保护措施，建立侵权惩罚性赔偿制度；解决知识产权侵权成本低、维权成本高问题。

二是缩短审判周期。为加快案件审理过程，对调解员调解、法官办案、快速解决商事纠纷提供智能化支持；健全商事审判中司法鉴定工作制度，设置合理的鉴定时间，规范鉴定机构收费标准，完善鉴定机构的考评与退出机制。

三是推进破产审判制度，不断完善市场主体的退出和救治机制。深入推进"执转破"工作，加强执行程序与破产程序的有效衔接，为"僵尸企业"退出市场提供有力的司法保障。加强破产重整机制探索，完善破产企业识别机制，及时甄别具有拯救价值和可能性的困难企业，依法导入重整、和解程序，促进其重整再生。逐步完善"府院联动"解决疑难复杂破产案件的工作机制，推动破产审判体制机制建设。

（作者：毛汉英，中国科学院地理科学与资源研究所研究员，国际欧亚科学院院士；黄金川，中国科学院大学讲座教授）

参考文献

[1] 中华人民共和国国务院令. 优化营商环境条例（国令第722号）. 国务院第66次常务会议通过. https：//www.gov.cn/2019-10-23.

[2] 中共河南省委办公厅，河南省政府办公厅印发. 河南省优化营商环境三年行动方案（2018—2020年）. https：//www.henan.gov.cn/2018，2018-09-07.

[3] 河南省统计局. 河南统计年鉴—2019 [M]. 北京：中国统计出版社，2019.

［4］ 世界银行集团.《2019年全球营商环境报告：强化培训，促进改革》https：//chinese.doingbusiness.org/zh/reports/global-reports/doing-business–2019

［5］ 世界银行集团.《2020年全球营商环境报告》. https：//chinese.doingbusiness.org/zh/reports/global-reports/doing-business–2020

［6］ 黄金川，杨洁，王琦.中国城市营商环境评价指标体系［C］//中国城市发展报告（2017/2018）.北京：北京科学技术出版社，2018：186–199.

［7］ 张占仓等.河南省经济高质量发展存在的突出问题与战略对策研究［J］.创新科技，2020（01）.

［8］ 河南省水利厅.2018年河南省水资源公报，2019–12–15.

［9］ 河南省生态环境厅.2018年河南省生态环境状况公报，2019–06–06.

［10］ 生态环境部.2018年京津冀及周边地区"2+26"城市大气环境污染报告. https：//www.gov.cn/xinwen/2018，2018–09–10.

［11］ 生态环境部等16部门印发.京津冀周边地区2019—2020年秋冬季大气污染综合治理攻坚方案.中国报告网，2019–10–18.

专题篇

新华社北京6月7日电 国务院新闻办公室7日发布《抗击新冠肺炎疫情的中国行动》白皮书。全文如下：

抗击新冠肺炎疫情的中国行动

（2020年6月）

中华人民共和国

国务院新闻办公室

目录

前言

一、中国抗击疫情的艰辛历程

（一）第一阶段：迅即应对突发疫情

（二）第二阶段：初步遏制疫情蔓延势头

（三）第三阶段：本土新增病例数逐步下降至个位数

（四）第四阶段：取得武汉保卫战、湖北保卫战决定性成果

（五）第五阶段：全国疫情防控进入常态化

二、防控和救治两个战场协同作战

（一）建立统一高效的指挥体系

（二）构建全民参与严密防控体系

（三）全力救治患者、拯救生命

（四）依法及时公开透明发布疫情信息

（五）充分发挥科技支撑作用

三、凝聚抗击疫情的强大力量

（一）人的生命高于一切

（二）举全国之力抗击疫情

（三）平衡疫情防控与经济社会民生

（四）14亿中国人民坚韧奉献守望相助

四、共同构建人类卫生健康共同体

（一）中国感谢和铭记国际社会宝贵支持和帮助

（二）中国积极开展国际交流合作

（三）国际社会团结合作共同抗疫

结束语

前言

新型冠状病毒肺炎是近百年来人类遭遇的影响范围最广的全球性大流行病，对全世界是一次严重危机和严峻考验。人类生命安全和健康面临重大威胁。

这是一场全人类与病毒的战争。面对前所未知、突如其来、来势汹汹的疫情天灾，中国果断打响疫情防控阻击战。中国把人民生命安全和身体健康放在第一位，以坚定果敢的勇气和决心，采取最全面最严格最彻底的防控措施，有效阻断病毒传播链条。14亿中国人民坚韧奉献、团结协作，构筑起同心战疫的坚固防线，彰显了人民的伟大力量。

中国始终秉持人类命运共同体理念，肩负大国担当，同其他国家并肩作战、共克时艰。中国本着依法、公开、透明、负责任态度，第一时间向国际社会通报疫情信息，毫无保留同各方分享防控和救治经验。中国对疫情给各国人民带来的苦难感同身受，尽己所能向国际社会提供人道主义援助，支持全球抗击疫情。

当前，疫情在全球持续蔓延。中国为被病毒夺去生命和在抗击疫情中牺牲的人们深感痛惜，向争分夺秒抢救生命、遏制疫情的人们深表敬意，向不幸感染病毒、正在进行治疗的人们表达祝愿。中国坚信，国际社会同舟共济、守望相助，就一定能够战胜疫情，走出人类历史上这段艰难时刻，迎来人类发展更加美好的明天。

为记录中国人民抗击疫情的伟大历程，与国际社会分享中国抗疫的经验做法，阐明全球抗疫的中国理念、中国主张，中国政府特发布此白皮书。

一、中国抗击疫情的艰辛历程

新冠肺炎疫情是新中国成立以来发生的传播速度最快、感染范围最广、防控难度最大的一次重大突发公共卫生事件，对中国是一次危机，也是一次大考。中国共产党和中国政府高度重视、迅速行动，习近平总书记亲自指挥、亲自部署，统揽全局、果断决策，为中国人民抗击疫情坚定了信心、凝聚了力量、指明了方向。在中国共产党领导下，全国上下贯彻"坚定信心、同舟共济、科学防治、精准施策"总要求，打响抗击疫情的人民战争、总体战、阻击战。经过艰苦卓绝的努力，中国付出巨大代价和牺牲，有力扭转了疫情局势，用一个多月的时间初步遏制了疫情蔓延势头，用两个月左右的时间将本土每日新增病例控制在个位数以内，用3个月左右的时间取得了武汉保卫战、湖北保卫战的决定性成果，疫情防控阻击战取得重大战略成果，维护了人民生命安全和身体健康，为维护地区和世界公共卫生安全作出了重要贡献。

截至2020年5月31日24时，31个省、自治区、直辖市和新疆生产建设兵团累计报告确诊病例83017例，累计治愈出院病例78307例，累计死亡病例4634例，治愈率94.3%，病亡率5.6%（见图1～图4）。回顾前一阶段中国抗疫历程，大体分为五个阶段。

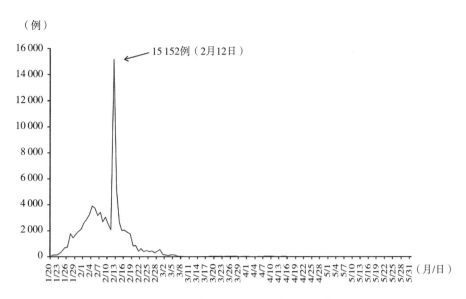

图1 中国境内新冠肺炎新增确诊病例情况

注：2月12日报告新增确诊病例15152例（湖北省累计13332例临床诊断病例一次性计入当日新增确诊病例）

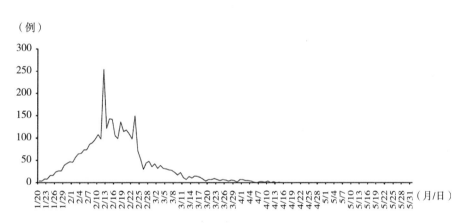

图2 中国境内新冠肺炎新增死亡病例情况

（一）第一阶段：迅即应对突发疫情

（2019年12月27日至2020年1月19日）

湖北省武汉市监测发现不明原因肺炎病例，中国第一时间报告疫情，迅速采取行动，开展病因学和流行病学调查，阻断疫情蔓延。及时主动向世界卫生组织以及美国等国家通报疫情信息，向世界公布新型冠状病毒基因组序列。武汉地区出现局部社区传播和聚集性病例，其他地区开始出现武汉关联确诊病例，中国全面展开疫情防控。

（1）2019年12月27日，湖北省中西医结合医院向武汉市江汉区疾控中心报告不明原因肺炎病例。武汉市组织专家从病情、治疗转归、流行病学调查、实验室初步检测等方面情况分析，认为上述病例系病毒性肺炎。

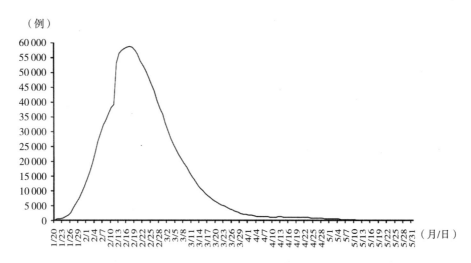

图3 中国境内新冠肺炎现有确诊病例情况

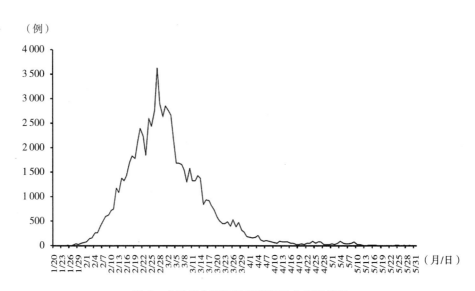

图4 中国境内新冠肺炎新增治愈病例情况

（2）12月30日，武汉市卫生健康委向辖区医疗机构发布《关于做好不明原因肺炎救治工作的紧急通知》。国家卫生健康委获悉有关信息后立即组织研究，迅速开展行动。

（3）12月31日凌晨，国家卫生健康委作出安排部署，派出工作组、专家组赶赴武汉市，指导做好疫情处置工作，开展现场调查。武汉市卫生健康委在官方网站发布《关于当前我市肺炎疫情的情况通报》，发现27例病例，提示公众尽量避免到封闭、空气不流通的公众场合和人多集中地方，外出可佩戴口罩。当日起，武汉市卫生健康委依法发布疫情信息。

（4）2020年1月1日，国家卫生健康委成立疫情应对处置领导小组。1月2日，国家卫生健康委制定《不明原因的病毒性肺炎防控"三早"方案》；中国疾控中心、中国医学科学院收到湖北省送检的第一批4例病例标本，即开展病原鉴定。

（5）1月3日，武汉市卫生健康委在官方网站发布《关于不明原因的病毒性肺炎情况通报》，共发现44例不明原因的病毒性肺炎病例。国家卫生健康委组织中国疾控中心等4家科研单位对病例样本进行实验室平行检测，进一步开展病原鉴定。国家卫生健康委会同湖北省卫生健康委制定《不明原因的病毒性肺炎诊疗方案（试行）》等9个文件。当日起，中国有关方面定期向世界卫生组织、有关国家和地区组织以及中国港澳台地区及时主动通报疫情信息。

（6）1月4日，中国疾控中心负责人与美国疾控中心负责人通电话，介绍疫情有关情况，双方同意就信息沟通和技术协作保持密切联系。国家卫生健康委会同湖北省卫生健康部门制定《不明原因的病毒性肺炎医疗救治工作手册》。

（7）1月5日，武汉市卫生健康委在官方网站发布《关于不明原因的病毒性肺炎情况通报》，共发现59例不明原因的病毒性肺炎病例，根据实验室检测结果，排除流感、禽流感、腺病毒、传染性非典型性肺炎和中东呼吸综合征等呼吸道病原。中国向世界卫生组织通报疫情信息。世界卫生组织首次就中国武汉出现的不明原因肺炎病例进行通报。

（8）1月6日，国家卫生健康委在全国卫生健康工作会议上通报武汉市不明原因肺炎有关情况，要求加强监测、分析和研判，及时做好疫情处置。

（9）1月7日，中共中央总书记习近平在主持召开中共中央政治局常务委员会会议时，对做好不明原因肺炎疫情防控工作提出要求。

（10）1月7日，中国疾控中心成功分离新型冠状病毒毒株。

（11）1月8日，国家卫生健康委专家评估组初步确认新冠病毒为疫情病原。中美两国疾控中心负责人通电话，讨论双方技术交流合作事宜。

（12）1月9日，国家卫生健康委专家评估组对外发布武汉市不明原因的病毒性肺炎病原信息，病原体初步判断为新型冠状病毒。中国向世界卫生组织通报疫情信息，将病原学鉴定取得的初步进展分享给世界卫生组织。世界卫生组织网站发布关于中国武汉聚集性肺炎病例的声明，表示在短时间内初步鉴定出新型冠状病毒是一项显著成就。

（13）1月10日，中国疾控中心、中国科学院武汉病毒研究所等专业机构初步研发出检测试剂盒，武汉市立即组织对在院收治的所有相关病例进行排查。国家卫生健康委、中国疾控中心负责人分别与世界卫生组织负责人就疫情应对处置工作通话，交流有关信息。

（14）1月11日起，中国每日向世界卫生组织等通报疫情信息。

（15）1月12日，武汉市卫生健康委在情况通报中首次将"不明原因的病毒性肺炎"更名为"新型冠状病毒感染的肺炎"。中国疾控中心、中国医学科学院、中国科学院武汉病毒研究所作为国家卫生健康委指定机构，向世界卫生组织提交新型冠状病毒基因组序列信息，在全球流感共享数据库（GISAID）发布，全球共享。国家卫生健康委与世界卫生组织分享新冠病毒基因组序列信息。

（16）1月13日，国务院总理李克强在主持召开国务院全体会议时，对做好疫情防控提出要求。

（17）1月13日，国家卫生健康委召开会议，部署指导湖北省、武汉市进一步强化管控措施，加强口岸、车站等人员体温监测，减少人群聚集。世界卫生组织官方网站发表关于在泰国发现新冠病毒病例的声明指出，中国共享了基因组测序结果，使更多国家能够快速诊断患者。香港、澳门、台湾考察团赴武汉市考察疫情防控工作。

（18）1月14日，国家卫生健康委召开全国电视电话会议，部署加强湖北省、武汉市疫情防控工作，做好全国疫情防范应对准备工作。会议指出，新冠病毒导致的新发传染病存在很大不确定性，人与人之间的传播能力和传播方式仍需要深入研究，不排除疫情进一步扩散蔓延的可能性。

（19）1月15日，国家卫生健康委发布新型冠状病毒感染的肺炎第一版诊疗方案、防控方案。

（20）1月16日，聚合酶链式反应（PCR）诊断试剂优化完成，武汉市对全部69所二级以上医院发热门诊就医和留观治疗的患者进行主动筛查。

（21）1月17日，国家卫生健康委派出7个督导组赴地方指导疫情防控工作。

（22）1月18日，国家卫生健康委发布新型冠状病毒感染的肺炎第二版诊疗方案。

（23）1月18日至19日，国家卫生健康委组织国家医疗与防控高级别专家组赶赴武汉市实地考察疫情防控工作。19日深夜，高级别专家组经认真研判，明确新冠病毒出现人传人现象。

（二）第二阶段：初步遏制疫情蔓延势头

（1月20日至2月20日）

全国新增确诊病例快速增加，防控形势异常严峻。中国采取阻断病毒传播的关键一招，坚决果断关闭离汉离鄂通道，武汉保卫战、湖北保卫战全面打响。中共中央成立应对疫情工作领导小组，并向湖北等疫情严重地区派出中央指导组。国务院先后建立联防联控机制、复工复产推进工作机制。全国集中资源和力量驰援湖北省和武汉市。各地启动重大突发公共卫生事件应急响应。最全面最严格最彻底的全国疫情防控正式展开，疫情蔓延势头初步遏制（图5）。

（1）1月20日，中共中央总书记、国家主席、中央军委主席习近平对新型冠状病毒感染的肺炎疫情作出重要指示，指出要把人民生命安全和身体健康放在第一位，坚决遏制疫情蔓延势头；强调要及时发布疫情信息，深化国际合作。

（2）1月20日，国务院总理李克强主持召开国务院常务会议，进一步部署疫情防控工作，并根据《中华人民共和国传染病防治法》将新冠肺炎纳入乙类传染病，采取甲类传染病管理措施。

（3）1月20日，国务院联防联控机制召开电视电话会议，部署全国疫情防控工作。

（4）1月20日，国家卫生健康委组织召开记者会，高级别专家组通报新冠病毒已出现人传人现象。

（5）1月20日，国家卫生健康委发布公告，将新冠肺炎纳入传染病防治法规定的乙类传染病并采取甲类传染病的防控措施；将新冠肺炎纳入《中华人民共和国国境卫生检疫法》规定的检疫传染病管理。国家卫生健康委发布《新型冠状病毒感染的肺炎防控方案（第二版）》。

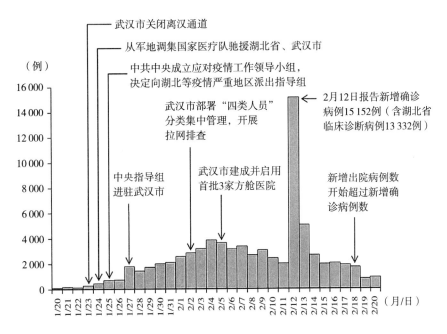

图 5 中国境内新冠肺炎新增确诊病例情况

（1 月 20 日至 2 月 20 日）

（6）1 月 22 日，中共中央总书记、国家主席、中央军委主席习近平作出重要指示，要求立即对湖北省、武汉市人员流动和对外通道实行严格封闭的交通管控。

（7）1 月 22 日，国家卫生健康委发布《新型冠状病毒感染的肺炎诊疗方案（试行第三版）》。国务院新闻办公室就疫情举行第一场新闻发布会，介绍疫情有关情况。国家卫生健康委收到美方通报，美国国内发现首例确诊病例。国家生物信息中心开发的 2019 新型冠状病毒信息库正式上线，发布全球新冠病毒基因组和变异分析信息。

（8）1 月 23 日凌晨 2 时许，武汉市疫情防控指挥部发布 1 号通告，23 日 10 时起机场、火车站离汉通道暂时关闭。交通运输部发出紧急通知，全国暂停进入武汉市道路水路客运班线发班。国家卫生健康委等 6 部门发布《关于严格预防通过交通工具传播新型冠状病毒感染的肺炎的通知》。1 月 23 日至 29 日，全国各省份陆续启动重大突发公共卫生事件省级一级应急响应。

（9）1 月 23 日，中国科学院武汉病毒研究所、武汉市金银潭医院、湖北省疾病预防控制中心研究团队发现新冠病毒的全基因组序列与 SARS－CoV 的序列一致性有 79.5%。国家微生物科学数据中心和国家病原微生物资源库共同建成"新型冠状病毒国家科技资源服务系统"，发布新冠病毒第一张电子显微镜照片和毒株信息。

（10）1 月 24 日开始，从各地和军队调集 346 支国家医疗队、4.26 万名医务人员和 965 名公共卫生人员驰援湖北省和武汉市。

（11）1 月 25 日，中共中央总书记习近平主持召开中共中央政治局常务委员会会议，明确提出"坚定信心、同舟共济、科学防治、精准施策"总要求，强调坚决打赢疫情防控阻击战；指出湖北省要把疫情防控工作作为当前头等大事，采取更严格的措施，内防扩散、外防输出；强调要按照集中患者、集中专家、集中资源、集中救治"四集中"原则，将重症病例集中到综合力量强的定点医疗机构进行救治，及时收治所有确诊病人。会议决定，中共中央成立应对疫情工作领导小组，在中央政治局常务委员会领导下开展工作；中共中央向湖北等疫情严重地区派出指导组，推动有关地方全面加强防控一线工作。

（12）1月25日，国家卫生健康委发布通用、旅游、家庭、公共场所、公共交通工具、居家观察等6个公众预防指南。

（13）1月26日，中共中央政治局常委、国务院总理、中央应对疫情工作领导小组组长李克强主持召开领导小组第一次全体会议。国务院办公厅印发通知，决定延长2020年春节假期，各地大专院校、中小学、幼儿园推迟开学。国家药监局应急审批通过4家企业4个新型冠状病毒检测产品，进一步扩大新型冠状病毒核酸检测试剂供给能力。

（14）1月27日，中共中央总书记习近平作出指示，要求中国共产党各级组织和广大党员、干部，牢记人民利益高于一切，不忘初心、牢记使命，团结带领广大人民群众坚决贯彻落实党中央决策部署，全面贯彻"坚定信心、同舟共济、科学防治、精准施策"的要求，让党旗在防控疫情斗争第一线高高飘扬。

（15）1月27日，受中共中央总书记习近平委托，中共中央政治局常委、国务院总理、中央应对疫情工作领导小组组长李克强赴武汉市考察指导疫情防控工作，代表中共中央、国务院慰问疫情防控一线的医护人员。同日，中央指导组进驻武汉市，全面加强对一线疫情防控的指导督导。

（16）1月27日，国家卫生健康委发布《新型冠状病毒感染的肺炎诊疗方案（试行第四版）》。国家卫生健康委负责人应约与美国卫生与公众服务部负责人通话，就当前新型冠状病毒感染的肺炎疫情防控工作进行交流。

（17）1月28日，国家主席习近平在北京会见世界卫生组织总干事谭德塞时指出，疫情是魔鬼，我们不能让魔鬼藏匿；指出中国政府始终本着公开、透明、负责任的态度及时向国内外发布疫情信息，积极回应各方关切，加强与国际社会合作；强调中方愿同世界卫生组织和国际社会一道，共同维护好地区和全球的公共卫生安全。

（18）1月28日，国家卫生健康委发布《新型冠状病毒感染的肺炎防控方案（第三版）》。

（19）1月30日，国家卫生健康委通过官方渠道告知美方，欢迎美国加入世界卫生组织联合专家组。美方当天即回复表示感谢。

（20）1月31日，世界卫生组织宣布新冠肺炎疫情构成"国际关注的突发公共卫生事件"。国家卫生健康委发布《新型冠状病毒感染的肺炎重症患者集中救治方案》。

（21）2月2日开始，在中央指导组指导下，武汉市部署实施确诊患者、疑似患者、发热患者、确诊患者的密切接触者"四类人员"分类集中管理，按照应收尽收、应治尽治、应检尽检、应隔尽隔"四应"要求，持续开展拉网排查、集中收治、清底排查三场攻坚战。

（22）2月2日，国家卫生健康委负责人致函美国卫生与公众服务部负责人，就双方卫生和疫情防控合作再次交换意见。

（23）2月3日，中共中央总书记习近平主持召开中共中央政治局常务委员会会议，指出要进一步完善和加强防控,严格落实早发现、早报告、早隔离、早治疗"四早"措施;强调要全力以赴救治患者,努力"提高收治率和治愈率""降低感染率和病亡率"。

(24) 2月3日,中央指导组从全国调集22支国家紧急医学救援队,在武汉市建设方舱医院。

(25) 2月4日,中国疾控中心负责人应约与美国国家过敏症和传染病研究所负责人通电话,交流疫情信息。

(26) 2月5日,中共中央总书记、国家主席、中央军委主席、中央全面依法治国委员会主任习近平主持召开中央全面依法治国委员会第三次会议,强调要始终把人民生命安全和身体健康放在第一位,从立法、执法、司法、守法各环节发力,全面提高依法防控、依法治理能力,为疫情防控工作提供有力法治保障。

(27) 2月5日,国务院联防联控机制加强协调调度,供应湖北省医用N95口罩首次实现供大于需。

(28) 2月5日,国家卫生健康委发布《新型冠状病毒感染肺炎诊疗方案(试行第五版)》。

(29) 2月7日,国务院联防联控机制印发《关于进一步强化责任落实做好防治工作的通知》,国家卫生健康委发布《新型冠状病毒感染肺炎防控方案(第四版)》。

(30) 2月8日,国家卫生健康委在亚太经合组织卫生工作组会议上介绍中国防疫努力和措施。国家卫生健康委向中国驻外使领馆通报新型冠状病毒防控、诊疗、监测、流行病学调查、实验室检测等方案。中美两国卫生部门负责人再次就美方专家参加中国—世界卫生组织联合专家考察组的安排进行沟通。

(31) 2月10日,中共中央总书记、国家主席、中央军委主席习近平在北京调研指导新冠肺炎疫情防控工作,并通过视频连线武汉市收治新冠肺炎患者的金银潭医院、协和医院、火神山医院,强调要以更坚定的信心、更顽强的意志、更果断的措施,紧紧依靠人民群众,坚决打赢疫情防控的人民战争、总体战、阻击战;指出湖北和武汉是疫情防控的重中之重,是打赢疫情防控阻击战的决胜之地,武汉胜则湖北胜,湖北胜则全国胜,要打好武汉保卫战、湖北保卫战;强调要按照集中患者、集中专家、集中资源、集中救治"四集中"原则,全力做好救治工作;强调要坚决抓好"外防输入、内防扩散"两大环节,尽最大可能切断传染源,尽最大可能控制疫情波及范围。

(32) 2月10日,建立省际对口支援湖北省除武汉市以外地市新冠肺炎医疗救治工作机制,统筹安排19个省份对口支援湖北省武汉市以外16个市州及县级市。

(33) 2月11日,国务院联防联控机制加强协调调度,供应湖北省医用防护服首次实现供大于求。

(34) 2月11日,中国疾控中心专家应约与美国疾控中心流感部门专家召开电话会议,沟通和分享疫情防控信息。

(35) 2月12日,中共中央总书记习近平主持召开中共中央政治局常务委员会会议,指出疫情防控工作到了最吃劲的关键阶段,要毫不放松做好疫情防控重点工作,加强疫情特别严重或风险较大的地区防控;强调要围绕"提高收治率和治愈率""降低感染率和病亡率",抓好疫情防控重点环节;强调要全面增强收治能力,坚决做到"应收尽收、应治尽治",提高收治率;强调要提高患者特别是重症患者救治水平,集中优势医疗资源和技术力量救治患者;强调人口流入大省大市要按照"联防联控、群防群控"要求,切实做好防控工作。

（36）2月13日,美国卫生与公众服务部相关负责人致函中国国家卫生健康委负责人,沟通双方卫生和疫情防控合作等有关安排。

（37）2月14日,中共中央总书记、国家主席、中央军委主席、中央全面深化改革委员会主任习近平主持召开中央全面深化改革委员会第十二次会议,指出确保人民生命安全和身体健康,是中国共产党治国理政的一项重大任务;强调既要立足当前,科学精准打赢疫情防控阻击战,更要放眼长远,总结经验、吸取教训,针对这次疫情暴露出来的短板和不足,抓紧补短板、堵漏洞、强弱项,完善重大疫情防控体制机制,健全国家公共卫生应急管理体系。

（38）2月14日,全国除湖北省以外其他省份新增确诊病例数实现"十连降"。

（39）2月15日,国务院新闻办公室首次在湖北省武汉市举行疫情防控新闻发布会。至2月15日,已有7个诊断检测试剂获批上市,部分药物筛选与治疗方案、疫苗研发、动物模型构建等取得阶段性进展。

（40）2月16日开始,由中国、德国、日本、韩国、尼日利亚、俄罗斯、新加坡、美国和世界卫生组织25名专家组成的中国—世界卫生组织联合专家考察组,利用9天时间,对北京、成都、广州、深圳和武汉等地进行实地考察调研。

（41）2月17日,国务院联防联控机制印发《关于科学防治精准施策分区分级做好新冠肺炎疫情防控工作的指导意见》,部署各地区各部门做好分区分级精准防控,有序恢复生产生活秩序。

（42）2月18日,全国新增治愈出院病例数超过新增确诊病例数,确诊病例数开始下降。中国国家卫生健康委复函美国卫生与公众服务部,就双方卫生与疫情合作有关安排进一步沟通。

（43）2月19日,中共中央总书记习近平主持召开中共中央政治局常务委员会会议,听取疫情防控工作汇报,研究统筹做好疫情防控和经济社会发展工作。

（44）2月19日,国家卫生健康委发布《新型冠状病毒肺炎诊疗方案（试行第六版）》。

（45）2月19日,武汉市新增治愈出院病例数首次大于新增确诊病例数。

（三）第三阶段：本土新增病例数逐步下降至个位数

（2月21日至3月17日）

湖北省和武汉市疫情快速上升势头均得到遏制,全国除湖北省以外疫情形势总体平稳,3月中旬每日新增病例控制在个位数以内,疫情防控取得阶段性重要成效。根据疫情防控形势发展,中共中央作出统筹疫情防控和经济社会发展、有序复工复产重大决策（图6）。

（1）2月21日,中共中央总书记习近平主持召开中共中央政治局会议,指出疫情防控

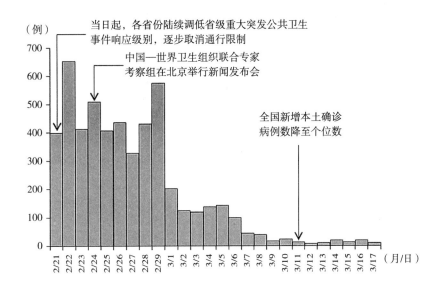

图 6　中国境内新冠肺炎新增确诊病例情况

（2月21日至3月17日）

工作取得阶段性成效，同时，全国疫情发展拐点尚未到来，湖北省和武汉市防控形势依然严峻复杂；强调要针对不同区域情况，完善差异化防控策略，坚决打好湖北保卫战、武汉保卫战，加强力量薄弱地区防控，全力做好北京疫情防控工作；强调要建立与疫情防控相适应的经济社会运行秩序，有序推动复工复产。

（2）2月21日，国务院联防联控机制印发《企事业单位复工复产疫情防控措施指南》，国家卫生健康委发布《新型冠状病毒肺炎防控方案（第五版）》。

（3）2月21日起，各地因地制宜，陆续调低省级重大突发公共卫生事件响应级别，逐步取消通行限制。至2月24日，除湖北省、北京市外，其他省份主干公路卡点全部打通，运输秩序逐步恢复。

（4）2月23日，中共中央总书记、国家主席、中央军委主席习近平出席统筹推进新冠肺炎疫情防控和经济社会发展工作部署会议，通过视频直接面向全国17万名干部进行动员部署，指出新冠肺炎疫情是新中国成立以来在我国发生的传播速度最快、感染范围最广、防控难度最大的一次重大突发公共卫生事件，这是一次危机，也是一次大考，经过艰苦努力，疫情防控形势积极向好的态势正在拓展；强调疫情形势依然严峻复杂，防控正处在最吃劲的关键阶段，要坚定必胜信念，咬紧牙关，继续毫不放松抓紧抓实抓细各项防控工作；强调要变压力为动力、善于化危为机，有序恢复生产生活秩序，强化"六稳"举措，加大政策调节力度，把发展巨大潜力和强大动能充分释放出来，努力实现今年经济社会发展目标任务。

（5）2月24日，中国—世界卫生组织联合专家考察组在北京举行新闻发布会，认为中国在减缓疫情扩散蔓延、阻断病毒人际传播方面取得明显效果，已经避免或至少推迟了数十万人感染新冠肺炎。至2月24日，全国新增确诊病例数已连续5天在1 000例以下，现有确诊病例数近一周以来呈现下降趋势，所有省份新增出院病例数均大于或等于新增确诊病例数。

（6）2月25日起，全面加强出入境卫生检疫工作，对出入境人员严格健康核验、体温监测、医学巡查、流行病学调查、医学排查、采样监测，防止疫情跨境传播。

（7）2月26日，中共中央总书记习近平主持召开中共中央政治局常务委员会会议，指出全国疫情防控形势积极向好的态势正在拓展，经济社会发展加快恢复，同时湖北省和武汉市疫情形势依然复杂严峻，其他有关地区疫情反弹风险不可忽视；强调要继续集中力量和资源，全面加强湖北省和武汉市疫情防控；强调要准确分析把握疫情和经济社会发展形势，紧紧抓住主要矛盾和矛盾的主要方面，确保打赢疫情防控的人民战争、总体战、阻击战，努力实现决胜全面建成小康社会、决战脱贫攻坚目标任务。

（8）2月27日，全国除湖北省以外其他省份，湖北省除武汉市以外其他地市，新增确诊病例数首次双双降至个位数。

（9）2月28日，国务院联防联控机制印发《关于进一步落实分区分级差异化防控策略的通知》。

（10）2月29日，中国—世界卫生组织新型冠状病毒肺炎联合考察报告发布。报告认为，面对前所未知的病毒，中国采取了历史上最勇敢、最灵活、最积极的防控措施，尽可能迅速地遏制病毒传播；令人瞩目的是，在所考察的每一个机构都能够强有力地落实防控措施；面对共同威胁时，中国人民凝聚共识、团结行动，才使防控措施得以全面有效的实施；每个省、每个城市在社区层面都团结一致，帮助和支持脆弱人群及社区。

（11）3月2日，中共中央总书记、国家主席、中央军委主席习近平在北京考察新冠肺炎防控科研攻关工作，强调要把新冠肺炎防控科研攻关作为一项重大而紧迫任务，在坚持科学性、确保安全性的基础上加快研发进度，为打赢疫情防控的人民战争、总体战、阻击战提供强大科技支撑；指出尽最大努力挽救更多患者生命是当务之急、重中之重，要加强药物、医疗装备研发和临床救治相结合，切实提高治愈率、降低病亡率；强调要加快推进已有的多种技术路线疫苗研发，争取早日推动疫苗的临床试验和上市使用；指出要把生物安全作为国家总体安全的重要组成部分，加强疫病防控和公共卫生科研攻关体系和能力建设。

（12）3月3日，国家卫生健康委发布《新型冠状病毒肺炎诊疗方案（试行第七版）》，在传播途径、临床表现、诊断标准等多个方面作出修改和完善，强调加强中西医结合。

（13）3月4日，中共中央总书记习近平主持召开中共中央政治局常务委员会会议，指出要加快建立同疫情防控相适应的经济社会运行秩序，完善相关举措，巩固和拓展来之不易的良好势头；强调要持续用力加强湖北省和武汉市疫情防控工作，继续保持"内防扩散、外防输出"的防控策略。

（14）3月6日，中共中央总书记、国家主席、中央军委主席习近平出席决战决胜脱贫攻坚座谈会，指出到2020年现行标准下的农村贫困人口全部脱贫，是中共中央向全国人民作出的郑重承诺，必须如期实现；强调要以更大决心、更强力度推进脱贫攻坚，坚决克服新冠肺炎疫情影响，坚决夺取脱贫攻坚战全面胜利，坚决完成这项对中华民族、对人类都具有重大意义的伟业。

（15）3月6日，全国新增本土确诊病例数降至100例以下，11日降至个位数。

（16）3月7日，国家卫生健康委发布《新型冠状病毒肺炎防控方案（第六版）》。

（17）3月10日，中共中央总书记、国家主席、中央军委主席习近平赴湖北省武汉市考察疫情防控工作，指出经过艰苦努力，湖北和武汉疫情防控形势发生积极向好变化，取得阶段性重要成果，但疫情防控任务依然艰巨繁重，要慎终如始、再接再厉、善作善成，坚决打赢湖北保卫战、武汉保卫战；指出武汉人民识大体、顾大局，不畏艰险、顽强不屈，自觉服从疫情防控大局需要，主动投身疫情防控斗争，作出了重大贡献；指出抗击疫情有两个阵地，一个是医院救死扶伤阵地，一个是社区防控阵地，要充分发挥社区在疫情防控中的重要作用，使所有社区成为疫情防控的坚强堡垒；强调打赢疫情防控人民战争要紧紧依靠人民，把群众发动起来，构筑起群防群控的人民防线。

（18）3月11日，世界卫生组织总干事谭德塞表示，新冠肺炎疫情已具有大流行特征。

（19）3月11日至17日，全国每日新增本土确诊病例数维持在个位数。总体上，中国本轮疫情流行高峰已经过去，新增发病数持续下降，疫情总体保持在较低水平。

（20）3月17日，首批42支国家援鄂医疗队撤离武汉。

（四）第四阶段：取得武汉保卫战、湖北保卫战决定性成果

（3月18日至4月28日）

以武汉市为主战场的全国本土疫情传播基本阻断，离汉离鄂通道管控措施解除，武汉市在院新冠肺炎患者清零，武汉保卫战、湖北保卫战取得决定性成果，全国疫情防控阻击战取得重大战略成果。境内疫情零星散发，境外疫情快速扩散蔓延，境外输入病例造成关联病例传播。中共中央把握疫情形势发展变化，确定了"外防输入、内防反弹"的防控策略，巩固深化国内疫情防控成效，及时处置聚集性疫情，分类推动复工复产，关心关爱境外中国公民（图7）。

（1）3月18日，中共中央总书记习近平主持召开中共中央政治局常务委员会会议，强调要落实外防输入重点任务，完善应对输入性风险的防控策略和政策举措，决不能让来之不易的疫情防控持续向好形势发生逆转；指出要加强对境外中国公民疫情防控的指导和支持，保护他们的生命安全和身体健康。

（2）3月18日，国务院办公厅印发《关于应对新冠肺炎疫情影响强化稳就业举措的实施意见》。

（3）3月18日，全国新增本土确诊病例首次实现零报告。至19日，湖北省以外省份连续7日无新增本土确诊病例。

（4）3月25日，中共中央总书记习近平主持召开中共中央政治局常务委员会会议，听取疫情防控工作和当前经济形势的汇报，研究当前疫情防控和经济工作。

（5）3月25日起，湖北省有序解除离鄂通道管控措施，撤除除武汉市以外地区所有通道（市际、省界通道）检疫站点。湖北省除武汉市以外地区逐步恢复正常生产生活秩序，离鄂人员凭湖北健康码"绿码"安全有序流动。

（6）3月25日，23个省份报告了境外输入确诊病例，防止疫情扩散压力依然很大。

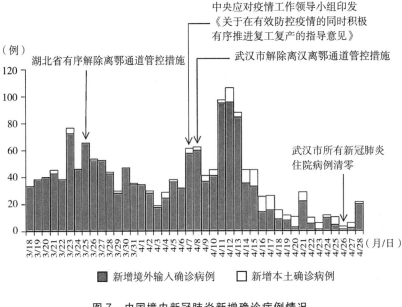

图7 中国境内新冠肺炎新增确诊病例情况

（3月18日至4月28日）

（7）3月26日，国家主席习近平出席二十国集团领导人特别峰会，发表题为《携手抗疫 共克时艰》的讲话。

（8）3月27日，中共中央总书记习近平主持召开中共中央政治局会议，指出要因应国内外疫情防控新形势，及时完善疫情防控策略和应对举措，把重点放在"外防输入、内防反弹"上来，保持疫情防控形势持续向好态势；强调要在疫情防控常态化条件下加快恢复生产生活秩序，力争把疫情造成的损失降到最低限度，努力完成全年经济社会发展目标任务；强调要在做好疫情防控的前提下，支持湖北有序复工复产，做好援企、稳岗、促就业、保民生等工作。

（9）3月29日至4月1日，中共中央总书记、国家主席、中央军委主席习近平前往浙江，就统筹推进新冠肺炎疫情防控和经济社会发展工作进行调研，指出要把严防境外疫情输入作为当前乃至较长一段时间疫情防控的重中之重，增强防控措施的针对性和实效性，筑起应对境外疫情输入风险的坚固防线；强调要准确识变、科学应变、主动求变，善于从眼前的危机、眼前的困难中捕捉和创造机遇；强调要在严格做好疫情防控工作的前提下，有力有序推动复工复产提速扩面，积极破解复工复产中的难点、堵点，推动全产业链联动复工。

（10）4月1日，中国海关在所有航空、水运、陆路口岸对全部入境人员实施核酸检测。

（11）4月4日清明节，举行全国性哀悼活动，全国各地各族人民深切悼念抗击新冠肺炎疫情斗争牺牲烈士和逝世同胞。

（12）4月6日，国务院联防联控机制印发《关于进一步做好重点场所重点单位重点人群新冠肺炎疫情防控相关工作的通知》和《新冠病毒无症状感染者管理规范》。

（13）4月7日，中央应对疫情工作领导小组印发《关于在有效防控疫情的同时积极有序推进复工复产的指导意见》，国务院联防联控机制印发《全国不同风险地区企事业单位复工复产疫情防控措施指南》。各地做好复工复产相关疫情防控，分区分级恢复生产秩序。

（14）4月8日，中共中央总书记习近平主持召开中共中央政治局常务委员会会议，指出要坚持底线思维，做好较长时间应对外部环境变化的思想准备和工作准备；强调"外防输入、内防反弹"防控工作决不能放松；强调要抓好无症状感染者精准防控，把疫情防控网扎得更密更牢，堵住所有可能导致疫情反弹的漏洞；强调要加强陆海口岸疫情防控，最大限度减少境外输入关联本地病例。

（15）4月8日起，武汉市解除持续76天的离汉离鄂通道管控措施，有序恢复对外交通，逐步恢复正常生产生活秩序。

（16）4月10日，湖北省在院治疗的重症、危重症患者首次降至两位数。

（17）4月14日，国务院总理李克强在北京出席东盟与中日韩（10+3）抗击新冠肺炎疫情领导人特别会议并发表讲话，介绍中国统筹推进疫情防控和经济社会发展的经验，提出全力加强防控合作、努力恢复经济发展、着力密切政策协调等合作倡议。

（18）4月15日，中共中央总书记习近平主持召开中共中央政治局常务委员会会议，听取疫情防控工作和当前经济形势汇报，研究疫情防控和经济工作。

（19）4月17日，中共中央总书记习近平主持召开中共中央政治局会议，强调要抓紧抓实抓细常态化疫情防控，因时因势完善"外防输入、内防反弹"各项措施并切实抓好落实，不断巩固疫情持续向好形势；强调要坚持稳中求进工作总基调，在稳的基础上积极进取，在常态化疫情防控中全面推进复工复产达产，恢复正常经济社会秩序，培育壮大新的增长点增长极，牢牢把握发展主动权。

（20）4月17日，武汉市新冠肺炎疫情防控指挥部发布《关于武汉市新冠肺炎确诊病例数确诊病例死亡数订正情况的通报》，对确诊和死亡病例数进行订正。截至4月16日24时，确诊病例核增325例，累计确诊病例数订正为50 333例；确诊病例的死亡病例核增1 290例，累计确诊病例的死亡数订正为3 869例。

（21）4月20日至23日，中共中央总书记、国家主席、中央军委主席习近平在陕西考察，指出要坚持稳中求进工作总基调，坚持新发展理念，扎实做好稳就业、稳金融、稳外贸、稳外资、稳投资、稳预期工作，全面落实保居民就业、保基本民生、保市场主体、保粮食能源安全、保产业链供应链稳定、保基层运转任务，努力克服新冠肺炎疫情带来的不利影响，确保完成决战决胜脱贫攻坚目标任务，全面建成小康社会。

（22）4月23日，国务院总理李克强主持召开部分省市经济形势视频座谈会，推动做好当前经济社会发展工作。

（23）4月26日，武汉市所有新冠肺炎住院病例清零。

（24）4月27日，中共中央总书记、国家主席、中央军委主席、中央全面深化改革委员会主任习近平主持召开中央全面深化改革委员会第十三次会议，强调中国疫情防控和复工复产之所以能够有力推进，根本原因是中国共产党的领导和中国社会主义制度的优势发挥了无可比拟的重要作用；强调发展环境越是严峻复杂，越要坚定不移深化改革，健全各方面制度，完善治理体系，促进制度建设和治理效能更好转化融合，善于运用制度优势应对风险挑战冲击。

（25）4月27日，经中共中央总书记习近平和中共中央批准，中央指导组离鄂返京。

（五）第五阶段：全国疫情防控进入常态化

（4月29日以来）

境内疫情总体呈零星散发状态，局部地区出现散发病例引起的聚集性疫情，境外输入病例基本得到控制，疫情积极向好态势持续巩固，全国疫情防控进入常态化。加大力度推进复工复产复学，常态化防控措施经受"五一"假期考验。经中共中央批准，国务院联防联控机制派出联络组，继续加强湖北省疫情防控（图8）。

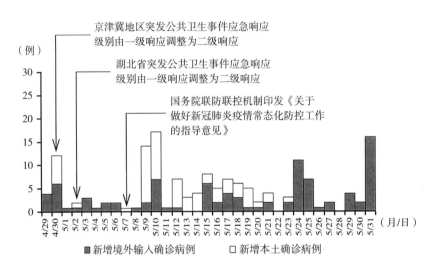

图8　中国境内新冠肺炎新增确诊病例情况

（4月29日至5月31日）

（1）4月29日，中共中央总书记习近平主持召开中共中央政治局常务委员会会议，指出经过艰苦卓绝的努力，湖北保卫战、武汉保卫战取得决定性成果，全国疫情防控阻击战取得重大战略成果；强调要抓好重点地区、重点群体疫情防控工作，有针对性加强输入性风险防控工作。

（2）4月30日，京津冀地区突发公共卫生事件应急响应级别由一级响应调整为二级响应。

（3）5月1日，世界卫生组织宣布，鉴于当前国际疫情形势，新冠肺炎疫情仍然构成"国际关注的突发公共卫生事件"。

（4）5月2日，湖北省突发公共卫生事件应急响应级别由一级响应调整为二级响应。

（5）5月4日，经中共中央批准，国务院联防联控机制设立联络组，赴湖北省武汉市开展工作。

（6）5月6日，中共中央总书记习近平主持召开中共中央政治局常务委员会会议，指出在党中央坚强领导和全国各族人民大力支持下，中央指导组同湖北人民和武汉人民并肩作战,下最大气力控制疫情流行,努力守住全国疫情防控第一道防线,为打赢疫情防控的人民战争、总体战、阻击战作出了重要贡献;指出中共中央决定继续派出联络组,加强对湖北省和武汉市疫情防控后续工作指导支持,继续指导做好治愈患者康复和心理疏导工作,巩固疫情防控成果,决不能前功尽弃。

(7) 5月7日,国务院联防联控机制印发《关于做好新冠肺炎疫情常态化防控工作的指导意见》。

(8) 5月8日,中共中央召开党外人士座谈会,就新冠肺炎疫情防控工作听取各民主党派中央、全国工商联和无党派人士代表的意见和建议,中共中央总书记习近平主持座谈会并发表重要讲话,强调面对突如其来的疫情,中共中央高度重视,坚持把人民生命安全和身体健康放在第一位,果断采取一系列防控和救治举措,用一个多月的时间初步遏制了疫情蔓延势头,用两个月左右的时间将本土每日新增病例控制在个位数以内,用3个月左右的时间取得了武汉保卫战、湖北保卫战的决定性成果;指出对一个拥有14亿人口的大国来说,这样的成绩来之不易。

(9) 5月11日至12日,中共中央总书记、国家主席、中央军委主席习近平赴山西,就统筹推进常态化疫情防控和经济社会发展工作、巩固脱贫攻坚成果进行调研,强调要坚持稳中求进工作总基调,坚持新发展理念,坚持以供给侧结构性改革为主线,扎实做好"六稳"工作,全面落实"六保"任务,努力克服新冠肺炎疫情带来的不利影响,在高质量转型发展上迈出更大步伐,确保完成决战决胜脱贫攻坚目标任务,全面建成小康社会。

(10) 5月14日,中共中央总书记习近平主持召开中共中央政治局常务委员会会议,指出要加强重点地区、重点场所内防反弹工作,近期发生聚集性疫情的地区要有针对性加强防控措施;强调要针对境外疫情的新情况新趋势,采取更加灵活管用的措施,强化外防输入重点领域和薄弱环节。

(11) 5月15日,中共中央总书记习近平主持召开中共中央政治局会议,讨论国务院拟提请第十三届全国人民代表大会第三次会议审议的《政府工作报告》稿,指出做好今年工作,要紧扣全面建成小康社会目标任务,统筹推进疫情防控和经济社会发展工作,在常态化疫情防控前提下,坚持稳中求进工作总基调,坚持新发展理念,坚持以供给侧结构性改革为主线,坚持以改革开放为动力推动高质量发展,坚决打好三大攻坚战,扎实做好"六稳"工作,全面落实"六保"任务,坚定实施扩大内需战略,维护经济发展和社会稳定大局,确保完成决战决胜脱贫攻坚目标任务,全面建成小康社会。

(12) 5月18日,国家主席习近平在第73届世界卫生大会视频会议开幕式上发表题为《团结合作战胜疫情 共同构建人类卫生健康共同体》的致辞。

(13) 5月21日至27日,全国政协十三届三次会议在北京举行。5月22日至28日,十三届全国人大三次会议在北京举行。

二、防控和救治两个战场协同作战

面对突发疫情侵袭,中国把人民生命安全和身体健康放在第一位,统筹疫情防控和医疗救治，采取最全面最严格最彻底的防控措施，前所未有地采取大规模隔离措施，前所未有地调集全国资源开展大规模医疗救治，不遗漏一个感染者，不放弃每一位病患，实现"应收尽收、应治尽治、应检尽检、应隔尽隔"，遏制了疫情大面积蔓延，改变了病毒传播的危险进程。"通过全面执行（中国）这些措施可以争取到一些时间，即使只有几天或数周，但这对最终减少新冠肺炎感染人数和死亡人数的价值不可估量。"①

（一）建立统一高效的指挥体系

在以习近平同志为核心的中共中央坚强领导下，建立中央统一指挥、统一协调、统一调度，各地方各方面各负其责、协调配合，集中统一、上下协同、运行高效的指挥体系，为打赢疫情防控的人民战争、总体战、阻击战提供了有力保证。

习近平总书记亲自指挥、亲自部署。习近平总书记高度重视疫情防控工作，全面加强集中统一领导，强调把人民生命安全和身体健康放在第一位，提出"坚定信心、同舟共济、科学防治、精准施策"的总要求，明确坚决打赢疫情防控的人民战争、总体战、阻击战。习近平总书记主持召开14次中央政治局常委会会议、4次中央政治局会议以及中央全面依法治国委员会会议、中央网络安全和信息化委员会会议、中央全面深化改革委员会会议、中央外事工作委员会会议、党外人士座谈会等会议，听取中央应对疫情工作领导小组和中央指导组汇报，因时因势调整防控策略，对加强疫情防控、开展国际合作等进行全面部署；在北京就社区防控、防疫科研攻关等进行考察，亲临武汉一线视察指导，赴浙江、陕西、山西就统筹推进常态化疫情防控和经济社会发展工作、巩固脱贫攻坚成果进行考察调研；时刻关注疫情动态和防控进展，及时作出决策部署。

加强统筹协调、协同联动。中共中央政治局常委、国务院总理、中央应对疫情工作领导小组组长李克强主持召开30余次领导小组会议，研究部署疫情防控和统筹推进经济社会发展的重大问题和重要工作，赴北京、武汉等地和中国疾控中心、中国医学科学院病原生物学研究所、北京西站、首都机场及疫情防控国家重点医疗物资保障调度等平台考察调研。中央指导组指导湖北省、武汉市加强防控工作，以争分夺秒的战时状态开展工作，有力控制了疫情流行，守住了第一道防线。国务院联防联控机制发挥协调作用，持续召开例会跟踪分析研判疫情形势，加强医务人员和医疗物资调度，根据疫情发展变化相应调整防控策略和重点工作。国务院复工复产推进工作机制，加强复工复产统筹指导和协调服务，打通产业链、供应链堵点，增强协同复工复产动能。

各地方各方面守土有责、守土尽责。全国各省、市、县成立由党政主要负责人挂帅的应急指挥机制，自上而下构建统一指挥、一线指导、统筹协调的应急决策指挥体系。在中共中央统一领导下，各地方各方面坚决贯彻中央决策部署，有令必行、有禁必止，严格高效落实

---

① 世界卫生组织网站：《中国—世界卫生组织新型冠状病毒肺炎（COVID-19）联合考察报告》[Report of the WHO-China Joint Mission on Corona virus Disease 2019（COVID-19）]。https：//www. who. int/publications-detail/report-of-the-who-china-joint-mission-on-coronavirus-disease-2019-（covid-19），2020年2月28日。

各项防控措施，全国形成了全面动员、全面部署、全面加强，横向到边、纵向到底的疫情防控局面。

（二）构建全民参与严密防控体系

针对春节期间人员密集、流动性大的特点，中国迅速开展社会动员、发动全民参与，坚持依法、科学、精准防控，在全国范围内实施史无前例的大规模公共卫生应对举措，通过超常规的社会隔离和灵活、人性化的社会管控措施，构建联防联控、群防群控防控体系，打响抗击疫情人民战争，通过非药物手段有效阻断了病毒传播链条。

采取有力措施坚决控制传染源。以确诊患者、疑似患者、发热患者、确诊患者的密切接触者等"四类人员"为重点，实行"早发现、早报告、早隔离、早治疗"和"应收尽收、应治尽治、应检尽检、应隔尽隔"的防治方针，最大限度降低传染率。关闭离汉通道期间，武汉对全市421万户居民集中开展两轮拉网式排查，以"不落一户、不漏一人"标准实现"存量清零"，确保没有新的潜在感染源发生。持续提升核酸检测能力，增强试剂盒供应能力，扩充检测机构，缩短检测周期，确保检测质量，实现"应检尽检""即收即检"。湖北省检测周期从2天缩短到4～6小时，日检测量由疫情初期的300人份提升到4月中旬的5万人份以上，缩短了患者确诊时间，降低了传播风险。在全国范围内排查"四类人员"，以社区网格为基础单元，采取上门排查与自查自报相结合的方式展开地毯式排查。全面实行各类场所体温筛查，强化医疗机构发热门诊病例监测和传染病网络直报，实行2小时网络直报、12小时反馈检测结果、24小时内完成现场流行病学调查，及时发现和报告确诊病例和无症状感染者。加强流行病学追踪调查，精准追踪和切断病毒传播途径，截至5月31日，全国累计追踪管理密切接触者74万余人。

第一时间切断病毒传播链。对湖北省、武汉市对外通道实施最严格的封闭和交通管控，暂停武汉及湖北国际客运航班、多地轮渡、长途客运、机场、火车站运营，全国暂停入汉道路水路客运班线发班，武汉市及湖北省多地暂停市内公共交通，阻断疫情向全国以及湖北省内卫生基础设施薄弱的农村地区扩散。对湖北以外地区实施差异化交通管控，湖北省周边省份筑牢环鄂交通管控"隔离带"，防止湖北省疫情外溢蔓延。全国其他地区实行分区分级精准防控，对城乡道路运输服务进行动态管控，加强国内交通卫生检疫。采取有效措施避免人员聚集和交叉感染，延长春节假期，取消或延缓各种人员聚集性活动，各类学校有序推迟开学；关闭影院、剧院、网吧以及健身房等场所；对车站、机场、码头、农贸市场、商场、超市、餐馆、酒店、宾馆等需要开放的公共服务类场所，以及汽车、火车、飞机等密闭交通工具，落实环境卫生整治、消毒、通风、"进出检"、限流等措施，进入人员必须测量体温、佩戴口罩；推行政务服务网上办、预约办，推广无接触快递等"不见面"服务，鼓励民众居家和企业远程办公，有效减少人员流动和聚集；在公共场所设置"一米线"并配以明显标识，避免近距离接触。全国口岸实施严格的出入境卫生检疫，防范疫情通过口岸扩散蔓延。实施最严边境管控，取消非紧急非必要出国出境活动。

牢牢守住社区基础防线。城乡社区是疫情联防联控的第一线，是外防输入、内防扩散的关键防线。充分发挥基层主体作用，加强群众自治，实施社区封闭式、网格化管理，把防控力量、资源、措施向社区下沉，组建专兼结合工作队伍，充分发挥街道（乡镇）和社区（村）干部、基层医疗卫生机构医务人员、家庭医生团队作用，将一个个社区、村庄打造成为严密安全的"抗疫堡垒"，把防控有效落实到终端和末梢。按照"追踪到人、登记在册、社区管理、上门观察、规范运转、异常就医"的原则，依法对重点人群进行有效管理，开展主动追踪、人员管理、环境整治和健康教育。武汉市全面实施社区24小时封闭管理，除就医和防疫相关活动外一律禁止出入，由社区承担居民生活保障。其他地方对城市社区、农村村落普遍实施封闭式管理，人员出入检查登记、测量体温。加强居民个人防护，广泛开展社会宣传，强化个体责任意识，自觉落实居家隔离以及跨地区旅行后隔离14天等防控要求，严格执行外出佩戴口罩、保持社交距离、减少聚集等防护措施，养成勤洗手、常通风等良好生活习惯。大力开展爱国卫生运动，提倡文明健康、绿色环保的生活方式。

实施分级、分类、动态精准防控。全国推行分区分级精准施策防控策略，以县域为单位，依据人口、发病情况综合研判，划分低、中、高疫情风险等级，分区分级实施差异化防控，并根据疫情形势及时动态调整名单，采取对应防控措施。低风险区严防输入，全面恢复生产生活秩序；中风险区外防输入、内防扩散，尽快全面恢复生产生活秩序；高风险区内防扩散、外防输出、严格管控，集中精力抓疫情防控。本土疫情形势稳定后，以省域为单元在疫情防控常态化条件下加快恢复生产生活秩序，健全及时发现、快速处置、精准管控、有效救治的常态化防控机制。全力做好北京市疫情防控，确保首都安全。做好重点场所、重点单位、重点人群聚集性疫情防控和处置，加强老年人、儿童、孕产妇、学生、医务人员等重点人群健康管理，加强医疗机构、社区、办公场所、商场超市、客运场站、交通运输工具、托幼机构、中小学校、大专院校以及养老机构、福利院、精神卫生医疗机构、救助站等特殊场所的管控，覆盖全人群、全场所、全社区，不留死角、不留空白、不留隐患。针对输入性疫情，严格落实国境卫生检疫措施，强化从"国门"到"家门"的全链条、闭环式管理，持续抓紧抓实抓细外防输入、内防反弹工作。

为疫情防控提供有力法治保障。依法将新冠肺炎纳入《中华人民共和国传染病防治法》规定的乙类传染病并采取甲类传染病的预防、控制措施，纳入《中华人民共和国国境卫生检疫法》规定的检疫传染病管理，同时做好国际国内法律衔接。一些地方人大常委会紧急立法，在国家法律和法规框架下授权地方政府在医疗卫生、防疫管理等方面，规定临时性应急行政管理措施。严格执行传染病防治法及其实施办法等法律法规，出台依法防控疫情、依法惩治违法犯罪、保障人民生命健康安全的意见，加强治安管理、市场监管，依法惩处哄抬物价、囤积居奇、制假售假等破坏疫情防控的违法犯罪行为，强化防疫物资质量和价格监管，加大打击虚假违法广告力度，保障社会稳定有序。加强疫情防控期间行政执法监督，严格规范执法，公正文明执法，依法化解与疫情相关的法律纠纷，为疫情防控和企业复工复产提供法律保障和服务。加强普法宣传，引导公众依法行事。

遵循科学规律开展防控。新冠病毒是新病毒，对其认识需要有个过程。积极借鉴以往经验，紧密结合中国国情，遵循流行病学规律，探索行之有效的方法手段，用中国办法破解疫情防控难题。注重发挥病毒学、流行病学、临床医学等领域专家作用，及时开展疫情形势分析研判，提出防控策略建议，充分尊重专家意见，增强疫情防控的科学性专业性。秉持科学态度，加强病毒感染、致病机理、传播途径、传播能力等研究，与世界卫生组织及其他国家和地区保持沟通交流。随着对病毒认识的不断深化，及时调整和优化工作措施，不断提升防控水平。根据疫情形势变化和评估结果，先后制修订6版新冠肺炎防控方案，科学规范开展病例监测、流行病学调查、可疑暴露者和密切接触者管理以及实验室检测等工作。针对重点人群、重点场所、重点单位发布15项防控技术方案、6项心理疏导工作方案，并细化形成50项防控技术指南，进一步提高疫情防控的科学性精准性。

（三）全力救治患者、拯救生命

医疗救治始终以提高收治率和治愈率、降低感染率和病亡率的"两提高""两降低"为目标，坚持集中患者、集中专家、集中资源、集中救治"四集中"原则，坚持中西医结合，实施分类救治、分级管理。对重症患者，调集最优秀的医生、最先进的设备、最急需的资源，不惜一切代价进行救治，大幅度降低病亡率；对轻症患者及早干预，尽可能在初期得以治愈，大幅度降低转重率。

集中优势资源加强重症救治。疫情突发导致武汉市医疗资源挤兑。针对疫情初期患者数量激增与床位资源不足的突出矛盾，集中资源和力量在武汉市建设扩充重症定点医院和救治床位，将全部重症危重症患者集中到综合实力最强且具备呼吸道传染性疾病收治条件的综合医院集中开展救治。建成火神山、雷神山两座各可容纳1 000多张床位的传染病专科医院，改扩建一批定点医院，改造一批综合医院，使重症床位从1 000张左右迅速增加至9 100多张，解决了重症患者大规模收治难题。优化重症救治策略，制定个体化医疗救治方案。建立专家巡查制度，定期组织专家团队对武汉市定点医院重症患者救治进行巡诊，评估患者病情和治疗方案。针对超过80%的重症患者合并严重基础性疾病情况，实行"一人一策"，建立感染、呼吸、重症、心脏、肾脏等多学科会诊制度，并制定重症、危重症护理规范，推出高流量吸氧、无创和有创机械通气、俯卧位通气等措施。严格落实疑难危重症患者会诊制度、死亡病例讨论制度等医疗质量安全核心制度，强化对治愈出院患者健康监测，确保重症患者救治质量。开展康复者恢复期血浆采集和临床治疗工作，建立应急储备库，截至5月31日，全国共采集恢复期血浆2 765人次，1 689人次患者接受恢复期血浆治疗，取得较好治疗效果。

对轻症患者及早干预治疗。及时收治轻症患者，及早实施医疗干预，尽量减少轻症转为重症。完善临床救治体系，全国共指定1万余家定点医院，对新冠肺炎患者实行定点集中治疗。建立全国医疗救治协作网络，通过远程会诊方式提供技术支持。武汉市针对患者数量急剧增长、80%左右是轻症的情况，集中力量将一批体育场馆、会展中心等改造成16家方舱医院，床位达到1.4万余张，使轻症患者应收尽收、应治尽治，减少了社区感染传播，减少了轻症向重症转化。16家方舱医院累计收治患者1.2万余人，累计治愈出院8 000余人、转院3 500余人，实现"零感染、零死亡、零回头"。方舱医院是阻击重大传染病的重大创新，使"应收尽收""床位等人"成为现实,有力扭转了防控形势。英国《柳叶刀》社论认为,"中国建造的方舱庇护医院对于缓解医疗卫生系统所承受的巨大压力有着至关重要的作用"。①

及时总结推广行之有效的诊疗方案。坚持边实践、边研究、边探索、边总结、边完善,在基于科学认知和证据积累的基础上,将行之有效的诊疗技术和科技研究成果纳入诊疗方案。先后制修订7版新冠肺炎诊疗方案,3版重型、危重型病例诊疗方案,2版轻型、普通型管理规范,2版康复者恢复期血浆治疗方案,1版新冠肺炎出院患者主要功能障碍康复治疗方案,提高了医疗救治工作的科学性和规范性。最新的第7版新冠肺炎诊疗方案增加病理改变内容,增补和调整临床表现、诊断标准、治疗方法和出院标准等,并纳入无症状感染者可能具有感染性、康复者恢复期血浆治疗等新发现。目前,第7版诊疗方案已被多个国家借鉴和采用。强化治愈出院患者隔离管理和健康监测,加强复诊复检和康复,实现治疗、康复和健康监测一体化全方位医疗服务。注重孕产妇、儿童等患者差异性诊疗策略,实现不同人群诊疗方案的全覆盖。

充分发挥中医药特色优势。坚持中西医结合、中西药并用,发挥中医药治未病、辨证施治、多靶点干预的独特优势,全程参与深度介入疫情防控,从中医角度研究确定病因病基、治则治法,形成了覆盖医学观察期、轻型、普通型、重型、危重型、恢复期发病全过程的中医诊疗规范和技术方案,在全国范围内全面推广使用。中医医院、中医团队参与救治,中医医疗队整建制接管定点医院若干重症病区和方舱医院,其他方舱医院派驻中医专家。中医药早期介入、全程参与、分类救治,对轻症患者实施中医药早介入早使用;对重症和危重症患者实行中西医结合;对医学观察发热病人和密切接触者服用中药提高免疫力;对出院患者实施中医康复方案,建立全国新冠肺炎康复协作网络,提供康复指导。中医药参与救治确诊病例的占比达到92%。湖北省确诊病例中医药使用率和总有效率超过90%。筛选金花清感颗粒、连花清瘟胶囊/颗粒、血必净注射液和清肺排毒汤、化湿败毒方、宣肺败毒方等"三药三方"为代表的针对不同类型新冠肺炎的治疗中成药和方药,临床疗效确切,有效降低了发病率、转重率、病亡率,促进了核酸转阴,提高了治愈率,加快了恢复期康复。

实施患者免费救治。及时预拨疫情防控资金,确保患者不因费用问题影响就医,确保各地不因资金问题影响医疗救治和疫情防控。截至5月31日,全国各级财政共安排疫情防控资金1624亿元。及时调整医保政策,明确确诊和疑似患者医疗保障政策,对确诊和疑似患者实行"先救治,后结算"。对新冠肺炎患者(包括确诊和疑似患者)发生的医疗费用,在基本医保、大病保险、医疗救助等按规定支付后,个人负担部分由财政给予补助。异地就医医保支付的费用由就医地医保部门先行垫付。截至5月31日,全国确诊住院患者结算人数5.8万人次,总医疗费用13.5亿元,确诊患者人均医疗费用约2.3万元。其中,重症患者人均治疗费用超过15万元,一些危重症患者治疗费用几十万元甚至上百万元,全部由国家

---

① 《柳叶刀》:《中国持续遏制新冠肺炎疫情》(Sustaining containment of COVID-19 in China)https://www.thelancet.com/journals/lancet/article/PIIS0140-6736(20)30864-3/fulltext,2020年4月18日。

承担。

加强医疗机构感染控制和医务人员防护。制定感染控制技术指南和制度文件,明确医疗机构重点区域、就诊流程"三区两通道"建筑布局要求。加强对医务人员的感染控制培训,开展全国督导,确保感染控制措施落实。对疫情严重、院内感染风险高、医疗救治压力大的重点地区重点医院,有针对性地开展指导。加强医疗废物分类收集、运送贮存,做好病亡者遗体处置。在援鄂援汉医疗队中配置感染控制专家,全国支援湖北省和武汉市的医务人员没有感染病例。2月份以后,全国医务人员感染病例报告数明显减少。关心关爱医务人员,制定一系列保障政策,开展心理疏导,妥善安排轮换休整,缓解身体和心理压力,保持一线医务人员战斗力。

(四)依法及时公开透明发布疫情信息

在全力做好疫情防控的同时,中国以对生命负责、对人民负责、对历史负责、对国际社会负责的态度,建立最严格且专业高效的信息发布制度,第一时间发布权威信息,速度、密度、力度前所未有。持续、权威、清晰的疫情信息,有效回应了公众关切、凝聚了社会共识,为其他国家提供了参考和借鉴。

建立严格的疫情发布机制。依法、及时、公开、透明发布疫情信息,制定严格规定,坚决防止瞒报、迟报、漏报。武汉市从2019年12月31日起依法发布疫情信息,并逐步增加信息发布频次。2020年1月21日起,国家卫生健康委每日在官方网站、政务新媒体平台发布前一天全国疫情信息,各省级卫生健康部门每日统一发布前一天本省份疫情信息。2月3日起,国家卫生健康委英文网站同步发布相关数据。

建立分级分层新闻发布制度。坚持国家和地方相结合、现场发布与网上发布相结合,建立多层次多渠道多平台信息发布机制,持续发布权威信息,及时回应国内外关注的疫情形势、疫情防控、医疗救治、科研攻关等热点问题。截至5月31日,国务院联防联控机制、国务院新闻办公室共举行新闻发布会161场,邀请50多个部门490余人次出席发布会,回答中外媒体1400多个提问;湖北省举行103场新闻发布会,其他省份共举行1050场新闻发布会。

依法适时订正病例数据。本土疫情得到控制后,为确保公开透明、数据准确,武汉市针对疫情早期因收治能力不足导致患者在家中病亡、医院超负荷运转、死亡病例信息登记不全等原因,客观上存在迟报、漏报、误报现象,根据相关法律规定,在深入开展涉疫大数据与流行病学调查的基础上,对确诊和死亡病例数进行了订正,并向社会公开发布。

多渠道多平台传播信息。国家卫生健康委中、英文官方网站和政务新媒体平台设置疫情防控专题页面,发布每日疫情信息,解读政策措施,介绍中国抗疫进展,普及科学防控知识,澄清谣言传言。各省(自治区、直辖市)政府网站及政务新媒体平台及时发布本地疫情信息和防控举措。大力开展应急科普,通过科普专业平台、媒体和互联网面向公众普及科学认知、科学防治知识,组织权威专家介绍日常防控常识,引导公众理性认识新冠肺炎疫情,做好个人防护,消除恐慌恐惧。加强社会舆论引导,各类媒体充分传递抗击疫情正能量，同时发挥舆论监督作用，推动解决疫情防控中出现的问题。

（五）充分发挥科技支撑作用

科学技术是人类同疾病较量的锐利武器，人类战胜大灾大疫离不开科学发展和技术创新。面对人类未知的新冠病毒，中国坚持以科学为先导，充分运用近年来科技创新成果，组织协调全国优势科研力量，以武汉市为主战场，统筹全国和疫情重灾区，根据疫情发展不同阶段确定科研攻关重点，坚持科研、临床、防控一线相互协同和产学研各方紧密配合，为疫情防控提供了有力科技支撑。

实施科研应急攻关。遵循安全、有效、可供的原则，加快推进药物、疫苗、新型检测试剂等研发和应用。适应疫情防控一线的紧迫需求，围绕"可溯、可诊、可治、可防、可控"，坚持产学研用相结合，聚焦临床救治和药物、疫苗研发、检测技术和产品、病毒病原学和流行病学、动物模型构建5大主攻方向，组织全国优势力量开展疫情防控科技攻关，加速推进科技研发和应用，部署启动83个应急攻关项目。按照灭活疫苗、重组蛋白疫苗、减毒流感病毒载体疫苗、腺病毒载体疫苗、核酸疫苗等5条技术路线开展疫苗研发。目前，已有4种灭活疫苗和1种腺病毒载体疫苗获批开展临床试验，总体研发进度与国外持平，部分技术路线进展处于国际领先。组织科研团队开展科学溯源研究。

坚持科研攻关和临床救治、防控实践相结合。第一时间研发出核酸检测试剂盒，推出一批灵敏度高、操作便捷的检测设备和试剂，检测试剂研发布局涵盖核酸检测、基因测序、免疫法检测等多个技术路径。坚持"老药新用"基本思路，积极筛选有效治疗药物，探索新的治疗手段，在严谨的体外研究和机制研究基础上，不断总结救治经验，推动磷酸氯喹、恢复期血浆、托珠单抗和中医药方剂、中成药等10种药物或治疗手段进入诊疗方案，获得4项临床批件，形成5项指导意见或专家共识。开展试验性临床治疗，加快推广应用临床验证有效的诊疗方法和药物。强化实验室生物安全监管，加强新冠病毒临床检测血液样本和实验室检测生物样本管理。

运用大数据、人工智能等新技术开展防控。充分利用大数据、人工智能等新技术，进行疫情趋势研判，开展流行病学调查，努力找到每一个感染者、穷尽式地追踪密切接触者并进行隔离。建立数据库，依法开展疫情防控风险数据服务，对不同风险人群进行精准识别，预判不同地区疫情风险，为促进人员有序流动和复工复产提供服务。通过5G视频实时对话平台，偏远山区的流行病学调查团队可以与几千千米之外的高级别专家实时互动交流。经公民个人授权，推广个人"健康码""通信大数据行程卡"作为出行、复工复产复学、日常生活及出入公共场所的凭证，根据查询结果进行管控通行和分类处置，实现分区分级的精准识别、精准施策和精准防控。利用大数据技术绘制"疫情地图"，通过社区名称、地址和位置，标明疫情传播具体地点、距离、人数等，为公众防范传染提供方便。

此次新冠肺炎疫情防控，为应对重大突发公共卫生事件积累了宝贵经验，同时也暴露出国家公共卫生应急管理体系存在的不足。中国将认真总结疫情防控和医疗救治经验教训，研究采取一系列重要举措，补短板、强弱项。改革完善疾病预防控制体系，建设平战结合的重大疫情防控救治体系,健全应急物资保障体系,加强构建关键核心技术攻关新型举国体制,深入开展爱国卫生运动,不断完善公共卫生体系,切实提高应对突发重大公共卫生事件的能力和水平,更好维护人民生命安全和身体健康。

三、凝聚抗击疫情的强大力量

面对未知病毒突然袭击,中国坚持人民至上、生命至上,举全国之力,快速有效调动全国资源和力量,不惜一切代价维护人民生命安全和身体健康。中国共产党以人民为中心的执政理念,中国集中力量办大事的制度特点,改革开放40多年来特别是中共十八大以来积累的雄厚综合国力和国家治理现代化建设的显著成效,中华民族同舟共济、守望相助的文化底色,中国人民深厚的家国情怀、天下情怀,汇聚成抗击疫情的强大合力。

(一)人的生命高于一切

在新冠肺炎疫情突袭,人民生命安全和身体健康受到严重威胁的重大时刻,中国共产党和中国政府始终以对人民负责、对生命负责的鲜明态度,准确分析和把握形势,既多方考量、慎之又慎,又及时出手、坚决果敢,以非常之举应对非常之事,全力保障人民生命权、健康权。

在人民生命和经济利益之间果断抉择生命至上。疫情暴发后,以宁可一段时间内经济下滑甚至短期"停摆",也要对人民生命安全和身体健康负责的巨大勇气,对湖北省和武汉市果断采取史无前例的全面严格管控措施。同时,在全国范围内严控人员流动,延长春节假期,停止人员聚集性活动,决定全国企业和学校延期开工开学,迅速遏制疫情的传播蔓延,避免更多人受到感染。英国《柳叶刀》社论认为,"中国的成功也伴随着巨大的社会和经济代价,中国必须做出艰难的决定,从而在国民健康与经济保护之间获得最佳平衡"。[①] 在疫情防控的关键阶段,准确把握疫情形势变化,作出统筹推进疫情防控和经济社会发展的重大决策,有序恢复生产生活秩序,推动落实分区分级精准复工复产,最大限度保障民生和人民正常生产生活。随着本土疫情防控取得重大战略成果,及时采取"外防输入、内防反弹"的防控策略,坚决防止来之不易的持续向好形势发生逆转,坚决防止人民生命安全再次面临病毒威胁。

不惜一切代价抢救生命。疫情初期,病毒感染者急剧增多,中国把提高治愈率、降低病亡率作为首要任务,快速充实医疗救治力量,把优质资源集中到救治一线。采取积极、科学、灵活的救治策略,慎终如始、全力以赴救治每一位患者,从出生仅30个小时的婴儿至100多岁的老人,不计代价抢救每一位患者的生命。为了抢救病患,医务人员冒着被感染的风险采集病毒样本,没有人畏难退缩。为满足重症患者救治需要,想尽一切办法筹措人工膜

[①] 《柳叶刀》:《中国持续遏制新冠肺炎疫情》(Sustaining containment of COVID-19 in China) https://www.thelancet.com/journals/lancet/article/PIIS0140-6736(20)30864-3/fulltext, 2020年4月18日。

肺（ECMO）设备，能买尽买，能调尽调。武汉市重症定点医院累计收治重症病例9 600多例，转归为治愈的占比从14%提高到89%，超过一般病毒性肺炎救治平均水平。对伴有基础性疾病的老年患者，一人一案、精准施策，只要有一丝希望绝不轻易放弃，只要有抢救需要，人员、药品、设备、经费全力保障。疫情发生以来，湖北省成功治愈3 000余位80岁以上、7位百岁以上新冠肺炎患者，多位重症老年患者是从死亡线上抢救回来的。一位70岁老人身患新冠肺炎，10多名医护人员精心救护几十天，终于挽回了老人生命，治疗费用近150万元全部由国家承担。

关心关爱海外中国公民。国家时刻挂念海外中国公民的安危，敦促、支持有关国家政府采取有效措施保障当地华侨、留学生、中资机构人员等安全。派出医疗专家组、工作组，开设远程医疗服务平台，为海外中国公民提供科学专业的疫情防控指导。协调外方全力救治在国外确诊感染的中国公民，充分调动国内专家、援外医疗队等资源，积极支持配合外方开展救治。驻外使领馆尽力履行领事保护职能，通过各种渠道宣介疫情防护知识，向留学生发放100多万份"健康包"。协助在海外确有困难的中国公民有序回国。

以国之名悼念逝者。4月4日清明节，中国举行全国性哀悼活动，深切悼念抗击疫情斗争牺牲烈士和逝世同胞，为没有等来春天的生命默哀，向所有用生命守护生命的英雄致敬。从最高领导人到普通民众，14亿中国人民以最深的怀念为牺牲烈士和逝世同胞送行。中国以国家之名和最高仪式祭奠逝者，是国家对人民个体尊严与生命的尊重与敬畏，是14亿中国人民集体情感背后的团结和力量。

（二）举全国之力抗击疫情

一方有难，八方支援。疫情发生后，全国上下紧急行动，依托强大综合国力，开展全方位的人力组织战、物资保障战、科技突击战、资源运动战，全力支援湖北省和武汉市抗击疫情，在最短时间集中最大力量阻断疫情传播。"中方行动速度之快、规模之大，世所罕见，展现出中国速度、中国规模、中国效率"。[①]

开展新中国成立以来规模最大的医疗支援行动。调动全国医疗资源和力量，全力支持湖北省和武汉市医疗救治。自1月24日除夕至3月8日，全国共调集346支国家医疗队、4.26万名医务人员、900多名公共卫生人员驰援湖北。19个省份以对口支援、以省包市的方式支援湖北省除武汉市以外16个地市，各省在发生疫情、防控救治任务十分繁重的情况下，集中优质医疗资源支援湖北省和武汉市。人民解放军派出4 000多名医务人员支援湖北，承担火神山医院等3家医疗机构的医疗救治任务，空军出动运输机紧急运送医疗物资。各医疗队从接受指令到组建2小时内完成，24小时内抵达，并自带7天防护物资，抵达后迅速开展救治。在全国紧急调配全自动测温仪、负压救护车、呼吸机、心电监护仪等重点医疗物资支援湖北省和武汉市（表1）。从全国调集4万名建设者和几千台机械设备，仅用10天建成有

---

① 谭德塞：《习近平会见世界卫生组织总干事谭德塞》，新华网，http://www.xinhuanet.com/politics/leaders/2020-01/28/c_1125508831.htm，2020年1月28日。

1 000张病床的火神山医院,仅用12天建成有1 600张病床的雷神山医院。短短10多天建成16座方舱医院,共有1.4万余张床位。加强临床血液供应,10个省份无偿支援湖北省红细胞4.5万单位,血小板1 762个治疗量,新鲜冰冻血浆137万毫升(不含恢复期血浆)。大规模、强有力的医疗支援行动,有力保障了湖北省和武汉市救治,极大缓解了重灾区医疗资源严重不足的压力。

表1 疫情发生以来调往湖北省医疗物资情况(截至4月30日)

序号	类别	品种	单位	数量
1	医疗设备	全自动测温仪	台	20 033
2		负压救护车	辆	1 065
3		呼吸机	台	17 655
4		心电监护仪	台	15 746
5	消杀用品	84消毒液	吨	1 874
6		免洗洗手液	万瓶	71.4
7	防护用品	医用手套	万副	198.7
8		防护服	万套	773
9		医用N95口罩	万只	498
10		医用非N95口罩	万只	2 720
11	防控药品	磷酸氯喹	万片/粒	40
12		阿比多尔	万片/粒	360

大力加强医疗物资生产供应和医疗支持服务。疫情防控阻击战,也是后勤保障战。疫情初期,武汉市医疗防护物资极度短缺,为了节省防护用品、争分夺秒抢救病患,一线医护人员克服困难,最大限度地延长防护用品使用时间。为尽快解决医疗资源短缺和病患急剧增多的突出矛盾,中国充分发挥制造业门类全、韧性强和产业链完整配套的优势,克服春节假期停工减产等不利因素,开足马力,深挖潜力,全力保障上下游原料供应和物流运输,保证疫情防控物资的大规模生产与配送。医疗企业克服工人返岗不足等困难,以最快速度恢复医疗用品生产,最大限度扩大产能。其他行业企业迅速调整转产,生产口罩、防护服、消毒液、测温仪等防疫物资,有效扩大了疫情防控物资的生产供应。快速启动防控医疗物资应急审批程序,全面加强质量安全监管,确保以最快的速度批准上市、促产保供,截至5月31日,共应急批准17个药物和疫苗的19件临床试验申请,附条件批准2个疫情防控用药上市。在各方共同努力下,医用物资产能不断提升,医用物资保供实现从"紧缺"到"紧平衡""动态平衡""动态足额供应"的跨越式提升(表2)。2月初,医用非N95口罩、医用N95口罩日产量分别为586万只、13万只,到4月底分别超过2亿只、500万只。畅通供应链条和物流渠道,建立联保联供协作机制,源源不断地把全国支援物资运送到疫情防控重点地区。

表2 重点医疗物资生产情况（截至4月30日）

	类别	产品 指标	日产能	日产量	日产量较疫情初期（1月底）增长倍数
1	防护用品	医用防护服（万套）	189	80	90.6倍
2	消杀用品	免洗手消毒液（吨）	409	308	2.6倍
		84消毒液（万箱）	36.6	11.7	1.6倍
3	医疗设备	全自动红外测温仪（万台）	1.07	0.34	23.3倍
4	检测用品	病毒检测试剂（万人份）	1020	760	58倍

统筹协调生活物资保障。离汉通道关闭后，武汉市近千万人居家隔离，每天需要消耗大量的粮食、蔬菜、肉蛋奶。加强联动协调，建立央地协同、政企联动的9省联保联供协作和500家应急保供企业调运机制，加大粮油供应力度，投放中央冻猪肉储备，提升蔬菜大省产品供应能力，组织紧急物资运输队伍，全力保障湖北省特别是武汉市居民生活必需品的生产、库存、供应和价格稳定。1月27日至3月19日，全国通过铁路、公路、水运、民航、邮政快递等运输方式向湖北地区运送防疫物资和生活物资92.88万吨，运送电煤、燃油等生产物资148.7万吨，煤、电、油、气、热等能源供应充足，保障了湖北省、武汉市社会正常运转和隔离措施顺利实施。武汉市将生活物资配送纳入社区服务，打通生活物资配送从商场、超市到小区的最后环节，通过无接触配送方式将经过检疫、符合防疫标准的蔬菜直送社区，保障了隔离期间居民生活需要和防疫安全。

社会力量广泛参与。工会、共青团、妇联等人民团体和群众组织，组织动员所联系群众积极投身疫情防控。城乡居民、企业、社会组织等纷纷捐款捐物、献出爱心。各级慈善组织、红十字会加强捐赠资金和物资的调配和拨付，将捐赠款物重点投向湖北省和武汉市等疫情严重地区。截至5月31日，累计接受社会捐赠资金约389.3亿元、物资约9.9亿件，累计拨付捐款资金约328.3亿元、物资约9.4亿件。

疫情发生后，港澳台同胞和海外侨胞通过各种方式和渠道伸出援手，积极捐款和捐赠各类防疫物资，体现了浓浓的同胞亲情，体现了海内外中华儿女守望相助、共克时艰的凝聚力向心力。

（三）平衡疫情防控与经济社会民生

在毫不放松加强疫情防控的同时，稳妥有序放开经济和社会活动，做好"六稳"工作，落实"六保"任务，形成同疫情防控相适应的经济社会运行秩序，努力将疫情对经济社会发展的冲击和影响降到最低，为抗击疫情提供有力的物资保障和社会保障。

保持社会稳定、有序运转。着力加强社会安全稳定工作，加强社会治安管理，强化防疫物资质量和价格监管，维护市场秩序和社会稳定。及时出台受疫情影响困难群众兜底保障政策，有效保障基本生活。将心理危机干预纳入疫情防控，妥善处理疫情防控中思想和心理问题，加强思想引导和心理疏导，培育理性平和、积极健康的心态，及时预防化解涉疫矛盾纠纷。疫情大考下，在交通管制、全民居家隔离等严格管控措施的情况下，不论是城市还是农村，水、电、燃气、通信不停，生活物资供应不断，社会秩序不乱，食品、药品、能源、基础工业品、基本公共服务等关系国计民生的重点行业有序运转，14亿人民的基本民生得到有效保障，经济社会大局保持了稳定有序。

有序推动复工复产。密集制定出台多项政策，为企业特别是中小企业和个体工商户减负纾困，实施减费降税，增加财政补贴，加大金融支持，减负稳岗扩就业，优化政府服务。各地方及时制定实施细则，将疫情防控、公共事业运行、群众生活必需等领域的1万多家企业列为重点，通过租用专车、专列、包机等方式"点对点""一站式"帮助农民工返岗，并从个人防护物资、人流、物流等方面为企业复工提供全方位服务。针对公共交通运输、餐饮、住宿、旅游、体育、娱乐等受疫情影响较大的行业，采取免征增值税等税收优惠政策。阶段性减免企业社保费，缓缴住房公积金，免收公路通行费，降低企业用电用气价格，减轻小微企业和个体工商户房租负担。对中小微企业贷款实施临时性延期还本付息、新增优惠利率贷款。支持大学生、农民工等重点群体创业就业，扩大中小微企业稳岗返还政策受益面，发力稳就业，促进中小企业发展。用好用足出口退税、出口信用保险政策，扩大出口信贷投放，开拓多元化市场，加快压减外资准入负面清单，持续扩大外资市场准入，为企业"补血""减负""拓空间"。国有企业发挥主力军作用，带动上下游产业和中小企业全面复工复产。截至4月底，全国规模以上工业企业复工率超过99%，中小微企业复工率达到88.4%，重大项目复工率超过95%；湖北全省规模以上工业企业复工率、员工到岗率分别达到98.2%、92.1%，整体接近全国平均水平。一批国家重点科技专项、超级民生工程、重大标志性外资项目重现往日繁忙景象。中国经济运行加快回归常态，经济活力正在快速释放。

公众生活逐步恢复。随着疫情防控形势积极向好，公众日常生活逐步恢复。公共交通全面恢复运行，餐饮门店有序开放堂食。"五一"假期重新绽放活力，全国铁路、道路、水路、民航累计发送旅客1.21亿人次，全国累计接待国内游客1.15亿人次，实现国内旅游收入475.6亿元，经受住了疫情和假期的双重考验。在落实防控措施前提下，全面开放商场、超市、宾馆、餐馆等生活场所。全国分批分次复学复课，截至5月31日，各省（自治区、直辖市）和新疆生产建设兵团中小学部分学段均已开学，共有1.63亿学生（含幼儿园）返校。中国社会正在恢复往常热闹景象，人气日益回暖，消费逐步复苏。

（四）14亿中国人民坚韧奉献守望相助

国家兴亡，匹夫有责。14亿中国人民，不分男女老幼，不论岗位分工，都自觉投入抗击疫情的人民战争，坚韧团结、和衷共济，凝聚起抗击疫情的磅礴力量。14亿中国人民都是抗击疫情的伟大战士。

医务工作者白衣执甲、逆行出征。从年逾古稀的院士专家，到90后、00后的年轻医护人员，面对疫情义无反顾、坚定前行。54万名湖北省和武汉市医务人员冲锋在前，4万多名军地医务人员第一时间驰援湖北省和武汉市，数百万名医务人员战斗在全国抗疫一线。他们以对人民的赤诚和对生命的敬佑，争分夺秒、舍生忘死、连续作战，挽救了一个又一个垂危生命，用血肉之躯构筑起阻击病毒的钢铁长城，为病毒肆虐的漫漫黑夜带来了光明，守护了国家和民族生生不息的希望。他们与病毒直面战斗，承受难以想象的身体和心理压力，付出巨大牺牲，2 000多人确诊感染，几十人以身殉职。没有人生而英勇，只是选择了无畏。中国医生的医者仁心和大爱无疆，永远铭刻在中华民族历史上，永远铭刻在中国人民心中。

武汉人民和湖北人民顾全大局、顽强不屈，为阻击病毒作出巨大牺牲。武汉人民、湖北人民面对离汉离鄂通道关闭后与外隔绝、交通停滞、城市"停摆"，克服了近距离接触病毒、医疗资源和生活物资紧张以及长时间隔离带来的困难，忍住失去至爱亲朋的痛苦，服从大局，咬紧牙关，团结坚守。在伟大的抗疫战争中，英雄的武汉人民、湖北人民将载入史册为人们所铭记。

社区工作者、公安民警、海关关员、基层干部、下沉干部不辞辛苦、日夜值守，为保护人民生命安全牺牲奉献。400万名社区工作者奋战在全国65万个城乡社区中，监测疫情、测量体温、排查人员、站岗值守、宣传政策、防疫消杀，认真细致，尽职尽责，守好疫情防控"第一关口"。公安民警及辅警驻守医院、转运病人、街道巡逻、维护秩序，面对急难险重任务勇挑重担，130多人牺牲在工作岗位。海关关员依法履行卫生检疫职责，筑牢口岸检疫防线。社区防控一线广大党员、干部及时将党和政府的声音传导到基层，组织动员群众做好防控，积极为群众排忧解难，抓实抓细网格服务管理。

快递小哥、环卫工人、道路运输从业人员、新闻工作者、志愿者等各行各业工作者不惧风雨、敬业坚守。疫情期间，千家万户关门闭户，数百万快递员顶风冒雪、冒疫前行，在城市乡村奔波，给人们送来温暖。全国180万环卫工人起早贪黑、不辞辛劳，高标准做好卫生清扫、消毒杀菌、医疗废物集中处理、垃圾清理清运。数千万道路运输从业人员坚守岗位，许多城市出租车司机没有停工，有力保障疫情防控、生产生活物资运输和复工复产。新闻工作者不惧风险、深入一线，记录中国抗疫的点点滴滴，传递中国人民抗击疫情的温情和力量。许多普通人投入一线志愿服务，社区值守、排查患者、清洁消杀、买药送菜，缓解居民燃眉之急。据不完全统计，截至5月31日，全国参与疫情防控的注册志愿者达到881万人，志愿服务项目超过46万个，记录志愿服务时间超过2.9亿小时。

广大民众扛起责任、众志成城，自觉参与抗击疫情。危难面前，中国人民对中国共产党和中国政府高度信任，勇敢承担起社会责任，为取得抗疫胜利约束自我乃至牺牲自我。疫情暴发正值春节假期，国家一声令下，全民响应，一致行动，整个社会紧急停下脚步。人们取消了春节期间的走亲访友和各种聚会，克服困难就地隔离，外出自觉佩戴口罩、测量体温、保持社交距离。保护自己就是保护别人、就是为国家作贡献成为社会共识和每个人的自觉行动。人们长时间在家隔离，上网课、学美食、陪家人，用各种方式缓解压力，以积极乐观的态度抗击疫情。"所有好的做法如果想要奏效，必须要有公众的集体意愿。正因如此，中国有能力通过传统公共卫生干预方法应对一种新型的未知病毒"①。

重大危机是考验执政党执政理念、执政效能的试金石。中国在较短时间内遏制疫情蔓

---

① 中国—世界卫生组织联合专家考察组新闻发布会，北京，2020年2月24日。

延,根本在于中国共产党的坚强领导。中国共产党有坚强有力的领导核心,有以人民为中心的执政理念,面对疫情危机,迅速科学作出决策,实行高效有力的危机应对。中国共产党严密的组织体系和高效的运行机制,在短时间内建立横向到边、纵向到底的危机应对机制,有效调动各方积极性,全国上下令行禁止、统一行动。中国共产党460多万个基层组织,广泛动员群众、组织群众、凝聚群众、服务群众,筑起一座座抗击疫情的坚强堡垒。在疫情危及人民生命安全的危难关头,共产党员冲在最前面,全国3 900多万名党员、干部战斗在抗疫一线,1 300多万名党员参加志愿服务,近400名党员、干部为保卫人民生命安全献出了宝贵生命。广大党员自觉捐款,为疫情防控斗争真情奉献。注重在疫情考验中锤炼党员干部,检验为民初心和责任担当,对湖北省委和武汉市委领导班子作出调整补充,对不担当、不作为、失职渎职的党员干部严肃问责,对敢于担当、认真负责的党员干部大力褒奖、大胆使用,立起了鲜明导向。历经疫情磨砺,中国人民更加深切地认识到,风雨来袭,中国共产党的领导是最重要的保障、最可靠的依托,对中国共产党更加拥护和信赖,对中国制度更加充满信心。

四、共同构建人类卫生健康共同体

当前,新冠肺炎疫情仍在全球肆虐,每天都有许多生命逝去。面对严重危机,人类又一次站在了何去何从的十字路口。坚持科学理性还是制造政治分歧?加强团结合作还是寻求脱钩孤立?推进多边协调还是奉行单边主义?迫切需要各个国家作出回答。中国主张,各国应为全人类前途命运和子孙后代福祉作出正确选择,秉持人类命运共同体理念,齐心协力、守望相助、携手应对,坚决遏制疫情蔓延势头,打赢疫情防控全球阻击战,护佑世界和人民康宁。

(一)中国感谢和铭记国际社会宝贵支持和帮助

在中国疫情防控形势最艰难的时候,国际社会给予了中国和中国人民宝贵的支持和帮助。全球170多个国家领导人、50个国际和地区组织负责人以及300多个外国政党和政治组织向中国领导人来函致电、发表声明表示慰问支持。77个国家和12个国际组织为中国人民抗疫斗争提供捐赠,包括医用口罩、防护服、护目镜、呼吸机等急用医疗物资和设备。84个国家的地方政府、企业、民间机构、人士向中国提供了物资捐赠。金砖国家新开发银行、亚洲基础设施投资银行分别向中国提供70亿、24.85亿元人民币的紧急贷款,世界银行、亚洲开发银行向中国提供国家公共卫生应急管理体系建设等贷款支持。中国感谢国际社会给予的宝贵理解和支持,中国人民永远铭记在心。中华民族是懂得感恩、投桃报李的民族,中国始终在力所能及的范围内为国际社会抗击疫情提供支持。

(二)中国积极开展国际交流合作

疫情发生以来,中国始终同国际社会开展交流合作,加强高层沟通,分享疫情信息,开展科研合作，力所能及为国际组织和其他国家提供援助，为全球抗疫贡献中国智慧、中国力量。中国共产党同110多个国家的240个政党发出共同呼吁，呼吁各方以人类安全健康为重，秉持人类命运共同体理念，携手加强国际抗疫合作。

习近平主席亲自推动开展国际合作。疫情发生以来，习近平主席同近50位外国领导人和国际组织负责人通话或见面，介绍中国抗疫努力和成效，阐明中国始终本着公开、透明、负责任的态度，及时发布疫情信息，分享防控和救治经验，阐明中国对其他国家遭受的疫情和困难感同身受，积极提供力所能及的帮助，呼吁各方树立人类命运共同体意识，加强双多边合作，支持国际组织发挥作用，携手应对疫情挑战。习近平主席出席二十国集团领导人特别峰会并发表讲话，介绍中国抗疫经验，提出坚决打好新冠肺炎疫情防控全球阻击战、有效开展国际联防联控、积极支持国际组织发挥作用、加强国际宏观经济政策协调等4点主张和系列合作倡议，呼吁国际社会直面挑战、迅速行动。5月18日，习近平主席在第73届世界卫生大会视频会议开幕式上发表致辞，呼吁各国团结合作战胜疫情，共同构建人类卫生健康共同体，提出全力搞好疫情防控、发挥世界卫生组织作用、加大对非洲国家支持、加强全球公共卫生治理、恢复经济社会发展、加强国际合作等6点建议，并宣布两年内提供20亿美元国际援助、与联合国合作在华设立全球人道主义应急仓库和枢纽、建立30个中非对口医院合作机制、中国新冠疫苗研发完成并投入使用后将作为全球公共产品、同二十国集团成员一道落实"暂缓最贫困国家债务偿付倡议"等中国支持全球抗疫的一系列重大举措。

同国际社会分享疫情信息和抗疫经验。中国及时向国际社会通报疫情信息，交流防控经验，为全球防疫提供了基础性支持。疫情发生后，中国第一时间向世界卫生组织、有关国家和地区组织主动通报疫情信息，分享新冠病毒全基因组序列信息和新冠病毒核酸检测引物探针序列信息，定期向世界卫生组织和有关国家通报疫情信息。中国与东盟、欧盟、非盟、亚太经合组织、加共体、上海合作组织等国际和地区组织，以及韩国、日本、俄罗斯、美国、德国等国家，开展70多次疫情防控交流活动。国家卫生健康委汇编诊疗和防控方案并翻译成3个语种，分享给全球180多个国家、10多个国际和地区组织参照使用，并与世界卫生组织联合举办"新冠肺炎防治中国经验国际通报会"。国务院新闻办公室在武汉举行两场英文专题发布会，邀请相关专家和一线医护人员介绍中国抗疫经验和做法。中国媒体开设"全球疫情会诊室""全球抗疫中国方案"等栏目，为各国开展交流搭建平台。中国智库和专家通过多种方式开展对外交流。中国—世界卫生组织联合专家考察组实地考察调研北京、成都、广州、深圳和武汉等地一线疫情防控工作，高度评价中国抗疫的努力和成效。

向国际社会提供人道主义援助。在自身疫情防控仍然面临巨大压力的情况下，中国迅速展开行动，力所能及地为国际社会提供援助。向世界卫生组织提供两批共5 000万美元现汇援助，积极协助世界卫生组织在华采购个人防护用品和建立物资储备库，积极协助世界卫生组织"团结应对基金"在中国筹资，参与世界卫生组织发起的"全球合作加速开发、生产、公平获取新冠肺炎防控新工具"倡议。积极开展对外医疗援助，截至5月31日，中国共向27个国家派出29支医疗专家组，已经或正在向150个国家和4个国际组织提供抗疫援助；指导长期派驻在56个国家的援外医疗队协助驻在国开展疫情防控工作，向驻在国民众和华侨华人提供技术咨询和健康教育，举办线上线下培训400余场；地方政府、企业和民间机构、个人通过各种渠道，向150多个国家、地区和国际组织捐赠抗疫物资。中国政府始终关心在华外国人士的生命安全和身体健康，对于感染新冠肺炎的外国人士一视同仁及时进行救治。

有序开展防疫物资出口。中国在满足国内疫情防控需要的基础上，想方设法为各国采购防疫物资提供力所能及的支持和便利，打通需求对接、货源组织、物流运输、出口通关等方面堵点，畅通出口环节，有序开展防疫物资出口。采取有力措施严控质量、规范秩序，发布防疫用品国外市场准入信息指南，加强防疫物资市场和出口质量监管，保质保量向国际社会提供抗击疫情急需的防疫物资。3月1日至5月31日，中国向200个国家和地区出口防疫物资，其中，口罩706亿只，防护服3.4亿套，护目镜1.15亿个，呼吸机9.67万台，检测试剂盒2.25亿人份，红外线测温仪4 029万台，出口规模呈明显增长态势，有力支持了相关国家疫情防控。1月至4月，中欧班列开行数量和发送货物量同比分别增长24%和27%，累计运送抗疫物资66万件，为维持国际产业链和供应链畅通、保障抗疫物资运输发挥了重要作用。

开展国际科研交流合作。加强同世界卫生组织沟通交流，同有关国家在溯源、药物、疫苗、检测等方面开展科研交流与合作，共享科研数据信息，共同研究防控和救治策略。科技部、国家卫生健康委、中国科协、中华医学会联合搭建"新型冠状病毒肺炎科研成果学术交流平台"，供全球科研人员发布成果、参与研讨，截至5月31日，共上线104种期刊、970篇论文和报告。国家中医药管理局联合上合组织睦邻友好合作委员会召开"中国中西医结合专家组同上海合作组织国家医院新冠肺炎视频诊断会议"，指导世界中医药学会联合会和世界针灸学会联合会开展"中医药抗疫全球直播""国际抗疫专家大讲堂"等活动。中国科学院发布"2019新型冠状病毒资源库"，建成"新型冠状病毒国家科技资源服务系统""新型冠状病毒肺炎科研文献共享平台"，截至5月31日，3个平台为全球超过37万用户提供近4 800万次下载、浏览和检索服务。建立国际合作专家库，同有关国家开展疫苗研发、药品研发等合作。充分发挥"一带一路"国际科学组织联盟作用，推动成员之间就新冠病毒研究和新冠肺炎治疗开展科技合作。中国医疗机构、疾控机构和科学家在《柳叶刀》《科学》《自然》《新英格兰医学杂志》等国际知名学术期刊上发表数十篇高水平论文，及时发布新冠肺炎首批患者临床特征描述、人际传播风险、方舱医院经验、药物研发进展、疫苗动物实验结果等研究成果。同有关国家、世界卫生组织以及流行病防范创新联盟（CEPI）、全球疫苗免疫联盟（GAVI）等开展科研合作，加快推进疫苗研发和药物临床试验。

（三）国际社会团结合作共同抗疫

疫情在全球传播蔓延的形势令人担忧。无论是阻击病毒的传播蔓延，还是抵御不断恶化的全球经济衰退，都需要国际社会团结合作，都需要坚持多边主义、推动构建人类命运共同体。团结合作是国际社会战胜疫情最有力武器。未来的成败取决于今天的作为。中国呼吁各国紧急行动起来，更好团结起来，全面加强合作，联合抗疫，共克时艰。

有效开展联防联控国际合作。应对疫情必须各国协同作战，建立起严密的联防联控网络。疫情发生以来，世界卫生组织秉持客观公正立场，积极履行职责，采取一系列专业、科学、有效措施，为领导和推进国际抗疫合作作出了重大贡献。中国坚定支持世界卫生组织发挥全球抗疫领导作用，呼吁国际社会加大对世界卫生组织政治支持和资金投入，调动全球资源打赢疫情阻击战。中国主张，各国在世界卫生组织的指导和协调下，采取科学合理、协同联动的防控措施，科学调配医疗力量和重要物资，在防护、隔离、检测、救治、追踪等重要领域采取有力举措，同时，加强信息共享和经验交流，开展检测方法、临床救治、疫苗药物研发国际合作，继续支持各国科学家开展病毒源头和传播途径的全球科学研究。中国呼吁，二十国集团、亚太经合组织、金砖国家、上海合作组织等多边机制加大机制内对话交流与政策协调力度，二十国集团成员切实落实二十国集团领导人特别峰会达成的共识。开展联防联控国际合作，大国的负责任、担当和主动作为至关重要。中国愿同各国包括美国加强交流合作，共同应对疫情挑战，特别是在疫苗和特效药的研发、生产和分发上开展合作，为阻断病毒传播作出应有贡献。

合作应对疫情给世界经济带来的影响。疫情在全球传播蔓延，人员流动、跨境商贸活动受阻，金融市场剧烈震荡，全球产业链供应链受到双重打击，世界经济深度衰退不可避免，国际社会联手稳定和恢复世界经济势在必行。中国愿同各国一道，在加强疫情防控的同时，一齐应对日益上升的全球经济衰退，加强国际宏观经济政策协调，共同维护全球产业链供应链的稳定、安全与畅通。新冠肺炎疫情改变了经济全球化形态，但全球化发展大势没有改变，搞"脱钩""筑墙""去全球化"，既割裂全球，又难以自保。中国主张，各国继续推进全球化，维护以世界贸易组织为基石的多边贸易体制，减免关税、取消壁垒、畅通贸易，使全球产业链供应链安全顺畅运行，同时，实施有力有效的财政和货币政策，加强金融监管协调，维护金融市场稳定，防止引发全球性金融危机导致世界经济陷入大规模、长周期衰退。中国将继续向国际市场供应防疫物资、原料药、生活必需品等产品，坚定不移扩大改革开放，积极扩大进口，扩大对外投资，为各国抗击疫情、稳定世界经济作出更大贡献。

向应对疫情能力薄弱的国家和地区提供帮助。亚洲、非洲和拉美地区发展中国家特别是非洲国家，公共卫生体系薄弱，难以独立应对疫情带来的严峻挑战，帮助他们提升疫情防控能力和水平是全球抗疫的重中之重。中国呼吁，联合国、世界卫生组织、国际货币基金组织、世界银行等多边机构向非洲国家提供必要的紧急援助；发达国家向发展中国家特别是非洲国家提供更多物资、技术、人力支持，在全球抗疫中担负更多责任、发挥更大作用。中国积极参与并落实二十国集团缓债倡议，已宣布77个有关发展中国家暂停债务偿还。在向50多个非洲国家和非盟交付医疗援助物资、派出7个医疗专家组的基础上，中国将进一步加大援非抗疫力度，继续向非洲国家提供力所能及的支持，援助急需医疗物资，开展医疗技术合作，派遣更多医疗专家组和工作组，帮助非洲国家提升疫情防控能力和水平。中国将向联合国人道应对计划提供支持。

坚决反对污名化和疫情政治化。面对新冠病毒对人类生命安全和健康的严重威胁，当务之急是团结合作、战胜疫情。人类的共同敌人是病毒，而不是某个国家、某个种族。中国呼吁国际社会更加团结起来，摒弃偏见和傲慢，抵制自私自利、"甩锅"推责，反对污名化和疫情政治化，让团结、合作、担当、作为的精神引领全世界人民取得全球抗疫胜利。中国是病毒受害国，也是全球抗疫贡献国，应该得到公正对待而不是责难。中国在疫情初期就向国际社会发出清晰而明确的信息，个别国家无视这些信息耽误疫情应对和拯救生命，却反称被中国"延误"，真是"欲加之罪，何患无辞"。中国始终坚持公开、透明、负责任原则及时向国际社会公布疫情信息，无端指责中国隐瞒疫情信息和死亡病例数据，是对14亿中国人民、对被病毒夺去生命的逝者、对数百万中国医护人员的极不尊重，中国对此坚决反对。新冠病毒是人类未知的新病毒，病毒溯源是科学问题，需要科学家和医学专家进行研究，基于事实和证据得出科学结论。通过转嫁责任掩盖自身问题，既不负责任也不道德，中国绝不接受任何滥诉和索赔要求。面对疫情在全球传播蔓延，中国向国际社会提供力所能及的援助，源于中国人民的古道热肠，源于对其他国家人民遭受疫情苦难的感同身受，源于面对灾难同舟共济的人道主义精神，源于大国的责任和担当，绝非输出中国模式，更不是为谋求所谓地缘政治利益。

健全完善惠及全人类、高效可持续的全球公共卫生体系。人类发展史也是同病毒的斗争史。当前，全球公共卫生治理存在诸多短板，全球传染病联防联控机制远未形成，国际公共卫生资源十分匮乏，逆全球化兴起使得全球公共卫生体系更加脆弱。人类终将战胜疫情，但重大公共卫生突发事件对人类来说不会是最后一次。中国呼吁，各国以此次疫情为鉴，反思教训，化危为机，以卓越的政治远见和高度负责的精神，坚持生命至上、全球一体、平等尊重、合作互助，建立健全全球公共卫生安全长效融资机制、威胁监测预警与联合响应机制、资源储备和资源配置体系等合作机制，建设惠及全人类、高效可持续的全球公共卫生体系，筑牢保障全人类生命安全和健康的坚固防线，构建人类卫生健康共同体。中国支持在全球疫情得到控制之后，坚持客观公正原则和科学专业态度，全面评估全球应对疫情工作，总结经验，弥补不足。中国主张，为人类发展计、为子孙后代谋，各国应立即行动起来，采取断然措施，最大限度消除病毒对人类的现实和潜在威胁。中国作为负责任大国，始终秉持人类命运共同体理念，积极推进和参与卫生健康领域国际合作，认真落实习近平主席在第73届世界卫生大会视频会议开幕式上提出的6点建议和5项举措，为维护地区和世界公共卫生安全，推动构建人类卫生健康共同体作出更大贡献。

结束语

中华民族历经磨难，但从未被压垮过，而是愈挫愈勇，不断在磨难中成长、从磨难中奋起。面对疫情，中国人民万众一心、众志成城，取得了抗击疫情重大战略成果。中国始终同各国紧紧站在一起，休戚与共，并肩战斗。

当前，新冠病毒仍在全球传播蔓延，国际社会将会面对更加严峻的困难和挑战。全球疫情防控战，已经成为维护全球公共卫生安全之战、维护人类健康福祉之战、维护世界繁荣发展之战、维护国际道义良知之战，事关人类前途命运。人类唯有战而胜之，别无他路。国际社会要坚定信心,团结合作。团结就是力量,胜利一定属于全人类!

新冠肺炎疫情深刻影响人类发展进程,但人们对美好生活的向往和追求没有改变,和平发展、合作共赢的历史车轮依然滚滚向前。阳光总在风雨后。全世界人民心怀希望和梦想,秉持人类命运共同体理念,目标一致、团结前行,就一定能够战胜各种困难和挑战,建设更加繁荣美好的世界。

珠澳合作　协同发展

珠海和澳门一衣带水，路桥相连。自澳门回归以来，珠海与澳门一直相互促进、共同发展。习近平总书记多次视察珠海、澳门，为两地合作发展指明了方向。2018年10月，习近平总书记视察珠海横琴时强调，建设横琴新区的初心就是为澳门产业多元发展创造条件。横琴有粤澳合作的先天优势，要加强政策扶持，丰富合作内涵，拓展合作空间，发展新兴产业，促进澳门经济发展更具活力。2019年12月，习近平总书记视察澳门时强调，特别要做好珠澳合作开发横琴这篇文章，为澳门长远发展开辟广阔空间，注入新动力。2019年2月印发的《粤港澳大湾区发展规划纲要》，明确提出澳珠极点建设，为珠海与澳门合作深化描绘了更广阔的前景和更绚丽的蓝图。目前，珠澳合作已对跨境区域合作进行了许多探索实践，在新的历史起点上，有必要梳理和总结珠澳合作的最新进展，可以为粤港澳大湾区"一国两制三区"特殊环境下的区域合作提供参考[1]。

一、珠澳合作的共识

珠海和澳门地域相连，文化同源，合作由来已久。新中国成立之前，珠澳两地由于历史同源，在社会、经济、文化等方面一直保持较为密切的联系。新中国成立之后，珠澳合作主要以生活互利为主，由珠海向澳门供给用水、蔬菜等生活必需品。改革开放之后，珠澳两地开启了市场经济自主合作，携手开创了多个涉外合作产业项目。2008年以后，以珠澳合作专责小组和横琴新区的成立为重要标志，珠澳开始了政府主导全面合作的华丽升级。到今天，珠澳合作已由简单的劳务和资本输出扩展到交通互通、生态共治、产业协同、民生融合等多领域合作的新阶段。在珠澳两地民间及政府不断地推动下，两地以资源禀赋和发展诉求为基础，基本达成了继续深化珠澳合作的共识。

澳门特别行政区立法会主席贺一诚发布的2020年施政报告中，详细描绘了珠澳合作的未来图景，包括：共同探索发展高新技术产业；澳门世界旅游休闲中心和横琴国际休闲旅游岛联动协同发展；共同促进东西文化交流、文明互鉴、民心相通；推动澳门工业转型升级等等。珠海发布的《珠海市全面深化改革2020年工作重点》也提出着力推进"1+1+10"方面46项改革措施，其中一个"1"指的是围绕新机制、新环境、新产业、新都市、新生活做好珠澳合作开发横琴文章。可见，珠澳已形成共同开发好横琴、促进珠澳多领域合作的共识，这将激发两地共同打造珠澳极点的合作潜能。

二、跨境区域合作的相关理论

自改革开放后，由于粤港澳地区"一国两制三区"的特殊环境，跨境区域合作成为学者们关注的重点之一。有学者就聚焦粤港澳跨境区域合作实践探索的总结，提出跨境区域合作的有益探索主要有联席会议制度、经贸协定、联合规划的研究与制定、跨境区域共同开发、设施共建共享等[2]。目前，对于深港合作机制的深入探讨研究较多[3-5]，而缺少对珠澳合作的探讨（图1）。

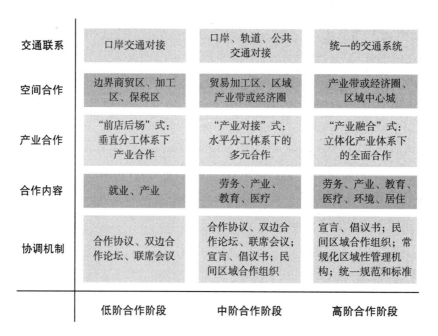

图1 跨境区域合作的阶段特征

图片来源：参考相关文献整理绘制

事实上，珠澳合作已形成了较为成熟的合作模式，近两年在国家的大力支持下还在不断对跨境区域合作模式进行创新。根据相关研究，跨境区域合作划可分为低阶合作、中阶合作、高阶合作阶段[6]，珠澳两地合作正处于中阶合作向高阶合作努力的阶段，在协商机制、空间对接、交通联系、产业合作、合作多元化等方面都取得了更好的进展。

三、珠澳合作的进展

（一）珠澳共商共建共管共享机制更加完善

构建珠澳双方共商共建共管共享机制是共同推进珠澳深度合作的基石。2009年，珠澳双方政府成立了以珠澳合作专责小组为载体的常态化沟通机制，2013年珠澳合作专责小组更名为珠澳合作会议。珠澳合作会议每年召开一次，下设广东自贸试验区横琴片区及园区合作小组、城市规划与跨境交通研究小组、口岸通关小组、环境保护小组、旅游合作小组、文化合作小组、珠澳经贸和投资合作、金融合作工作小组等8个工作小组，确保珠澳合作全方位、深层次地开展[7,8]。

在珠澳合作会议机制下，两地高层会晤逐步实现了定期化、常态化，取得了越来越多的合作硕果。2018—2019年，珠澳合作会议、粤澳合作联席会议、珠澳金融合作会议、粤澳跨境电商交流会、澳珠企业家峰会等会议相继召开，珠澳签署了《珠澳金融合作备忘录》《珠海市商务局 澳门贸易投资促进局商务合作备忘录》《澳门青年到珠海实习及就业项目合作框架协议》《关于促进横琴支持澳门经济适度多元发展加快建设大湾区澳珠极点的合作备忘录》等多项协议，促进不同领域的珠澳合作。

在珠澳合作会议机制下，横琴新区深化和创新独特的琴澳合作体制机制，成立了多个琴澳合作专责机构，比如2018年成立的首家专业商事调解机构"横琴新区国仲民商事调解中心"、2019年成立的澳门街坊会联合总会广东办事处横琴综合服务中心。

（二）"珠澳同城"城市空间格局蓝图初现

城市空间格局协同规划是推动珠澳区域合作的重要切入点。2018年，《横琴新区与保税区、洪湾、湾仔区域一体化发展规划》获珠海市政府正式批复实施。一体化地区位于珠海市中心城区西南部，北至黑白面将军山，南至小横琴山，西至磨刀门水道，东至前山水道和契辛峡水道，以及跨境工业区，总面积约为46.64平方千米。根据规划，一体化地区将要建设成为珠海城市新中心、粤港澳深度合作新引擎、大湾区城市客厅。近期广珠城际轨道延长线工程、十字门隧道工程、文创艺术馆、临山居住片区综合性医院、南区水厂扩建、情侣路南线中央绿谷、新中心核心片区、洪湾渔港片区等重点设施建设项目正加快推进，一个与澳门交相辉映的城市新中心正在成型。

同时，珠海正在谋划将香洲、南屏、一体化地区、横琴等片区建设为"环澳中心城区"。环澳中心城区面积约268平方千米，未来将发挥毗邻澳门、高度开放的优势，推进与澳门深度合作，进一步促进金融服务、商务服务、文化创意、高端商住、休闲旅游等功能培育，形成高端服务集聚的区域性生产性服务中心，助力珠澳城市空间进一步融合，为珠澳协同发展提供华丽舞台。

此外，共同开发跨境区域间的空白地是促进城市协同发展的重要举措。与深港间的前海和河套区域类似，横琴新区拥有适当的空间资源，可用于与澳门合作发展。横琴为澳门产业多元化发展和同城化提供着空间支撑。2011年，澳门特区政府和广东省人民政府共同签署了《粤澳合作框架协议》，协议明确在横琴划定5平方千米的土地与澳门共同建设粤澳合作产业园。2019年12月，横琴新区对澳供地又新增1平方千米，以建设产学研一体化国际研究院。澳门2020年施政报告中则将横琴视为澳门参与粤港澳大湾区建设、融入国家发展的第一站和澳门经济多元发展最便利、最适宜的空间，提出在实现与横琴基础设施互联互通的同时，也将逐步实现两地跨境公共服务和社会保障衔接，为澳门居民拓展优质的生活空间，将横琴打造为"第二个澳门"。

（三）珠澳交通互联互通水平正在提升

加快跨境交通基础设施和口岸建设，可以强化空间衔接，为珠澳协同发展插上腾飞的翅膀。高铁、城际轨道、干线道路等珠澳跨境交通路网正加快谋划建设。①高铁。2019年，"谋划建设珠澳高铁枢纽，携手澳门共建珠澳一体化轨道交通"相关设想已纳入《粤港澳大湾区城际铁路建设规划（上报稿）》，即在澳门—珠海发展极引入珠江肇（广江珠澳）高铁、广中珠澳高铁，在横琴口岸设珠澳高铁枢纽，将澳门接入国家高铁网，促进澳门与国家华北、西南、华东地区的联系，拓展澳门服务腹地，支撑澳门产业多元化发展。②城际轨道。未来，广珠城际延长线与澳门轻轨将在横琴口岸实现无缝换乘，届时将使珠澳的交通联系更加便捷。广珠城际延长线是从广珠城际珠海站出发开往珠海机场的城际轨道，其中一期工程始于珠海站，止于长隆站，途经湾仔北、湾仔、十字门、金融岛、横琴口岸等站，横琴口岸站已预留与澳门轻轨接驳的条件。2019年11月，一期工程启动了联调联试工作，全线正式通车运营进入倒计时。③城市道路。目前珠澳之间已有16条通道通过口岸紧密衔接，未来将谋划新增15条衔接通道，主要分布在拱北口岸、横琴口岸、港珠澳大桥珠海公路口岸、湾仔口岸、青茂口岸等口岸地区。

珠澳口岸通行更为便利。口岸是珠澳人流物流通行的重要窗口。珠澳已有5处通关口岸（拱北口岸、港珠澳大桥珠海公路口岸、跨境工业区口岸、横琴—莲花口岸、湾仔水路口岸），设计通关能力62.5万人次/天。此外，珠海正在建设横琴新口岸和青茂口岸（粤澳新通道）。目前，横琴新口岸已具备通关能力，澳方口岸区已于2020年3月正式移交澳门；青茂口岸设计通关能力25万人次/天，预计于2020年完成主体工程，建成后将有助于缓解拱北口岸的通关压力，实现澳门北区与广珠城际的便捷对接。此外，珠澳正在谋划建设湾仔人行隧道口岸，主要衔接珠海湾仔片区与澳门妈阁片区，2019年年底澳门特首与珠海沟通会已明确湾仔人行隧道口岸与澳门轻轨妈阁站衔接。

跨境通勤更为频繁。横琴新区正逐渐吸引越来越多的澳门企业和居民进驻，便利的跨境通勤能为澳门企业和居民的工作生活提供有效的交通保障，将有助于珠澳合作。2019年3月，珠海横琴新区首条跨境通勤客运专线"横琴—澳门跨境通勤专线"开通。目前珠海与澳门有跨境通勤公交线路2条，每天班次24班，均通过横琴口岸过境，日均乘客460人，可以满足在横琴发展的澳门企业和澳门居民往返琴澳两地的日常通行需求。

（四）珠澳产业协同愈加多元化

促进澳门经济适度多元化发展是珠澳两地的共同目标。2018年澳门金融业、会展业、文化产业及中医药产业的增加值总额已占所有行业的增加值总额8.1%，这些新兴产业发展较迅速。围绕两地资源优势和新兴产业，珠澳以横琴新区为珠澳产业合作的第一站构建珠澳产业协同发展新格局。

①科技创新。珠澳两地科技创新合作将依托两地丰富的科研院所资源。2019年3月，横琴新区就与澳门大学签署合作协议，共建横琴·澳门大学产学研示范基地，将促进澳门大学融入大湾区创新科研布局。②特色金融。发挥澳门金融业的优势，促进珠澳特色金融业发展。2019年，珠海市提出要在珠海横琴加快建设跨境金融合作示范区，具体是以发展跨境金融为核心，以加强科技金融和金融科技合作为两翼[9]。目前，首期规模200亿元的粤澳合作发展基金、内地首家澳门银行营业性机构澳资大西洋银行横琴分行、横琴智慧金融产业园已落户横琴。③医疗健康。近年来，珠海叠加澳门中医药产业优势，在医疗健康产业方面取得了积极进展。2019年3月，国家中药现代化工程技术研究中心新型递药系统分中心暨广东省雾化吸入制剂工程技术研究中心、珠海盈科瑞（横琴）药物研究院在横琴正式挂牌成立。④跨境商贸。珠澳跨境工业区是珠澳跨境商贸合作的重要空间平台。随着港珠澳大桥开通和粤港澳大湾区建设加速，珠澳跨境工业区正在不断深化转型。2019年2月，中国（珠海）跨境电商综试区保税进口业务开通仪式在珠海跨境工业区举行，意味着电商平台可预先采购和存储国际商品在海关特殊监管区域内，将大幅削减物流成本和时间。未来，珠澳跨境商贸合作需要将澳门"一国两制"和国际贸易自由港等政策优势与横琴的资源和空间优势结合起来，形成更高层次、更高水平的跨境商贸经济。⑤文旅会展。珠海和澳门都有非常丰富的旅游休闲资源，协同发展将提高珠澳文旅辐射范围。目前，珠海和澳门已达成共识，将携手共建横琴国际休闲旅游岛和澳门世界旅游休闲中心。此外，珠海还将充分利用澳门国际化平台优势，联合澳门共同在横琴打造中国国际高品质消费博览会。⑥专业服务。横琴新区目前正逐步设立一些国际化的专业服务机构，以期为珠澳企业提供更好的服务。2018年起，横琴新区法律服务中心、珠海市知识产权公共服务中心、全球领先的第三方检测机构Intertek天祥集团与澳投（横琴）投资发展有限公司合资共建的珠海天祥粤澳质量技术服务有限公司相继落户横琴，将为企业、市民提供更便利的专业服务。

（五）基础设施和生活环境一体化

同城化是跨境区域合作的终极梦想。如今，珠澳正从交通领域、经济领域拓展到社会、文化、民生等领域全面合作，以"澳门新街坊"项目为重要标志，珠海与澳门的生活环境正逐渐一体化。

珠澳共享供水、供电等民生基础设施。①供水。澳门境内淡水资源匮乏，20世纪遭受多次水荒，1959年，在周恩来总理的亲自关怀下，在省政府的大力支持下，竹仙洞水库大坝开工建设，开启了珠海与澳门之间长达半个多世纪的供水合作，多年来珠海输送的原水始终占澳门原水使用总量的98%以上，为澳门的持续繁荣发展提供了重要支持。2019年10月，继对澳供水第一管道、第二管道、第三管道后，对澳门第四条供水管道工程建成通水，改变了之前供水均从竹仙洞水库进入澳门的单一模式，进一步提升了珠海对澳供水能力和安全保障能力。此外，为继续满足澳门经济社会发展对供水持续增长的需求，西水东调二期工程已于2017年开工，预计2021年建成，届时将缓解平岗—广昌一期工程单管运行的风险，将原水输送能力从每日100万立方米提升到每日200万立方米，进一步提升澳珠供水安全。

②供电。自1984年珠澳两地正式联网供电以来，珠海电网向澳门供电已有36年，2019年对澳门送电已达到49.5亿千瓦时。2019年12月，220千伏珠海叠泉输变电工程海底电力隧道全线贯通，电力隧道穿越珠海马骝洲水道，连接珠海500千伏加林变电站和横琴220千伏叠泉变电站，进一步提升横琴供电的可靠性，夯实珠海对澳门供电网架基础[10]。此外，为应对澳门用电快速增长势态，珠海近期正在实施对澳输电第三通道（从十字门湾仔片区烟墩站至澳门，2回220千伏线路），通过增加一个新的电源点来有效分担对澳门供电南、北通道的潮流，解决日益紧迫的现有供电网络受限问题，以大幅提高对澳门供电能力和珠澳间电网网架安全稳定的水平。

珠澳居民共享居住、医疗、教育等公共服务。①居住。为定向解决部分澳门居民的居住需求，拓展澳门居民的居住空间，为在大湾区内工作生活的澳门居民创造便利条件，珠海提出建设"澳门新街坊"。"澳门新街坊"综合民生项目是内地第一个为澳门居民专门打造的，集居住、教育、医疗等功能于一体的综合民生项目，位于横琴新区中心大道东侧、小横琴山南侧、天羽道西侧、港澳大道北侧，总占地面积约19万平方米，建筑面积约42.2万平方米，包括住宅及社区服务配套、商业、学校和公园等，可提供约4 000套住房（含约200套只租不售的人才住房），同步开放澳门标准的医疗、教育、社区服务等公共服务配套。2020年4月，珠海横琴新区已正式向澳门方签约出让总占地面积约19万平方米的"澳门新街坊"项目用地，标志着珠澳合作已从交通、基础设施、产业等传统领域合作进入两地社会民生全面融合的新阶段。②医疗。为满足澳门在珠海常住人员的医疗需求，珠海于2019年推出"常住横琴的澳门居民参加珠海基本医疗保险"试点工作，截至2020年1月23日，澳门居民共有425人办理参医保，与珠海市民享受相关同等医疗保险待遇。此外，珠海还建成珠海市人民医院横琴医院，医院位于珠海市横琴新区宝兴路118号，总占地面积2.5万平方米，一期总建筑面积1.1万平方米，规划总床位数100床。该医院极大满足了广大珠澳患者的就医需求，并全面带动提升横琴医院的医疗服务能力，现正有序运营中。③教育。澳门回归20周年之际，珠澳教育合作又有新成果。2019年5月，横琴新区第一中学、第一小学、横琴中心幼儿园在澳门分别与澳门坊众学校、澳门妇联学校缔结姊妹学校[11]。2019年12月，《珠澳教育合作与交流协议》暨新缔结姊妹学校签约仪式在澳门举办，新缔结横琴中心幼儿园与澳门圣安东尼幼儿园、珠海市特殊教育学校与澳门路环中葡学校、珠海市第三中学与澳门凼仔坊众学校等9对姊妹学校[12]。缔结姊妹学校将促进珠澳在基础教育间的交流合作，促进两地学校的文化互融，实现两地之间优势教育资源的互补和双赢。

珠澳居民共享生态治理成果。2013年，珠海和澳门签订了《珠澳环境保护合作协议》，开启了珠澳环境保护合作的新篇章。随着粤港澳大湾区建设的推进，珠海与澳门加大了生态治理合作力度，在大气环境监测、跨境河涌整治等领域掀起了新一轮合作。①空气质量监测数据共享。2019年12月，珠海市将吉大、唐家、横琴三个空气质量监测站的监测数据与澳门环保部门实施数据共享，珠澳两地能分析港珠澳大桥对周边空气质量的影响，形成港珠澳大桥区域空气质量监测网络[13]。②鸭涌河治理。鸭涌河是珠澳边界河流，其上游段在1999年珠澳两地口岸边检楼（拱北口岸）建设时被填堵成为断头河涌。近年来，鸭涌河的联合环境整治成为两地生态治理合作的重要事项。2018年10月，两地联合开展鸭涌河综合整治工程，包括八大部分：截污及雨水排放工程、清淤及护岸工程、水生态修复工程、生态补水工程、河口水闸及泵站工程、景观工程、边防设施工程、垂直防渗系统工程，目前珠海侧排污口整治及引水工程已基本完工，预计在2020年年底，鸭涌河综合整治工程将整体完工。

四、结　语

珠海与澳门在协同机制、城市空间格局、交通互联互通、产业协同发展以及生活、环境共享方面合作逐步加深，协同发展正深度推进。未来，珠海将会按照习近平总书记的要求，继续为澳门产业多元化发展做出努力，谱写好珠澳合作开发横琴的新篇章！

（作者：杨峥屏，女，珠海市规划设计研究院总规划师，教授级高级工程师、注册城乡规划师；潘裕娟，女，博士，珠海市规划设计研究院高级工程师、注册城乡规划师；段庄，男，珠海市规划设计研究院副院长，高级工程师，注册设备工程师）

参考文献

[1] 刘云刚，侯璐璐，许志桦．粤港澳大湾区跨境区域协调：现状、问题与展望［J］．城市观察，2018，53（01）：5-25．

[2] 刘云刚，侯璐璐，许志桦．粤港澳大湾区跨境区域协调：现状、问题与展望［J］．城市观察，2018，53（01）：5-25．

[3] 张玉阁．"共同市场"：构建深港国际大都会的深层动力源——魏达志教授等著《深港国际大都会形成机理研究》评述［J］．特区经济，2008（07）．

[4] 陆佳．目标共建与空间融合——深圳城市总体规划修编与深港合作［C］//2008中国城市规划年会［出版者不详］，2008．

[5] 朱惠斌，李贵才．深港联合跨界合作与同城化协作研究［J］．经济地理，2013（07）：11-16．

[6] 吴浩军．区域合作的制度选择：试论港深自由贸易区的建构［C］//规划创新：2010中国城市规划年会论文集［出版者不详］，2010．

[7] 麦婉华．澳门回归20年！横琴：粤澳合作"重中之重"［N］．中国小康网．2019-12-06．http://www.chxk.com.cn/2019/20191202/2019/1216/861277_2.html

[8] 戴丹梅．珠澳合奏大湾区建设新时代乐章［N］．珠海特区报．2018-10-28．

[9] 吴少龙．珠海："一核两翼"打造澳珠跨境金融合作示范区［N］．证券时报．2019-05-17．https://baijiahao.baidu.com/s?id=1633830443002966168&wfr=spider&for=pc

[10] 周羽．220千伏叠泉输变电工程海底电力隧道全线贯通［N］．央广网．2019-12-05．http://news.eastday.com/eastday/13news/auto/news/china/20191205/u7ai8954041.html

[11] 钟夏．珠澳教育合作发展进一步推进，琴澳五所学校缔结为"姊妹学校"［N］．珠海特区报．2019-05-20．http://www.hengqin.gov.cn/hengqin/xxgk/201905/d8ef20bbe13c457fb2be383905aa67ed.shtml

[12] 冉小平. 珠海或设澳门儿童班［N］. 南方日报. 2019-12-14. https://new.qq.com/omn/20191214/20191214A048F600.

[13] 陈新年. 珠澳两地天更蓝水更清［N］. 珠海特区报. 2019-12-20. http://www.gangaonet.com/zhusanjiao/2019/1220/150980.html

案例篇

城市重污染河流水环境综合治理

——以上海市苏州河治理为例

一、背景介绍

污染防治攻坚战是我国全面建成小康社会的三大攻坚战之一。2015年4月，国务院发布《水污染防治行动计划》，要求到2020年，全国地级及以上城市建成区黑臭水体控制在10%以内；到2030年，城市建成区黑臭水体总体得到消除。2016年12月，中共中央、国务院印发《关于全面推行河长制的意见》，顶层设计推动水环境治理进展。2018年4月，中央财经委员会第一次会议把黑臭水体整治作为生态环境质量改善攻坚战的标志性重大战役之一。2018年6月，中共中央、国务院发布《关于全面加强生态环境保护 坚决打好污染防治攻坚战的意见》，对城市黑臭水体治理等"五大水相关战役"做出详细部署。良好的水环境质量是高品质生活不可缺少的一部分。践行习近平生态文明思想，缓解和解决人民日益增长的美好生活需要和不平衡不充分发展间的矛盾，就需要加快水污染防治；同时对防控介水病毒传播、维护国家公共卫生安全，具有十分重要的意义。

上海作为我国的经济金融中心，是中国近现代历史和社会发展变化的见证。早在20多年前，上海市就以苏州河水环境综合整治为龙头，带动全市水环境治理。经过20多年的治理，通过科学决策、系统施治、精准治污，上海城市水环境治理成效显著：苏州河消除了长达70多年历史的黑臭，水质持续稳中向好，成为城市经济社会与环境协调、可持续发展的典范，苏州河水环境综合整治工程获2004年全球能源奖水资源组一等奖。2019年第四届联合国环境大会期间，苏州河水环境治理的经验由联合国向发展中国家推广，成为全球水环境治理的"中国方案"，为我国现阶段正在大规模实施的重污染河流治理也提供了借鉴模式。

二、苏州河水系简介

苏州河是上海发展史上最重要的地表水体，两岸孕育了中国现代化工业文明，与黄浦江一道被称为上海的"母亲河"。苏州河全长125千米，上海市境内长度53.1千米，市区段23.8千米，涵盖上海9个行政区，包括上海人口最密集、商业最繁华的中心城区。苏州河原本水质清澈，1914—1918年间，因上海人口增多，工业化进程加快，大量生活污水和工业废水排入苏州河，水质逐渐遭到污染。1920年，苏州河部分河段出现了黑臭，1978年，上海市境内苏州河已全线遭受污染。苏州河的污染严重影响了上海作为国际大都市的形象。

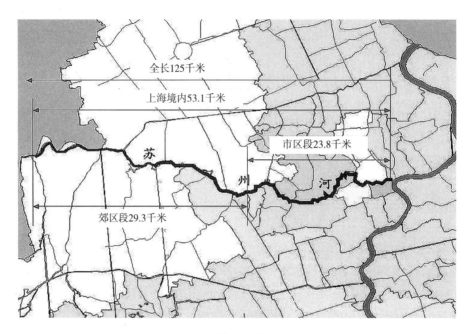

图1　苏州河水系图

三、苏州河黑臭成因

苏州河的治理始于20世纪80年代。1988年上海市实施了合流污水治理一期工程，1993年投入运行，每天截流污水140万立方米，苏州河干流COD由150mg/L降低至80mg/L，为消除苏州河黑臭现象、改善苏州河及黄浦江下游水质奠定了良好的基础。但是由于没有解决干流和支流同步截污的问题，加之潮汐往复回荡造成污染累计效应，苏州河干流仍然黑臭。

1996年，苏州河环境综合整治一期工程立项。在苏州河环境综合整治初期，开展了全面的污染源调查，对污染成因进行了深入剖析，主要是：

1. 大量污水直接排放至苏州河上下游及其大小支流

苏州河市区段两岸企事业单位和居民点众多。尽管合流污水一期工程建成后，直排苏州河干流的工业废水和生活污水大大减少，但仍有为数不少的污染源直接排入苏州河的各条支流，从而不可避免地对苏州河干流水质造成影响。在苏州河上游，农田径流和畜禽废水成为污染苏州河水质的主要原因之一。此外，源出太湖的苏州河流经江苏省境内高度工业化的地区，沿途受纳了大量的废污水，导致苏州河上游来水氨氮超标，影响了苏州河水质的进一步改善。

2. 苏州河沿岸合流制泵站溢流污染严重

苏州河沿岸分布着37座市政泵站。由于设计截流倍数偏小，在暴雨期间，为保证市区不积水,沿岸截流泵站需向苏州河排水,特别是在降雨初期,管网中滞留的高浓度污水及沉积的污泥也随雨水进入苏州河,对苏州河水质造成很大的冲击负荷。

3. 潮汐作用导致市区段河段污水滞留

苏州河作为感潮河流,每天两涨两落,实际净泄流量很小,污水团受潮流顶托长时间回荡、停留在河道中。据估算,污水团在北新泾断面下游的停留时间长达15~20天。在枯水条件下,污水团在河道中的停留时间更成倍增加,甚至不能推出体系,仅可依靠扩散降低浓度。另外,合流污水治理一期工程投入运行后,大大减少了苏州河市区段的径流量(约10立方米/秒),增强了黄浦江潮水对河水的顶托作用,加剧了污水团的回荡。

四、苏州河治理工程方案

1. 治理工程概况

苏州河水系复杂的河网、庞大的管网、众多的污染源、通往外江外海的闸门群,构成了一个污染迁移转化的复杂网络系统。国际上城市河流治理中,苏州河水系治理最为复杂(表1);与中国其他城市相比,也更为艰巨。

表1 苏州河与国外河流的比较

河流	河流长度(km)	年平均流量(m^3/s)	流域面积($\times 10^4 km^2$)	流域人口(万)	人口密度(每km^2)	年平均降雨量(mm)	是否感潮河流
苏州河	125(全长)53.1(上海境内)	10(调水前)	0.0855	914(上海境内)	5 000~4万(上海境内)	1152	是
泰晤士河	402	67	1.30	720(伦敦市)	4 554(伦敦市)	690	是
塞纳河	776(全长)	380	7.9	1 000(巴黎地区)	4 347(巴黎地区)	500~800	是

运用系统化的治理思想与技术,确立了治理重点,制定了治理目标,划分了治理阶段。苏州河环境综合整治工程的目标主要体现在两个阶段:一是2000年之前,基本消除黑臭;二是2010年之前,基本恢复河道生态景观功能,主要指标稳定达到V类水标准。苏州河治理至今先后实施了四期整治工程,总投资超过140亿元。

苏州河综合治理一期工程(1998—2002)通过建设苏州河六支流截污工程、西干线和石洞口污水厂工程、实施综合调水、建设支流闸门、环卫码头搬迁工程、建设防汛墙改造工程、建设陆域环境,消除了晴天黑臭;二期工程(2003—2005)通过建设雨水调蓄池、完善支流截污工程、建设苏州河河口建闸、建设苏州河梦清园、合流泵站改造工程,基本消除了雨天黑臭;三期工程(2006—2008)和四期工程(2018至今)通过底泥疏浚工程、防汛墙加固,水质持续得到改善。同时,创新开发了一系列治理技术,形成了城市重污染河流治理的关键技术体系(图2)。

图 2　苏州河水环境综合整治工程概况及关键技术体系

2. 全流域截污治污

河流治理，截污是根本，而截污的前提是找到靶点。为此，上海市在 2000 年以来组织开展了全市范围的水环境污染源调查。调查对象包括全市范围内的所有工业污染源（有生产性废水排放的工业企业）、企事业生活污染源（包括无生产性废水的企业和行政事业单位）、畜禽污染源（包括畜禽牧场、畜禽养殖专业户和散养户）、居民生活污染源。调查内容包括污染源的位置、用水量、污水量、污水浓度、污水排放途径和排放去向等，在此基础上建立了上海市水环境污染源排放清单和开发了水环境污染源地理信息系统（图3）。提出

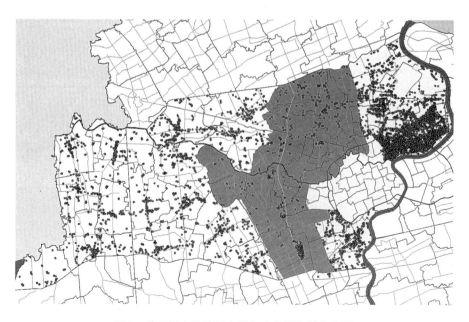

图 3　苏州河水系范围内排入水体污染源分布图

了按水系截污、沿河截污与区域截污相结合的原则，对苏州河流域截污工程方案进行了优化调整，使截污效果得到大幅度的提高。

苏州河水系上游为村镇地区，由于缺乏排水管网，污水基本直排河道。考虑上游污染源分布基本集聚在镇区范围，镇与镇相隔较远，因此，上游村镇地区污水收集处理以小型污水处理厂和分散处理相结合。根据污染源分布情况，敷设相应的收集管和污染源截流管并配置相应的污水中途提升泵站，送至污水处理厂；或者建设分散处理设施，控制农村污水入河。

中游地区是城市化地区，污染源主要排入苏州河的支流或者建有翻水泵站的小河浜。主要任务是继续完善收集系统，加大收集管网覆盖率。在这个区域最大的难点是收集直排小河浜的污水，改造城市化边缘区域的违章建筑，对六支流截污工程范围内全面截污，杜绝直排水体的污水（图4）。

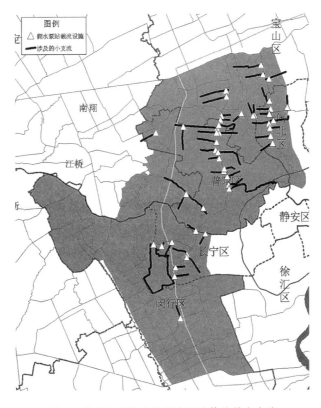

图4 苏州河中游实施翻水泵站截流的小支流

下游地区是高密度发展的中心城区，人口密度最高，交通繁忙，高楼林立，收集管网建设困难较大。这个区域按照因地制宜，全水系规划，分片建设的原则进行截污治污。以苏州河干流为界，下游地区可分为苏州河干流以北和苏州河干流以南地区分别进行规划。苏州河以北地区按区域分成两片，处于合流污水系统服务范围的，仍然接入合流系统；新建排水管网区域实行分流制，纳入新建的污水处理厂。苏州河以南地区接入当时正在建设的分流制系统，同时，在居民密集且雨污混接严重的区域建设污水截流设施，旱流污水输送至相应的污水处理厂（图5）。

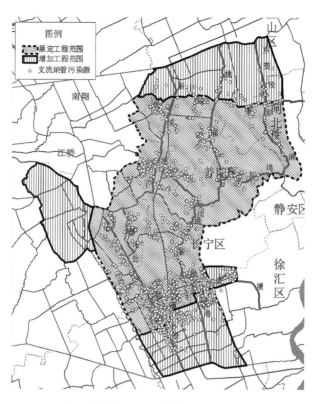

图5 苏州河六支流截污工程范围优化

3. 潮汐动能水利调度

苏州河水系是潮汐流动，上游接纳太湖流域下泄水量，下游受到长江口和黄浦江潮汐顶托，因此，苏州河常年平均流量较小，由此导致水环境容量小，自净能力不足，即使点源污染全面截污，也难以持续改善河道水质。由此，提高苏州河水系流动的水动力、加大苏州河干流和支流的净泄流量十分重要。

如果通过建设泵站改善水动力条件，则会增加可观的运行费用。根据苏州河水系感潮的特点，利用闸门群调度可以增加流量、提高流速、修复水质（图6）。苏州河水系闸门众多，将部分闸门作为引水闸门，涨潮开闸引水，落潮关闸，阻止水流外排。部分闸门作为排水闸门，落潮开闸排水，涨潮关闸，阻止潮水进入。由此，苏州河干流和支流由潮汐往复流改变成为单向流动，消除了潮汐顶托作用，净泄流量明显增大，溶解氧增加，自净能力提升。经过水流系统调控，苏州河上游黄渡断面的平均流量由调水前的 $8.7m^3/s$ 增加到 $15.25m^3/s$，流量增加将近1倍。下游浙江路桥断面的平均流量由调水前的 $12.2m^3/s$ 增加到 $39.54m^3/s$，流量增加约2倍。北新泾、武宁路桥、浙江路桥断面COD明显改善，与本底相比，武宁路桥断面COD降低了20mg/L，浙江路桥断面COD降低了近30mg/L。与往年同期比，武宁路桥断面COD降低了50mg/L，浙江路断面COD降低了30～50mg/L，说明在正常水情、天气状况下，通过河口闸门运行，将苏州河由双向流变为单向流，对中下游（尤其是北新泾到武宁路桥河段）水质改善效果比较明显（图7）。

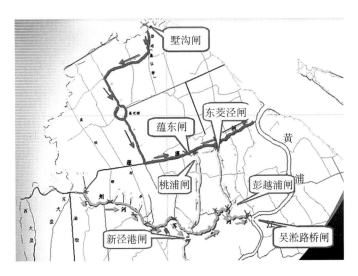

图 6 苏州河闸门群调度示意图

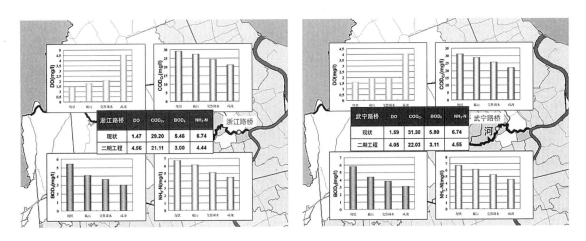

图 7 浙江路桥断面和武宁路桥断面水质情况

技术方案的实施，优化了苏州河环境综合整治一期工程方案，节省苏州河河口泵站建设的工程投资 17 亿元和每年的巨大泵站运行费用，并保护了百年外滩的历史风貌。

4. 初期雨水溢流污染控制

苏州河环境综合整治一期工程竣工后，市区主要污染源得到治理，苏州河水质总体上呈改善趋势，但仍存在时空上的不稳定性。主要是受沿线 37 个市政泵站雨天放江的影响。据 2001 年的数据统计，苏州河沿岸市政泵站放江总量为 1 605 万立方米，其中降雨放江量占 90% 以上，泵站放江平均增加苏州河干流的 COD15～20mg/L，致使河道水质恶化（图 8）。

针对解决降雨放江量大的泵站和晴天放江问题，做到晴天不排江，雨天少排江，使苏州河水质稳定达到国家 V 类水标准，采取了以下技术措施：

（1）建设调蓄池，解决放江量大的泵站：在新北新泾、芙蓉江、中山西、江苏路、昌平和成都北 6 座泵站附近，建造 6 个调蓄池（表 2）。

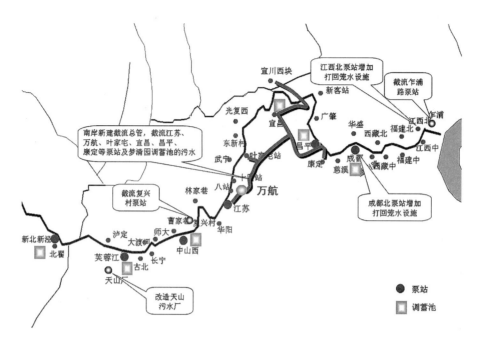

图 8 削减苏州河沿岸市政泵站放江量工程措施示意图

（2）疏通泵站现有的 10 根过苏州河倒虹管，建设南岸截流总管，解决过江瓶颈问题，提高截流倍数。在苏州河南岸新建截流总管，管径为 1 650～3 000 毫米，长度约 7 千米，收集南岸 6 座泵站的截流水量，接入苏州河梦清园调蓄池。

（3）解决泵站试车放江问题：泵站增加打回笼水设施，杜绝试车放江。

表 2　苏州河沿岸 6 座雨水调蓄池概况

调蓄池名称	服务排水系统名称	排水系统类型	服务面积（km²）	有效容积（m³）	试运行年份	正式运行年份
成都路	成都路	合流制	3.06	7 400	2006	2007
新昌平	新昌平	合流制	3.45	15 000	2008	2009
梦清园	宜昌、叶家宅	合流制	2.96	25 000	2010	2011
江苏路	万航、江苏路	合流制	3.77	10 800	2010	2011
芙蓉江	芙蓉江	分流制	6.83	12 500	2010	2012
新师大	复兴村、曹家巷、华师大、大渡河	合流制	2.08	15 000	2011	2012

5. 景观水体水质净化

苏州河梦清园是苏州河环境综合整治二期工程实施的集园林景观、科普教育、水质净化与水环境整治等内容为一体的工程，2004 年 7 月建成开园。梦清园景观水体示范工程水系依据生态学的原理，采用了提高生物多样性的生态重建技术，重新设计了景观水体水生态系统，着重考虑了水面和水下的水生植物生态系统，游泳和底栖生物生态系统和底泥微生物生态系统，利用水生生态系统各种功能提高水质和景观效果（图 9）。

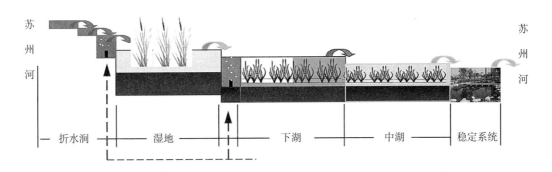

图 9 苏州河梦清园景观水体生物净化系统流程剖面图

作为上海市首个利用生态工程技术净化污染河水的活水公园，苏州河梦清园示范工程在实际运用中具有以下特色：

（1）投放鱼类，放养底栖生物，构建植物、底泥微生物、底栖动物和鱼类的良性生态系统，提高水体自净能力。

（2）由种植挺水植物的芦苇湿地和种植沉水植物的下湖、中湖形成一个人工浅水湖泊，改善景观。

（3）在河道中设置氧屏障，在各单元连接处跌水复氧，提高水体溶解氧。

（4）采用自主开发的利用太阳能和风能形成风—光互补的清洁能源曝气复氧成套装置，采用射流溶氧的关键工艺。

（5）集成了自然能曝气复氧、微生物治理、水生植物净化、水生态系统重建与优化等景观河流水质改善与水体修复技术，形成水生植物净化与生态改善的成套技术与系统。

6. 苏州河水环境管理决策支持系统

水环境治理决策支持系统（DSS）是制定河流污染治理规划的重要辅助手段。为了建立一个可靠的决策支持系统，2000年在上海开展了水环境点污染源普查；同时，利用水文水质同步监测资料、系统的实验室研究以及与国外河道研究成果对比分析，系统研究了苏州河的污染物迁移、转化规律；在此基础上，利用连续3年的同步监测资料，对数学模型进行了率定验证，建立了苏州河、黄浦江、长江口和杭州湾的水动力、水质模型以及水环境治理决策支持系统（图10）。

决策支持系统采用模型库系统、污染源数据库系统和人机交互系统，使GIS、环境信息、预测模型和决策支持合为有机整体，可以实现增加地理区域、增加污染源、生成计算网格、模拟水动力和水质变化、动态显示模拟结果，并对各种工程措施实施后的流场和浓度场进行预测和分析。系统以MapInfo为用户平台，连接水动力模型、水质模型和工程分析模型，具备以下特性：①可视化：界面操作、数据处理、结果表达均使用直观的图形、动画或图表。②集成化：环境地理信息系统、模型库系统、污染源数据库系统和工程分析系统等实现有机连接，确保了系统的统一性。③可扩展性：用户可以根据需要增加环境模型和数据资源。

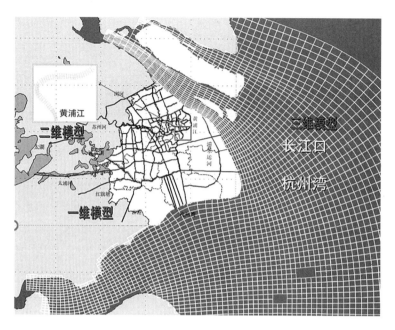

图 10　苏州河、长江口和杭州湾的水动力、水质模型示意图

苏州河水环境决策支持系统完善苏州河的各项整治措施，为评估苏州河环境综合整治工程以及各种工程方案提供了决策支持工具。

五、苏州河治理中的河长制探索

在 20 世纪 90 年代末开始实施的苏州河环境综合整治工程中，通过创新治理决策机制，建立了中国最早的"河长制"，也即由政府"一把手"直接担任河长，明确了各级领导对环境质量负总责的要求，最大限度地整合了各级政府的执行力，弥补了"多头治水"的不足，真正形成全社会治水的良好氛围，从根本上确保了水环境治理的有效推进。

苏州河治理的成效，得益于这样一个实实在在的"河长制度"。1996 年，上海市成立苏州河环境综合整治领导小组，组长由上海市市长担任，领导小组副组长由分管副市长担任，相当于现在总河长和副总河长。上海市政府相关委办局主要领导担任了领导小组成员，参与苏州河环境综合整治事务协调。在河长下面设立了专门的办事机构，统一推进苏州河环境综合整治工作，这就是领导小组的办公室。为了将建设工作落到实处，组建苏州河环境治理建设有限公司，形成合力共同治水。

同时，苏州河领导小组成立了技术小组，负责汇聚各方智慧，研究提出技术方案。苏州河环境治理建设有限公司成立了专家委员会，负责对工程建设方案和技术方案提出咨询意见。技术小组充分听取专家委员会的咨询意见，研究提出技术方案，报请领导小组决策。领导小组、专家委员会、技术小组高度契合，提高了苏州河科学治水的水平（图 11）。

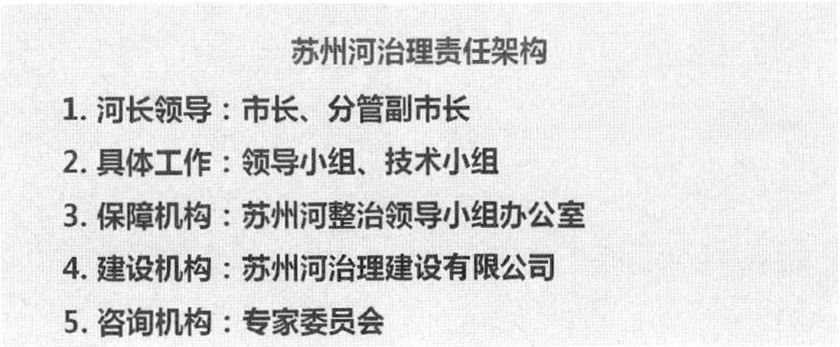

城市重污染河流水环境综合治理

```
苏州河治理责任架构
1. 河长领导：市长、分管副市长
2. 具体工作：领导小组、技术小组
3. 保障机构：苏州河整治领导小组办公室
4. 建设机构：苏州河治理建设有限公司
5. 咨询机构：专家委员会
```

图 11　苏州河治理责任架构示意图

六、苏州河治理成效

近 20 年来，苏州河水质持续改善（图 12），绝迹多年的生命重回苏州河，苏州河水系再现鱼虾成群，水鸟栖息的景观。苏州河环境综合整治不仅改善了城市环境，提升了上海国际综合竞争力，还产生了巨大的社会经济效益（图 13）。

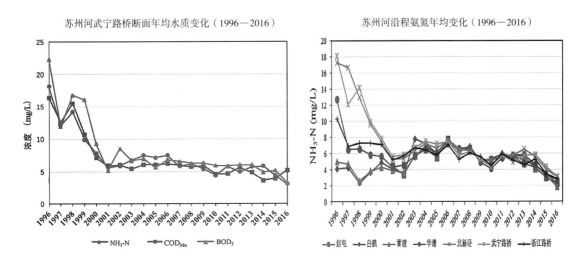

图 12　苏州河干流 20 年间的综合水质变化

苏州河治理还在国内外获得广泛好评，苏州河环境综合整治工程被命名为"国家环境友好工程"，并获得"全球能源水资源组一等奖"等多项荣誉称号，亚洲开发银行给予了"极佳示例""效果超出预期，非常成功"的肯定评价，在世界河流污染治理领域有较大影响。2019 年 3 月第四届联合国环境大会期间，联合国副秘书长、人居署执行主任迈穆娜·穆赫德·谢里夫（Maimunah Mohd Sharif）女士高度赞扬上海苏州河治理取得的成就，认为"中国治理污染河道的成功经验为发展中国家提供了范例"。

（a）苏州河综合整治前

（b）苏州河综合整治后

图 13 苏州河综合治理前后效果对比

七、经验启示

1. 坚持系统工程思想，实施流域治污

污染河流尤其是我国东南沿海潮汐河网的水环境治理，是一个复杂的系统工程问题。由于干流与支流、上游与下游、管网与河网为一个相互联系的庞大体系，必须坚持系统施治，避免"头痛医头、脚痛医脚"。唯有如此，才能推动黑臭河流治理取得实实在在成效，避免黑臭反复和工程投资浪费。

在苏州河治理历程中，统筹考虑管网与河网耦合、上游与下游耦合、治理与调控耦合，注重全流域截污治污和水系综合调控，坚持系统目标就是工程目标，系统决策变量就是工程措施，系统约束条件就是投资预算等，是系统工程理论和方法学应用的成功案例。

2. 统筹近期远期目标，科学精准治污

黑臭河道治理是久久为功的艰巨任务，和城市规划不合理、基础设施不匹配、监督管理不完善等复杂因素密切相关。一项需要系统谋划的工程急匆匆开展，常常缺乏对症下药的关键技术和因地制宜的治理分析，有不少城市河流黑臭治理项目，工程投资巨大，但是水质改善并不明显。

苏州河水环境治理遵循消除旱天黑臭、基本消除雨天黑臭和恢复水生生态系统三个阶段，工程分四期实施，前后历时20年。每一个阶段都注重找准病因、精准施策，通过科研技术攻关优化工程决策。在工程第一阶段，创新建立污染溯源与排放清单分析技术，实现有的放矢截污治污；同时利用自然潮汐动能实施河网水流调控，提高大气复氧速率与净化速率。在工程第二阶段，通过排水管网改造与末端净化相结合，有效控制雨天溢流污染；同时创新构建景观水体水质生态净化技术，进一步提高河流的自净能力。在工程的第三、第四阶段，开展苏州河底泥耗氧机制研究，优化苏州河底泥疏浚工程方案。苏州河治理过程中始终遵循科学规律、科学决策，在实现工程目标的同时优化节省了工程投资。

3. 创新治理决策机制，凝聚合力治污

2016年12月，中共中央、国务院发布《关于全面推行河长制的意见》，要求2018年年底前全面建立河长制。河长制要求中国各级党政主要负责人担任河流管护第一责任人，负责组织领导相应河湖的管理和保护工作。

苏州河治理实践表明，通过河长制和实实在在的领导者，能够尊重专家意见，推动污染河流治理取得显著成效。同时要有专业知识扎实、融合国际国内经验和长期跟踪研究的专家队伍，要集聚一批兢兢业业的管理者和建设者，熟悉情况、尊重科学、踏实做事。顶层决策者、管理组织者、工程建设者、技术负责者以及咨询专家形成行之有效的组织架构和治污合力，是污染河流治理取得成功的体制机制保障。此外，还要建立权责利相匹配的河长制考核评估方法，切实推动河长制从"有名"到"有实"转变。

（作者：徐祖信，中国工程院院士，同济大学教授、博士生导师，上海市人民政府参事；尹海龙，同济大学教授、博士生导师）

"口袋公园"建设典范
——以扬州为例

一、扬州公园城市建设探索与实践

扬州公园城市建设起步早,成效大,是中国公园城市建设的典范。历史上,扬州园林就是中国园林的杰出代表。园林建筑肇始于汉,隋唐时已是"园林多是宅,车马少于船",明清更是"扬州园林,甲于天下",全城有大小园林200余处,其艺术风格与特点,堪称中国古典园林的翘楚和民族历史文化的珍贵遗产。即使是兵荒马乱的民国时期,扬州仍建设了匏庐、萃园、平园等一批有影响的古典园林,并且在国内较早建设城市公园(1911年建)。新中国成立后,扬州园林迈上新台阶,通过成立专业园林管理部门、资产国有化等手段,结束了宫廷苑囿、官衙园林和私家园林为主的历史,逐步开放一批老百姓喜闻乐见的公园、小游园,丰富了群众文化生活和精神享受,园林处处焕新颜。

20世纪90年代,随着市场经济的驱动和"国家园林城市"荣誉的获得,城市规划理念深入人心,公园绿地建设由于可以有效带动周边土地升值,成为驱动城市新区发展的重要手段,此间扬州虽然新辟了蜀冈—瘦西湖风景名胜区、茱萸湾风景名胜区;新建二十四桥景区、扬派盆景博物馆、茱萸湾公园等景点,修复平山堂西园、个园、何园、二分明月楼等20多处古典园林,城市绿化覆盖率由1998年的35.67%上升到2015年的37%,绿地率由32.53%上升到33.97%,但是城市和公园的规划建设尚未实现真正意义上的"城园融合",公园只起到锦上添花的作用,而不是真正以人民幸福为宗旨,公园在空间布局、开放地点、开放时间等方面都存在明显不足。

城市公园建设思路真正发生改变是在2012年。这一年,扬州市委、市政府果断决策,叫停拍卖地皮价值数十亿元的宋夹城地块,就地高水准建设一座体育休闲公园,并向市民免费开放,成为扬州首个以森林湿地绿色生态为底色、运动健身休闲游乐为主题、叠加文化功能的大型城市公园,第一年就接待市民、游客400多万人次,成为扬州市民和游客休闲最钟爱的去处。

通过宋夹城休闲公园的建设,拉开了扬州城市公园建设的序幕。城市公园建设多次被市政府列入为民办实事的项目之一。除了对瘦西湖风景区、茱萸湾风景区、个园、何园、荷花池公园等园林进行景点完善外，还先后对328国道城区段、文昌路、扬子江路、文汇路、汶河路、泰州路、盐阜路等十多条道路绿化进行改造和重新建设，在城市东、西、南、北四个出入口，依托城郊自然环境形成了"先见绿色后见城"的绿化氛围。形成了以"古、绿、水、文、秀"为特色，河、湖、城、园融为一体的绿地格局，加快了由"城市中园林"向"园林中城市"的过渡，使扬州成为长江三角洲地区最适宜人们创业和生活的城市之一。

2017年党的十九大报告和中央城市工作会议精神相继指出：满足人民日益增长的美好生活需要成为城市发展建设的根本目标，城市规划建设要全面落实"以人民为中心"的发展思想。城市绿地系统和公园体系作为城乡发展建设的基础性、前置性配置要素，是城市公共服务体系的重要内容，更是"诗意栖居"的理想人居环境的关键组成。完善而卓越的城市绿地系统和公园体系，无疑将成为城市人居环境中"最公平的公共产品和最普惠的民生福祉"，是满足人民日益增长的美好生活需要，落实"以人民为中心"的发展思想的核心内容。扬州市委、市政府再次转变城市建设理念，将城市公园建设转变为公园城市建设，提出"公园即城市、城市即公园"，公园与城市将实现多层次、多维度的融合发展是当前及未来新时代"公园—城市"关系发展演变的必然路径，毫无疑问也将成为新时代"以人民为中心"的城市发展观的重要组成部分，指引全面建成小康社会和"2035美丽中国"目标下城乡人居环境的发展建设。

2016年随着《扬州公园管理条例》的发布和《扬州公园城市建设准则》的制定，扬州公园城市建设走上了既遵循国际前沿公园城市建设理念又独具特色的道路，先后建设了廖家沟中央公园、扬子津公园、三湾湿地公园、蜀冈生态公园等上百处城市公园，截至2019年年底，全市共建各类公园392处，面积约3683.33公顷，包含综合公园40处、社区公园238处、口袋公园79处、专类公园35处（包括湿地公园、森林公园等），其中口袋公园建设是扬州公园城市建设的特色和亮点。

二、扬州"口袋公园"建设案例

口袋公园在《口袋公园案例研究与启示》一文中是这样界定的：它的原型是建立和散布在高密度城市中心区的呈斑块状分布的小公园（Midtown—park）。这种新型公园地处高密度的城市中心区，面积小，从车行和步行交通流线中分离出来，易于到达，是一个尺度宜人、远离噪声、围合而有安全感的户外开放空间。它可能出现在你上班的路上、回家的路上，还可能在你吃午餐的地方，就是这样一个便利的、平易近人的公园，扮演着改善城市生活的重要角色。它弥补了大型的公园交通和时间问题上不能广泛地为大众使用的不足，更接地气，更具亲和力，空间变化更灵活、丰富，功能小而精，满足了人们对自然和休憩的使用，增加了人与人之间的交流，促进了人们身心健康的发展，满足了人们心灵归属的需求。

扬州在2500年城市发展过程中，形成了5.09平方千米的明清古城区，是扬州国家级历史文化名城的重要见证。由于历史原因，老城区街巷纵横密集，房屋鳞次栉比，老龄化、腿脚不便人口众多，公共空间稀少，供居民日常游憩休闲的小游园只有10处，总面积仅0.63

公顷,且分布不均匀,不能满足居民生活需要。通过园林部门调研摸底,决定在老城区按12个街坊统一规划,以人为本,新增38处口袋公园,面积在50~400平方米,不超过1 000平方米;提供公共的、室外的、免费的、常年开放的空间,以"绿植+配套"营造氛围,增加生态性,补充城市快节奏生活的缺陷,不断地给生活带入新的活力、新的气息、新的感受。配套必要设施,包括座椅、游戏场地、运动场地等,提供市民近在眼前休闲、娱乐、锻炼、交流等功能为一体的舒心场所。

扬州口袋公园布局规划策略有:一是见缝插绿,利用街巷空间建设;二是拆房增绿,结合危房拆迁改造建设;三是提质优绿,对现状绿地改善优化;四是公共见绿,避免在楼盘或小区内部,并尽可能与城市道路相邻,确保口袋公园的公共性。建设中除了现有绿地可提升改造,对老城区内空关的公房、老旧建筑拆除后的空地及古树古井周边的空间也可加以利用。重点强调均衡布局,以居民的舒适步行距离为服务半径,步行3到5分钟、半径约180米,形成布局均衡的口袋公园体系。

考虑到口袋公园紧邻居民住户,紧贴百姓生活,在建设过程中着重考虑以下七个内容:①出入口:至少1个临路开敞的边界,开敞的边界可设0.45m高度矮墙,不设围墙和护栏。②自行车:出入口可设少量自行车停车场。③绿化:以落叶乔木为主,辅以部分麦冬等。④设施:设置座椅、圆桌、儿童设施、健身器材等,条件允许时可增设扬州元素的长廊等,体现扬州古城文化的特色。⑤铺装:园路平整,满足"带轮"的步行。⑥灯光:衬景托物,采用中杆照明和隐蔽照明相结合,方便居民晚间活动。⑦人文:结合周边较出名的人文事迹,融入地方文化特色。

2016年4月18日,扬州老城区新建开放4个口袋公园,除育才小学真爱园外,其余3个口袋公园分别位于东岳巷与盐阜路交叉口、文昌路上的石塔寺旁、文昌路边的宋井周围。面对家门口新添的靓丽景致,学生家长和老城区居民们不约而同地为校门口、家门口的公园点赞。2017年4月,老城区又新增20处口袋公园,到2018年年底,扬州共新、改建口袋公园79处,其中老城区建有48处口袋公园,总面积约2.5万平方米,总投资约2 000万元。曾经的垃圾场、破旧房屋、工业废地、违章建筑华丽转身,成为市民家门口的绿色福利和能走、能歇、能运动、能交流的最便利场所,以及展现城市特色、改善健康、萌生幸福感的有效途径,也是城市空间品质和居民生活质量提升的重要载体。

扬州市老城区口袋公园一览表

序号	公园名称	地址	建成开放时间	面积(公顷)	投资额(万元)
1	红园对面口袋公园	东岳巷与盐阜路交叉口东南角(红园对面)	2017	1-29,共1.04	7.43
2	文昌路南石塔寺对面口袋公园	文昌路南,石塔寺对面	2017		1.05
3	宋井口袋公园	文昌路南,宋井周边	2017		3.53
4	育才小学口袋公园	育才小学口袋公园	2017		34.38
5	石塔菜场北口袋公园	四望亭路与二道河交叉口东南角(石塔菜场北)	2017		10.86

续表

序号	公园名称	地址	建成开放时间	面积（公顷）	投资额（万元）
6	附中北口袋公园	淮海路与盐阜路交叉口西南角（附中北）	2017		1.43
7	旌忠巷西门口袋公园	史巷东侧，旌忠巷北（旌忠巷西门）	2017		2.94
8	院士广场口袋公园	淮海路东侧，扬中院士广场（原规划局）	2017		400
9	阮元口袋公园	毓贤街两侧（文昌百汇东，阮元广场）	2017		70
10	三义阁口袋公园	三义阁66号	2017		54
11	长城花园口袋公园	长城花园东侧，泰州路西侧，1912北侧	2017		31.88
12	旌忠巷南侧口袋公园	南门街东侧，旌忠巷南侧	2017		9.75
13	珍园北口袋公园	十巷与秦淮河沿河道路交叉口西北角（珍园北）	2017		28.48
14	大东门桥南口袋公园	大东门桥南	2017		9.68
15	仙鹤寺南口袋公园	仙鹤寺南	2017		8.5
16	小秦淮河东侧口袋公园	小秦淮河东侧，彩衣街北，河边巷沿线	2017		4.8
17	小秦淮河东侧彩衣街南口袋公园	小秦淮河东侧，彩衣街南，南讲经墩沿线	2017		7.8
18	东圈门口袋公园	东圈门与大方巷交叉口西南角	2017		8
19	正谊巷口袋公园	正谊巷（四望亭东北）	2017		9.65
20	毓贤街南侧口袋公园	毓贤街南侧，东方小商品市场东侧	2017		20.65
21	引市街口袋公园	引市街113号	2017		39.4
22	大准提寺东侧口袋公园	大准提寺东侧，治淮新村西侧	2017		1.16
23	小秦淮河口袋公园	小秦淮河上新桥东侧	2017		26.18
24	国庆路西侧口袋公园	国庆路西侧，彩衣街沿线	2017		7.5
25	水仓巷口袋公园	水仓巷与埂子街交叉口东南角（渡江社区宣传站北）	2017		3.8
26	徐凝门路口袋公园	徐凝门路与南通路交叉口西北角	2017		4.5
27	皮市街口袋公园	皮市街东侧，小芝麻巷与大芝麻巷之间	2017		6
28	畅园口袋公园	曾公祠巷西侧（畅园）	2017		15
29	汪氏小苑口袋公园	汪氏小苑北，古井两侧	2017		1.37
30	育婴巷口袋公园	育婴巷2号	2017	0.2	600
31	泰州路口袋公园	泰州路与恩寺巷交叉口西北角	2018	0.03	90
32	沙施河口袋公园	沙施河边	2018	0.07	8
33	石榴巷口袋公园	石榴巷8、10号	2018	0.1	23.7
34	个园北门口袋公园	个园北门	2018	0.02	70
35	后安家巷口袋公园	后安家巷，大准提寺西	2018	0.06	0.6
36	花局里口袋公园	花局里中部	2018	0.06	5
37	祗驼林口袋公园	引市街东侧，祗驼林南侧	2018	0.02	10
38	小秦淮河东侧口袋公园	小秦淮河东侧，三益巷与当典巷之间	2018	0.02	10
39	小秦淮河东侧长庆巷北侧口袋公园	小秦淮河东侧，长庆巷北侧	2018	0.02	10
40	魏源故居口袋公园	新仓巷南侧（魏源故居内）	2018	0.01	15

续表

序号	公园名称	地　址	建成开放时间	面积（公顷）	投资额（万元）
41	厨子巷口袋公园	厨子巷与狮子巷交叉口西南角	2018	0.01	6
42	老市政府口袋公园	文昌中路老市政府西南角口袋公园	2018	0.01	15
43	东岳大酒店口袋公园	东岳巷东岳大酒店	2018	0.3	80
44	龙头关口袋公园	龙头关社区北侧，南门新村南侧	2018	0.07	30
45	扬大医学院口袋公园	扬大医学院血液检测中心南侧	2018	0.03	100
46	商学院口袋公园	盐阜东路扬州大学原商学院斜对面	2018	0.25	8
47	南门遗址口袋公园	南门遗址博物馆南侧	2018	0.08	50
48	平价饭店口袋公园	淮海路与文汇路交叉口	2018	0.06	70

三、口袋公园的后续管理与创新

口袋公园具有选址灵活、面积小、离散性分布、面广量大、公共开放的特点，在满足老城区市民绿色养生需求的同时，也给公园后续管理带来了新的挑战，如果投入人力、物力过多，不但增加城市财政资金压力，且极易造成资源浪费，但如果放任不管，又会使口袋公园的设施不断损坏、绿化衰败、侵占乃至枯死，最终公园变废园，好事变坏事。

面对新出现的难题，2018年10月23日，扬州市广陵区出台《广陵区公园养护管理办法》，率先实现了公园养护的制度化。特别是在口袋公园管理养护上，一方面，因其"小、多、散"的特点，光靠政府"唱独角戏"显然不够，变一方"独角戏"为多方"大合唱"便成为各方共识；另一方面，扬州市民有爱花、种花的传统，广大园艺爱好者有着志愿参与公园城市建设"大合唱"的向往和梦想。为此，广陵区委、区政府决定启动"花香扬州"口袋公园认养活动，为口袋公园招募园艺志愿者，既为口袋公园提供更加细致专业的"志愿养护"，也让志愿者争当"护园使者"的梦想成真。

2017年4月，一支16个小组、100多人的志愿者团队率先组建起来，承包了老城区16处口袋公园，他们来自不同行业、不同地区，最大的已年逾九旬，最小的还不足10岁，其中不乏全家上阵的老中青少团队和专业养护的特殊志愿者，他们自己购买园艺工具，除了根据季节把自家扦插的花苗移植到公园内的花圃里，同时为花圃里的鲜花树木浇水、施肥、剪枝、打药、除草，清除垃圾，保持公共设施的清洁、完整。在第十届省园博会首届宁镇扬花卉节"花开雅居征集"活动中，志愿者康秀的家庭作品夺得了一等奖，她和志愿者发起人孟瑶等养护专家一起，不但为志愿者牵线搭桥，分配大小合适的口袋公园，也在实践中传授养护技巧，通过口袋公园论坛和定期沙龙，交流心得，赠送培育的绣球、月季、铁线莲等常见花卉品种，不但促使口袋公园面目一新，化解了政府管理和维护难题，使得这100多位市民也拥有了与附近居民一同享受"花香"的"私家花园"，成就了梦想和兴趣爱好，弘扬了扬州"十里栽花算种田"的优良传统，让扬州成为花友心目中美好的胜地。目前志愿者队伍已扩大到300多人,面积300平方米以下的口袋公园都已被志愿者领养。

四、口袋公园存在的问题与对策

在口袋公园管理养护上,虽然扬州创新思路,作了一些积极探索,也取得了一些成绩,但作为公园城市管理的新生事物,目前还存在着一些亟待解决的矛盾和问题。

一是市民爱园护园意识有待提升。目前,少数市民文明素质还不够高,爱绿护绿意识还不够强,日常毁绿占绿和破坏公共设施的情况还时有发生,需要通过长期有效的宣传教育和文明创建等手段,进一步促进居民群众养成爱护生态环境的观念,提升全民文明程度和公德水平,严格执行《扬州市公园条例》《广陵区公园养护管理办法》,加强法制教育,采用现代化设备完善巡查机制,进一步提高养护管理水平,依法维护好每一个公园的安全、有序、优美的形象,从而减少公园内毁绿占绿和破坏公共设施情况的发生。

二是口袋公园建设文化内涵有待挖掘。口袋公园建设不但为广大居民群众提供一个休闲健身娱乐的场所,更要在公园建设过程中挖掘文化内涵。有的公园建设时间较早,标准稍低,园林化、园艺化不足,给公园的后期管理增加了难度,需要公园管理部门进一步挖掘公园自身文化内涵,把公园打造成具有特色文化、传承历史的精神家园。

三是公园管理养护资金有待保障。随着口袋公园数量和面积逐年递增,管理养护资金保障难度随之增大。提升公园管理养护质量,需要配备更优质的人力、物力、财力,尤其要加大必要的资金投入。同时,为确保"每一分钱都用在刀刃上",还需进一步规范资金使用和管理,从而保障公园管理养护持续开展,加速公园体系建设的推进速度。

四是多方协作管理合力有待形成。"人民公园人民建,建好公园为人民"。口袋公园的管理养护,不仅仅需要公园主管部门、公园管理者努力,更需要相关部门齐抓共管,乃至全社会力量的支持帮助。虽然扬州开展了"花香扬州"口袋公园认养活动等一些积极探索和有益尝试,但就彰显管理合力而言,公园在多方协作上仍显不足,需要学习、借鉴国际先进国家口袋公园管理、运作经验,运用公益宣传平台等方式多途径、多渠道创收,盘活公园,以园养园,充分发挥公园的效益,切实推进公园管理养护工作的可持续、高质量发展。

(作者:邱正锋,扬州市历史文化名城研究院研究室主任、研究员)

城市大脑赋能下的智慧城市建设探索

——以杭州为例

智慧城市作为现代化城市运行和治理的一种新模式与新理念,建立在完备的网络通信基础设施、海量的数据资源、多领域业务流程整合等信息化和数字化建设的基础之上,是现代化城市发展进程的必然阶段。自 2008 年 IBM 公司提出"智慧的城市在中国突破"战略,并相继与国内十多个省市签署了"智慧城市"共建协议后,"智慧城市"建设在国内迅速展开。

杭州作为数字经济先发之城,率先以城市大脑为抓手,以提升公共服务品质、满足市场主体需求、提高城市治理效率等为重点聚焦领域,助力智慧城市建设。自 2016 年诞生以来,城市大脑经历了从数字治堵到数字治城,再到数字治疫的发展阶段,取得了较为显著的创新成果。2019 年城市大脑上线了 11 个重点领域 48 个应用场景,把城市大脑的应用向纵深推进;2020 年新冠肺炎疫情发生以来,运用城市大脑首创杭州健康码、企业复工复产数字平台、亲清在线、读地云等,为战胜疫情和促进发展提供了重要支撑。

智慧城市建设是一项长期的、复杂的工程。杭州目前获得的成果还只是庞大系统中的阶段性进展,仍需借鉴国内外先进城市的经验,持续探索前行,不断总结提高。

一、城市大脑赋能民生服务

杭州始终践行以人民为中心的思想,坚持数据资源"取之于民、用之于民"。因此,城市大脑摒弃传统的技术思维和项目路线,立足于解决民生问题、提升公共服务品质,将应用场景从最初的治堵延伸至出行、泊车、就医、出游等多个民生领域。

(一)交通便民

城市大脑为解决"堵"的痛点,致力提升交通服务。城市大脑基于道路监控、红绿灯等交通设施产生的海量数据及气象、公交、高德地图等 13 家相关机构提供的交通相关数据,实现对交通态势的全维度掌握、对车辆的全样本分析、对数据的全流量监控,从而对信号灯控制算法不断优化,进行智能交通诱导。同时通过与高德地图的协同,及时发布交通事件信息,为出行者提供科学、合理的交通出行方案,减少出行时耗。2016 年以来杭州在净增近

120万人口、40万辆汽车、总路面通行面积因地铁施工占用减少20%的情况下，道路平均通行速度反而提升15%，在全国城市的拥堵排名大幅度下降。

除了出行优化，城市大脑还被应用于提供共享、便捷的停车服务。利用城市大脑强大的数据、算法和算力资源，杭州推出智慧停车系统，对违停的车主提供违停提醒、对寻找车位的车主提供车位导航、对取车离场的车主提供"先离场后付费"服务，精确地解决杭城停车"哪里难、有多难、为何难"的问题，并将原先"车到库"的粗放停车体验，升级到"车到位"的精细化停车服务，真正实现了停车无忧。

除了面向市民的交通便民服务，城市大脑还推出面向外来群众的"非浙A急事通"服务，即部分开放需要急事急办的非浙A号牌小型客车，在工作日高峰时段的错峰限行区域内允许通行。这一举措一改过去非浙A号牌小型客车在工作日高峰时段无法进入错峰限行区域的情况，让市外来杭办事的群众切身感受到了这座城市的温暖。而这一举措正是基于城市大脑的强大支撑才得以实现：一是经过城市大脑的"数据治堵"，杭州交通拥堵情况得以改善，交通承受度提升，为"非浙A急事通"措施的实施提供了可能的通行空间；二是城市大脑通过监测早晚高峰主城区的实时车辆，分析出在交通高峰期再放入0.5万至1.5万辆车不会引起延误指数突变，为"非浙A急事通"便民措施的推出提供了扎实的数据支撑；三是"城市大脑"实现了对在杭通行的非浙A车辆的"精准画像"，可以准确识别临时来杭、时常来杭、长期在杭等车辆通行属性，为"非浙A急事通"服务通行规则中"一个自然年度内允许通行的次数不超过12次、每个自然月不超过3次"的规定提供了精准测算依据。

（二）医疗便民

城市大脑为解决"烦"的痛点，致力提升医疗服务。不同于传统的挂号、化验、配药每个环节都要往返付费的模式，城市大脑的舒心就医服务整合了医疗支付流程。本市参加医保且信用良好的患者，就医全程无须先付费，可在就诊结束后在院内一次性自助付费，也可在48小时内通过自助机、手机等方式一次性支付，大大缩减了就诊时间。

而诞生于疫情期间的杭州健康码，更是依托城市大脑，打破数据屏障，不断升级医疗健康功能，从最初的凭健康码前往在杭医疗机构"一码就医"，到"心理援助"，再到"一键急救"。通过"一键急救"进行120呼叫，调度台可实时获取求救者位置、健康档案等信息，极大提高救助成功率。

（三）出游便民

城市大脑为解决"等"的痛点，致力提升出游体验。作为热门的旅游城市，杭州依托城市大脑推出"10秒找空房""20秒景点入园""30秒酒店入住"等便民服务。

针对节假日住宿难问题，城市大脑整合接入酒店资源，通过微信小程序实时显示酒店空房情况，游客通过小程序10秒就能基于实时定位和价格偏好，找到适合自己的附近空房。

针对景点排队难题，城市大脑的应用免去了经窗口购票入园的流程，采用线上预订—线下扫码直接入园的方式，基于城市大脑中枢系统，利用数据互通再造服务流程，使入园平均时间从原先的90秒缩减到20秒。

为缩短酒店入住办理时间，城市大脑通过在酒店大堂设置自助入住机，打通酒店PMS（物业管理系统）、公安登记、门禁、收单交易、OTA（在线旅行社）预订、酒店直销等六大系统，实现30秒自助快速办理入住和退房。

二、城市大脑赋能惠企服务

面向企业这一市场主体，杭州致力于通过城市大脑的数字系统解决方案，将宏观层面释放的制度红利、政策红利加速转化为微观层面市场主体的获得感。

"亲清在线"是杭州打造的新型政商关系数字平台，一端连接企业，一端对接政府管理服务部门，通过城市大脑中枢系统实现税务、市场监管、社保、住保、浙里办法人库等多系统的数据协同，把政府的惠企政策方便快捷地送达企业。以疫情期间政府发放的商贸补贴、企业员工租房补贴为例，按照"亲清在线"的兑付逻辑，企业登录后，"亲清在线"平台通过城市大脑中枢系统自动获取数据、自动比对，免除企业烦琐的上传材料过程，比对结果经企业和个人确认后，直接将补贴发放至银行或支付宝账户，实现惠企政策在线快速兑现服务。截至2020年4月1日，"亲清在线"已累计为14.8万家中小微企业、59万余名企业员工兑付补贴7.6亿元。

杭州正在推进"亲清在线"平台在既有基础上的五大转变：政企交流，从"上门收集"转变为"在线呼应"；政务服务，从"坐店等客"转变为"平等互动"；政策制定，从"大水漫灌"转变为"精准滴灌"；政策兑现，从"层层拨付"转变为"瞬间兑付"；政策效果，从"绩效后评"转变为"实时可测"。转变完成后，政府和企业将会变得更加"亲"和"清"。

三、城市大脑赋能城市治理

杭州城市大脑打破了政府部门间的信息壁垒，联通市、区县（市）、乡镇（街道）、社区（村）四级平台，96个部门、317个信息化系统项目的数据资源，通过纵向到底、横向到边的互联互通，为改善城市治理提供了数据支撑，推动城市治理由经验判断型向数据分析型、由问题导向型向预判预警型、由"静态"管理型向"动态"治理型的精准化转变。

（一）基层治理

得益于城市大脑中枢协同机制，街道层级的数字驾驶舱可实现与市场监管、公安等系统数据的协同，实现精密智控，为决策制定提供数据支撑。在杭州新天地街区的数字驾驶舱通过接入公安、城管系统的监控数据，实时掌握街区娱乐场所等重点区域的客流人数，以便对是否应限制客流人数、是否应加配人手维持秩序做出判断；通过接入市场监管电梯管理系统，实现对街区内123部电梯的在线监测，一旦出现电梯关人等故障，系统立即自动发送短信至社区、物业、保安、市场监管等相关人员手机，从发出警报至到达现场处置仅需不到8分钟，远远低于相关规定要求的30分钟上限。通过数据协同，新天地街区的特保人员从170人减少到80人，治理效率大幅提升。

城市大脑的应用还使得社会治理从"救火式"治理变为提前预判预警。余杭区通过物联网将辖区内10多万个智能烟感探头、1600余个充电桩、271个微型消防站等设施的实时数据接入城市大脑，一旦烟感探头捕捉到可疑数据立即向指挥中心报警，在火情发生之前便安排相关管理人员前往风险点警示并处置，助力实现火情未发、处置先达。

城市大脑还改变了以往基于历史经验的静态管理模式，为街区治理的动态管理提供支撑。西湖音乐喷泉管理应用是一个成功的案例：依托城市大脑对音乐喷泉景点附近的人流密度等信息进行实时监控，当客流密度过大时，及时通过智能终端分流，缓解景点压力；通过智能预测人流峰值，实时预判智能硬隔离摆放、安保力量分配和交通组织方案，在确保安全的前提下，尽量减少对景点观赏体验的负面影响。在城市大脑的协同下，不仅将硬隔从几乎每天摆放缩短至全年只需摆放30多天，而且可以根据实时获取的游客数量，来决定隔离带的长度，尽可能把最美的西湖呈现给更多的游客。

（二）城市空间治理

空间治理体系建设是国家治理体系建设的重要环节，也是智慧城市建设的重要内容。城市大脑的应用有助于深入分析城市现状问题、了解城市变化情况、准确判断城市发展趋势、剖析城市发展动力机制，通过进一步开展动态监测与评估，为国土空间规划的科学编制和精准实施提供技术支撑。

目前杭州正积极探索运用城市大脑赋能城市空间治理。首先是加强对空间规划实施的监测评估。在国土空间规划"一张图"实施监督信息系统紧锣密鼓建设的同时，杭州计划将全市规划和自然资源数据接入"城市大脑"，构建城市大脑规划资源驾驶舱，探索实现全市自然资源禀赋、资源保护和利用情况"云上"监测。根据计划，除中央规定的国土开发保护现状评估的指标体系及浙江省国土空间总体规划指标体系外，杭州还将增加城市大脑规划资源驾驶舱的指标体系。届时在城市大脑平台上，可查看到全市规划和自然资源数据及全市国土空间规划实施情况，方便进行规划和自然资源管控，支持政府和相关部门决策。

此外，随着空间位置服务数据的大量涌现，城市大脑可以成为国土空间规划的感知体系，为编制和实施规划提供精细的分析支撑。目前正在探索利用城市大脑支撑区域关系、公共服务设施的布局、产业分析、交通规划分析等方面的研究。以公共服务设施布局研究为例，利用城市大脑可对服务范围超出市域范围的区域功能设施，如知名医院、高校和科研院所、高能级文化体育场馆等，通过分析服务人口来源地、交通通行规律、人群出行特征等，分析不同布局模式下的设施共享性；以人口流动研究为例，可利用城市大脑分析杭州城镇和乡村人口、城乡双栖人口、旅游人口的空间分布特征，以便开展前瞻性的预测，做出更加科学合理的规划。

四、展　望

目前杭州城市大脑的研究与应用还处在试点先行的探索阶段。要让城市更会思考、生活更加美好，还需重点关注以下三点：

一是实现城市大脑的全周期管理。把城市作为有机体，增强城市大脑的智能化思考和智慧化执行功能，全面实时感知城市生命体征的变化，全域实时处置生产、生活、生态各领域发生的事件，实现精准预警研判风险隐患和高效应对处置突发事件。

二是实现从问题导向到需求导向的转变。目前城市大脑开发的应用场景主要针对现状存在的痛点难点，而未来应通过"日常思考"分析市民的动态、诉求、问题、成因，形成对市民需求的预判，推动公共服务由被动应付型向主动推送型转变。

三是亟须解决信息质量、数据安全、隐私保护等诸多难题。城市大脑建设的基础是海量数据的集成，接入平台和信息数据越多，城市大脑就越"聪明"。因此应大力推进全域数据归集，加快推进各系统和各平台甚至市场资源的有效接入，实现跨区域、跨层级、跨系统、跨部门、跨业务互联互通、共建共享。此外，要确保可持续运营城市大脑的海量数据，必须牢牢守住数据安全的底线，应建立涵盖采集、传输、存储、处理、交换、销毁等全生命周期的数据资源安全保障体系，筑牢抵御网络安全攻击的"防火墙"。

2020年3月31日，习近平总书记到杭州城市大脑运营指挥中心考察时指出：杭州应进一步挖掘城市发展潜力，运用大数据、云计算、区块链、人工智能等前沿技术推动城市管理手段、管理模式、管理理念创新，从数字化到智能化再到智慧化，让城市更聪明一些、更智慧一些。杭州将不负这份期许，持续探索城市大脑的创新应用，打造科学化、精细化、智能化现代治理的"杭州范本"。

（作者：杨明聪，杭州市规划和自然资源局总规划师，高级工程师）

以合理定位和可持续发展机制打造特色小镇
——以中关村创客小镇为例

一、背　景

党的十九大报告强调，创新是引领发展的第一动力，是建设现代化经济体系的战略支撑。党中央、国务院高度重视创新创业并出台重大举措，一系列鼓励"双创"发展的政策相继出台，创新创业迎来重大发展机遇。在这一创新发展新时期，创新驱动发展战略和大众创业、万众创新各项政策措施的不断落实，给中关村创客小镇发展提供了宏观政策机遇。特色小镇是新型城镇化与乡村振兴的重要结合点，也是促进经济高质量发展的重要平台。随着北京市城镇化和城乡一体化水平不断提高，特色小镇成为北京建设新焦点。

中关村创客小镇是海淀区重点打造的"两街一镇"双创集聚区之一，它的建设符合《北京城市总体规划（2016年—2035年）》《海淀区"十三五"时期产业发展及空间布局规划（2016—2020年）》等规划文件对于"海淀区应建设成为具有全球影响力的全国科技创新中心核心区，历史文化传承发展典范区，生态宜居和谐文明示范区，高水平新型城镇化发展路径的实践区"的要求；它是海淀区进一步完善科技创新载体建设的重要举措和推进高质量发展的战略选择。

二、案例概况

（一）区位

中关村创客小镇（后文简称小镇）位于海淀区西北部中关村科学城北区温泉镇，大西山脚下，依山傍水。温泉镇镇域面积33.19平方千米，截至2018年年底，全镇共有户籍人口29 637人，其中农业人口137人，非农业人口29 500人，流动人口28 608人。下辖2个行政村及13个社区。全镇设有39个党（总）支部，共有党员1 760名。温泉镇是海淀区产业发展主轴中关村大街发展轴北段上的重要支点。交通优势突出，可通过地铁实现一小时覆盖首都国际机场、北京西站、北京南站等重要交通枢纽、众多重要商圈、海淀区各大高等院校和研究院所，为创业者的生活和产学研合作提供了优势条件（图1、图2）。

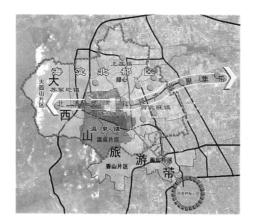 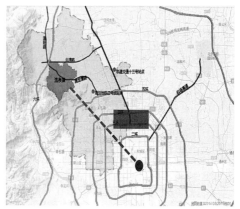

图1　温泉镇区位图

图2　中关村创客小镇区位图

（二）基础设施

小镇一期建筑面积19万平方米，其中众创空间占地面积2.68万平方米，商业面积约7 352平方米，创客公寓占地面积16.32万平方米，现有精装公寓2 772套。小镇内各种生活服务、公共卫生、人居环境、办公接待、网络和智能化等基础设施基本完善（图3）。

（三）生态文化

温泉镇地处于横亘在海淀中部的东西山脉中段，东、南、西为山地，北有京密引水渠穿境而过，自然环境优美。镇域农用地面积1 737.69亩，各类生态林1.2万余亩，是国家级环境优美乡镇、全国文明乡镇先进镇。该区域还拥有丰富的历史文化资源，包括著名的"滦州起义纪念塔"、京西最大的摩崖石刻"水流云在"、我国文学巨匠曹雪芹居所、爱国将军

图3 中关村创客小镇

孙岳的公墓等文物单位 16 处。优美的生态环境与丰富的历史文化遗存是小镇完善旅游功能、彰显传统文化和地域特色的重要基础条件和资源。

(四) 周边产业分布及在园企业状况

中关村创客小镇处于中关村科学城北区,在华为研究院、中关村环保园、中关村协同创新园、用友软件园、中关村软件园、永丰产业基地、集成电路设计院等几大产业园环绕之中,具有天然的产业资源。截至 2019 年年底入住小镇的企业有 600 多家,主要产业方向为人工智能、互联网教育、新材料技术、新能源环保、车船航空/交通出行、互联网+、医疗医药/大健康、文化创意、现代农业等产业方向(图4)。

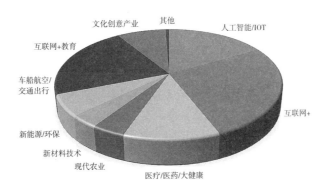

图4 中关村创客小镇在园企业产业分布

(五) 员工数量

截至 2019 年年底,小镇运营公司共有员工 54 人,其中 30% 左右为温泉镇本地人,科创服务人员 22 人,生活服务人员 32 人,配置合理,既为企业提供生存、发展等方面的服务,也为创业者提供生活方面的服务。

三、特色小镇打造的方法论及过程

（一）市场化运营及管理

1. 立项

中关村创客小镇于2015年完成建筑主体，经区长办公会讨论研究后为响应国家双创战略于2016年4月确立为海淀区创客人才公共租赁住房试点项目。项目土地和产权为温泉镇下属集体经济所有，成立中关村创客小镇（北京）科技有限公司，在中关村科技园区海淀园、海淀区温泉镇的领导下按双创社区模式对项目进行改造建设和运营管理。2017年11月中关村创客小镇正式开园。

2. 投资运营模式

中关村创客小镇（北京）科技有限公司（后文简称运营公司）为混合所有制企业，创新地采用了温泉镇集体经济控股51%和社会资本占股49%共同成立企业的模式。根据"政府主导、市场运作"原则，充分激发多方主体参与中关村创客小镇建设的积极性，实现"多方共赢"。

运营公司的营利主要来自三方面：一是创客公寓的管理费和服务费；二是商业空间、办公空间、会议室等其余配套服务型空间的使用租金，均由运营公司按照双创需求进行改造、招租、运营和服务；三是运营公司依靠投融资服务、孵化服务、人力资源服务、信息技术服务、品牌营销服务等服务获得的收益。

收益扣除运营成本后向股东进行分红。

3. 体制机制创新

小镇积极创新机制体制为优化镇域营商环境、助推高质量创新奠定坚实基础。

1）实现政府角色从管理和管制型向服务型转换

小镇始终坚持以企业为主体和市场化运作。政府做好编制规划、优化服务，入园企业只要在规划框架内，合乎法律要求，政府不干预企业运营。在市场主体登记制度上，实行企业的集群化住所登记；审批流程最简化、电子化、设立工商事务服务政务大厅等。

2）实现了农村集体经济转型升级的模式创新

①小镇项目改变了原有村民散租棚户房的低效"瓦片经济"。351地块原属东埠头村、太舟坞村地域，项目建成前村民多有自建、违建简易房出租，社情复杂，现在居民转变为北京科技创新创业企业的核心成员，平稳实现了"腾笼换鸟"，极大降低了温泉地区整治工作难度。②小镇吸引的科技创新项目创造了集体经济产业化指数级发展的上升空间。③开启了集体经济控股、市场化运营管理的创新模式。

中关村创客小镇为项目提前一年收回全部建设成本，仅基础性的房租收益一项较传统公租房就多增收0.68亿元。

3）实现了公租房服务群体转变的政策创新

针对中关村创客小镇项目，温泉镇充分发挥依托政策层面的创新，改变了北京市常规公租房严格的户籍、收入、学历等申请条件。把审核重点转向了入驻团队科技创新能力。创业者只要满足北京市无房、公司注册时间不超5年，项目优秀能通过专家评审的要求即可。针对创客群体最关注的成本问题，小镇公租房也率先实行50%（2016—2019年）的租金补贴政策。自2020年1月起补贴比例相对下降，但补贴比例仍在37%左右。公寓内装达到精装水平，配套全套家电设备，拎包入住。在户型方面根据单身居住、家庭居住和高端人才的不同需求设置了多种可选户型，满足了个性化需求。创新的公租房政策为在园企业留住了核心成员，帮助了企业健康稳定地成长（图5）。

图5　创客公寓展示

4）实现全资源覆盖的服务创新

在办公和生活服务上，小镇配备了展示大厅、路演大厅、VIP休息室、共享办公区域（500多个工位）、8个共享会议室、2个开放式阶梯会议室；小镇内柔性生产线、人才测评中心、政务服务中心等公共服务平台；咖啡厅、健身房、创育幼儿园、书吧、打印坊等商业配套服务。小镇已经完成了重要的基础设施智能化升级工作，在垃圾分类和物流递送等领域已经率先完成了互联网化，针对5G等下一阶段互联网基础设施的布局建设工作也在稳步推进中（图6）。

图6　园区配套展示

小镇还通过自营与外包相结合的方式为小微企业提供投资融资、工商财税、知识产权、大赛展示、社交健身、教育等11类61种专业级综合服务；同时，小镇依托职住一体的资源优势，在社区内汇聚创业导师、投资机构、科研院所、大学高校、第三方服务企业、国内外孵化机构为入孵企业服务。实现了"在一个社区内全天候满足创新创业工作、生活的全部需求"，提高了科技成果转化速度。

4. 加强组织领导，实施考核监督，加强市场化推广

中关村创客小镇自运营以来一直在中关村科技园区海淀园管委会、海淀区政府、温泉镇政府的相关主管部门及针对特殊业务成立的联席会的统筹协调、监督检查下创建相关工作。每个年度都会创建工作目标并将任务指标综合考核评价与部门及员工考核挂钩，落实到评优创先、绩效奖惩等考核中。

小镇自成立以来也一直在强化社会影响力的推广和项目招募推广，建立面向投资者、创业者的宣讲推广体系，放大中关村创客小镇在发展模式、国家重大政策落实等方面的示范意

义和价值，争取成为北京市创新发展和全国特色小镇的典范。

（二）中关村创客小镇整体科创服务体系及社群氛围营造

1. 审核及入驻流程

为了使入驻企业符合海淀区整体发展方向，小镇创新性设置了一套入住及审核流程。

1）入住条件

①注册和纳税均在海淀区，且注册时间不超过五年；

②所注册的公司经营范围符合TMT新型信息化产业（通信、媒体、科技交叉互容）或符合北京市海淀区产业发展方向。

2）审核流程

满足条件的团队即可在线上提交申请，线上初审通过的团队进入由5~7位导师（包括技术专家、投资人、创业导师等）共同进行的复审阶段，复审分数合格者上报由房管局财务局等几家单位构成的联席会批准后获得入住资格。入住小镇的团队每年进行一次年审，根据企业发展状况评劣汰优留，以进行企业的迭代和汰换，满足产业定位，淘汰率25%左右。年审结果同样经联席会审批后落实。

2. 打造自有的科创服务模式，形成集体产业专业化运营的标杆

中关村创客小镇遵循深度孵化、精准服务的原则，打造了自有的科创服务体系。

1）基础服务

提供专职孵化团队，结合第三方服务机构为创业企业提供工商、财、税、法、人力资源等服务。

2）创业辅导

小镇签约119位创业导师，通过创客学院、创客私董会、导师讲堂、高管面对面、导师下午茶等活动对初创企业进行创业辅导。

3）技术支撑

小镇配有知识产权运营服务和研发代工服务，配有共享实验室服务，从技术上解决企业的后顾之忧。

4）政策扶持

小镇有专员研究中关村、海淀区及北京市扶持政策，通过政策宣讲会、一对一企业诊断政策匹配、代申报等方式为企业提供政策申报的全方位服务。

5）投资引导

小镇设有创客小镇创投基金，并联合16家合作投资机构，几大银行，用股权融资和债券融资的不同方式帮助企业解决资金需求。

6）市场加速

小镇设有共享营销中心和共享品牌中心，合作各类媒体为企业进行宣传，打造企业品牌。

3. 园区智慧化、场景化，助力创新创业

为提升中关村创客小镇孵化平台的管理水平，小镇自主研发了一套智慧园区管理系统。手机端APP支持在线申请入园、预约审核、公共服务设施使用预订、孵化服务预约、日常社区生活服务预订等功能。后台管理系统为小镇的运营团队提供入孵企业信息管理和分析、租赁信息管理、收费管理、人事管理、房产管理、业户管理、合同管理等功能模块（图7）。

图7 中关村创客小镇APP界面

园区使用机器人引领和答疑；办公空间采用人脸识别门禁；会议室采用网上预约付费手机开锁；公寓也采用智能门锁，既方便用户也可监督转租转借。

小镇的智慧园区管理系统提升了小镇孵化平台的信息化水平，为入孵团队提供了一个方便快捷的资源对接平台。

中关村创客小镇作为创新创业精英聚集的双创社区，也在尝试集成"园区"相关创新成果，打造一个科技创新"应用场景"落地的国际化智慧生态社区，创新成果From创新精英，For创新精英。如在不同的区域入口安装了多家在园人脸识别技术企业的不同门禁产品；园区里的部分户外公共设施使用了园区内孵化的一家新材料企业研发生产的双疏水涂料，起到了环保、防水防油污防生锈和霜冻的作用……（图8）

4. 推动社区文化和社群氛围，打造全要素创客社区

中关村创客小镇坚持以"人"为本，统筹生产、生活、生态、文化等城镇功能协调发展，力争成为区域深入推进新型城镇化的重要抓手。

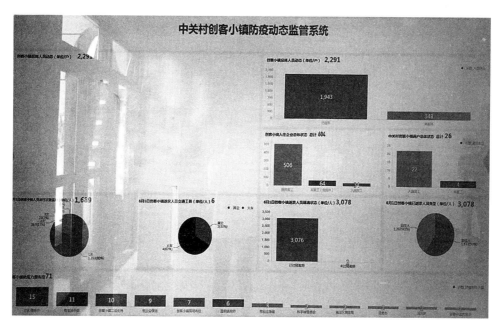

图8 中关村创客小镇园区可视化大数据系统界面

小镇着力打造"文明温泉"和"温泉品牌",吸纳文创企业参与文明温泉建设,在文化建设方面,深度挖掘创客文化,将创客精神的正能量内涵植入中关村创客小镇的文化塑造中,提升小镇发展的文化品质。

在居住功能和配套公共服务的打造中通过实现"职住一体化"来促进创客群体工作效率的提升。持续加大对特色小镇公共服务设施的投入,努力提升公共服务便利化水平,夯实高品质社区创建基础。同时,还积极推动文化创意元素融入社区发展,拓展社区创客心理服务、社区兴趣社交平台等功能。作为中国双创社区样本,小镇正在争取建成360°的全要素创新创业生态体系,建设北京市创客人才最密集的创客社区。

5. 带动周边就业及商业产业发展

与中关村环保园和翠湖云中心形成功能性区域商业联动,小镇进一步开发一些有倾向性的新型商业服务体系,强化对整个小镇规划区域和温泉镇周边社区的商业辐射能力,形成以科技创业为特色、以综合服务为主旨的区域综合服务聚集中心,进一步将中关村创客小镇核心区打造为温泉镇的商业与生活副中心。

除了带动周边的双创产业发展氛围以外,小镇直接带动了周边的就业。小镇物业公司现有员工30余人,80%为本地居民;运营公司现有员工54人,其中30%为本地居民。小镇的在孵企业,为海淀区至少创造了6 000个就业岗位。

(三)业态扩张,全镇域形成双创氛围,打造特色小镇

1. 顺势扩展,镇域布局双创生态

目前小镇二期已规划完成,总占地面积11.78万平方米,预计建筑面积29.4万平方米,2020年开始建设施工,预计2022年年底施工建设完成,开始入住。二期以数字经济赋能为

核心产业，以数字化融合精英人才和大中型企业为主要服务对象，面向独角兽或瞪羚企业专业定制的独栋商业办公空间。中关村创客小镇将成为国际高端人才社区，智能经济源头，在整个温泉镇域布局双创生态，最终成为国家级特色小镇！

2、开展特色创新活动，打造温泉镇IP，激发文化及旅游功能

目前小镇已经形成了创业、科技、文化等主题的特色品牌活动体系，每年大小活动接近百场，这些活动既有针对创业者的小规模活动（如政策解读、创客课堂、创业沙龙等），也有针对社区居民的生活类活动（如手工课、亲子体验、组团健身等），更有面向全市或全球的大型活动。通过这些活动，既形成了创客小镇丰富的活动内容体系、吸引了流量，又为温泉镇打造了科技·文化创意创新的IP。

"中关村创客节"：由温泉镇政府举办、中关村创客小镇承办的大型展会论坛类活动。该活动除了是创业者们交流分享的聚会外，也会有很多新的高新技术的产品与观众进行展示和互动，为周边的居民也带来了前沿的科技体验。

"创V+应用场景孵化大赛"：由中关村科技园区海淀园管委会指导，中关村创客小镇主办，是一场面向全球的创新大赛。优秀参赛作品有机会运用在大赛相关政府及单位的应用场景内。在2019年的首届大赛中，共有来自全球29个国家的500余个创业团队参加比赛，为位于温泉镇的智慧社区、科技公园、科技生态农业三个实际场景获得了大量的优质解决方案，并实际促成了优质项目落地温泉镇。

以上小镇打造的各种特色活动为温泉镇带来了浓厚的创客文化氛围，在体验层面，小镇又增设开放性和趣味性的科技体验设施，从软、硬两个方面提升小镇的特色文化功能体验。围绕国家级科技创业小镇定位，以独特的科技文化氛围装点小镇的核心区和生活。

从资源层面来看，创客小镇周边的历史文化和生态环境旅游资源十分丰富。创客小镇正在依托这一优势条件，引导区域历史文化资源、生态旅游资源与创客小镇的科创文化资源进行整合，以"大西山"近郊旅游路线为依托，形成"科技+文化"的特色旅游观光点，并以此为基础进一步打造有科创特色的小镇旅游项目。围绕科技体验、科技生活增加小镇的区域观光游览功能，结合青少年科技体验、科技科普博览、科技游学等方向打造带有海淀区品牌特色的旅游产业基础，形成北京近郊的重要科技特色旅游中心。

四、结　语

特色小镇是新型城镇化和乡村振兴的重要结合点，也是促进经济高质量发展的重要平台，是精准扶贫的有效载体。习近平主席指出，抓特色小镇、小城镇建设大有可为，对经济转型升级、新型城镇化建设，都具有重要意义。本次海淀区温泉镇以中关村创客小镇为切入点打造特色小镇的案例，成功的原因在于该项目结合自身特质，利用温泉镇处于中关村科学城北部新区、靠近五道口及几个大型特色产业园区的区位，周边有丰富的科研、创新、人才资源，找准产业定位，科学进行规划，挖掘产业特色、人文底蕴和生态禀赋，将科创资源有效地吸引到原本以农业为主的产业区域，并将这部分资源进行了放大和培育、增生。通过明

确的科创及科创服务产业定位、文化内涵、旅游特色和一定社区功能,形成了产、城、人、文四位一体有机结合的重要功能平台。并将社会资本引入集体用地和集体资产,政府监督把控,引入专业运营人员企业化运营管理,为当地带来了就业机会和经济收益。这种定位发展思路和运营模式是可以帮助乡村实现自我造血、可持续成长发展的有效机制,是值得探索、复制和推广的特色小镇打造模式。

[作者:程清鸽,工程师,九八时空(北京)科技服务有限公司总经理]

做好河海文章　擦亮生态名片
打造"水清、河畅、滩美、岸绿"的美丽港城
——以秦皇岛为例

秦皇岛作为国际知名滨海旅游城市，素有"长城滨海公园""京津后花园"的美誉，如果说生态攸关其他城市发展的优劣，对秦皇岛来说则攸关生死。站在"两个一百年"奋斗目标历史交汇点，我市坚持以习近平新时代中国特色社会主义思想为指导，牢固树立和践行绿水青山就是金山银山理念，始终把生态环境作为发展的红线、底线和生命线，坚定不移实施生态立市发展战略，努力打造"水清、河畅、滩美、岸绿"的美丽港城，向建设京津冀城市群生态标兵城市目标奋力前行。

一、厚植生态品牌优势，擦亮高质量发展"金名片"

习近平总书记强调，良好生态本身蕴含着无穷的经济价值，能够源源不断创造综合效益，实现经济社会可持续发展。44.5万公顷的葱郁森林、162.7千米的蓝色港湾、每立方厘米6 000多个负氧离子的清新空气，是秦皇岛最宝贵的财富。保护大自然赐予我们的这个生态大宝库，就是保护自然价值和增值自然资本，就是保护经济社会发展潜力和后劲。围绕建设一流国际旅游城市目标，秦皇岛市站在"千年大计"的高度来认识和推进生态文明建设，认真学习贯彻习近平生态文明思想，大力实施蓝天保卫战、碧水攻坚战、净土持久战，从根本上呵护宝贵的生态环境。为擦亮秦皇岛生态品牌名片，市委、市政府坚持把治河治海作为最紧迫任务，确立了"治海先治河、治河先治水、治水先治污、治污先治源、根本在治人"的总体思路，探索建立全流域治理体系，综合运用自然、物理、生态等多种修复方法彻底治理河流环境，致力于把每条河流建成生命之河、美丽之河、富民之河、文明之河，形成"生态良好—群众受益—全民参与—河流环境更好"的良性循环。近年来，我市先后实施了北戴河及相邻地区近岸海域环境综合整治、蓝色海湾整治行动、渤海综合治理攻坚战等国家重大战略建设项目，全面推行河长制、湖长制、湾长制等管理模式，水体和近海海域生态环境质量持续改善，全市国考省考断面、饮用水水源地、地下水考核点位水质达标率实现三个100%，近岸海域全部达到一类海水水质，戴河、汤河被评为全省秀美河湖，全市环境治理体系和治理能力现代化水平大幅提升，生态环境优势真正转化为高质量发展优势，为建设沿

海强市、美丽港城和国际化城市注入了强劲动力。

二、治河治海同向发力，下好常态化治理"一盘棋"

污染在海里，根子在河里，"治河"与"治海"相互关联、密不可分。我市坚持"领导先行、体制跟上、制度保障"的原则，统筹抓好治河治海两篇文章，为打赢"碧水攻坚战"奠定了坚实基础。强化高位领导机制。率先在全市范围推行"河长制""湾长制"，市委、市政府主要领导挂帅，所有市级以上领导同志分任市级"河长""湾长"。坚持把徒步踏察作为硬性要求，以上率下带头从入海口到源头、从岸上到岸下，不落一米、不放过一个污染点，用脚步丈量河道，做到踏察无遗漏、责任具体化、治理无差别、监管全覆盖。市级河长累计踏察2 000多千米，看水质、查污染、访农户、求方法、话发展，通过踏察统一了全市的思想，强化了干部治河治海的坚定决心。构建协同治理模式。在全面推行"河长制""湾长制"过程中，我市深刻认识到"河长制"与"湾长制"作为两大生态系统治理机制是一脉相通、相辅相成的，通过建立健全陆海统筹的生态系统保护修复和污染防治区域联动机制，协调推动治河与治海两大生态保护任务有效衔接，共同协商、共同推进相关整治措施，实现治河治海同频共振、同向发力，通过协同共治迎来"河湖清""海湾蓝"。健全规范制度体系。为进一步提高治河治海制度化、规范化水平，探索建立了生态空间管控、环境准入、总量控制、污染源达标排放等全链条管理体系，制定出台了秦皇岛市河湖长巡查方案、"一河一策"管理办法、"五位一体"联动督查机制等体现城市特色的配套制度。与此同时，加快地方法规立法进程，《秦皇岛市海水浴场管理条例》颁布实施，成为海水浴场管理地方立法的全国首例。

三、坚持防控关口前移，拧紧水环境污染"总阀门"

坚持以陆治海方略，变末端治理为源头把控，按照"压实责任、靠前治理、高标治污"的思路，大力推进"控源、截污、清淤、活水、绿岸"为重点的河流整治，实现水环境污染治理从海入河、追根溯源。坚持压实责任、跟踪问效。建立起"一河一长、分级负责、属地管理、条块结合、全流域包干"管理体系，在全市设立市级河长30名、县级河长97名、乡村级河长1 999名，河道参谋17名、河道警长45名，将所有河流及流域范围内的支流、水库、坑塘、沟渠和湿地，全部纳入河长制管理网格，坚持"组成网络、网中有格、格中定人、各负其责"，绘制责任分工图、污染源分布图，明确问题、目标、任务、措施、责任5个清单。实行日巡察、周报告、月调度、季点评，及时反映问题、沟通情况、跟踪问效，年终评出好、中、差，市财政安排专项资金奖补先进县区。坚持靠前治理、综合施策。一河一策、整体规划、分步实施河道及周边环境整治，累计清理河道垃圾162万立方米，拆除临河违建63万平方米。引导鼓励农民科学调整农业产业结构，以河流为链发展第六产业，规模畜禽养殖场废弃物处理设施配建率达到100%，养殖废弃物综合利用率达到87%，农药化肥使用量 2015 年实现负增长；深化国家森林城市成效，开展湿地修复、植树造林，打造更多的入海河流天然"沉淀池"，全市森林覆盖率达到 57%。坚持高标治污、提升效能。深入开展集中式污水处理厂改造提升工程，全市建成城市（含县城）生活污水处理厂 11 座，污水处理能力 65 万立方米/日，污水处理全部达到一级 A 排放标准。关停、整治涉水工业企业 272 家，涉水工业企业污染物达标排放率达 100%，封堵、整治各类入河排污口 1 764 个。开展水系连通工程建设，增强河道水系流动性和水源自净能力，提升城市管网截污纳管、雨污分流等水污染防治水平，快速推进镇级污水处理厂高效运行以及村庄分布式污水处理设施建设，坚决杜绝污水直排入河。

四、扭住治海关键环节，戴上渤海湾保护"紧箍咒"

秦皇岛依海而生、因海而兴，海洋对于秦皇岛，可以说是生命之根、血脉之源。我市在保障入海河流水质的基础上，统筹推进污染防治、岸滩修复、海湾治理和保护区建设，让秦皇岛的海更清、沙更净、湾更美。围绕控好污，加强港口污染防治。编制印发《秦皇岛市港口和船舶污染物接收转运及处置设施建设方案》，探索建立了船舶污染物接收处置新机制，船港之间、港城之间污染物转运、处置设施的衔接更加顺畅有效。建立港口船舶废油、含油污水污染防治联合监管机制，对船舶废油和含油污水的收集、运输、处置实施全过程无缝隙监管。制定海洋污染应急防控措施，及时消除船舶污染对我市海洋环境造成的损害。围绕治好滩，深入开展岸线整治。坚持问题导向，利用卫星遥感定位、无人机等科技手段，对 162.7 千米海岸线进行全市域无缝航拍，深入开展海岸线环境专项整治，开展"地毯式"督查，进行"清单式"销号，整改不到位绝不松手。实施"蓝色海湾"整治行动、渤海综合治理攻坚战行动计划，北戴河"岬湾砂质旅游海滩生态修复模式"在国内处于领先地位，整治修复侵蚀岸滩 28 千米，新增沙滩面积 95 公顷，修复滨海湿地 530 公顷，沙质岸滩退化趋势得到有效控制，海水浴场环境品质显著提升。围绕管好湾，全面提升海湾管理。成功申列全国首批"湾长制"试点城市，将全市海岸沙滩按行政区域划分为 7 个责任区和 46 个基层责任区，有序开展海岸沙滩踏查、沙滩环境卫生整治、全市域沙滩浴场打通、清理沙滩临建违建、浅海养殖治理和渔港渔船停泊点整顿等重点任务攻坚行动，确保每米岸线、每块海域都有人管，全市统一制作标准化湾长公示牌 111 块，向社会公布湾长责任海域岸线，自觉接受群众监督。围绕建好区，严格遵守生态红线。坚持把海洋保护区建设作为保护海洋环境的重要抓手，将海洋生态重要功能区、生态功能敏感脆弱区纳入生态保护红线，推进海洋生态红线管控，对不符合区划、规划、红线的项目实行一票否决，对不符合国家产业政策的产业项目不予受理和审批，确保生态功能区标准不降低、面积不减少、性质不改变。全市自然海岸线保有率达到 48.1%，生态红线区面积 1 149.57 平方千米，占管辖海域面积的比例达到 63.6%。

五、完善监测预警体系，织密立体化监管"防护网"

实现"河湖清"促进"海湾蓝"，短期靠"治"，长效靠"管"，为着力提高市域河流和海洋监管能力，我市扎实开展环境监测网络体系建设，努力构建立体在线监测系统。提高陆域监测能力。以"互联网+河长制"为方向，利用无人机巡查等方式，通过软件对重点入海河流沿线问题点、污染源进行现场排查，实施取照、定位、上图及分类管理工作，做到问题点处理过程全程管理，新增点及时上传甄别，实现河库基本情况及存在问题"一张图"呈现。积极推进市县两级环境监控中心能力建设，在75个乡镇、重点区域、河流等建设水环境监测体系，建成数据采集、信息公开、投诉建议、督办管理信息化管理平台，为水环境整治提供强有力的"大数据"支撑。加强海域监测预警。扎实做好近岸海域海洋环境常规监测，每年采集海洋生物多样性监测、海水质量监测、滨海度假区监测等各类常规监测数据3万余组。积极推进在线监测和视频监视联网试点工作，完成北海区数据互联互通，初步实现海洋环境在线监控"一张网"。突出旅游旺季服务保障，建立核心区海洋环境应急监测、监控合作新机制，落实核心区浴场监测"三同步"（同一时间、同一地点取样、同时开展监测工作），实现了样品采集同步、化验数据对照和信息成果共享。增强应急处置能力。不断提高突发环境事件应急处置能力，探索建立应急指挥调度体系，针对河湖水库绿藻、海上油污和局部海域赤潮问题，集中开展风险隐患排查，完善应急监视监测预警体系、应急消除体系和专家会商机制，加密实战演练频次，进一步提高了应急处置精细化、科学化。

六、巩固高压执法态势，实现全流域严打"无盲区"

树立全市环境执法"一盘棋"思想，整合执法资源和力量，围绕突出环境问题，开展水环境专项执法行动，强化联合执法、交叉执法和突击执法，持续加大环境违法行为打击力度。一方面，组织开展绿盾"2019"、违法违规建设项目破坏生态环境排查整治、生态保护红线、饮用水水源保护区内违法违规问题等系列专项整治，加大对在线数据频繁出现异常企业的抽查频次，用最严格的执法标准打击违法排放水污染物行为，起到了有力的震慑作用；另一方面，持续加大海洋执法巡查力度，在突出海上、码头、海岸线日常巡查的基础上，定期开展"中国渔政亮剑""海盾""碧海""北戴河海洋环境保护"、打击盗采海砂、航道专项清理等海洋环境联合执法行动，严厉打击各类海洋环境违法行为，确保不留盲区死角。坚持一手抓严格执法，一手抓违法惩处，依法处理危害河海环境人员，问责治污不力的干部，在全社会引起强烈反响。充分利用微信、微博、移动客户端等新媒体，加强水环境保护意识的全民教育，广泛开展"走遍秦皇岛""烟头革命""珍爱金沙共护碧海"志愿活动，全民治河治海的良好氛围更加浓郁。

面对新时代、站在新起点，建设京津冀城市群生态标兵城市，既是实现高质量发展的应有之义，也是313万港城人民的共同心愿。我们将更加紧密地团结在以习近平同志为核心的党中央周围,在省委、省政府的坚强领导下,擦亮城市品牌,呵护生态优势,努力让秦皇岛成为践行习近平生态文明思想的排头兵、样板区,奋力谱写全面建设沿海强市、美丽港城和国际化城市新篇章。

(作者:秦皇岛市人民政府)

附录篇

附录1

2018/2019年中国城市规划发展大事记

2018年12月

2018年12月24日 住房和城乡建设部党组书记、部长王蒙徽在京主持召开全国住房和城乡建设工作会议。会议指出，在以习近平同志为核心的党中央坚强领导下，全国住房和城乡建设系统深入学习贯彻习近平新时代中国特色社会主义思想和党的十九大精神，改革创新，开拓进取，推动住房和城乡建设事业发展取得了新进展、新成效，为经济社会持续健康发展做出了积极贡献。会议在全面总结了2018年住房和城乡建设工作基础上，分析了面临的形势和问题，提出了2019年工作总体要求和重点任务。

2018年12月24日 文化和旅游部出台《国家级文化生态保护区管理办法》（以下简称《办法》），于2019年3月1日起正式施行。《办法》明确了国家级文化生态保护区建设的指导思想和工作目标，明确了国家级文化生态保护区建设的指导思想和工作目标，以及国家级文化生态保护区建设的责任主体、主要任务和措施。

2018年12月24日 国家发展改革委、交通运输部会同相关部门研究制定了《国家物流枢纽布局和建设规划》，将在全国建设212个国家物流枢纽，有利于推动国家物流枢纽的建设。

2018年12月25日 湖北省政府依据《湖北省湖泊保护条例》批复西湖等10个跨界湖泊的保护规划。

2018年12月25日 住房和城乡建设部、国家文物局联合召开国家历史文化名城和中国历史文化名镇名村评估总结大会，系统总结了我国历史文化名城名镇名村保护工作取得的成绩和存在的问题，并部署了下一阶段加强历史文化名城名镇名村保护工作的总体要求和重点任务。

2019年

1月2日 国务院批复《河北雄安新区总体规划（2018—2035年）》。批复指出，总体规划牢牢把握北京非首都功能疏解集中承载地这个初心，坚持世界眼光、国际标准、中国特色、高点定位，坚持生态优先、绿色发展，坚持以人民为中心、注重保障和改善民生，坚持保护弘扬中华优秀传统文化、延续历史文脉，对于高起点规划高标准建设雄安新区、创造"雄安质量"、建设"廉洁雄安"、打造推动高质量发展的全国样板、建设现代化经济体系的新引擎具有重要意义。

1月3日　自然资源部、农业农村部印发《关于加强和改进永久基本农田保护工作的通知》，巩固永久基本农田划定成果，有效解决划定不实、非法占用等问题，完善保护措施，提高监管水平。

1月8日　安徽省政府办公厅印发《关于推进城际铁路建设的通知》（以下简称《通知》）。《通知》提出，进一步加大铁路基础设施领域补短板力度，依托国家干线铁路网，推进全省城际铁路建设，构建内联外畅的现代铁路交通体系。

1月8日　中共中央政治局委员、国务院副总理胡春华在河北、北京、天津等地调研"大棚房"问题清理整治工作。深入排查、彻底清查，坚决整治、加快整改，强化追责问责，不折不扣抓好"大棚房"清理整治工作，确保按时保质完成整治任务，坚决遏制农地非农化乱象。

1月8日　广东省自然资源厅、广东省农业农村厅印发《关于贯彻落实省委省政府工作部署　实施乡村振兴战略若干用地政策措施（试行）的通知》，坚持农业农村优先发展，推进农业农村现代化，提升农村新产业新业态发展水平，统筹建设城乡统一用地市场，促进农村集体建设用地节约集约利用。

1月14日　中央农办、农业农村部、自然资源部、国家发展改革委、财政部联合发布《关于统筹推进村庄规划工作的意见》，明确把加强村庄规划作为实施乡村振兴战略的基础性工作，力争到2019年年底，基本明确集聚提升类、城郊融合类、特色保护类等村庄分类；到2020年年底，结合国土空间规划编制在县域层面基本完成村庄布局工作，持之以恒推动乡村振兴战略落实落地。

1月14日　科学技术部印发《创新驱动乡村振兴发展专项规划（2018—2022年）》。

1月16日　习近平总书记再次来到河北雄安新区调研，听取雄安新区总体规划、政策体系及建设情况介绍，视察服务窗口，在规划展示中心，他通过大屏幕连线京雄城际铁路雄安站建设工地现场的建设者们，称赞他们是"千年大计"的开路先锋。

1月16日至18日　中共中央总书记、国家主席、中央军委主席习近平在京津冀考察并主持召开京津冀协同发展座谈会，肯定京津冀协同发展战略实施以来取得的显著成效。他强调，京津冀协同发展是一个系统工程，不可能一蹴而就，要做好长期作战的思想准备。过去的5年，京津冀协同发展总体上处于谋思路、打基础、寻突破的阶段，当前和今后一个时期进入到滚石上山、爬坡过坎、攻坚克难的关键阶段，需要下更大气力推进工作。

韩正表示，要完善政策、健全机制，增强疏解北京非首都功能的内生动力。要坚持高质量高标准，规划建设好北京新的"两翼"。要抓好跨区域重大轨道交通等基础设施建设，为疏解北京非首都功能创造便利条件。要坚持以人民为中心的发展思想，推进基本公共服务均等化，不断增强人民群众获得感。

1月18日 河北将在雄安新区全面实施建设项目"一会三函"审批制度的创新举措。"一会"指召开会议集体审议决策,"三函"指建设项目前期工作函、设计方案审查意见函、施工意见登记函。这一制度将明显缩短雄安新区建设项目的审批时间。

1月18日 浙江省首宗集体建设用地建设租赁住房在杭州开工,标志着杭州乃至首宗集体用地租赁住房正式开工。利用集体建设用地建设租赁住房,一方面有效增加租赁住房供应,缓解住房供需矛盾,有利于构建租售并举的住房供应体系,建立健全房地产平稳健康发展长效机制;另一方面拓展集体建设用地利用途径、增加农村和农民收入。

1月21日 财政部、住房和城乡建设部联合发布《公共租赁住房资产管理暂行办法》(以下简称《办法》),规范和加强公共租赁住房资产管理。《办法》要求,建设单位不得将公租房资产作为融资抵押物,地方各级住房保障主管部门不得以公租房资产进行担保。

1月21日 国务院办公厅印发《"无废城市"建设试点工作方案的通知》。"无废城市"是以创新、协调、绿色、开放、共享的新发展理念为引领,通过推动形成绿色发展方式和生活方式,持续推进固体废物源头减量和资源化利用,最大限度减少填埋量,将固体废物环境影响降至最低的城市发展模式。

1月21日 中国社会科学院财经战略研究院研究发布《四大湾区影响力报告(2018):纽约·旧金山·东京·粤港澳》。

1月22日 国务院办公厅印发《关于学前教育深化改革规范发展的若干意见》,提出规范小区配套幼儿园建设使用,并对小区配套幼儿园规划、建设、移交、办园等情况进行治理做出部署。城镇小区配套建设幼儿园是城镇公共服务设施建设的重要内容,是扩大普惠性学前教育资源的重要途径,是保障和改善民生的重要举措。

1月22日 甘肃首次在省域内流转城乡建设用地增减挂钩节余指标。城乡建设用地增减挂钩,就是在建设用地总规模不增加、耕地数量不减少、质量不降低的前提下,把农村建设用地复垦为耕地、林地等农用地,将节余指标用于城市发展建设,使城乡建设用地结构更加合理,布局更加优化。

1月24日 《中共中央国务院关于支持河北雄安新区全面深化改革和扩大开放的指导意见》(以下简称《意见》)发布。《意见》指出,设立河北雄安新区,是以习近平同志为核心的党中央深入推进京津冀协同发展做出的一项重大决策部署,是继深圳经济特区和上海浦东新区之后又一具有全国意义的新区,是重大的历史性战略选择,是千年大计、国家大事。

1月24日 自然资源部办公厅印发《关于智慧城市时空大数据平台建设技术大纲(2019版)的通知》,进一步做好智慧城市时空大数据平台建设。

1月29日 中央农办、农业农村部、国家卫生健康委、住房和城乡建设部、文化和旅游部、国家发展改革委、财政部、生态环境部八部门联合发布《关于推进农村"厕所革命"专项行动的指导意见》。

1月29日 中共中央政治局常委、国务院副总理、国务院推进政府职能转变和"放管服"改革协调小组组长韩正主持召开国务院推进政府职能转变和"放管服"改革协调小组全体会议。

1月31日　上海市十五届人大二次会议通过《上海市生活垃圾管理条例》。

2月1日　《江西省建设用地指标（2018版）》（以下简称《指标》）正式实施。该《指标》对江西省7大类、58个行业建设项目用地规模和用地条件进行定性和定量化规定。与2011年版标准相比，《指标》明确的28个工业行业类别平均投资强度提高26%，并新增了工业行业"地均税收"控制指标。

2月3日　住房和城乡建设部办公厅印发《关于开展农村住房建设试点工作》的通知，全面落实全国住房和城乡建设工作会议部署。

2月13日　河北省政府办公厅印发《关于加快推进新型智慧城市建设的指导意见》，提出到2020年建设一批特色鲜明的新型智慧城市，筛选确定3个市主城区和10个县城开展新型智慧城市建设试点，探索符合河北省情的市、县级智慧城市发展路径。

2月19日　《中共中央国务院关于坚持农业农村优先发展做好"三农"工作的若干意见》（以下简称《意见》）发布。《意见》全文共分8个部分，包括：聚力精准施策，决战决胜脱贫攻坚；夯实农业基础，保障重要农产品有效供给；扎实推进乡村建设，加快补齐农村人居环境和公共服务短板；发展壮大乡村产业，拓宽农民增收渠道；全面深化农村改革，激发乡村发展活力；完善乡村治理机制，保持农村社会和谐稳定；发挥农村党支部战斗堡垒作用，全面加强农村基层组织建设；加强党对"三农"工作的领导，落实农业农村优先发展总方针。

2月19日　国家发展改革委发布《关于培育发展现代化都市圈的指导意见》（以下简称《意见》）。《意见》指出，城市群是新型城镇化主体形态，是支撑全国经济增长、促进区域协调发展、参与国际竞争合作的重要平台。都市圈是城市群内部以超大特大城市或辐射带动功能强的大城市为中心、以1小时通勤圈为基本范围的城镇化空间形态。

2月24日　自然资源部办公厅函复上海市规划和自然资源局，原则同意开展《上海大都市圈空间协同规划（国土空间规划）》编制工作。文件指出，编制上海大都市圈空间协同规划是落实党中央决策部署、支持长江三角洲区域一体化发展，落实《国务院关于上海城市总体规划的批复》中"构建上海大都市圈"要求的重要举措，是建立国土空间规划体系、推动都市圈空间治理现代化的积极探索。

2月26日　国务院第三次全国国土调查领导小组办公室印发《第三次全国国土调查成果国家级核查方案》（以下简称《方案》）的通知。《方案》明确，由国家统一组织，遵循实事求是、以现状认定地类的原则，按照统一的成果核查规范和标准，对各省（区、市）提交的国土调查成果进行内业全面核查和外业重点核查，保证调查成果真实、准确、可靠。

2月26日　国家林业和草原局印发《关于规范风电场项目建设使用林地的通知》，禁止在生态功能重要、生态脆弱敏感区域的林地建风电场，依法规范风电场建设使用林地，减少对森林植被和生态环境的损害与影响。

2月27日　自然资源部以区域地壳稳定性和地质灾害易发程度作为评价关键因素，开展地质环境安全评价工作，编制完成《全国地质环境安全程度图》。

2月27日 国家林业和草原局（国家公园管理局）公园办在北京组织召开《国家公园空间布局方案》专家论证会。

3月1日 四川省自贡市制定的第一部文物保护地方性法规《自贡市井盐历史文化保护条例》正式施行。

3月1日 《江门市海上丝绸之路史迹保护条例》（以下简称《条例》）正式施行。《条例》对海上丝绸之路史迹进行了定义，明确了海上丝绸之路史迹保护名录编制及核定要求以及海上丝绸之路史迹保护名录的内容，进一步强化了重点海上丝绸之路史迹的保护。

3月6日 中共中央办公厅、国务院办公厅转发《中央农办、农业农村部、国家发展改革委关于深入学习浙江"千村示范、万村整治"工程经验扎实推进农村人居环境整治工作的报告》。通知强调，各地区各部门要认真学习贯彻习近平总书记重要批示精神，贯彻落实党的十九大精神和党中央、国务院关于实施乡村振兴战略的部署要求，学好学透、用好用活浙江经验，扎实推动农村人居环境整治工作早部署、早行动、早见效。

3月6日 江苏省政府办公厅印发《江苏省生态环境标准体系建设实施方案（2018—2022年）》，明确2022年年底前，研究制（修）订环境质量标准、污染物排放标准、环境监测方法、管理规范、工程规范及实施评估六类生态环境标准项目100项。

3月7日 黑龙江省住房和城乡建设厅出台《黑龙江省农村住房建设试点工作实施方案》，新建农村住房将坚持政府引导、村民主体原则，充分尊重农民安居需求，农民全程参与住房建设，宜点则点、宜面则面，建设宜居型示范农房和示范农房组团，全面提升全省农村住房建设的品质和水平。

3月11日 国务院办公厅印发《关于压缩不动产登记办理时间的通知》（以下简称《通知》）。《通知》提出，2019年年底前全国所有市县一般登记、抵押登记业务办理时间力争分别压缩至10个、5个工作日以内；2020年年底前力争全部压缩至5个工作日以内。《通知》明确三项主要任务：一是推动信息共享集成，二是推动流程集成，三是推动人员集成。

3月14日 南京市政府印发《南京市海绵城市规划建设管理规定》，要求城市总体规划编制和修编时，要将海绵城市建设相关控制指标纳入城市总体规划。

3月18日 中共中央政治局常委、国务院副总理韩正到住房和城乡建设部调研，查看了全国房地产市场监测系统和国家工程建设项目审批管理系统建设运行情况，听取房地产市场平稳健康发展长效机制工作开展情况汇报并讲话。

3月21日 国务院原则同意并批复《横琴国际休闲旅游岛建设方案》（以下简称《方案》）。珠海横琴成为继海南和福建平潭之后，国内获批的第三个国际性旅游岛。《方案》提出，到2020年，横琴将把旅游休闲产业培育成为经济支柱产业，初步建成国际海岛旅游目的地。

3月22日 国家发展改革委联合住房和城乡建设部印发《关于推进全过程工程咨询服务发展的指导意见》，在房屋建筑和市政基础设施领域推进全过程工程咨询服务发展，提升固定资产投资决策科学化水平，进一步完善工程建设组织模式，推动高质量发展。

3月22日 辽宁省自然资源厅印发《2019全省国土空间规划工作要点》，对标对表国家国土空间规划工作任务，组织省、市、县三级自然资源部门联动，协同推动，制定详尽的工作方案，明确时间表、路线图。

3月25日 北京市推进全国文化中心建设领导小组印发《北京市长城文化带保护发展规划（2018年—2035年）》，明确了北京市辖区内长城文化带保护发展的基本思路，遵循文物保护与生态涵养并重原则，做好长城保护工作。

3月25日 浙江省启动全省国土空间规划编制，并将于2019年完成省级国土空间规划编制工作，2020年全面完成市县级规划编制。

3月28日 国务院办公厅印发《关于全面开展工程建设项目审批制度改革的实施意见》。

3月29日 北京市十五届人大常委会第十二次会议表决通过了修订后的《北京市城乡规划条例》，2019年4月28日起正式施行。新修订的《北京市城乡规划条例》进一步落实新版城市总规的新理念新要求新制度，强化"两线三区"管控，明确减量发展理念，增加街区更新的规定。

3月31日 国家发展改革委印发《2019年新型城镇化建设重点任务》，提出包括加快农业转移人口市民化、优化城镇化布局形态、推动城市高质量发展以及加快推进城乡融合发展四个方面重要抓手，十九项重点任务，以及三项组织实施要求。

4月5日 国家发展改革委印发《2019年国家综合配套改革试验区重点任务》，明确了上海浦东新区综合配套改革试验区、天津滨海新区综合配套改革试验区、重庆市统筹城乡综合配套改革试验区等12个地区的改革重点任务。

4月14日 中共中央办公厅、国务院办公厅印发《关于统筹推进自然资源资产产权制度改革的指导意见》，加快健全自然资源资产产权制度，进一步推动生态文明建设。

4月15日 《中共中央 国务院关于建立健全城乡融合发展体制机制和政策体系的意见》发布，重塑新型城乡关系，走城乡融合发展之路，促进乡村振兴和农业农村现代化。

4月15日 重庆市规划和自然资源局发布重庆全市域多源多尺度实景三维模型，首次实现全市范围0.4米分辨率的实景三维模型，用于大范围的自然资源调查、监测，用于实施生态保护修复、城市精细化智能化管理、脱贫攻坚、城市品质提升。

4月17日 浙江省政府发布《浙江乡村振兴发展报告（2018）》，系统总结了乡村振兴开局之年谋划情况和"五大行动""五大工程"实施情况，主要分7个方面32项内容。

4月18日 自然资源部办公厅印发《关于做好2019年住宅用地"五类"调控目标制定实施工作的通知》，进一步明确制定实施本年度住宅用地分类调控目标时，各地需根据商品住房库存消化周期，结合本地土地市场实际，在上年住宅用地供应分类调控目标基础上，调整确定2019年住宅用地供应"五类"调控目标。

4月20日 北京市政府印发《北京市生态控制线和城市开发边界管理办法》，明确生态保护红线实施最严格的管控，原则上禁止城镇化和工业化活动，严禁不符合主体功能的各类开发活动。优先推动位于规划绿地和生态廊道上现状低效建设用地、集体产业用地腾退，鼓励向集中建设区内布局。

4月23日 第十三届全国人民代表大会常务委员会第十次会议通过关于修改《中华人民共和国城乡规划法》等八部法律。对《中华人民共和国城乡规划法》第三十八条第二款修改为："以出让方式取得国有土地使用权的建设项目，建设单位在取得建设项目的批准、核准、备案文件和签订国有土地使用权出让合同后，向城市、县人民政府城乡规划主管部门领取建设用地规划许可证。"

4月24日 自然资源部办公厅印发《产业用地政策实施工作指引（2019年版）》（以下简称《指引》）。《指引》指导地方自然资源主管部门特别是市、县自然资源主管部门规范执行产业用地政策，同时供其他行业主管部门和用地者参考。

4月26日 住房和城乡建设部等部门发布《关于在全国地级及以上城市全面开展生活垃圾分类工作的通知》，决定自2019年起在全国地级及以上城市全面启动生活垃圾分类工作。

4月28日 国家主席习近平在北京延庆出席2019年中国北京世界园艺博览会开幕式，并发表题为《共谋绿色生活，共建美丽家园》的重要讲话。

5月5日 湖南省住房和城乡建设厅印发"多规合一"村庄规划编制技术大纲及工作指南。

5月7日 国务院办公厅转发交通运输部等部门《关于加快道路货运行业转型升级促进高质量发展意见的通知》（以下简称《通知》）。《通知》提出，进一步推动普通货车跨省异地安全技术检验、尾气排放检验和综合性能检测有关要求严格落实。积极稳妥淘汰老旧柴油货车。对提前淘汰中重型柴油货车、高耗低效非标准汽车列车及罐车等老旧柴油货车的，给予适当补助。

5月7日 文化和旅游部印发《文化和旅游规划管理办法》（以下简称《办法》），推进文化和旅游规划工作科学化、规范化、制度化，充分发挥规划在文化和旅游发展中的重要作用。《办法》从总则、立项和编制、衔接和论证、报批和发布、实施和责任等方面对文化和旅游规划体系进行统一，对规划管理进行完善，以提高规划质量。

5月12日 中共中央办公厅、国务院办公厅印发《国家生态文明试验区（海南）实施方案》，进一步发挥海南省生态优势，深入开展生态文明体制改革综合试验，建设国家生态文明试验区。

5月16日 中共中央办公厅、国务院办公厅印发《数字乡村发展战略纲要》（以下简称《纲要》）。《纲要》提出立足新时代国情农情，要将数字乡村作为数字中国建设的重要方面，加快信息化发展，整体带动和提升农业农村现代化发展。进一步解放和发展数字化生产力，注重构建以知识更新、技术创新、数据驱动为一体的乡村经济发展政策体系，注重建立层级更高、结构更优、可持续性更好的乡村现代化经济体系，注重建立灵敏高效的现代乡村社会治理体系，开启城乡融合发展和现代化建设新局面。

5月17日 自然资源部办公厅印发《自然资源部2019年立法工作计划》，要求以推进《矿产资源法》修改、完善《土地管理法》配套法规、及时高效化解自然资源领域矛盾纠纷、加强国土空间开发保护和自然保护地法律体系建设为立法重点，不断提高立法质量和效率,充分发挥好法治对自然资源管理改革的引领和保障作用。

5月22日　上海市首个集体土地入市建设租赁住房项目在松江区泗泾镇正式开工。

5月23日　中共中央、国务院印发《建立国土空间规划体系并监督实施的若干意见》(以下简称《意见》)。《意见》指出,国土空间规划是国家空间发展的指南、可持续发展的空间蓝图,是各类开发保护建设活动的基本依据。建立国土空间规划体系并监督实施,将主体功能区规划、土地利用规划、城乡规划等空间规划融合为统一的国土空间规划,实现"多规合一",强化国土空间规划对各专项规划的指导约束作用,是党中央、国务院做出的重大部署。

5月28日　国务院印发《关于推进国家级经济技术开发区创新提升打造改革开放新高地的意见》(以下简称《意见》)。《意见》指出,以供给侧结构性改革为主线,以高质量发展为核心目标,以激发对外经济活力为突破口,着力推进国家级经济技术开发区开放创新、科技创新、制度创新,提升对外合作水平、提升经济发展质量,打造改革开放新高地。

5月28日　自然资源部印发《关于全面开展国土空间规划工作的通知》,对国土空间规划各项工作进行了全面部署,全面启动国土空间规划编制审批和实施管理工作。

5月29日　习近平总书记主持召开中央全面深化改革委员会第八次会议,审议通过《关于完善建设用地使用权转让、出租、抵押二级市场的指导意见》。这是我国首个专门规范土地二级市场的重要文件。

6月3日　中共中央总书记、国家主席、中央军委主席习近平对垃圾分类工作做出重要指示。习近平强调,实行垃圾分类,关系广大人民群众生活环境,关系节约使用资源,也是社会文明水平的一个重要体现。

6月5日　山西省政府印发《山西省改善城市人居环境攻坚行动方案(2019—2022年)》(以下简称《方案》)。《方案》提出,到2020年,全省设区城市生活垃圾实现全焚烧、"零填埋",设市城市餐厨垃圾处理设施全覆盖、垃圾"零填埋"。

6月10日　自然资源部印发《城乡规划领域基层政务公开标准指引》,要求切实履行建立国土空间规划体系并监督实施职责,进一步推进城乡规划领域基层政务公开标准化规范化。自然资源部编制形成《城乡规划领域基层政务公开标准目录》(以下简称《目录》)。《目录》将城乡规划领域应公开、可公开事项和内容按照科学性、合理性、操作性的原则目录化,易于基层对标实施,便于社会公众查询使用。

6月11日　住房和城乡建设部成立部城市体检专家指导委员会,贯彻落实中央城市工作会议精神和《中共中央国务院关于推动高质量发展的意见》要求,做好城市体检工作,充分发挥专家智库作用。

6月11日　青海省政府与国家林业和草原局共建以国家公园为主体的自然保护地体系示范省正式启动。青海作为先行先试的示范省,积极推进国家公园省建设,在人与自然和谐发展等方面探索和总结经验。

6月13日　住房和城乡建设部印发《城市地下综合管廊建设规划技术导则》,指导各地进一步提高城市地下综合管廊建设规划编制水平,因地制宜推进城市地下综合管廊建设。

6月15日 山东省政府印发《山东省国土空间规划编制工作方案》,确保2019年年底完成省级和试点市县国土空间规划编制任务,2020年年底完成其他市县国土空间规划编制任务,形成全省国土空间开发保护"一张图",建设国土空间规划监测评估预警管理系统,为全省自然资源保护、各类开发建设、国土空间用途管制、各层次专项规划和详细规划编制提供基本依据。

6月17日 中共中央办公厅、国务院办公厅印发《中央生态环境保护督察工作规定》,规范生态环境保护督察工作,压实生态环境保护责任,推进生态文明建设,建设美丽中国。

6月19日 安徽省自然资源厅牵头编制全省国土空间规划等6项重点工作,启动全省国土空间规划编制工作,同步推进市县国土空间规划编制。

6月23日 中共中央办公厅、国务院办公厅印发《关于加强和改进乡村治理的指导意见》,深入贯彻落实党的十九大精神和《中共中央、国务院关于实施乡村振兴战略的意见》部署要求,推进乡村治理体系和治理能力现代化,夯实乡村振兴基层基础。

6月24日 国务院办公厅发布《关于同意建立大运河文化保护传承利用工作省部际联席会议制度的函》,建立由国家发展改革委牵头的大运河文化保护传承利用工作省部际联席会议制度。2019年2月中共中央办公厅、国务院办公厅印发《大运河文化保护传承利用规划纲要》,深入贯彻落实习近平总书记重要指示批示精神,充分挖掘大运河丰富的历史文化资源,保护好、传承好、利用好大运河遗产,打造大运河文化带。

6月25日 自然资源部印发《自然资源"十四五"规划编制工作方案》(以下简称《方案》)。《方案》明确,科学编制自然资源"十四五"规划,对履行好"两统一"职责、促进自然资源合理利用和保护、提升自然资源对国民经济和社会发展的保障能力具有重大意义。

6月26日 中共中央办公厅、国务院办公厅印发《关于建立以国家公园为主体的自然保护地体系的指导意见》,加快建立以国家公园为主体的自然保护地体系,提供高质量生态产品,推进美丽中国建设。

6月26日 首部施工类京津冀区域协同工程建设标准《城市综合管廊工程施工及质量验收规范》发布,于今年7月1日起在京津冀三地同步实施。

6月27日 自然资源部印发《农村集体土地征收基层政务公开标准指引》,全面梳理公开事项、明确公开内容、规范公开流程、完善公开方式,充分发挥基层在实施农村集体土地征收中的主体作用,提升农村集体土地征收基层政务公开和服务水平,切实保障被征地农民的合法权益。

6月28日 国务院印发《关于促进乡村产业振兴的指导意见》(以下简称《意见》)。《意见》指出,要以习近平新时代中国特色社会主义思想为指导,全面贯彻党的十九大和十九届二中、三中全会精神,牢固树立新发展理念,落实高质量发展要求,坚持农业农村优先发展总方针,以实施乡村振兴战略为总抓手,以农业供给侧结构性改革为主线,围绕农村一二三产业融合发展,与脱贫攻坚有效衔接、与城镇化联动推进,聚焦重点产业,聚集资源要素,强化创新引领,突出集群成链,培育发展新动能,加快构建现代农业产业体系、生产体系和经营体系，推动形成城乡融合发展格局，为农业农村现代化奠定坚实基础。

6月28日 安徽省自然资源厅建成的"自然资源云平台"项目通过验收。

7月3日 中央农办、农业农村部、生态环境部、住房和城乡建设部、水利部、科学技术部、国家发展改革委、财政部、银保监会九部门联合印发了《关于推进农村生活污水治理的指导意见》（以下简称《意见》）。《意见》提出，到2020年东部地区、中西部城市近郊区等有基础、有条件的地区，农村生活污水治理率明显提高，村庄内污水横流、乱排乱放情况基本消除，运维管护机制基本建立；中西部有较好基础、基本具备条件的地区，农村生活污水乱排乱放得到有效管控，治理初见成效；地处偏远、经济欠发达等地区，农村生活污水乱排乱放现象明显减少。

7月5日 在阿塞拜疆首都巴库召开的第43届世界遗产大会上，经联合国教科文组织世界遗产委员会审议通过，中国黄（渤）海候鸟栖息地（第一期）被批准列入《世界遗产名录》。这是我国第54项世界遗产、第14项世界自然遗产，也是我国第一块、全球第二块潮间带湿地世界遗产，填补了我国滨海湿地类型世界自然遗产空白。

7月11日 自然资源部、财政部、生态环境部、水利部、国家林业和草原局联合印发《自然资源统一确权登记暂行办法》（以下简称《办法》）。《办法》对水流、森林、山岭、草原、荒地、滩涂、海域、无居民海岛以及探明储量的矿产资源等自然资源的所有权和所有自然生态空间统一进行确权登记。这标志着我国开始全面实行自然资源统一确权登记制度，自然资源确权登记迈入法治化轨道。同步印发的《自然资源统一确权登记工作方案》明确，从2019年起，利用5年时间基本完成全国重点区域自然资源统一确权登记，在此基础上，通过补充完善的方式逐步实现全国全覆盖。

7月16日 《自然资源部关于第一批废止和修改的部门规章的决定》施行。修改后的《节约集约利用土地规定》把自然资源部组建以来土地节约集约利用方面成功的实践做法上升为规章，其中一大亮点是将"增存挂钩"机制纳入该规定中。

7月18日 国家发展改革委、财政部、生态环境部、住房和城乡建设部四部委联合印发《关于进一步加快推进中西部地区城镇污水垃圾处理有关工作的通知》（以下简称《通知》）。《通知》要求，立足当地经济社会发展和改善人居环境定位，创新工作机制、加快统筹推进，积极推动建立有利于提高城镇污水垃圾处理设施投资和运营效率的长效机制，逐步提高中西部地区城镇污水垃圾处理水平，补齐城镇污水垃圾处理短板。

7月21日 海南省住建、文旅、自然资源和规划、财政四个部门联合印发《关于加强传统村落保护与发展工作的意见》。

7月23日 中共中央办公厅、国务院办公厅印发《天然林保护修复制度方案》（以下简称《方案》）。《方案》贯彻落实党中央、国务院关于完善天然林保护制度的重大决策部署，用最严格制度、最严密法治保护修复天然林。

7月24日 国务院同意建立由国家发展改革委牵头的城镇化工作暨城乡融合发展工作部际联席会议制度，不再保留推进新型城镇化工作部际联席会议制度。

7月24日 中共中央总书记、国家主席、中央军委主席习近平主持召开中央全面深化改革委员会会议，审议通过了《长城、大运河、长征国家文化公园建设方案》。

7月27日 国务院办公厅发布《关于同意建立养老服务部际联席会议制度的函》。联席会议由民政部牵头，成员来自民政部、住房和城乡建设部、国家发展改革委等21个部门和单位。联席会议统筹协调全国养老服务工作，研究解决养老服务工作重大问题，完善养老服务体系；研究审议拟出台的养老服务法规和重要政策，拟订推动养老服务发展的年度重点工作计划；部署实施养老服务改革创新重点事项，督促检查养老服务有关政策措施落实情况。

7月29日 吉林省委、省政府印发《关于建立全省国土空间规划体系并监督实施的意见》，确定建立与行政管理体制相适应，形成包括省、市（州）、县（市）、乡镇"四级"，总体规划、专项规划、详细规划"三类"的国土空间规划体系。

7月30日 《北京城市总体规划（2016年—2035年）》正式出版发行，这是北京市首次公开出版的总体规划。

8月7日 湖北省自然资源厅印发通知，推进建设用地审批和城乡规划许可"多审合一"改革。

8月7日 自然资源部出台《自然资源综合统计调查制度》及8套专业统计调查制度。此举旨在适应自然资源部组建和新职能要求，建立自然资源统计调查制度和指标体系。

8月9日 中共中央、国务院发布《关于支持深圳建设中国特色社会主义先行示范区的意见》（以下简称《意见》）。《意见》有利于更好实施粤港澳大湾区战略，丰富"一国两制"事业发展新实践；有利于率先探索全面建设社会主义现代化强国新路径，为实现中华民族伟大复兴的中国梦提供有力支撑。

8月14日 安徽省住房城乡建设厅发布《安徽省城市双修技术导则》。

8月15日 国家发展改革委印发《西部陆海新通道总体规划》（以下简称《规划》）的通知。通知指出，把《规划》实施作为深化陆海双向开放、推进西部大开发形成新格局的重要举措，加快通道和物流设施建设，提升运输能力和物流发展质量效率，深化国际经济贸易合作，促进交通、物流、商贸、产业深度融合。

8月16日 武汉市政府常务会议审议并原则通过《武汉市创建国际湿地城市工作方案（送审稿）》。这标志着武汉市创建国际湿地城市工作启动。

8月19日 第一届国家公园论坛在青海西宁开幕，第一届国家公园论坛主题为"建立以国家公园为主体的自然保护地体系"，包括"自然保护地管理与创新""自然保护地社区发展与全民共享""生物多样性保护""自然遗产地的未来"四个主题分论坛和以生态文明建设为主题的6场边会，发布了《西宁共识》。

8月21日 自然资源部同意北京、山西、内蒙古、黑龙江、上海、福建、广东、广西、重庆、陕西、甘肃、宁夏12个省（自治区、直辖市）建设省级卫星应用技术中心，要求以上各省级自然资源主管部门加强对卫星应用技术中心建设的指导，按照建设方案落实政策和经费保障，在3年内完成建设任务。截至目前，自然资源部已批准建立21个省级卫星应用技术中心。

8月26日 国务院同意新设6个自由贸易试验区，分别是：中国（山东）自由贸易试验区、中国（江苏）自由贸易试验区、中国（广西）自由贸易试验区、中国（河北）自由贸易试验区、中国（云南）自由贸易试验区、中国（黑龙江）自由贸易试验区。

8月26日　十三届全国人大常委会第十二次会议表决通过《中华人民共和国土地管理法》修正案，自2020年1月1日起施行。《中华人民共和国土地管理法》于1986年6月25日经第六届全国人民代表大会常务委员会第十六次会议审议通过，1987年1月1日实施。此后，该法又经过了四次修改。

8月29日　科学技术部印发《国家新一代人工智能创新发展试验区建设工作指引》（以下简称《指引》）。《指引》进一步明确国家新一代人工智能创新发展试验区的总体要求、重点任务、申请条件、建设程序和保障措施，有序推动国家新一代人工智能创新发展试验区建设

9月4日　广东省印发《深化改革加快推动"三旧"改造促进高质量发展的指导意见》，加快推动"三旧"改造，是广东省深入贯彻落实新发展理念、全面推动土地供给侧结构性改革、促进高质量发展的重要举措，是优化国土空间格局、提升城市形象和发展竞争力、助力粤港澳大湾区建设世界级城市群的现实需要。

9月5日　国务院同意南昌、新余、景德镇、鹰潭、抚州、吉安、赣州高新技术产业开发区建设国家自主创新示范区，努力建设成为产业技术创新示范区、绿色发展引领区、开放协调发展先行区、创新政策和体制机制改革试验区，打造长江经济带经济与生态联动发展的创新高地。

9月5日　北京市和河北省正式批复《北京大兴国际机场临空经济区总体规划（2019—2035年）》，标志着北京大兴国际机场临空经济区迈入了实质性建设阶段，为后续规划建设工作提供了基本依据，对疏解北京非首都功能、优化京津冀世界级城市群发展格局、促进区域全面协调可持续发展具有重要意义。

9月6日　自然资源部办公厅印发《关于保障生猪养殖用地有关问题的通知》（以下简称《通知》）。《通知》明确要落实和完善用地政策，为稳定生猪生产切实提供用地保障。

9月10日　生态环境部、自然资源部印发了《生态保护红线勘界定标技术规程》，要求2020年年底前全面完成生态保护红线勘界定标。

9月10日　《安徽省创建全国林长制改革示范区实施方案》（以下简称《方案》）出台。《方案》提出，到2025年，省、市、县、乡、村五级林长目标责任体系更加完善，护绿、增绿、管绿、用绿、活绿"五绿"协同推进的体制机制更加健全，初步实现林业治理体系和治理能力现代化。

9月11日　中央农村工作领导小组办公室、农业农村部印发《关于进一步加强农村宅基地管理的通知》（以下简称《通知》）。《通知》要求，按照本轮机构改革和新修订的土地管理法规定，农业农村部门负责宅基地改革和管理有关工作，切实加强农村宅基地管理。

9月12日　中共中央政治局常委、国务院副总理韩正出席省部级干部国土空间规划专题研讨班座谈会，强调尊重科学尊重规律，突出重点抓住关键，推动国土空间规划工作迈上新水平。

9月15日 住房和城乡建设部发布《关于完善质量保障体系 提升建筑工程品质指导意见》，以解决建筑工程质量管理面临的突出问题，进一步完善质量保障体系，不断提升建筑工程品质。

9月17日 江西省正式印发《江西省国土空间规划（2019—2035）编制工作方案》，明确提出力争在年底之前完成规划成果编制的目标，形成"一本规划、一张蓝图"，对全省国土空间开发保护在空间和时间上做出全局性安排。

9月18日 中共中央总书记、国家主席、中央军委主席习近平在郑州主持召开黄河流域生态保护和高质量发展座谈会并发表重要讲话，强调共同抓好大保护，协同推进大治理，让黄河成为造福人民的幸福河。

9月19日 中共中央、国务院印发《交通强国建设纲要》（以下简称《纲要》）。《纲要》指出，到2020年，完成决胜全面建成小康社会交通建设任务和"十三五"现代综合交通运输体系发展规划各项任务，为交通强国建设奠定坚实基础。

9月23日 自然资源部印发《关于以"多规合一"为基础推进规划用地"多审合一、多证合一"改革的通知》（以下简称《通知》）。《通知》落实党中央、国务院推进政府职能转变、深化"放管服"改革和优化营商环境的要求。

9月25日 生态环境部发布《建设项目环境影响报告书（表）编制监督管理办法》（以下简称《办法》），自2019年11月1日起施行。《办法》是环评管理特别是环境影响报告书（表）编制单位管理方式的重大变革，对规范建设项目环境影响报告书（表）编制行为，加强监督管理，保障环境影响评价工作质量，维护环境影响评价技术服务市场秩序，具有重要意义。

9月26日 住房和城乡建设部庆祝新中国成立70周年活动举办新闻发布会，部长王蒙徽介绍了70年城乡居民住房基本情况：70年来，我国基本解决了城乡居民住房问题，建成了世界上最大的住房保障体系，人民群众住房条件显著改善。城镇人均住房建筑面积由1949年的8.3平方米提高到2018年的39平方米，农村人均住房建筑面积提高到47.3平方米。累计建设各类保障性住房和棚改安置住房8 000多万套，帮助2亿多群众解决了住房困难。

9月26日 李克强总理主持召开国务院常务会议核定第八批全国重点文物保护单位。会议强调，要坚持价值优先、质量第一，保证真实性、完整性，健全法规制度，吸引社会力量参与，有效保护、管理和合理利用中华民族的宝贵历史遗存，促进中华文明薪火相传，增强民族自信心凝聚力。

9月26日 中共中央办公厅、国务院办公厅、中央军委办公厅印发《烈士纪念设施规划建设修缮管理维护总体工作方案》（以下简称《方案》）。《方案》明确了烈士纪念设施保护管理工作目标任务，提出要规划建设好烈士纪念设施，完善弘扬英烈精神红色教育基地体系。

9月27日 文化和旅游部正式认定并公布了首批71个国家全域旅游示范区名单，这将对今后的全域旅游及国家全域旅游示范区创建工作产生积极的示范作用，对深化旅游业供给侧结构性改革以及释放文化和旅游消费潜力发挥有效的引领作用。

10月1日 上海市规划和自然资源局向上海大歌剧院项目建设单位核发全国首张建设用地规划许可、建设用地审批合并后的《建设用地规划许可证》，一并核发了《国有土地划拨决定书》，标志着上海规划用地"多审核一、多证合一"改革再次提速。

10月5日 太原卫星发射中心用长征四号丙运载火箭，成功将高分十号卫星发射升空，高分十号卫星主要用于国土普查、城市规划、土地确权、路网设计、农作物估产和防灾减灾等领域，可为"一带一路"等国家重大战略实施和国防现代化建设提供信息保障。

10月9日 中共中央政治局常委、国务院副总理韩正到河北雄安新区调研并召开雄安新区规划建设现场办公会，传达学习习近平总书记重要讲话和指示精神，听取雄安新区规划建设进展情况汇报，研究部署下一阶段重点工作。

10月9日 中共四川省委、河南省人民政府印发《建立更加有效的区域协调发展新机制实施方案》。建立更加有效的区域协调发展新机制，是党的十九大报告提出的一项重要任务。根据2018年11月18日《中共中央、国务院关于建立更加有效的区域协调发展新机制的意见》精神，河南、福建、四川、广西等省份相继出台落实方案和配套政策，确保区域协调发展新机制能够顺畅运行，促进区域发展更加协调、更加均衡。

10月9日 广东省自然资源厅在全国率先印发《关于贯彻落实自然资源部规划用地改革要求有关问题的通知》。进一步明确了用地预审与选址意见书办理层级和权限。

10月9日 贵州省政府办公厅印发《关于加快推动特色小镇和小城镇高质量发展的实施意见》，要求加快实施全省特色小镇和小城镇"3个1工程"，即推动全省100个示范小城镇提档升级，培育创建100个省级特色小镇和特色小城镇，加快推动全省1 000多个小城镇高质量发展。

10月12日 陕西省住房和城乡建设厅、省发展和改革委员会、省财政厅联合出台《关于推进全省城镇老旧小区改造工作的实施意见》和《城镇老旧小区改造中央补助资金申报指南》。

10月16日 农业农村部印发《关于积极稳妥开展农村闲置宅基地和闲置住宅盘活利用工作的通知》（以下简称《通知》）。《通知》要求，以提高农村土地资源利用效率、增加农民收入为目标，在依法维护农民宅基地合法权益和严格规范宅基地管理的基础上，探索盘活利用农村闲置宅基地和闲置住宅的有效途径和政策措施

10月19日 国家发展改革委、财政部印发《关于深化农村公共基础设施管护体制改革的指导意见》（以下简称《意见》）。《意见》要求，在全面补齐农村公共基础设施短板的同时，改革创新管护机制，构建适应经济社会发展阶段、符合农业农村特点的农村公共基础设施管护体系，全面提升管护水平和质量。

10月22日 北京市地方标准《历史文化街区工程管线综合规划规范》正式发布，2020年4月1日起正式实施。

10月25日 广东省自然资源厅出台《广东省自然资源厅关于用地用海用林审批改革的实施方案》，明确了开展统筹用地用海用林审批改革工作的目标、内容、步骤和保障措施，

为加快重大项目落地、实现高质量发展提供高效的自然资源保障。

10月25日 交通运输部公布第一批交通强国建设试点单位，同意河北雄安新区、辽宁省、江苏省等地开展第一批交通强国建设试点工作，力争用1~2年时间取得试点任务的阶段性成果，用3~5年时间取得相对完善的系统性成果，打造一批先行先试典型样板，并在全国范围内有序推广。

10月29日 国务院批复《长三角生态绿色一体化发展示范区总体方案》。上海市、江苏省、浙江省人民政府要切实加强组织领导，完善工作机制，制定配套政策，落实工作责任，确保方案确定的目标任务如期实现。

10月30日 第一届中国自然保护国际论坛在深圳开幕。论坛设主论坛和9个分论坛，围绕自然保护管理、生物多样性保护、自然保护公众教育等方面展开探讨。

10月30日 湖南省政府印发《湖南省洞庭湖水环境综合治理规划实施方案（2018—2025年）》。到2020年，洞庭湖区城乡饮水安全能力进一步提高，富营养化程度下降，水生态环境质量恶化趋势得到遏制，生态系统功能有所改善。到2025年，洞庭湖区供水安全全面保障，实施范围内水生态环境质量显著改善，生态系统良性发展。

11月3日 中共中央总书记、国家主席、中央军委主席习近平在上海考察时强调，要深入学习贯彻党的十九届四中全会精神，坚持稳中求进工作总基调，全面贯彻新发展理念，加快改革开放步伐，加快建设现代化经济体系，加大推进三大攻坚战力度，扎实推进长三角一体化发展，妥善应对国内外各种风险挑战，勇挑最重担子、敢啃最难啃的骨头，着力提升城市能级和核心竞争力，不断提高社会主义现代化国际大都市治理能力和治理水平。

11月4日 农业农村部办公厅、国务院扶贫办综合司、生态环境部办公厅、住房和城乡建设部办公厅、国家卫生健康委办公厅发布《关于扎实有序推进贫困地区农村人居环境整治的通知》，深入学习浙江"千万工程"经验，因地制宜、积极稳妥、有力有序扎实推进贫困地区农村人居环境整治。

11月6日 江苏省公布《关于建立全省国土空间规划体系并监督实施的意见》（以下简称《意见》）。《意见》指出，2020年江苏省要基本建立全省国土空间规划体系，基本完成省国土空间规划、市县国土空间总体规划编制，初步形成全省国土空间开发保护"一张图"。

11月8日 国务院印发《关于开展第七次全国人口普查的通知》。根据《中华人民共和国统计法》和《全国人口普查条例》规定，国务院决定于2020年开展第七次全国人口普查，全面查清我国人口数量、结构、分布、城乡住房等方面情况。

11月8日 新疆维吾尔自治区启动实施"千村示范、万村整治"惠民工程，重点建设一批生态宜居美丽示范村，立足实际、梯级推进农村人居环境整治水平，助力乡村振兴目标。新疆将在全疆范围内开展"万村整治"，覆盖所有行政村，重点做好改厕、整治庭院环境、整治居住环境、污水有序排放、垃圾及时清理、沟渠及时清淤等院里院外"六件事"，并在全疆选择1 000个行政村开展"千村示范"，对村庄基础设施、公共服务、道路硬化、污水垃圾治理等方面提档升级。

11月10日 "'一带一路'倡议下的全球城市发布会"在北京举行。会议发布了《"一带一路"倡议下的全球城市报告（2019）》，这是中国城市规划设计研究院基于历年研究成果，首次对外公开发布"一带一路"发展视角下的国际城市研究与指标评价，为国际跨区域城市合作提供了指南。

11月11日 湖北省人民政府批转省自然资源厅《关于推进全域国土综合整治的意见》（以下简称《意见》）。《意见》指出，强化以国土空间规划为引领统筹推进全域国土综合整治，优化农村生产、生活、生态空间布局，激活配优各类自然资源要素，释放政策红利，助推湖北省乡村振兴和生态文明建设。

11月15日 住房和城乡建设部发布《生活垃圾分类标志》标准，于12月1日起正式实施。中国30个城市已经出台垃圾分类地方性法规或规章，16个城市将垃圾分类列入立法计划。各省、自治区均制定垃圾分类实施方案，浙江、福建、广东三省已出台地方法规，河北等13省地方法规进入立法程序。

11月15日 2019森林城市建设座谈会在河南信阳召开。会上授予北京市延庆区、河南省信阳市等28个城市"国家森林城市"称号，我国国家森林城市增至194个。目前，全国已有387个城市开展国家森林城市创建，19个省份开展了省级森林城市创建活动，11个省份开展了森林城市群建设，形成了跨区域、覆盖城乡的建设体系。

11月15日 国家发展改革委员会印发《生态综合补偿试点方案》，在江西、福建、贵州、海南4个国家生态文明试验区，西藏及青海、四川、甘肃、云南4省藏区和安徽共10个省份，各选取5个县（市、区）率先开展生态综合补偿试点工作，进一步健全生态保护补偿机制。

11月16日 生态环境部对第三批国家生态文明建设示范市县和"绿水青山就是金山银山"实践创新基地进行授牌命名。目前，生态环境部已命名175个国家生态文明建设示范市县和52个"绿水青山就是金山银山"实践创新基地。通过三批创建，生态文明示范创建点面结合、多层次推进、东中西部有序布局的建设体系进一步得到完善。

11月18日 中共中央政治局委员、国务院副总理胡春华在京主持召开农村人居环境整治工作检查领导小组第一次会议。他强调，要进农村人居环境整治更加扎实有序开展，按时保质完成三年整治行动目标任务。

11月18日 住房和城乡建设部、青海省人民政府签署共建青海高原美丽城镇示范省合作框架协议，提出了构建城镇绿色发展的新格局、探寻城乡统筹发展建设的新路径、推进"美好环境与幸福生活共同缔造"的新模式等方面合作内容。

11月19日 福建省工信厅、文旅厅、教育厅、自然资源厅联合制定《关于加快推进我省工业旅游发展的意见》（以下简称《意见》）。《意见》涵盖工业旅游、工业遗产、工业设计等多项工业文化产业，旨在进一步推进福建工业企业运用"工业+"新模式，发展工业旅游新业态，充分发挥工业旅游在供给侧结构性改革与新旧动能转换中的重要作用，进一步提升产业核心竞争力和综合实力。

11月21日 国家发展改革委、财政部、应急管理部联合印发《关于做好特别重大自然灾害灾后恢复重建工作的指导意见》。

11月21日 中共中央、国务院印发《国家积极应对人口老龄化中长期规划》（以下简称《规划》）。《规划》近期至2022年，中期至2035年，远期展望至2050年，是到21世纪中叶我国积极应对人口老龄化的战略性、综合性、指导性文件。

11月22日 国务院办公厅印发《关于切实加强高标准农田建设 提升国家粮食安全保障能力的意见》（以下简称《意见》）。《意见》指出，按照农业高质量发展要求，以提升粮食产能为首要目标，突出抓好耕地保护、地力提升和高效节水灌溉，大力推进高标准农田建设，加快补齐农田基础设施短板，提高水土资源利用效率，切实增强农田防灾抗灾减灾能力，为保障国家粮食安全提供坚实基础。

11月22日 江西省自然资源厅、省财政厅、省林业局等五部门联合发布《江西省自然资源统一确权登记暂行办法》，标志着江西省建立和实施自然资源统一确权登记制度，自然资源确权登记进入法治化轨道。

11月25日 自然资源部公布《自然资源部信息化建设总体方案》（以下简称《方案》）。《方案》提出，在土地管理、地质矿产管理、海洋管理、测绘地理信息管理等部门的数据中心、网络、数据资源、应用系统等已有工作基础上，通过整合集成、升级再造，实现信息化应用质的提升。

11月26日 中共中央、国务院印发《关于保持土地承包关系稳定并长久不变的意见》。自实行家庭承包经营以来，党中央、国务院一直坚持稳定农村土地承包关系的方针政策，先后两次延长承包期限，不断健全相关制度体系，依法维护农民承包土地的各项权利。在中国特色社会主义进入新时代的关键时期，党中央提出保持土地承包关系稳定并长久不变，是对党的农村土地政策的继承和发展，意义重大、影响深远。

11月26日 国务院批复同意将山西太谷农业高新技术产业示范区建设为山西晋中国家农业高新技术产业示范区，将南京白马国家农业科技园区建设为江苏南京国家农业高新技术产业示范区。加上此前已成立的陕西杨凌农业高新技术产业示范区、山东黄河三角洲农业高新技术产业示范区，我国国家"农高区"增至四个。

11月27日 自然资源部印发《关于加强规划和用地保障支持养老服务发展的指导意见》（以下简称《意见》）。《意见》围绕居家为基础、社区为依托、机构为补充、医养相结合的养老服务体系建设，合理规划养老服务设施空间布局，切实保障养老服务设施用地，促进养老服务发展。

11月27日 山东省发布《关于建立国土空间规划体系并监督实施的通知》（以下简称《通知》）。《通知》提出，2020年基本完成省、市、县国土空间总体规划编制，同步建立实施监督信息系统，形成全省"一张图"。

11月27日 《北京市生活垃圾管理条例》修改决定经市十五届人大常委会第十六次会议表决通过，修改后的条例将于2020年5月1日正式施行。这是自2012年条例施行以来，北京市首次对该条例进行修改。

12月3日 水利部印发《珠江—西江经济带岸线保护与利用规划》（以下简称《规

划》)。《规划》为加强珠江—西江经济带河道岸线保护与利用工作提供了重要基础，有利于严格管控珠江流域河湖水域岸线生态空间，有利于推进河长制湖长制从"有名"向"有实"转变，有利于支撑珠江—西江经济带和粤港澳大湾区建设。

12月9日 由自然资源部负责的《全国地质环境图系》编制完成。该图系是我国首次统一组织编制的地质环境图系，对国土资源大调查以来开展的环境地质调查、监测数据资料和研究成果进行集成和提升，为环境地质学科建设和理论创新、地质环境管理和地质灾害防治、国土空间规划编制和生态修复等领域提供了数据支持和科学依据。

12月10日至12日 中央经济工作会议在北京举行。习近平总书记在会上发表重要讲话，总结2019年经济工作，分析当前经济形势，部署2020年经济工作。李克强总理在讲话中对明年经济工作做出具体部署，并作了总结讲话。会议确定，要加大城市困难群众住房保障工作，加强城市更新和存量住房改造提升，做好城镇老旧小区改造，大力发展租赁住房。会议确定，要着眼国家长远发展，加强战略性、网络型基础设施建设，推进川藏铁路等重大项目建设，稳步推进通信网络建设，加快自然灾害防治重大工程实施，加强市政管网、城市停车场、冷链物流等建设，加快农村公路、信息、水利等设施建设。要加快落实区域发展战略，完善区域政策和空间布局，发挥各地比较优势，构建全国高质量发展的新动力源，推进京津冀协同发展、长三角一体化发展、粤港澳大湾区建设，打造世界级创新平台和增长极。要扎实推进雄安新区建设，落实长江经济带共抓大保护措施，推动黄河流域生态保护和高质量发展。要提高中心城市和城市群综合承载能力。

12月14日 甘肃省政府办公厅印发《关于大力促进全省文化旅游产业提质增效的意见》（以下简称《意见》）。《意见》提出为文旅产业发展提供用地保障，鼓励实行点状供地政策，支持使用未利用地建设文旅项目，鼓励城市转型退出的工业用地根据相关专项规划用于发展文旅产业，把文化旅游业打造成为推动全省绿色发展崛起的首位产业和支柱性产业。

12月15日 《求是》杂志发表中共中央总书记、国家主席、中央军委主席习近平的重要文章《推动形成优势互补高质量发展的区域经济布局》。当前我国区域经济发展出现一些新情况新问题，要研究在国内外发展环境变化中，现有区域政策哪些要坚持、哪些应调整。要面向第二个百年目标，做些战略性考虑。

12月17日 中共中央政治局常委、国务院副总理韩正在住房和城乡建设部召开座谈会。他强调，要以习近平新时代中国特色社会主义思想为指导，全面贯彻落实中央经济工作会议精神，做好住房和城乡建设各项工作，为决胜全面建成小康社会和"十三五"规划收官做出贡献。

12月18日 自然资源部开展全域土地综合整治试点工作，贯彻落实习近平总书记对浙江"千村示范、万村整治"重要批示精神，按照《乡村振兴战略规划（2018—2022年）》相关部署要求组织开展。

12月18日 自然资源部发布《"证照分离"改革全覆盖试点工作实施方案》（以下简称《方案》），推进政府职能转变，贯彻落实国务院"证照分离"改革要求。《方案》明确，分类推进涉及自然资源管理的18项涉企经营许可事项审批制度改革，对所有自然资源管理涉企经营许可事项全部纳入清单管理，清单之外不得违规限制企业进入相关行业或领域。

12月19日　海南省自然资源和规划厅出台《海南省农村土地征收试点办法》《海南省集体经营性建设用地入市试点办法》《海南省农村宅基地管理试点办法》，为市县规范推进农村土地制度改革试点工作提供遵循和指引。

12月19日　自然资源部编制完成《澳门特别行政区海域地质资源与环境图集》，对澳门特别行政区（下称"澳门"）海域地质资源开发、生态环境保护和空间拓展利用提出了针对性认识与建议。这是践行"一国两制"方针、贯彻区域协调发展战略的具体举措，也是推动粤港澳大湾区建设取得的重要成果，为澳门经济社会发展提供了翔实的海洋地质资料。

12月20日　中央农村工作会议在北京召开。会议以习近平新时代中国特色社会主义思想为指导，学习贯彻党的十九大和十九届二中、三中、四中全会精神，贯彻落实中央经济工作会议精神，分析当前"三农"工作面临的形势和任务，围绕全面建成小康社会和打赢脱贫攻坚战，研究部署2020年"三农"工作。

12月23日　全国住房和城乡建设工作会议在北京召开。住房和城乡建设部党组书记、部长王蒙徽全面总结2019年住房和城乡建设工作，分析面临的形势和问题，提出2020年工作总体要求，对重点工作任务做出部署。

12月25日　中央农办、农业农村部牵头，会同中央组织部、中央宣传部、民政部、司法部在全国确定了115个县（市、区）作为开展首批乡村治理体系建设试点示范。

12月28日　十三届全国人大常委会第十五次会议表决通过了新修订的《中华人民共和国森林法》，自2020年7月1日起施行。实行森林分类经营管理，保护好各类林业经营主体的合法权益，实现林业建设可持续发展。

12月30日　李克强总理主持召开国务院常务会议。会议确定，要在一些城市开展试点基础上，有序合理推进步行街改造提升。

12月31日　文化和旅游部印发《国家级旅游度假区管理办法》（以下简称《办法》）。《办法》完善了旅游度假区相关制度建设，推进旅游度假区高质量发展、推动旅游业转型升级。

（资料整理：徐辉，中国城市规划设计研究院学术信息中心副主任；胡文娜，中国城市规划设计研究院学术信息中心高级规划师）

附录2

2018/2019 年城市政策法规文件索引

名　称	批号(文号)	发布机构	发布日期
国家发展改革委关于江苏省沿江城市群城际铁路建设规划(2019—2025年)的批复	发改基础〔2018〕1911号	国家发展改革委	2018年12月26日
关于印发《建立市场化、多元化生态保护补偿机制行动计划》的通知	发改西部〔2018〕1960号	国家发展改革委、财政部、自然资源部、生态环境部、水利部、农业农村部、人民银行、市场监管总局、林草局	2018年12月28日
国家发展改革委关于呼和浩特新机场项目可行性研究报告的批复	发改基础〔2019〕4号	国家发展改革委	2019年1月2日
国家发展改革委办公厅　工业和信息化部办公厅关于推进大宗固体废弃物综合利用产业集聚发展的通知	发改办环资〔2019〕44号	国家发展改革委、工业和信息化部	2019年1月9日
国家发展改革委关于新建湖北鄂州民用机场工程可行性研究报告的批复	发改基础〔2019〕53号	国家发展改革委	2019年1月11日
中华人民共和国耕地占用税法		全国人大	2019年1月17日
住房和城乡建设部关于落实《国务院关于支持自由贸易试验区深化改革创新若干措施的通知》有关事项的通知	建外〔2019〕10号	住房和城乡建设部	2019年1月19日
国务院办公厅关于印发"无废城市"建设试点工作方案的通知	国办发〔2018〕128号	国务院	2019年1月21日
自然资源部关于发布《第三次全国国土调查技术规程》《县级国土调查生产成本定额》2项行业标准的公告	2019年第7号	自然资源部	2019年1月28日
住房和城乡建设部　财政部关于印发农村危房改造激励措施实施办法的通知	建村〔2019〕15号	住房和城乡建设部	2019年2月1日
中共中央　国务院印发《粤港澳大湾区发展规划纲要》		国务院	2019年2月18日
国家发展改革委关于培育发展现代化都市圈的指导意见	发改规划〔2019〕328号	国家发展改革委	2019年2月19日
关于印发《国家全域旅游示范区验收、认定和管理实施办法(试行)》和《国家全域旅游示范区验收标准(试行)》的通知	办资源发〔2019〕30号	文化旅游部	2019年3月1日
中共中央办公厅　国务院办公厅转发《中央农办、农业农村部、国家发展改革委关于深入学习浙江"千村示范、万村整治"工程经验扎实推进农村人居环境整治工作的报告》		国务院	2019年3月6日

附录2 2018/2019年城市政策法规文件索引

续表

名称	批号（文号）	发布机构	发布日期
住房和城乡建设部关于修改燃气经营许可管理办法的通知	建城规〔2019〕2号	住房和城乡建设部	2019年3月11日
国务院办公厅关于全面开展工程建设项目审批制度改革的实施意见	国办发〔2019〕11号	国务院	2019年3月13日
国家发展改革委关于新建新疆昭苏机场工程可行性研究报告的批复	发改基础〔2019〕453号	国家发展改革委	2019年3月13日
农业农村部办公厅　财政部办公厅《关于开展2019年国家现代农业产业园创建工作的通知》	农办规〔2019〕3号	农业农村部办公厅　财政部办公厅	2019年3月13日
关于贯彻落实《国家级文化生态保护区管理办法》的通知	办非遗发〔2019〕47号	文化旅游部	2019年3月13日
国家发展改革委办公厅关于开展第二批国家农村产业融合发展示范园创建工作的通知	发改办农经〔2019〕334号	国家发展改革委	2019年3月15日
住房和城乡建设部办公厅关于印发农村危房改造基本安全技术导则的通知	建办村函〔2018〕172号	住房和城乡建设部	2018年3月28日
国务院关于横琴国际休闲旅游岛建设方案的批复	国函〔2019〕30号	国务院	2019年4月1日
住房和城乡建设部关于印发全面推行行政执法公示制度执法全过程记录制度重大执法决定法制审核制度实施方案的通知重大执法决定法制审核制度实施方案的通知	建法函〔2019〕53号	住房和城乡建设部	2019年4月1日
财政部　住房和城乡建设部《关于下达2019年中央财政农村危房改造补助资金预算的通知》	财社〔2019〕44号	财政部　住房和城乡建设部	2019年4月14日
全国人民代表大会常务委员会关于修改《中华人民共和国建筑法》等八部法律的决定	主席令第二十九号	国务院	2019年4月23日
住房和城乡建设部等部门关于在全国地级及以上城市全面开展生活垃圾分类工作的通知	建城〔2019〕56号	住房和城乡建设部	2019年4月26日
国务院第三次全国国土调查领导小组办公室关于发布《第三次全国国土调查县级数据库建设技术规范（修订稿）》及县级数据库质量检查软件的通知	国土调查办发〔2019〕10号	自然资源部	2019年4月27日
财政部　住房和城乡建设部《关于加强农村危房改造资金使用管理　助力全面完成脱贫攻坚任务的通知》	财社〔2019〕53号	财政部　住房和城乡建设部	2019年4月29日
关于印发《文化和旅游规划管理办法》的通知	文旅政法发〔2019〕60号	文化旅游部	2019年5月7日
中共中央办公厅　国务院办公厅印发《大运河文化保护传承利用规划纲要》		国务院	2019年5月9日
中共中央办公厅　国务院办公厅印发《国家生态文明试验区（海南）实施方案》		国务院	2019年5月12日
国务院关于同意承德市建设国家可持续发展议程创新示范区的批复	国函〔2019〕46号	国务院	2019年5月14日
国务院关于同意郴州市建设国家可持续发展议程创新示范区的批复	国函〔2019〕44号	国务院	2019年5月14日
国务院关于同意临沧市建设国家可持续发展议程创新示范区的批复	国函〔2019〕45号	国务院	2019年5月14日

续表

名　称	批号(文号)	发布机构	发布日期
中共中央办公厅　国务院办公厅印发《数字乡村发展战略纲要》		国务院	2019年5月16日
关于建立国土空间规划体系并监督实施的若干意见		国务院	2019年5月23日
国务院第三次全国国土调查领导小组办公室关于印发《第三次全国国土调查成果国家级核查监理方案》的通知	国土调查办发〔2019〕14号	自然资源部	2019年5月23日
自然资源部关于全面开展国土空间规划工作的通知	自然资发〔2019〕87号	自然资源部	2019年5月28日
国务院第三次全国国土调查领导小组办公室关于印发《第三次全国国土调查成果国家级核查工作管理规定》的通知	国土调查办发〔2019〕17号	自然资源部	2019年5月28日
住房和城乡建设部办公厅关于印发《城市地下综合管廊建设规划技术导则》的通知	建办城函〔2019〕363号	住房和城乡建设部	2019年6月13日
中共中央办公厅　国务院办公厅印发《中央生态环境保护督察工作规定》		国务院	2019年6月17日
住房和城乡建设部办公厅关于建筑施工企业安全生产许可证等证书电子化的意见	建办质函〔2019〕375号	住房和城乡建设部	2019年6月18日
中共中央办公厅　国务院办公厅印发《关于加强和改进乡村治理的指导意见》		国务院	2019年6月23日
国务院办公厅关于同意建立大运河文化保护传承利用工作省部际联席会议制度的函	国办函〔2019〕51号	国务院	2019年6月24日
国家发展改革委办公厅关于推广第二批国家新型城镇化综合试点等地区经验的通知	发改办规划〔2019〕727号	国家发展改革委	2019年6月25日
关于建立以国家公园为主体的自然保护地体系的指导意见		国务院	2019年6月26日
国家发展改革委关于新建新疆于田机场工程可行性研究报告的批复	发改基础〔2019〕1126号	国家发展改革委	2019年6月27日
国务院关于促进乡村产业振兴的指导意见	国发〔2019〕12号	国务院	2019年6月28日
国家发展改革委办公厅　生态环境部办公厅关于深入推进园区环境污染第三方治理的通知	发改办环资〔2019〕785号	国家发展改革委、生态环境部	2019年7月11日
国家发展改革委关于新建郑州至济南铁路濮阳至济南段可行性研究报告的批复	发改基础〔2019〕1231号	国家发展改革委	2019年7月16日
国务院办公厅关于完善建设用地使用权转让、出租、抵押二级市场的指导意见	国办发〔2019〕34号	国务院	2019年7月19日
国家发展改革委　河北省人民政府关于印发《张家口首都水源涵养功能区和生态环境支撑区建设规划(2019—2035年)》的通知	发改地区〔2019〕1252号	国家发展改革委、河北省人民政府	2019年7月20日
中共中央办公厅　国务院办公厅印发《天然林保护修复制度方案》		国务院	2019年7月23日
关于公布第一批全国乡村旅游重点村名单的通知	文旅资源发〔2019〕95号	文化旅游部、国家发展改革委	2019年7月23日
国务院办公厅关于同意建立城镇化工作暨城乡融合发展工作部际联席会议制度的函	国办函〔2019〕67号	国务院	2019年7月24日

附录2 2018/2019年城市政策法规文件索引

续表

名　称	批号（文号）	发布机构	发布日期
国家发展改革委关于四川阆中民用机场项目可行性研究报告的批复	发改基础〔2019〕1125号	国家发展改革委	2019年7月28日
国家发展改革委关于印发《西部陆海新通道总体规划》的通知	发改基础〔2019〕1333号	国家发展改革委	2019年8月2日
国务院关于同意设立中国（上海）自由贸易试验区临港新片区的批复	国函〔2019〕68号	国务院	2019年8月6日
国务院关于印发中国（上海）自由贸易试验区临港新片区总体方案的通知	国发〔2019〕15号	国务院	2019年8月6日
节约集约利用土地规定		自然资源部	2019年8月13日
土地调查条例实施办法		自然资源部	2019年8月13日
土地复垦条例实施办法		自然资源部	2019年8月14日
矿山地质环境保护规定		自然资源部	2019年8月14日
关于进一步推进产业转型升级示范区建设的通知	发改振兴〔2019〕1405号	国家发展改革委、科技部、工业和信息化部、自然资源部、国家开发银行	2019年8月26日
国家发展改革委 文化和旅游部关于印发《景德镇国家陶瓷文化传承创新试验区实施方案》的通知	发改社会〔2019〕1416号	国家发展改革委、文化和旅游部	2019年8月26日
关于《中华人民共和国资源税法（草案）》的说明		全国人大	2019年8月27日
关于修改《中华人民共和国土地管理法》、《中华人民共和国城市房地产管理法》的决定		全国人大	2019年8月28日
关于加快推进铁路专用线建设的指导意见	发改基础〔2019〕1445号	国家发展改革委、自然资源部、交通运输部、国家铁路局、国家铁路集团	2019年9月1日
国家发展改革委关于新建重庆至昆明高速铁路可行性研究报告的批复	发改基础〔2019〕1463号	国家发展改革委	2019年9月4日
国务院关于同意南昌、新余、景德镇、鹰潭、抚州、吉安、赣州高新技术产业开发区建设国家自主创新示范区的批复	国函〔2019〕77号	国务院	2019年9月5日
中华人民共和国城市房地产管理法		全国人大	2019年9月6日
中华人民共和国土地管理法		全国人大	2019年9月6日
关于印发《关于支持建设博鳌乐城国际医疗旅游先行区的实施方案》的通知	发改地区〔2019〕1482号	国家发展改革委、卫健委、国家中医药局、国家药监局	2019年9月10日
住房和城乡建设部办公厅关于加强贫困地区传统村落保护工作的通知	建办村〔2019〕61号	住房和城乡建设部	2019年9月12日
国务院办公厅转发住房和城乡建设部关于完善质量保障体系提升建筑工程品质指导意见的通知	国办函〔2019〕92号	国务院	2019年9月15日
住房和城乡建设部村镇建设司关于印发县域统筹推进农村生活污水治理案例的通知	建村水函〔2019〕60号	住房和城乡建设部	2019年9月16日
关于公布首批国家全域旅游示范区名单的通知		文化旅游部	2019年9月20日
关于进一步加强农村宅基地管理的通知	中农发〔2019〕11号	中央农村工作领导小组办公室、农业农村部	2019年9月20日

续表

名　称	批号(文号)	发布机构	发布日期
住房和城乡建设部关于印发《规范住房和城乡建设部工程建设行政处罚裁量权实施办法》和《住房和城乡建设部工程建设行政处罚裁量基准》的通知	建法规〔2019〕7号	住房和城乡建设部	2019年9月23日
关于印发国家产教融合建设试点实施方案的通知	发改社会〔2019〕1558号	国家发展改革委、教育部、工业和信息化部、财政部、人力资源社会保障部、国资委	2019年9月25日
国家发展改革委关于新建新疆塔什库尔干机场工程可行性研究报告的批复	发改基础〔2019〕1550号	国家发展改革委	2019年9月25日
国务院关于中国—上海合作组织地方经贸合作示范区建设总体方案的批复	国函〔2019〕87号	国务院	2019年10月8日
国务院关于核定并公布第八批全国重点文物保护单位的通知	国发〔2019〕22号	国务院	2019年10月16日
国家发展改革委关于印发《东北振兴重大项目和跨省区合作项目前期工作专项补助资金管理办法》的通知	发改地区规〔2019〕1683号	国家发展改革委	2019年10月24日
国家发展改革委关于印发长三角生态绿色一体化发展示范区总体方案的通知	发改地区〔2019〕1686号	国家发展改革委	2019年10月26日
国务院关于长三角生态绿色一体化发展示范区总体方案的批复	国函〔2019〕99号	国务院	2019年10月29日
中共中央办公厅　国务院办公厅印发《关于在国土空间规划中统筹划定落实三条控制线的指导意见》		国务院	2019年11月1日
国务院关于开展第七次全国人口普查的通知	国发〔2019〕24号	国务院	2019年11月8日
国务院关于在自由贸易试验区开展"证照分离"改革全覆盖试点的通知	国发〔2019〕25号	国务院	2019年11月15日
国务院关于同意建设江苏南京国家农业高新技术产业示范区的批复	国函〔2019〕114号	国务院	2019年11月18日
国务院关于同意建设山西晋中国家农业高新技术产业示范区的批复	国函〔2019〕113号	国务院	2019年11月18日
中共中央　国务院关于保持土地承包关系稳定并长久不变的意见		国务院	2019年11月26日
住房和城乡建设部关于印发《农村住房安全性鉴定技术导则》的通知	建村函〔2019〕200号	住房和城乡建设部办公厅	2019年11月28日
住房和城乡建设部办公厅《关于印发住房和城乡建设领域自由贸易试验区"证照分离"改革全覆盖试点实施方案的通知》	建办法函〔2019〕684号	住房和城乡建设部办公厅	2019年11月30日
中共中央　国务院印发《长江三角洲区域一体化发展规划纲要》		国务院	2019年12月1日
关于促进生物天然气产业化发展的指导意见	发改能源规〔2019〕1895号	国家发展改革委、国家能源局、财政部、自然资源部、生态环境部、住房和城乡建设部、农业农村部、应急管理部、人民银行、税务总局	2019年12月4日
中共中央办公厅、国务院办公厅印发《长城、大运河、长征国家文化公园建设方案》		国务院	2019年12月5日

附录2 2018/2019年城市政策法规文件索引

续表

名　称	批号（文号）	发布机构	发布日期
住房和城乡建设部　财政部《关于做好农房抗震改造试点工作的补充通知》	建村〔2019〕101号	财政部　住房和城乡建设部	2019年12月6日
国家发展改革委关于新建江西瑞金民用机场项目可行性研究报告的批复	发改基础〔2019〕1922号	国家发展改革委	2019年12月12日
国家发展改革委办公厅关于开展第二批国家农村产业融合发展示范园认定工作有关事项的通知	发改办农经〔2019〕1142号	国家发展改革委	2019年12月12日
关于开展国家城乡融合发展试验区工作的通知	发改规划〔2019〕1947号	国家发展改革委等18个部委	2019年12月19日
国家发展改革委关于新建包头至银川高铁包头至惠农段(含银川至巴彦浩特支线)可行性研究报告的批复	发改基础〔2019〕1962号	国家发展改革委	2019年12月20日
国家发展改革委关于新建沈阳至白河高速铁路可行性研究报告的批复	发改基础〔2019〕1961号	国家发展改革委	2019年12月20日
文化和旅游部关于印发《国家级旅游度假区管理办法》的通知	文旅资源发〔2019〕143号	文化旅游部	2019年12月20日
关于加快促进有能力在城镇稳定就业生活的农村贫困人口落户城镇的意见	发改规划〔2019〕1976号	国家发展改革委、公安部、国务院扶贫办、农业农村部、	2019年12月21日
国务院关于同意在石家庄等24个城市设立跨境电子商务综合试验区的批复	国函〔2019〕137号	国务院	2019年12月24日
国家发展改革委关于新建集宁经大同至原平铁路可行性研究报告的批复	发改基础〔2019〕2003号	国家发展改革委	2019年12月27日
中华人民共和国森林法		全国人大	2019年12月28日

（资料整理：徐辉，中国城市规划设计研究院学术信息中心副主任；沈喜明，中国城市规划设计研究院学术信息中心工程师）

附录 3

2019 年国家生态园林城市、园林城市（县城、城镇）名单

一、2019 年国家生态园林城市

江苏省南京市、太仓市、南通市、宿迁市
浙江省诸暨市
福建省厦门市
山东省东营市
河南省郑州市

二、2019 年国家园林城市

河北省晋州市、任丘市
山西省晋中市、忻州市、运城市
内蒙古自治区锡林浩特市
吉林省梅河口市、通化市、大安市
江苏省溧阳市、启东市、高邮市
浙江省东阳市、乐清市、瑞安市、兰溪市、舟山市、嵊州市、永康市
安徽省明光市、桐城市
山东省邹城市、昌邑市
河南省荥阳市、周口市、新郑市、长葛市、孟州市、项城市、义马市
湖北省钟祥市、洪湖市、广水市
湖南省醴陵市
广西壮族自治区防城港市
四川省资阳市、广元市、宜宾市
云南省腾冲市

附录3 2019年国家生态园林城市、园林城市（县城、城镇）名单

三、2019年国家园林县城

河北省正定县、卢龙县、成安县、广平县、定兴县、枣强县

山西省沁水县、垣曲县、五台县、河曲县、岚县

内蒙古自治区喀喇沁旗、奈曼旗、五原县、乌拉特后旗、阿拉善左旗

吉林省东辽县

江苏省睢宁县、滨海县

安徽省庐江县、南陵县、怀远县、当涂县、寿县、和县、砀山县、萧县、泾县

福建省上杭县

江西省崇义县

山东省蒙阴县、齐河县、惠民县、郓城县

河南省中牟县、孟津县、汝阳县、郏县、博爱县、温县、南乐县、鄢陵县、襄城县、唐河县、民权县、柘城县、虞城县、西平县、平舆县、遂平县

湖北省竹溪县、江陵县

广西壮族自治区永福县、蒙山县

重庆市垫江县、石柱土家族自治县

四川省仪陇县、洪雅县

云南省峨山县、河口县、勐腊县、宾川县、剑川县

陕西省富平县、留坝县、岚皋县

甘肃省瓜州县、肃北蒙古族自治县

宁夏回族自治区泾源县

新疆维吾尔自治区伊吾县、焉耆回族自治县、和硕县

四、2019年国家园林城镇

浙江省泰顺县百丈镇、慈溪市周巷镇、嘉兴市秀洲区油车港镇、嘉善县姚庄镇、海宁市黄湾镇、平湖市乍浦镇

河南省济源市王屋镇

广东省东莞市石排镇

重庆市涪陵区蔺市镇、涪陵区大木乡、涪陵区武陵山乡、万盛经济技术开发区黑山镇、江津区中山镇

资料来源：《住房和城乡建设部关于命名2019年国家生态园林城市、园林城市（县城、城镇）的通知（建城〔2020〕17号）》，2020年1月22日

附：关于国家生态园林城市创建过程的简要说明

2004年，建设部发布《关于印发创建"生态园林城市"实施意见的通知》和《国家生态园林城市标准（暂行）》，正式启动国家生态园林城市创建工作。实施意见指出，在我国全面建设小康社会的过程中，在创建"园林城市"的基础上，把创建"生态园林城市"作为建设生态城市的阶段性目标，就是要利用环境生态学原理，规划、建设和管理城市，进一步完善城市绿地系统，有效防治和减少城市大气污染、水污染、土壤污染、噪声污染和各种废弃物，实施清洁生产、绿色交通、绿色建筑，促进城市中人与自然的和谐，使环境更加清洁、安全、优美、舒适。

2006年，建设部发出《关于确定深圳市为创建"国家生态园林城市"示范城市的函》。函件指出，经深圳市人民政府申请，广东省建设主管部门推荐，建设部组织专家考察组对深圳市创建生态园林城市工作进行了实地考察和评审。专家组认为深圳市在创建国家园林城市的基础上，积极争创国家生态园林城市，创建工作取得明显成效。为进一步推动全国生态园林城市创建工作，探索完善生态园林城市创建机制和体系，经研究，我部确定深圳市为创建"国家生态园林城市"示范城市。

2007年，建设部发布《关于公布国家生态园林城市试点城市的通知》，确定青岛市、南京市、杭州市、威海市、扬州市、苏州市、绍兴市、桂林市、常熟市、昆山市、张家港市为国家生态园林城市试点城市。

2016年，住房和城乡建设部发出《关于印发国家园林城市系列标准及申报评审管理办法的通知》，提出《国家生态园林城市分级考核标准》。

2016—2020年，住房和城乡建设部先后发布了三批国家生态园林城市命名名单：

2015年国家生态园林城市（共7个）：江苏省徐州市、苏州市、昆山市，山东省寿光市，广东省珠海市，广西壮族自治区南宁市，陕西省宝鸡市。

2017年国家生态园林城市（共4个）：江苏省常熟市、张家港市，浙江省杭州市，河南省许昌市。

2019年国家生态园林城市（共8个）：江苏省南京市、太仓市、南通市、宿迁市，浙江省诸暨市，福建省厦门市，山东省东营市，河南省郑州市。

（资料整理：毛其智，清华大学教授，国际欧亚科学院院士）

附录4

2019 年中国历史文化名镇名村

2019 年 1 月 21 日，根据《住房和城乡建设部、国家文物局关于组织申报第七批中国历史文化名镇名村的通知》（建规函〔2016〕177 号）和《中国历史文化名镇（村）评选办法》等规定，住房和城乡建设部、国家文物局决定公布山西省长治市上党区荫城镇等 60 个镇为中国历史文化名镇、河北省井陉县南障城镇吕家村等 211 个村为中国历史文化名村。

第七批中国历史文化名镇名单（60 个）

1. 山西省长治市上党区荫城镇
2. 山西省阳城县横河镇
3. 山西省泽州县高都镇
4. 山西省寿阳县宗艾镇
5. 山西省曲沃县曲村镇
6. 山西省翼城县西阎镇
7. 山西省汾阳市杏花村镇
8. 内蒙古自治区牙克石市博克图镇
9. 上海市宝山区罗店镇
10. 江苏省苏州市吴中区光福镇
11. 江苏省昆山市巴城镇
12. 江苏省高邮市界首镇
13. 江苏省高邮市临泽镇
14. 浙江省慈溪市观海卫镇（鸣鹤）
15. 浙江省平阳县顺溪镇
16. 浙江省湖州市南浔区双林镇
17. 浙江省湖州市南浔区菱湖镇
18. 浙江省诸暨市枫桥镇
19. 浙江省临海市桃渚镇
20. 浙江省龙泉市住龙镇

21. 安徽省六安市裕安区苏埠镇
22. 安徽省东至县东流镇
23. 安徽省青阳县陵阳镇
24. 福建省永安市贡川镇
25. 福建省晋江市安海镇
26. 福建省永春县岵山镇
27. 福建省南靖县梅林镇
28. 福建省宁德市蕉城区洋中镇
29. 福建省宁德市蕉城区三都镇
30. 江西省修水县山口镇
31. 江西省贵溪市塘湾镇
32. 江西省樟树市临江镇
33. 山东省淄博市周村区王村镇
34. 山东省泰安市岱岳区大汶口镇
35. 湖北省当阳市淯溪镇
36. 湖南省浏阳市文家市镇
37. 湖南省临湘市聂市镇
38. 湖南省东安县芦洪市镇
39. 广西壮族自治区阳朔县福利镇
40. 广西壮族自治区防城港市防城区那良镇
41. 重庆市万州区罗田镇
42. 重庆市涪陵区青羊镇
43. 重庆市江津区吴滩镇
44. 重庆市江津区石蟆镇
45. 重庆市酉阳土家族苗族自治县龚滩镇
46. 四川省崇州市元通镇
47. 四川省自贡市大安区三多寨镇
48. 四川省三台县郪江镇
49. 四川省洪雅县柳江镇
50. 四川省达州市达川区石桥镇
51. 四川省雅安市雨城区上里镇
52. 四川省通江县毛浴镇
53. 云南省通海县河西镇
54. 云南省凤庆县鲁史镇
55. 云南省姚安县光禄镇
56. 云南省文山市平坝镇

57. 西藏自治区定结县陈塘镇
58. 西藏自治区贡嘎县杰德秀镇
59. 西藏自治区札达县托林镇
60. 甘肃省永登县红城镇

第七批中国历史文化名村名单（211个）

1. 河北省井陉县南障城镇吕家村
2. 河北省蔚县南留庄镇南留庄村
3. 河北省蔚县南留庄镇水西堡村
4. 河北省蔚县宋家庄镇宋家庄村
5. 河北省蔚县宋家庄镇大固城村
6. 河北省蔚县涌泉庄乡任家涧村
7. 河北省蔚县涌泉庄乡卜北堡村
8. 河北省怀来县瑞云观乡镇边城村
9. 河北省沙河市册井乡北盆水村
10. 河北省沙河市柴关乡西沟村
11. 河北省沙河市柴关乡绿水池村
12. 河北省邢台县南石门镇崔路村
13. 河北省邢台县路罗镇鱼林沟村
14. 河北省邢台县将军墓镇内阳村
15. 河北省邢台县太子井乡龙化村
16. 河北省武安市午汲镇大贺庄村
17. 河北省武安市石洞乡什里店村
18. 河北省涉县固新镇原曲村
19. 河北省磁县陶泉乡南王庄村
20. 河北省磁县陶泉乡北岔口村
21. 山西省大同市新荣区堡子湾乡得胜堡村
22. 山西省天镇县马家皂乡安家皂村
23. 山西省阳泉市郊区荫营镇辛庄村
24. 山西省平定县冠山镇宋家庄村
25. 山西省平定县张庄镇桃叶坡村
26. 山西省平定县东回镇瓦岭村
27. 山西省平定县娘子关镇上董寨村
28. 山西省平定县娘子关镇下董寨村
29. 山西省平定县巨城镇南庄村

30. 山西省平定县巨城镇上盘石村
31. 山西省平定县石门口乡乱流村
32. 山西省盂县孙家庄镇乌玉村
33. 山西省盂县梁家寨乡大崇村
34. 山西省长治市上党区荫城镇琚寨村
35. 山西省平顺县石城镇东庄村
36. 山西省平顺县石城镇岳家寨村
37. 山西省平顺县虹梯关乡虹霓村
38. 山西省黎城县停河铺乡霞庄村
39. 山西省沁源县王和镇古寨村
40. 山西省高平市河西镇牛村
41. 山西省阳城县凤城镇南安阳村
42. 山西省阳城县北留镇尧沟村
43. 山西省阳城县润城镇上伏村
44. 山西省阳城县固隆乡府底村
45. 山西省阳城县固隆乡泽城村
46. 山西省阳城县固隆乡固隆村
47. 山西省泽州县大东沟镇东沟村
48. 山西省泽州县大东沟镇贾泉村
49. 山西省泽州县周村镇石淙头村
50. 山西省泽州县晋庙铺镇天井关村
51. 山西省泽州县巴公镇渠头村
52. 山西省泽州县山河镇洞八岭村
53. 山西省泽州县李寨乡陟椒村
54. 山西省泽州县南岭乡段河村
55. 山西省陵川县西河底镇积善村
56. 山西省沁水县中村镇上阁村
57. 山西省沁水县嘉峰镇尉迟村
58. 山西省沁水县嘉峰镇武安村
59. 山西省沁水县嘉峰镇嘉峰村
60. 山西省山阴县张家庄乡旧广武村
61. 山西省晋中市榆次区东赵乡后沟村
62. 山西省太谷县范村镇上安村
63. 山西省平遥县段村镇段村
64. 山西省介休市洪山镇洪山村
65. 山西省介休市龙凤镇南庄村

66. 山西省介休市绵山镇大靳村
67. 山西省灵石县南关镇董家岭村
68. 山西省寿阳县宗艾镇下洲村
69. 山西省寿阳县西洛镇南东村
70. 山西省寿阳县西洛镇南河村
71. 山西省寿阳县平舒乡龙门河村
72. 山西省稷山县西社镇马跑泉村
73. 山西省翼城县隆化镇史伯村
74. 山西省翼城县西阎镇曹公村
75. 山西省翼城县西阎镇古桃园村
76. 山西省霍州市退沙街道许村
77. 山西省吕梁市离石区枣林乡彩家庄村
78. 山西省交口县双池镇西庄村
79. 山西省临县三交镇孙家沟村
80. 山西省临县安业乡前青塘村
81. 山西省柳林县三交镇三交村
82. 山西省柳林县陈家湾乡高家垣村
83. 山西省柳林县王家沟乡南洼村
84. 山西省交城县夏家营镇段村
85. 辽宁省沈阳市沈北新区石佛寺街道石佛一村
86. 江苏省常州市武进区前黄镇杨桥村
87. 江苏省溧阳市昆仑街道沙涨村
88. 浙江省建德市大慈岩镇上吴方村
89. 浙江省建德市大慈岩镇李村村
90. 浙江省桐庐县富春江镇茆坪村
91. 浙江省宁波市海曙区章水镇李家坑村
92. 浙江省宁波市鄞州区姜山镇走马塘村
93. 浙江省慈溪市龙山镇方家河头村
94. 浙江省余姚市大岚镇柿林村
95. 浙江省义乌市佛堂镇倍磊村
96. 浙江省磐安县尖山镇管头村
97. 浙江省磐安县双溪乡梓誉村
98. 浙江省江山市凤林镇南坞村
99. 浙江省江山市石门镇清漾村
100. 浙江省龙游县溪口镇灵山村
101. 浙江省龙游县塔石镇泽随村

102. 浙江省临海市东塍镇岭根村
103. 浙江省天台县平桥镇张思村
104. 安徽省歙县北岸镇瞻淇村
105. 安徽省歙县昌溪乡昌溪村
106. 安徽省池州市贵池区棠溪镇石门高村
107. 安徽省绩溪县上庄镇石家村
108. 安徽省绩溪县家朋乡磡头村
109. 福建省福州市仓山区城门镇林浦村
110. 福建省永泰县洑口乡紫山村
111. 福建省永泰县洑口乡山寨村
112. 福建省大田县桃源镇东坂村
113. 福建省宁化县曹坊镇下曹村
114. 福建省泉州市泉港区涂岭镇樟脚村
115. 福建省永春县五里街镇西安村
116. 福建省晋江市龙湖镇福林村
117. 福建省南靖县书洋镇石桥村
118. 福建省南靖县书洋镇塔下村
119. 福建省南靖县书洋镇河坑村
120. 福建省邵武市金坑乡金坑村
121. 福建省政和县岭腰乡锦屏村
122. 福建省龙岩市永定区下洋镇初溪村
123. 福建省长汀县古城镇丁黄村
124. 福建省长汀县濯田镇水头村
125. 福建省长汀县四都镇汤屋村
126. 福建省龙岩市永定区抚市镇社前村
127. 福建省龙岩市永定区洪山乡上山村
128. 福建省连城县莒溪镇壁洲村
129. 福建省福安市社口镇坦洋村
130. 福建省福安市晓阳镇晓阳村
131. 福建省福安市溪柄镇楼下村
132. 福建省福鼎市管阳镇西昆村
133. 福建省古田县城东街道桃溪村
134. 福建省古田县吉巷乡长洋村
135. 福建省古田县卓洋乡前洋村
136. 福建省寿宁县下党乡下党村
137. 江西省浮梁县蛟潭镇礼芳村

138. 江西省浮梁县峙滩镇英溪村
139. 江西省贵溪市耳口乡曾家村
140. 江西省龙南县里仁镇新园村
141. 江西省寻乌县澄江镇周田村
142. 江西省安福县金田乡柘溪村
143. 江西省泰和县螺溪镇爵誉村
144. 江西省金溪县合市镇游垫村
145. 江西省金溪县合市镇全坊村
146. 江西省金溪县琅琚镇疏口村
147. 江西省金溪县陈坊积乡岐山村
148. 江西省乐安县湖坪乡湖坪村
149. 江西省婺源县江湾镇篁岭村
150. 江西省婺源县思口镇西冲村
151. 山东省济南市章丘区相公庄街道梭庄村
152. 山东省淄博市淄川区洪山镇蒲家庄村
153. 山东省招远市张星镇徐家村
154. 山东省昌邑市龙池镇齐西村
155. 山东省邹城市石墙镇上九山村
156. 山东省巨野县核桃园镇前王庄村
157. 河南省宝丰县李庄乡翟集村
158. 河南省郏县薛店镇冢王村
159. 河南省郏县薛店镇下宫村
160. 河南省郏县茨芭镇山头赵村
161. 河南省修武县云台山镇一斗水村
162. 河南省修武县西村乡双庙村
163. 河南省三门峡市陕州区西张村镇庙上村
164. 湖北省大冶市金湖街道上冯村
165. 湖北省阳新县排市镇下容村
166. 湖北省大冶市大箕铺镇柯大兴村
167. 湖北省阳新县大王镇金寨村
168. 湖北省枣阳市新市镇前湾村
169. 湖北省南漳县巡检镇漫云村
170. 湖北省红安县华家河镇祝家楼村
171. 湖北省通山县闯王镇宝石村
172. 湖南省醴陵市沩山镇沩山村
173. 湖南省汝城县文明瑶族乡沙洲瑶族村

174. 湖南省汝城县土桥镇永丰村
175. 湖南省汝城县马桥镇石泉村
176. 湖南省新田县枧头镇龙家大院村
177. 湖南省道县清塘镇楼田村
178. 湖南省蓝山县祠堂圩镇虎溪村
179. 湖南省沅陵县荔溪乡明中村
180. 湖南省中方县中方镇荆坪村
181. 湖南省永顺县灵溪镇双凤村
182. 广东省汕头市澄海区莲下镇程洋冈村
183. 广东省云浮市云城区腰古镇水东村
184. 广东省郁南县大湾镇五星村
185. 广西壮族自治区南宁市江南区江西镇同江村三江坡
186. 广西壮族自治区宾阳县古辣镇蔡村
187. 广西壮族自治区阳朔县高田镇朗梓村
188. 广西壮族自治区岑溪市筋竹镇云龙村
189. 广西壮族自治区灵山县新圩镇萍塘村
190. 广西壮族自治区玉林市福绵区新桥镇大楼村
191. 广西壮族自治区玉林市玉州区南江街道岭塘村（硃砂垌）
192. 广西壮族自治区陆川县平乐镇长旺村
193. 广西壮族自治区兴业县石南镇庞村
194. 广西壮族自治区兴业县石南镇谭良村
195. 广西壮族自治区兴业县葵阳镇榜山村
196. 广西壮族自治区兴业县龙安镇龙安村
197. 广西壮族自治区贺州市平桂区沙田镇龙井村
198. 广西壮族自治区富川瑶族自治县古城镇秀山村
199. 广西壮族自治区钟山县回龙镇龙道村
200. 广西壮族自治区钟山县公安镇荷塘村
201. 广西壮族自治区钟山县公安镇大田村
202. 广西壮族自治区钟山县清塘镇英家村
203. 广西壮族自治区钟山县燕塘镇玉坡村
204. 广西壮族自治区天峨县三堡乡三堡村
205. 贵州省贵阳市花溪区石板镇镇山村
206. 云南省沧源县勐角乡翁丁村
207. 云南省泸西县永宁乡城子村
208. 西藏自治区普兰县普兰镇科迦村
209. 甘肃省兰州市西固区河口镇河口村

210. 甘肃省静宁县界石铺镇继红村
211. 甘肃省正宁县永和镇罗川村

(资料整理：廖远涛，广州市城市规划勘测设计院政府规划编制部副主任，高级工程师)

附录 5

中国城市基本数据（2017 年）

城市名称 Name of cities		行政级别 Administrative level	行政区域土地面积（平方公里） Total land area of city's administrative region(sq. km)	年末总人口（万人） Total population at year-end (10 000 persons)	六普常住人口（万人） Total residents of the Sixth National Population Census (10 000 persons)	建成区面积（平方公里） Area of built-up district (sq. km)	地区生产总值（万元） Gross regional product (10 000 yuan)	人均地区生产总值（元） Per capita gross regional product(yuan)	供水普及率（%） Water coverage rate(%)	污水处理率（%） Wastewater treatment rate(%)	人均公园绿地面积（平方米） Per capita public green space(sq. m)	生活垃圾处理率（%） Domestic garbage treatment rate(%)
北京市	Beijing	直辖市	16 406	1 359.0	1 961.24	1 446	280 149 400	128 994	100.00	97.53	16.20	99.88
天津市	Tianjin	直辖市	11 917	1 050.0	1 293.87	1 088	185 491 900	119 238	100.00	92.58	14.15	95.80
河北省	Hebei											
石家庄市	Shijiazhuang	地级市	14 060	973.0	1 016.38	286	33 962 728	69 926	100.00	99.44	17.05	100.00
唐山市	Tangshan	地级市	14 198	755.0	757.73	249	32 053 543	89 233	100.00	97.60	15.91	100.00
秦皇岛市	Qinhuangdao	地级市	7 802	298.0	298.76	135	10 146 857	61 170	98.40	96.70	18.02	100.00
邯郸市	Handan	地级市	12 065	1 051.0	917.47	176	13 518 281	37 796	100.00	97.75	17.46	100.00
邢台市	Xingtai	地级市	12 433	790.0	710.41	103	3 706 907	38 163	100.00	96.98	15.83	100.00
保定市	Baoding	地级市	22 185	1 199.0	1 119.44	190	13 573 495	44 917	91.76	98.24	10.61	100.00
张家口市	Zhangjiakou	地级市	36 797	465.0	434.55	100	7 093 733	41 038	100.00	96.04	9.59	97.54
承德市	Chengde	地级市	39 490	380.0	347.32	124	4 045 897	60 575	100.00	94.78	24.46	99.93
沧州市	Cangzhou	地级市	14 035	778.0	713.41	83	8 667 928	120 805	100.00	99.91	11.68	100.00
廊坊市	Langfang	地级市	6 419	474.0	435.88	69	8 648 469	91 067	100.00	95.12	14.22	100.00
衡水市	Hengshui	地级市	8 837	454.0	434.08	76	5 534 965	57 615	99.98	100.00	12.28	100.00
晋州市	Jinzhou	县级市	619	57.1	53.77	15	3 051 278	53 437	100.00	100.00	11.48	100.00
新乐市	Xinle	县级市	525	51.5	48.77	14	2 170 743	42 150	100.00	96.30	9.56	100.00
遵化市	Zunhua	县级市	1 513	75.5	73.70	26	4 864 906	64 436	98.97	92.46	11.80	99.32

附录5 中国城市基本数据（2017年）

续表

城市名称 Name of cities	行政级别 Administrative level	行政区域土地面积（平方公里） Total land area of city's administrative region (sq. km)	年末总人口（万人） Total population at year-end (10 000 persons)	六普常住人口（万人） Total residents of the Sixth National Population Census (10 000 persons)	建成区面积（平方公里） Area of built-up district (sq. km)	地区生产总值（万元） Gross regional product (10 000 yuan)	人均地区生产总值（元） Per capita gross regional product (yuan)	供水普及率（%） Water coverage rate (%)	污水处理率（%） Wastewater treatment rate (%)	人均公园绿地面积（平方米） Per capita public green space (sq. m)	生活垃圾处理率（%） Domestic garbage treatment rate (%)
迁安市 Qian'an	县级市	1 227	77.0	72.82	44	9 036 714	117 360	100.00	100.00	15.36	100.00
武安市 Wu'an	县级市	1 806	83.8	81.90	35	6 398 787	76 358	100.00	99.12	15.34	100.00
南宫市 Nangong	县级市	861	50.4	46.90	16	1 086 690	21 561	97.06	95.85	12.16	100.00
沙河市 Shahe	县级市	859	45.3	49.84	18	2 394 824	52 866	100.00	97.99	14.05	100.00
涿州市 Zhuozhou	县级市	751	69.7	60.35	35	3 269 308	46 905	100.00	95.52	9.11	99.93
安国市 Anguo	县级市	486	41.0	37.03	13	1 096 417	26 742	100.00	98.64	9.50	100.00
高碑店市 Gaobeidian	县级市	618	56.2	64.03	21	1 682 717	29 942	99.58	99.24	9.54	100.00
平泉市 Pingquan	县级市	3 294	47.9	44.69	17	1 725 559	36 024	99.70	95.19	12.43	98.50
泊头市 Botou	县级市	1 009	63.0	58.43	20	2 090 280	33 179	100.00	93.19	11.88	100.00
任丘市 Renqiu	县级市	1 012	89.2	82.25	48	6 065 518	67 999	100.00	91.96	10.37	100.00
黄骅市 Huanghua	县级市	1 545	47.9	54.85	37	2 784 570	58 133	100.00	99.89	13.50	100.00
河间市 Hejian	县级市	1 322	89.5	81.03	21	2 790 208	31 176	100.00	99.32	13.60	100.00
霸州市 Bazhou	县级市	802	65.2	62.30	18	4 308 124	66 076	100.00	93.05	12.97	98.90
三河市 Sanhe	县级市	643	71.0	65.20	19	5 321 863	74 956	94.94	98.25	10.57	100.00
深州市 Shenzhou	县级市	1 245	57.0	56.61	21	1 642 886	28 823	100.00	96.19	11.78	100.00
定州市 Dingzhou	县级市	1 284	123.4	116.52	44	3 173 132	25 714	100.00	92.59	9.28	100.00
辛集市 Xinji	县级市	951	63.5	61.59	32	4 562 022	71 843	100.00	97.15	10.60	100.00
山西省 Shanxi											
太原市 Taiyuan	地级市	6 988	369.0	420.16	340	31 483 179	88 340	100.00	91.00	11.82	100.00
大同市 Datong	地级市	14 178	318.0	331.81	125	8 866 388	49 181	100.00	90.47	11.34	100.00
阳泉市 Yangquan	地级市	4 559	132.0	136.85	58	4 440 648	57 321	100.00	87.51	9.67	100.00
长治市 Changzhi	地级市	13 955	338.0	333.46	59	3 909 537	48 705	99.29	95.80	12.33	100.00
晋城市 Jincheng	地级市	9 425	221.0	227.91	48	2 681 085	54 209	98.99	94.59	12.06	100.00
朔州市 Shuozhou	地级市	10 625	164.0	171.49	36	4 583 205	127 482	55.78	98.04	14.05	100.00

续表

城市名称 Name of cities	行政级别 Administrative level	行政区域土地面积（平方公里）Total land area of city's administrative region (sq. km)	年末总人口（万人）Total population at year-end (10 000 persons)	六普常住人口（万人）Total residents of the Sixth National Population Census (10 000 persons)	建成区面积（平方公里）Area of built-up district (sq. km)	地区生产总值（万元）Gross regional product (10 000 yuan)	人均地区生产总值（元）Per capita gross regional product (yuan)	供水普及率（%）Water coverage rate (%)	污水处理率（%）Wastewater treatment rate (%)	人均公园绿地面积（平方米）Per capita public green space (sq. m)	生活垃圾处理率（%）Domestic garbage treatment rate (%)
晋中市 Jinzhong	地级市	16 392	332.0	324.94	32	2 698 240	40 850	100.00	97.00	16.09	100.00
运城市 Yuncheng	地级市	14 183	513.0	513.48	66	2 461 333	34 987	99.00	91.12	14.33	99.67
忻州市 Xinzhou	地级市	25 152	308.0	306.75	37	1 383 021	24 543	100.00	95.49	14.28	100.00
临汾市 Linfen	地级市	20 275	433.0	431.66	50	2 829 721	28 904	98.23	94.44	10.53	100.00
吕梁市 Lvliang	地级市	21 239	392.0	372.71	33	813 938	24 359	98.19	90.36	15.89	100.00
古交市 Gujiao	县级市	1 584	21.8	20.51	17	300 506	13 785	100.00	89.61	9.95	100.00
潞城市 Lucheng	县级市	630	22.6	22.69	11	1 058 521	46 837	100.00	83.17	9.10	100.00
高平市 Gaoping	县级市	980	48.5	48.49	18	2 078 047	42 846	96.93	95.61	9.47	99.32
介休市 Jiexiu	县级市	741	43.5	40.65	23	1 798 870	41 353	100.00	97.94	7.64	90.00
永济市 Yongji	县级市	1 208	44.4	44.47	26	1 316 650	29 654	99.01	91.06	14.25	100.00
河津市 Hejin	县级市	593	40.1	39.55	29	2 055 634	51 263	98.00	93.64	15.00	100.00
原平市 Yuanping	县级市	2 571	48.7	49.12	18	1 412 738	29 009	100.00	96.02	9.97	100.00
侯马市 Houma	县级市	221	24.2	24.00	20	1 035 645	42 795	100.00	95.02	11.28	100.00
霍州市 Huozhou	县级市	764	31.0	28.29	15	781 632	25 214	95.00	90.92	9.08	100.00
孝义市 Xiaoyi	县级市	938	51.1	46.88	28	4 389 492	85 900	97.07	95.13	10.46	100.00
汾阳市 Fenyang	县级市	1 179	43.0	41.62	18	1 320 657	30 713	99.26	85.16	9.65	100.00
内蒙古自治区 Inner Mongolia											
呼和浩特市 Huhhot	地级市	17 453	243.0	286.66	260	21 851 700	99 720	99.57	95.22	19.39	100.00
包头市 Baotou	地级市	27 768	224.0	265.04	210	24 190 700	155 090	99.46	92.76	14.91	98.01
乌海市 Wuhai	地级市	1 754	44.0	53.29	62	4 100 777	73 268	100.00	97.50	19.90	99.00
赤峰市 Chifeng	地级市	90 002	460.0	434.12	106	6 113 256	43 746	98.90	95.46	17.97	100.00
通辽市 Tongliao	地级市	58 862	316.0	313.92	61	4 201 300	40 347	99.38	98.31	21.24	100.00
鄂尔多斯市 Ordos	地级市	86 752	161.0	194.07	117	7 467 000	111 798	99.82	97.31	39.35	100.00
呼伦贝尔市 Hulunbeier	地级市	252 777	260.0	254.93	93	3 047 356	58 996	98.60	99.52	20.42	100.00

附录5 中国城市基本数据（2017年）

续表

城市名称 Name of cities	行政级别 Administrative level	行政区域土地面积（平方公里） Total land area of city's administrative region (sq.km)	年末总人口（万人） Total population at year-end (10 000 persons)	六普常住人口（万人） Total residents of the Sixth National Population Census (10 000 persons)	建成区面积（平方公里） Area of built-up district (sq.km)	地区生产总值（万元） Gross regional product (10 000 yuan)	人均地区生产总值（元） Per capita gross regional product (yuan)	供水普及率（%） Water coverage rate (%)	污水处理率（%） Wastewater treatment rate (%)	人均公园绿地面积（平方米） Per capita public green space (sq.m)	生活垃圾处理率（%） Domestic garbage treatment rate (%)
巴彦淖尔市 Bayannur	地级市	65 140	174.0	166.99	51	2 421 916	43 728	97.49	98.81	11.99	100.00
乌兰察布市 Ulanqab	地级市	54 500	272.0	214.36	70	1 534 132	37 491	97.49	95.00	41.36	97.00
霍林郭勒市 Huolinguole	县级市	585	8.3	10.22	17	1 929 994	232 529	99.53	99.60	17.29	100.00
满洲里市 Manzhouli	县级市	735	17.2	24.95	27	1 629 150	94 718	99.01	94.57	12.90	96.13
牙克石市 Yakeshi	县级市	27 803	33.1	36.63	28	1 297 487	39 199	97.35	94.91	17.43	99.50
扎兰屯市 Zhalantun	县级市	16 800	40.9	35.22	19	1 475 364	36 072	97.17	94.80	14.52	100.00
额尔古纳市 Eerguna	县级市	28 958	8.1	11.04	10	391 620	48 348	95.54	95.15	15.79	100.00
根河市 Genhe	县级市	20 010	13.7	7.67	18	346 986	25 327	97.05	95.42	18.63	98.86
丰镇市 Fengzhen	县级市	2 722	31.4	24.56	25	1 045 425	33 294	96.01	95.41	29.84	97.95
乌兰浩特市 Wulanghaote	县级市	2 728	31.9	32.71	44	1 519 564	47 635	99.81	92.67	12.24	100.00
阿尔山市 Aershan	县级市	7 409	4.6	6.83	11	154 396	33 564	98.54	91.30	31.17	99.67
二连浩特市 Erlianhaote	县级市	4 015	3.3	7.42	30	782 754	237 198	100.00	97.81	22.34	100.00
锡林浩特市 Xilinhaote	县级市	14 780	19.0	24.59	43	1 953 529	102 817	97.93	94.69	17.84	100.00
辽宁省 Liaoning											
沈阳市 Shenyang	副省级市	12 860	737.0	810.62	553	51 481 026	74 567	100.00	94.27	13.23	100.00
大连市 Dalian	副省级市	12 574	595.0	669.04	404	53 917 639	113 675	100.00	87.98	10.11	95.56
鞍山市 Anshan	地级市	9 263	344.0	364.59	173	8 640 987	56 418	100.00	87.00	10.93	100.00
抚顺市 Fushun	地级市	11 271	211.0	213.81	141	8 137 748	50 063	98.61	98.21	10.86	100.00
本溪市 Benxi	地级市	8 414	148.0	170.95	109	5 590 042	29 409	99.61	99.81	11.50	100.00
丹东市 Dandong	地级市	15 290	235.0	244.47	85	2 298 381	58 133	100.00	59.47	12.66	100.00
锦州市 Jinzhou	地级市	10 048	296.0	312.65	77	5 623 240	73 693	100.00	95.68	14.15	100.00
营口市 Yingkou	地级市	5 420	232.0	242.85	180	8 078 204	23 399	100.00	91.94	14.88	100.00
阜新市 Fuxin	地级市	10 355	186.0	181.93	77	1 849 479		98.80	100.00	12.09	100.00
辽阳市 Liaoyang	地级市	4 788	177.0	185.88	106	5 135 963		100.00	100.00	11.64	100.00

续表

城市名称 Name of cities	行政级别 Administrative level	行政区域土地面积（平方公里） Total land area of city's administrative region (sq. km)	年末总人口（万人） Total population at year-end (10 000 persons)	六普常住人口（万人） Total residents of the Sixth National Population Census (10 000 persons)	建成区面积（平方公里） Area of built-up district (sq. km)	地区生产总值（万元） Gross regional product (10 000 yuan)	人均地区生产总值（元） Per capita gross regional product (yuan)	供水普及率（％） Water coverage rate (%)	污水处理率（％） Wastewater treatment rate (%)	人均公园绿地面积（平方米） Per capita public green space (sq. m)	生活垃圾处理率（％） Domestic garbage treatment rate (%)
盘锦市 Panjin	地级市	4 103	130.0	139.25	95	9 736 271	83 252	100.00	98.15	12.80	100.00
铁岭市 Tieling	地级市	12 985	294.0	271.77	66	1 295 727	30 000	98.67	100.00	13.86	100.00
朝阳市 Chaoyang	地级市	19 698	336.0	304.46	59	1 936 827	29 816	93.16	100.00	14.04	100.00
葫芦岛市 Huludao	地级市	10 416	277.0	262.35	94	3 600 729	38 313	96.58	95.03	15.56	100.00
新民市 Xinmin	县级市	3 318	67.5	65.78	23	2 211 359	32 761	72.67	100.00	1.56	100.00
瓦房店市 Wafangdian	县级市	3 643	99.2	94.22	36	8 953 799	90 260	100.00	96.08	14.08	100.00
庄河市 Zhuanghe	县级市	4 114	89.0	84.13	43	5 666 929	63 673	63.25	95.35	14.63	100.00
海城市 Haicheng	县级市	2 566	107.4	129.39	36	5 194 495	48 366	100.00	98.16	15.65	100.00
东港市 Donggang	县级市	2 399	59.1	62.75	22	2 312 975	39 137	100.00	40.83	11.02	100.00
凤城市 Fengcheng	县级市	5 515	56.6	54.39	21	1 797 942	31 766	100.00	81.00	16.23	100.00
凌海市 Linghai	县级市	2 586	50.5	50.81	21	1 343 797	26 610	100.00	92.05	11.29	100.00
北镇市 Beizhen	县级市	1 694	50.3	51.49	15	1 078 703	21 445	94.57	98.75	7.21	66.67
盖州市 Gaizhou	县级市	2 946	69.7	69.16	29	1 703 515	24 441	88.97	87.04	8.78	100.00
大石桥市 Dashiqiao	县级市	1 598	69.5	70.49	43	2 923 550	42 065	100.00	65.17	8.58	100.00
灯塔市 Dengta	县级市	1 170	43.8	49.61	14	1 325 701	30 267	100.00	99.29	14.69	100.00
调兵山市 Diaobingshan	县级市	262	23.9	24.14	19	1 006 618	42 118	90.28	98.08	8.52	100.00
开原市 Kaiyuan	县级市	2 838	56.4	54.56	28	956 001	16 950	100.00	100.00	7.54	100.00
北票市 Beipiao	县级市	4 419	56.6	49.62	23	1 154 676	20 401	93.48	96.55	10.30	100.00
凌源市 Lingyuan	县级市	3 282	63.9	57.07	25	1 243 186	19 455	97.77	90.89	7.63	100.00
兴城市 Xingcheng	县级市	2 102	53.4	54.62	33	1 123 586	21 041	96.86	90.02	13.27	100.00
吉林省 Jilin											
长春市 Changchun	副省级市	20 594	749.0	767.44	521	51 428 765	74 221	99.48	89.39	10.75	95.89
吉林市 Jilin	地级市	27 711	415.0	441.32	189	13 344 871	27 816	98.65	96.77	12.17	100.00
四平市 Siping	地级市	14 382	320.0	338.52	66	1 613 303		99.69	78.21	8.93	100.00

附录5 中国城市基本数据（2017年）

续表

城市名称 Name of cities	行政级别 Administrative level	行政区域土地面积（平方公里） Total land area of city's administrative region (sq. km)	年末总人口（万人） Total population at year-end (10 000 persons)	六普常住人口（万人） Total residents of the Sixth National Population Census (10 000 persons)	建成区面积（平方公里） Area of built-up district (sq. km)	地区生产总值（万元） Gross regional product (10 000 yuan)	人均地区生产总值（元） Per capita gross regional product (yuan)	供水普及率（%） Water coverage rate (%)	污水处理率（%） Wastewater treatment rate (%)	人均公园绿地面积（平方米） Per capita public green space (sq. m)	生活垃圾处理率（%） Domestic garbage treatment rate (%)
辽源市	Liaoyuan	地级市	5 140	118.0	117.62	46	4 251 037	92 788	99.87	100.00	10.22	100.00
通化市	Tonghua	地级市	15 612	217.0	232.44	57	1 890 231	43 110	71.72	94.76	14.35	100.00
白山市	Baishan	地级市	17 505	120.0	129.61	47	3 546 055	65 256	88.43	78.07	9.01	87.87
松原市	Songyuan	地级市	21 089	275.0	288.01	51	3 913 200	59 368	96.09	96.25	17.79	100.00
白城市	Baicheng	地级市	25 759	191.0	203.24	43	1 676 260	34 181	98.59	82.37	13.73	100.00
榆树市	Yushu	县级市	4 712	123.6	116.06	23	4 333 365	35 060	88.40	100.00	6.60	100.00
德惠市	Dehui	县级市	3 461	92.3	74.84	31	4 819 745	52 218	94.40	86.26	2.87	100.00
蛟河市	Jiaohe	县级市	6 370	42.5	44.72	20	1 711 624	40 274	97.74	100.00	6.36	100.00
桦甸市	Huadian	县级市	6 522	42.6	44.48	20	2 171 428	50 972	94.23	94.26	18.02	100.00
舒兰市	Shulan	县级市	4 557	61.0	64.57	25	2 037 229	33 397	84.38	87.53	12.69	18.02
磐石市	Panshi	县级市	3 861	51.0	50.58	24	2 393 925	46 940	98.20	87.25	11.34	100.00
公主岭市	Gongzhuling	县级市	4 141	103.4	109.29	33	4 644 919	44 922	97.84	86.72	10.49	100.00
双辽市	Shuangliao	县级市	3 121	37.1	42.07	22	943 406	25 429	87.09	99.84	8.01	100.00
梅河口市	Meihekou	县级市	2 179	59.5	61.52	27	3 489 914	58 654	97.16	91.07	12.63	100.00
集安市	Ji'an	县级市	3 341	21.2	23.23	9	868 870	40 984	97.59	99.86	12.69	100.00
临江市	Linjiang	县级市	3 009	15.7	17.50	10	1 005 356	64 035	97.84	91.56	24.10	100.00
扶余市	Fuyu	县级市	4 654	71.1	71.90	14	2 919 569	41 063	55.13	100.00	4.98	78.46
洮南市	Taonan	县级市	5 017	41.2	43.21	27	1 375 354	33 382	100.00	90.60	13.47	100.00
大安市	Daan	县级市	4 879	40.9	43.10	19	1 411 951	34 522	77.51	100.00	26.80	100.00
延吉市	Yanji	县级市	1 750	55.0	56.30	36	3 353 654	60 976	91.62	100.00	9.16	73.60
图们市	Tumen	县级市	1 147	11.7	13.45	11	422 635	36 123	82.64	98.04	10.74	100.00
敦化市	Dunhua	县级市	11 957	46.0	48.35	31	1 814 148	39 438	98.07	88.28	17.63	100.00
珲春市	Hunchun	县级市	5 184	23.0	24.18	26	1 445 840	62 863	78.13	79.58	11.58	100.00
龙井市	Longjing	县级市	2 208	16.1	17.72	12	389 349	24 183	82.17	43.47	11.12	100.00

续表

城市名称 Name of cities		行政级别 Administrative level	行政区域土地面积（平方公里） Total land area of city's administrative region (sq. km)	年末总人口（万人） Total population at year-end (10 000 persons)	六普常住人口（万人） Total residents of the Sixth National Population Census (10 000 persons)	建成区面积（平方公里） Area of built-up district (sq. km)	地区生产总值（万元） Gross regional product (10 000 yuan)	人均地区生产总值（元） Per capita gross regional product (yuan)	供水普及率（%） Water coverage rate (%)	污水处理率（%） Wastewater treatment rate (%)	人均公园绿地面积（平方米） Per capita public green space (sq. m)	生活垃圾处理率（%） Domestic garbage treatment rate (%)
和龙市	Helong	县级市	5 069	17.0	18.95	13	518 742	30 514	83.86	95.03	5.90	100.00
黑龙江省	Heilongjiang											
哈尔滨市	Harbin	副省级市	53 076	955.0	1 063.60	434	47 127 585	85 567	100.00	94.16	8.99	91.35
齐齐哈尔市	Qiqihar	地级市	42 469	534.0	536.70	140	6 366 549	48 096	100.00	91.49	9.97	68.63
鸡西市	Jixi	地级市	22 531	175.0	186.22	81	1 654 705	20 425	99.05	91.96	11.28	86.64
鹤岗市	Hegang	地级市	14 665	101.0	105.87	53	1 415 313	22 946	99.60	75.65	14.54	77.49
双鸭山市	Shuangyashan	地级市	22 681	94.0	146.26	58	1 213 525	24 783	99.79	91.99	13.10	95.00
大庆市	Daqing	地级市	21 219	273.0	290.45	247	22 907 157	167 420	99.38	94.33	13.47	100.00
伊春市	Yichun	地级市	32 800	116.0	114.81	152	1 650 320	22 214	86.87	86.55	23.97	54.76
佳木斯市	Jiamusi	地级市	32 704	235.0	255.21	97	4 561 525	59 023	97.64	86.83	14.38	95.83
七台河市	Qitaihe	地级市	6 221	79.0	92.05	68	1 757 953	36 370	98.10	90.52	12.35	100.00
牡丹江市	Mudanjiang	地级市	38 827	255.0	279.87	82	3 589 212	37 154	100.00	66.62	11.59	100.00
黑河市	Heihe	地级市	69 345	161.0	167.39	20	349 527	34 607	97.57	94.02	13.12	100.00
绥化市	Suihua	地级市	34 873	528.0	541.82	45	1 765 596	21 750	95.64	90.44	8.53	100.00
尚志市	Shangzhi	县级市	8 891	56.7	58.54	21	2 245 607	39 605	97.43	98.44	10.19	100.00
五常市	Wuchang	县级市	7 512	90.1	88.12	27	4 234 641	46 999	97.21	90.31	10.48	100.00
讷河市	Nehe	县级市	6 660	68.5	62.59	15	1 173 083	17 125	100.00	90.65	21.02	100.00
虎林市	Hulin	县级市	9 334	15.3	31.79	11	683 710	44 687	100.00	97.14	15.37	100.00
密山市	Mishan	县级市	7 731	40.1	40.75	19	991 872	24 735	97.69	95.20	13.90	100.00
铁力市	Tieli	县级市	6 443	35.1	34.94	17	722 774	20 592	94.84	96.89	16.25	90.32
同江市	Tongjiang	县级市	6 229	10.8	17.98	11	449 767	41 645	100.00	89.17	19.19	94.79
富锦市	Fujin	县级市	8 224	37.5	43.72	16	1 416 613	37 776	97.61	96.99	9.35	100.00
抚远市	Fuyuan	县级市	6 047	8.3	12.67	6	354 368	42 695	98.82	70.05	10.52	100.00
绥芬河市	Suifenhe	县级市	422	7.0	13.23	27	1 486 557	212 365	100.00	98.16	14.39	100.00

附录5 中国城市基本数据（2017年）

续表

城市名称 Name of cities		行政级别 Administrative level	行政区域土地面积（平方公里） Total land area of city's administrative region (sq. km)	年末总人口（万人） Total population at year-end (10 000 persons)	六普常住人口（万人） Total residents of the Sixth National Population Census (10 000 persons)	建成区面积（平方公里） Area of built-up district (sq. km)	地区生产总值（万元） Gross regional product (10 000 yuan)	人均地区生产总值（元） Per capita gross regional product (yuan)	供水普及率（%） Water coverage rate (%)	污水处理率（%） Wastewater treatment rate (%)	人均公园绿地面积（平方米） Per capita public green space (sq. m)	生活垃圾处理率（%） Domestic garbage treatment rate (%)
海林市	Hailin	县级市	8 712	37.1	40.09	18	1 912 400	51 547	97.54	97.81	17.49	100.00
宁安市	Ning'an	县级市	7 227	41.4	43.75	11	2 044 877	49 393	100.00	99.86	14.99	100.00
穆棱市	Muling	县级市	6 247	27.6	29.33	10	1 828 588	66 253	100.00	99.76	15.76	100.00
东宁市	Dongning	县级市	7 117	20.4	20.07	15	1 521 925	74 604	98.85	99.84	13.18	100.00
北安市	Bei'an	县级市	7 194	40.5	43.64	23	982 728	24 265	98.17	98.06	14.80	100.00
五大连池市	Wudalianchi	县级市	9 874	33.7	32.64	6	644 876	19 136	100.00	95.81	15.93	100.00
安达市	Anda	县级市	3 586	45.6	47.28	25	2 988 712	65 542	96.61	99.05	3.89	100.00
肇东市	Zhaodong	县级市	4 323	86.3	90.31	42	4 008 297	46 446	98.77	96.11	17.14	98.40
海伦市	Hailun	县级市	4 667	76.1	76.94	17	1 441 356	18 940	91.40	82.71	1.32	100.00
上海市	Shanghai	直辖市	6 341	1 455.0	2 301.92	999	306 329 900	126 634	100.00	94.50	8.19	
江苏省	Jiangsu											
南京市	Nanjing	副省级市	6 587	681.0	800.37	796	117 151 000	141 103	100.00	96.26	15.55	100.00
无锡市	Wuxi	地级市	4 627	493.0	637.44	338	54 652 800	150 120	100.00	97.81	14.91	100.00
徐州市	Xuzhou	地级市	11 765	1 039.0	857.72	265	33 978 846	103 339	99.95	94.17	14.66	100.00
常州市	Changzhou	地级市	4 374	379.0	459.24	266	57 722 100	146 104	100.00	97.05	14.85	100.00
苏州市	Suzhou	地级市	8 657	691.0	1 045.99	473	81 945 100	148 427	100.00	94.84	13.85	100.00
南通市	Nantong	地级市	10 549	764.0	728.36	226	28 626 300	121 783	100.00	95.00	18.99	100.00
连云港市	Lianyungang	地级市	7 615	533.0	439.35	223	14 478 400	69 127	100.00	90.37	14.13	100.00
淮安市	Huai'an	地级市	10 030	561.0	480.17	185	22 359 500	72 908	100.00	94.05	14.61	100.00
盐城市	Yancheng	地级市	16 931	826.0	726.22	152	20 373 200	85 756	100.00	91.96	13.66	100.00
扬州市	Yangzhou	地级市	6 591	460.0	446.01	164	32 484 000	133 566	100.00	94.64	18.77	100.00
镇江市	Zhenjiang	地级市	3 840	271.0	311.41	141	18 786 919	152 461	100.00	95.34	19.03	100.00
泰州市	Taizhou	地级市	5 787	505.0	461.89	122	19 948 100	122 501	100.00	95.31	14.50	100.00
宿迁市	Suqian	地级市	8 524	591.0	471.92	90	9 464 340	59 102	100.00	94.75	15.47	100.00

续表

城市名称 Name of cities		行政级别 Administrative level	行政区域土地面积(平方公里) Total land area of city's administrative region (sq. km)	年末总人口(万人) Total population at year-end (10 000 persons)	六普常住人口(万人) Total residents of the Sixth National Population Census (10 000 persons)	建成区面积(平方公里) Area of built-up district (sq. km)	地区生产总值(万元) Gross regional product (10 000 yuan)	人均地区生产总值(元) Per capita gross regional product (yuan)	供水普及率(%) Water coverage rate (%)	污水处理率(%) Wastewater treatment rate (%)	人均公园绿地面积(平方米) Per capita public green space (sq. m)	生活垃圾处理率(%) Domestic garbage treatment rate (%)
江阴市	Jiangyin	县级市	987	125.5	159.51	125	34 882 695	277 950	100.00	96.20	14.42	100.00
宜兴市	Yixing	县级市	1 997	108.3	123.55	83	15 582 540	143 883	100.00	95.03	15.12	100.00
新沂市	Xinyi	县级市	1 592	112.9	92.06	37	6 442 641	57 065	99.11	91.36	10.22	100.00
邳州市	Pizhou	县级市	2 085	193.8	145.80	48	9 176 460	47 350	99.11	93.49	14.43	100.00
溧阳市	Liyang	县级市	1 535	79.1	74.95	30	8 580 300	108 474	100.00	96.99	13.14	100.00
常熟市	Changshu	县级市	1 276	106.9	151.05	98	22 795 500	213 241	100.00	95.50	19.78	100.00
张家港市	Zhangjiagang	县级市	987	92.9	124.68	57	26 060 400	280 521	100.00	95.97	14.85	100.00
昆山市	Kunshan	县级市	932	86.3	164.49	72	35 203 500	407 920	100.00	97.50	13.95	100.00
太仓市	Taicang	县级市	810	48.7	71.19	51	12 409 700	254 819	100.00	95.09	12.47	100.00
启东市	Qidong	县级市	1 715	111.6	97.25	31	9 895 029	88 665	100.00	91.30	11.61	100.00
如皋市	Rugao	县级市	1 576	142.6	126.71	40	10 257 989	71 935	100.00	94.73	14.00	100.00
海门市	Haimen	县级市	1 144	99.8	90.76	29	11 359 000	113 818	100.00	95.05	11.47	100.00
东台市	Dongtai	县级市	3 176	110.6	99.03	37	8 106 662	73 297	100.00	91.99	13.20	100.00
仪征市	Yizheng	县级市	902	56.4	56.40	39	6 283 618	111 412	100.00	90.02	11.29	100.00
高邮市	Gaoyou	县级市	1 922	81.2	74.47	27	6 084 083	74 927	100.00	86.66	9.16	100.00
丹阳市	Danyang	县级市	1 047	80.8	96.07	34	12 332 700	152 632	100.00	89.90	10.00	100.00
扬中市	Yangzhong	县级市	327	28.2	33.50	15	5 362 000	190 142	100.00	91.41	10.16	100.00
句容市	Jurong	县级市	1 378	59.0	61.77	29	5 302 000	89 864	100.00	89.46	11.92	100.00
兴化市	Xinghua	县级市	2 395	156.6	125.35	39	8 623 106	55 065	100.00	92.04	13.98	100.00
靖江市	Jingjiang	县级市	656	66.2	68.44	34	9 233 446	139 478	100.00	92.76	13.76	100.00
泰兴市	Taixing	县级市	1 170	118.6	107.39	31	9 640 750	81 288	100.00	92.08	11.91	100.00
浙江省	Zhejiang											
杭州市	Hangzhou	副省级市	16 596	754.0	870.04	591	116 214 609	148 794	100.00	95.25	13.77	100.00
宁波市	Ningbo	副省级市	9 816	597.0	760.57	345	62 826 874	150 990	100.00	95.48	11.50	100.00

附录5 中国城市基本数据（2017年）

续表

城市名称 Name of cities	行政级别 Administrative level	行政区域土地面积（平方公里） Total land area of city's administrative region (sq. km)	年末总人口（万人） Total population at year-end (10 000 persons)	六普常住人口（万人） Total residents of the Sixth National Population Census (10 000 persons)	建成区面积（平方公里） Area of built-up district (sq. km)	地区生产总值（万元） Gross regional product (10 000 yuan)	人均地区生产总值（元） Per capita gross regional product (yuan)	供水普及率（%） Water coverage rate (%)	污水处理率（%） Wastewater treatment rate (%)	人均公园绿地面积（平方米） Per capita public green space (sq. m)	生活垃圾处理率（%） Domestic garbage treatment rate (%)
温州市 Wenzhou	地级市	12 083	825.0	912.21	255	21 810 810	72 524	100.00	95.23	13.19	100.00
嘉兴市 Jiaxing	地级市	4 223	356.0	450.17	126	11 254 564	89 889	100.00	89.44	14.33	100.00
湖州市 Huzhou	地级市	5 820	266.0	289.35	117	10 857 320	81 370	100.00	96.97	17.48	100.00
绍兴市 Shaoxing	地级市	8 279	446.0	491.22	224	29 516 779	107 555	100.00	95.98	13.57	100.00
金华市 Jinhua	地级市	10 942	486.0	536.16	104	7 413 927	65 000	100.00	96.03	11.87	100.00
衢州市 Quzhou	地级市	8 845	258.0	212.27	73	6 022 312	72 664	100.00	95.91	14.46	100.00
舟山市 Zhoushan	地级市	1 459	97.0	112.13	64	9 165 154	103 796	100.00	95.55	16.50	100.00
台州市 Taizhou	地级市	9 411	604.0	596.88	141	16 240 361	83 050	100.00	95.35	13.05	100.00
丽水市 Lishui	地级市	17 275	269.0	211.70	38	3 261 953	68 342	100.00	95.84	11.24	100.00
建德市 Jiande	县级市	2 364	51.1	43.08	11	3 902 900	76 378	100.00	95.83	13.32	100.00
余姚市 Yuyao	县级市	1 501	83.7	101.07	51	10 078 621	120 414	100.00	90.59	11.95	100.00
慈溪市 Cixi	县级市	1 361	105.3	146.24	46	15 325 660	145 543	100.00	92.09	13.20	100.00
瑞安市 Rui'an	县级市	1 350	124.6	142.47	23	8 634 921	69 301	100.00	93.60	11.88	100.00
乐清市 Leqing	县级市	1 391	130.3	138.93	23	9 461 268	72 611	100.00	92.25	10.97	100.00
海宁市 Haining	县级市	863	69.0	80.70	53	8 620 629	124 937	100.00	95.60	16.18	100.00
平湖市 Pinghu	县级市	554	49.6	67.18	40	6 025 569	121 483	100.00	93.49	14.66	100.00
桐乡市 Tongxiang	县级市	727	69.8	81.58	51	7 985 439	114 405	100.00	95.10	15.03	100.00
诸暨市 Zhuji	县级市	2 311	108.6	115.79	56	11 653 803	107 309	100.00	93.00	13.02	100.00
嵊州市 Shengzhou	县级市	1 789	72.9	67.98	41	5 321 608	72 999	100.00	93.07	10.77	100.00
兰溪市 Lanxi	县级市	1 312	66.3	56.05	36	3 481 034	52 504	100.00	93.72	12.99	100.00
义乌市 Yiwu	县级市	1 105	80.0	123.40	103	11 580 427	144 755	100.00	95.81	13.18	100.00
东阳市 Dongyang	县级市	1 747	84.5	80.44	43	5 539 128	65 552	100.00	96.01	12.73	100.00
永康市 Yongkang	县级市	1 047	61.0	72.35	38	5 281 171	86 577	100.00	93.51	11.80	100.00
江山市 Jiangshan	县级市	2 019	61.7	46.79	18	3 016 400	48 888	100.00	93.46	12.39	100.00

续表

城市名称 Name of cities		行政级别 Administrative level	行政区域土地面积（平方公里） Total land area of city's administrative region (sq. km)	年末总人口（万人） Total population at year-end (10 000 persons)	六普常住人口（万人） Total residents of the Sixth National Population Census (10 000 persons)	建成区面积（平方公里） Area of built-up district (sq. km)	地区生产总值（万元） Gross regional product (10 000 yuan)	人均地区生产总值（元） Per capita gross regional product (yuan)	供水普及率（％） Water coverage rate (%)	污水处理率（％） Wastewater treatment rate (%)	人均公园绿地面积（平方米） Per capita public green space (sq. m)	生活垃圾处理率（％） Domestic garbage treatment rate (%)
温岭市	Wenling	县级市	836	122.0	136.68	36	9 851 728	80 752	100.00	92.22	13.86	100.00
临海市	Linhai	县级市	2 171	120.4	102.88	47	6 100 910	50 672	100.00	93.05	14.85	100.00
玉环市	Yuhuan	县级市	378	43.4	61.63		5 293 220	121 964				
龙泉市	Longquan	县级市	3 046	29.1	23.46	15	1 282 981	44 089	100.00	91.10	13.67	100.00
安徽省	Anhui											
合肥市	Hefei	地级市	11 445	743.0	570.25	461	48 124 819	125 778	99.81	99.72	13.97	100.00
芜湖市	Wuhu	地级市	6 026	388.0	226.31	175	19 018 514	114 672	100.00	94.38	13.26	100.00
蚌埠市	Bengbu	地级市	5 951	381.0	316.45	147	8 445 969	46 538	100.00	99.51	13.21	100.00
淮南市	Huainan	地级市	5 532	390.0	233.39	104	6 293 324	34 399	99.98	96.00	13.85	100.00
马鞍山市	Maanshan	地级市	4 049	229.0	136.63	98	10 425 427	108 939	100.00	97.81	14.98	100.00
淮北市	Huaibei	地级市	2 741	217.0	211.43	88	6 229 180	59 210	99.19	98.06	16.70	100.00
铜陵市	Tongling	地级市	2 991	171.0	72.40	81	8 813 428		100.00	92.99	18.49	97.38
安庆市	Anqing	地级市	13 543	531.0	531.14	92	5 138 061	62 204	100.00	92.14	14.25	100.00
黄山市	Huangshan	地级市	9 678	148.0	135.90	70	2 869 916	59 970	100.00	96.03	14.84	100.00
滁州市	Chuzhou	地级市	13 516	454.0	393.79	87	4 329 164	73 807	100.00	96.79	13.88	100.00
阜阳市	Fuyang	地级市	10 118	1 070.0	759.99	130	5 431 259	23 855	96.10	96.85	13.13	100.00
宿州市	Suzhou	地级市	9 939	656.0	535.29	82	6 442 018	37 389	98.56	98.98	13.59	99.96
六安市	Lu'an	地级市	15 025	588.0	561.17	78	5 320 556	26 940	99.67	98.42	14.88	100.00
亳州市	Bozhou	地级市	8 521	651.0	485.07	69	4 212 362	25 262	98.01	96.60	14.14	100.00
池州市	Chizhou	地级市	8 399	162.0	140.25	38	3 508 409	52 255	99.58	94.46	17.45	100.00
宣城市	Xuancheng	地级市	12 313	280.0	253.29	58	3 238 217	37 215	99.02	95.10	14.92	100.00
巢湖市	Chaohu	县级市	2 046	85.8	78.07	48	2 990 652	34 856	100.00	96.42	13.17	100.00
桐城市	Tongcheng	县级市	1 546	75.8	66.45	28	2 729 721	36 012	95.87	80.91	13.31	100.00
天长市	Tianchang	县级市	1 754	63.2	60.28	30	3 595 568	56 892	95.33	96.02	15.18	100.00

附录5 中国城市基本数据（2017年）

续表

城市名称 Name of cities	行政级别 Administrative level	行政区域土地面积（平方公里） Total land area of city's administrative region (sq. km)	年末总人口（万人） Total population at year-end (10 000 persons)	六普常住人口（万人） Total residents of the Sixth National Population Census (10 000 persons)	建成区面积（平方公里） Area of built-up district (sq. km)	地区生产总值（万元） Gross regional product (10 000 yuan)	人均地区生产总值（元） Per capita gross regional product (yuan)	供水普及率（%） Water coverage rate (%)	污水处理率（%） Wastewater treatment rate (%)	人均公园绿地面积（平方米） Per capita public green space (sq. m)	生活垃圾处理率（%） Domestic garbage treatment rate (%)
明光市 Mingguang	县级市	2 350	64.5	53.27	27	1 397 547	21 667	99.75	96.67	18.94	100.00
界首市 Jieshou	县级市	667	82.6	56.20	22	1 893 522	22 924	100.00	94.93	13.87	100.00
宁国市 Ningguo	县级市	2 487	38.5	37.69	27	2 902 797	75 397	99.12	95.03	13.25	100.00
福建省 Fujian											
福州市 Fuzhou	地级市	12 251	693.0	711.54	291	43 005 530	111 092	99.35	89.67	14.92	99.99
厦门市 Xiamen	副省级市	1 701	231.0	353.13	364	43 517 181	109 753	100.00	95.77	14.09	100.00
莆田市 Putian	地级市	4 131	355.0	277.85	94	16 647 596	81 847	99.92	92.18	14.22	98.57
三明市 Sanming	地级市	22 965	288.0	250.34	39	4 532 584	117 668	99.86	88.00	14.81	99.04
泉州市 Quanzhou	地级市	11 015	742.0	812.85	238	17 587 544	113 012	98.00	96.00	14.40	98.69
漳州市 Zhangzhou	地级市	12 888	514.0	481.00	70	8 148 209	103 667	100.00	90.85	15.74	99.70
南平市 Nanping	地级市	26 280	319.0	264.55	48	5 263 855	66 739	99.97	87.66	14.20	94.13
龙岩市 Longyan	地级市	19 063	316.0	255.95	65	10 326 594	94 523	99.91	91.81	12.36	99.75
宁德市 Ningde	地级市	13 433	351.0	282.20	34	3 906 094	87 385	99.30	88.13	14.97	97.00
福清市 Fuqing	县级市	1 701	136.7	123.48	51	9 934 080	72 671	99.94	92.01	14.64	100.00
永安市 Yong'an	县级市	2 931	33.1	34.70	25	3 805 159	114 959	98.73	90.05	12.52	99.32
石狮市 Shishi	县级市	178	33.7	63.67	38	7 727 200	229 294	100.00	92.12	12.29	100.00
晋江市 Jinjiang	县级市	744	115.1	198.64	38	19 815 006	172 155	99.34	91.50	12.24	98.65
南安市 Nan'an	县级市	2 024	163.8	141.85	35	9 773 833	59 669	100.00	90.08	12.05	100.00
龙海市 Longhai	县级市	1 337	88.5	87.78	23	8 226 129	92 951	100.00	93.05	15.60	99.30
邵武市 Shaowu	县级市	2 831	30.7	27.51	21	2 304 440	75 063	100.00	91.03	15.89	98.84
武夷山市 Wuyishan	县级市	2 803	24.4	23.36	10	1 673 651	68 592	99.89	92.40	13.25	99.42
建瓯市 Jian'ou	县级市	4 233	55.1	45.22	16	2 372 018	43 049	99.65	89.61	10.99	99.99
漳平市 Zhangping	县级市	2 976	29.7	24.02	15	2 310 159	77 783	100.00	90.00	12.66	99.00
福安市 Fu'an	县级市	1 810	67.5	56.36	16	4 148 594	61 461	99.27	85.05	14.56	96.11

续表

城市名称 Name of cities	行政级别 Administrative level	行政区域土地面积（平方公里） Total land area of city's administrative region (sq. km)	年末总人口（万人） Total population at year-end (10 000 persons)	六普常住人口（万人） Total residents of the Sixth National Population Census (10 000 persons)	建成区面积（平方公里） Area of built-up district (sq. km)	地区生产总值（万元） Gross regional product (10 000 yuan)	人均地区生产总值（元） Per capita gross regional product (yuan)	供水普及率（%） Water coverage rate (%)	污水处理率（%） Wastewater treatment rate (%)	人均公园绿地面积（平方米） Per capita public green space (sq. m)	生活垃圾处理率（%） Domestic garbage treatment rate (%)
福鼎市 Fuding	县级市	1 526	59.6	52.95	20	3 474 811	58 302	99.09	86.22	9.79	96.33
江西省 Jiangxi											
南昌市 Nanchang	地级市	7 402	525.0	504.26	327	36 408 753	100 828	99.06	99.80	12.92	100.00
景德镇市 Jingdezhen	地级市	5 262	169.0	158.75	61	3 854 290	77 302	98.69	94.51	16.05	100.00
萍乡市 Pingxiang	地级市	3 831	200.0	185.45	51	6 083 233	63 725	100.00	92.71	11.91	100.00
九江市 Jiujiang	地级市	19 085	520.0	472.88	127	10 076 908	98 917	98.77	89.92	13.93	100.00
新余市 Xinyu	地级市	3 178	122.0	113.89	79	7 565 744	87 546	100.00	97.31	18.31	100.00
鹰潭市 Yingtan	地级市	3 560	128.0	112.52	39	2 307 944	104 574	97.00	97.05	23.79	100.00
赣州市 Ganzhou	地级市	39 363	974.0	836.84	175	7 665 439	41 863	98.89	91.94	13.89	100.00
吉安市 Ji'an	地级市	25 373	536.0	481.03	58	2 531 933	45 796	94.78	93.44	17.09	100.00
宜春市 Yichun	地级市	18 669	602.0	541.96	72	2 850 981	26 574	98.50	95.80	15.14	100.00
抚州市 Fuzhou	地级市	18 799	431.0	391.23	66	3 966 520	35 359	99.21	97.61	16.17	100.00
上饶市 Shangrao	地级市	22 757	783.0	657.97	79	6 203 743	51 582	99.63	90.41	15.56	100.00
乐平市 Leping	县级市	1 980	94.1	81.04	25	3 046 448	32 375	97.27	96.36	18.11	100.00
瑞昌市 Ruichang	县级市	1 419	46.2	41.90	21	1 895 830	41 035	100.00	90.48	12.60	100.00
共青城市 Gongqingcheng	县级市	310	12.2		15	1 156 343	94 782	94.50	90.71	19.40	100.00
庐山市 Lushan	县级市	641	27.5	24.55	11	1 186 841	43 158	94.41	90.11	13.91	100.00
贵溪市 Guixi	县级市	2 493	64.6	55.85	32	4 218 807	65 307	90.96	92.06	13.74	100.00
瑞金市 Ruijin	县级市	2 441	70.4	61.89	29	1 491 576	21 187	95.05	90.35	10.54	100.00
井冈山市 Jinggangshan	县级市	1 298	17.1	15.23	9	705 534	41 259	80.85	90.38	15.33	100.00
丰城市 Fengcheng	县级市	2 845	150.2	133.64	52	4 771 192	31 766	91.98	89.02	13.12	100.00
樟树市 Zhangshu	县级市	1 289	61.0	55.51	29	3 755 686	61 569	95.55	95.17	14.69	100.00
高安市 Gaoan	县级市	2 439	87.4	81.16	33	2 359 134	26 992	97.77	86.70	14.11	100.00
德兴市 Dexing	县级市	2 082	33.7	29.32	12	1 440 086	42 733	88.56	93.22	12.54	100.00

附录 5 中国城市基本数据（2017 年）

续表

城市名称 Name of cities		行政级别 Administrative level	行政区域土地面积（平方公里） Total land area of city's administrative region (sq. km)	年末总人口（万人） Total population at year-end (10 000 persons)	六普常住人口（万人） Total residents of the Sixth National Population Census (10 000 persons)	建成区面积（平方公里） Area of built-up district (sq. km)	地区生产总值（万元） Gross regional product (10 000 yuan)	人均地区生产总值（元） Per capita gross regional product (yuan)	供水普及率（％） Water coverage rate (%)	污水处理率（％） Wastewater treatment rate (%)	人均公园绿地面积（平方米） Per capita public green space (sq. m)	生活垃圾处理率（％） Domestic garbage treatment rate (%)
山东省	Shandong											
济南市	Jinan	副省级市	7 998	644.0	681.40	464	63 890 455	110 114	100.00	98.94	11.32	100.00
青岛市	Qingdao	副省级市	11 282	803.0	871.51	638	84 991 300	136 667	100.00	97.06	17.41	100.00
淄博市	Zibo	地级市	5 965	433.0	453.06	276	36 697 027	113 450	100.00	96.85	19.51	100.00
枣庄市	Zaozhuang	地级市	4 564	418.0	372.91	153	11 571 249	51 533	99.58	97.00	14.81	100.00
东营市	Dongying	地级市	8 243	195.0	203.53	153	26 365 857	200 022	98.81	97.00	27.90	100.00
烟台市	Yantai	地级市	13 852	654.0	696.82	332	32 506 652	153 061	100.00	97.00	18.22	100.00
潍坊市	Weifang	地级市	16 143	908.0	908.62	179	17 510 000	79 721	100.00	96.91	19.64	100.00
济宁市	Jining	地级市	11 187	883.0	808.19	222	17 934 002	103 366	100.00	96.94	17.44	100.00
泰安市	Tai'an	地级市	7 762	571.0	549.42	157	11 032 000	59 207	100.00	97.00	22.78	100.00
威海市	Weihai	地级市	5 798	256.0	280.48	194	17 730 689	114 746	100.00	97.00	26.10	100.00
日照市	Rizhao	地级市	5 359	304.0	280.10	107	14 150 500	99 323	100.00	97.03	21.74	100.00
莱芜市	Laiwu	地级市	2 246	129.0	129.85	120	8 949 700	65 046	100.00	96.94	21.13	100.00
临沂市	Linyi	地级市	17 191	1 162.0	1 003.94	219	18 035 241	66 256	100.00	96.52	20.19	100.00
德州市	Dezhou	地级市	10 358	595.0	556.82	156	8 957 000	68 314	100.00	96.91	21.51	100.00
聊城市	Liaocheng	地级市	8 984	640.0	578.99	101	5 731 900	43 501	100.00	96.15	12.76	100.00
滨州市	Binzhou	地级市	9 660	394.0	374.85	140	8 190 902	76 014	100.00	97.00	19.42	100.00
菏泽市	Heze	地级市	12 155	1 019.0	828.77	147	7 708 513	38 143	99.92	97.01	12.00	100.00
胶州市	Jiaozhou	县级市	1 324	85.0	84.31	59	11 349 054	133 518	100.00	97.01	15.11	100.00
平度市	Pingdu	县级市	3 176	139.4	135.74	64	8 613 431	61 789	100.00	97.01	13.09	100.00
莱西市	Laixi	县级市	1 568	73.2	75.02	35	5 876 956	80 286	100.00	97.00	14.92	100.00
滕州市	Tengzhou	县级市	1 495	173.2	160.37	60	11 503 700	66 419	100.00	96.20	13.73	100.00
龙口市	Longkou	县级市	901	63.7	68.83	44	11 909 358	186 960	99.97	97.03	14.99	100.00
莱阳市	Laiyang	县级市	1 731	87.2	87.86	43	3 730 790	42 784	96.58	97.01	16.37	100.00

续表

城市名称 Name of cities	行政级别 Administrative level	行政区域土地面积（平方公里） Total land area of city's administrative region (sq. km)	年末总人口（万人） Total population at year-end (10 000 persons)	六普常住人口（万人） Total residents of the Sixth National Population Census (10 000 persons)	建成区面积（平方公里） Area of built-up district (sq. km)	地区生产总值（万元） Gross regional product (10 000 yuan)	人均地区生产总值（元） Per capita gross regional product (yuan)	供水普及率（%） Water coverage rate (%)	污水处理率（%） Wastewater treatment rate (%)	人均公园绿地面积（平方米） Per capita public green space (sq. m)	生活垃圾处理率（%） Domestic garbage treatment rate (%)
莱州市 Laizhou	县级市	1 928	84.8	88.39	52	7 672 462	90 477	100.00	96.98	14.32	100.00
蓬莱市 Penglai	县级市	1 009	40.4	45.11	26	5 053 647	125 090	100.00	97.01	17.03	100.00
招远市 Zhaoyuan	县级市	1 432	56.5	56.62	33	7 379 368	130 608	100.00	97.06	17.73	100.00
栖霞市 Qixia	县级市	2 016	60.1	58.96	17	2 687 944	44 725	92.43	96.93	11.70	100.00
海阳市 Haiyang	县级市	1 910	64.5	63.87	34	3 281 933	50 883	99.61	96.43	15.54	100.00
青州市 Qingzhou	县级市	1 569	94.7	94.04	52	6 584 400	69 529	100.00	97.01	21.50	100.00
诸城市 Zhucheng	县级市	2 151	111.4	108.62	51	8 246 900	74 030	100.00	97.00	23.30	100.00
寿光市 Shouguang	县级市	1 990	109.6	113.95	41	8 667 153	79 080	100.00	97.01	24.69	100.00
安丘市 Anqiu	县级市	1 712	97.0	92.69	62	3 362 100	34 661	100.00	97.00	24.76	100.00
高密市 Gaomi	县级市	1 527	89.4	89.56	60	6 432 117	71 948	100.00	87.70	22.59	100.00
昌邑市 Changyi	县级市	1 628	58.8	60.35	25	4 429 217	75 327	100.00	96.99	18.32	100.00
曲阜市 Qufu	县级市	815	65.3	64.05	27	4 380 244	67 079	100.00	96.06	15.43	100.00
邹城市 Zoucheng	县级市	1 617	120.5	111.67	49	9 661 528	80 179	100.00	96.59	11.00	100.00
新泰市 Xintai	县级市	1 934	144.3	131.59	70	8 426 200	58 394	100.00	96.98	19.11	100.00
肥城市 Feicheng	县级市	1 277	99.2	94.66	44	8 088 280	81 535	100.00	95.62	16.83	100.00
荣成市 Rongcheng	县级市	1 526	66.2	71.44	57	11 602 602	175 266	100.00	97.02	25.91	100.00
乳山市 Rushan	县级市	1 665	55.1	57.25	34	5 467 930	99 236	99.65	97.02	19.35	100.00
乐陵市 Leling	县级市	1 173	72.1	65.24	33	2 477 055	34 356	98.15	96.99	13.82	100.00
禹城市 Yucheng	县级市	992	53.9	49.00	38	2 793 965	51 836	98.43	97.00	23.99	100.00
临清市 Linqing	县级市	951	83.4	71.96	31	4 223 638	50 643		96.12	13.78	100.00
河南省 Henan											
郑州市 Zhengzhou	地级市	7 446	842.0	862.71	501	53 849 953	94 477	100.00	98.03	12.87	100.00
开封市 Kaifeng	地级市	6 253	559.0	467.65	130	6 887 402	42 413	96.14	95.02	10.23	100.00
洛阳市 Luoyang	地级市	15 236	737.0	654.99	218	16 555 755	75 677	99.85	99.81	10.89	100.00

附录5 中国城市基本数据（2017年）

续表

城市名称 Name of cities		行政级别 Administrative level	行政区域土地面积（平方公里） Total land area of city's administrative region (sq. km)	年末总人口（万人） Total population at year-end (10 000 persons)	六普常住人口（万人） Total residents of the Sixth National Population Census (10 000 persons)	建成区面积（平方公里） Area of built-up district (sq. km)	地区生产总值（万元） Gross regional product (10 000 yuan)	人均地区生产总值（元） Per capita gross regional product (yuan)	供水普及率（%） Water coverage rate (%)	污水处理率（%） Wastewater treatment rate (%)	人均公园绿地面积（平方米） Per capita public green space (sq. m)	生活垃圾处理率（%） Domestic garbage treatment rate (%)
平顶山市	Pingdingshan	地级市	7 882	567.0	490.47	73	5 649 429	52 117	97.76	99.22	10.80	100.00
安阳市	Anyang	地级市	7 385	624.0	517.32	83	6 166 974	48 635	100.00	97.81	11.54	100.00
鹤壁市	Hebi	地级市	2 182	170.0	156.92	64	3 880 451	58 502	96.97	94.99	14.19	100.00
新乡市	Xinxiang	地级市	8 754	647.0	570.82	120	8 005 138	69 375	98.79	93.01	11.15	100.00
焦作市	Jiaozuo	地级市	4 071	371.0	354.01	113	5 162 899	50 079	99.30	97.09	13.97	100.00
濮阳市	Puyang	地级市	4 188	432.0	359.87	62	4 387 409	60 258	98.02	95.02	14.80	100.00
许昌市	Xuchang	地级市	4 997	508.0	430.75	114	7 495 540	57 640	99.31	98.00	13.70	100.00
漯河市	Luohe	地级市	2 692	267.0	254.43	70	7 027 980	51 980	99.80	96.95	15.01	100.00
三门峡市	Sanmenxia	地级市	10 496	228.0	223.40	49	4 316 182	64 155	99.79	97.45	12.99	98.77
南阳市	Nanyang	地级市	26 509	1 200.0	1 026.37	155	7 557 584	40 189	80.78	99.72	8.95	96.63
商丘市	Shangqiu	地级市	10 704	987.0	736.30	134	4 793 000	26 550	95.08	97.73	8.82	100.00
信阳市	Xinyang	地级市	18 787	911.0	610.91	98	5 867 475	41 472	98.01	91.01	14.14	100.00
周口市	Zhoukou	地级市	11 961	1 258.0	895.38	72	2 360 046	33 019	97.39	93.22	12.97	99.28
驻马店市	Zhumadian	地级市	15 076	961.0	723.12	85	3 668 609	37 230	94.05	97.51	15.04	100.00
巩义市	Gongyi	县级市	1 043	84.2	80.79	32	7 557 943	89 762	84.18	98.46	14.93	100.00
荥阳市	Xingyang	县级市	943	70.0	61.38	38	6 793 950	97 056	89.27	95.20	11.57	100.00
新密市	Xinmi	县级市	1 001	88.9	79.73	26	7 217 734	81 189	95.19	100.00	9.87	100.00
新郑市	Xinzheng	县级市	714	62.1	75.81	34	10 994 437	177 044	89.87	91.25	13.54	100.00
登封市	Dengfeng	县级市	1 217	72.6	66.86	26	6 403 962	88 209	91.51	95.43	12.62	100.00
偃师市	Yanshi	县级市	669	63.2	66.67	20	5 085 957	80 474	96.37	95.88	10.02	100.00
舞钢市	Wugang	县级市	641	34.1	31.38	16	1 289 809	37 824	95.53	94.82	12.31	100.00
汝州市	Ruzhou	县级市	1 573	116.8	92.79	40	4 306 283	36 869	42.18	95.67	13.18	100.00
林州市	Linzhou	县级市	2 062	113.6	78.97	24	5 515 664	48 553	99.48	93.11	11.03	100.00
卫辉市	Weihui	县级市	859	54.4	49.57	23	1 200 381	22 066	99.74	96.68	8.16	100.00

续表

城市名称 Name of cities	行政级别 Administrative level	行政区域土地面积（平方公里） Total land area of city's administrative region (sq. km)	年末总人口（万人） Total population at year-end (10 000 persons)	六普常住人口（万人） Total residents of the Sixth National Population Census (10 000 persons)	建成区面积（平方公里） Area of built-up district (sq. km)	地区生产总值（万元） Gross regional product (10 000 yuan)	人均地区生产总值（元） Per capita gross regional product (yuan)	供水普及率（%） Water coverage rate (%)	污水处理率（%） Wastewater treatment rate (%)	人均公园绿地面积（平方米） Per capita public green space (sq. m)	生活垃圾处理率（%） Domestic garbage treatment rate (%)
辉县市 Huixian	县级市	2 007	88.6	74.04	22	3 670 726	41 430	96.84	91.00	8.51	100.00
沁阳市 Qinyang	县级市	595	49.2	44.77	21	4 137 097	84 087	82.49	87.50	8.43	100.00
孟州市 Mengzhou	县级市	542	38.3	36.71	17	3 191 977	83 341	98.04	95.75	10.82	100.00
禹州市 Yuzhou	县级市	1 469	133.1	113.19	45	6 453 906	48 489	94.66	99.10	10.11	100.00
长葛市 Changge	县级市	650	78.0	68.71	25	5 919 588	75 892	94.13	95.34	14.32	100.00
义马市 Yima	县级市	112	16.7	14.48	19	1 369 734	82 020	97.09	94.32	12.85	100.00
灵宝市 Lingbao	县级市	3 011	75.0	72.10	23	5 201 403	69 352	99.36	92.54	10.53	98.00
邓州市 Dengzhou	县级市	2 360	179.0	146.82	33	4 105 408	22 935	89.71	96.26	9.42	95.03
永城市 Yongcheng	县级市	2 012	163.0	124.04	45	5 091 148	31 234	97.64	95.32	14.19	96.50
项城市 Xiangcheng	县级市	1 086	136.1	100.37	35	3 053 892	22 439	94.84	92.77	11.28	100.00
济源市 Jiyuan	县级市	1 899	72.2	67.58	55	6 001 207	83 119	99.97	98.68	12.79	100.00
湖北省 Hubei											
武汉市 Wuhan	副省级市	8 569	854.0	978.54	628	134 103 400	123 831	100.00	95.94	9.62	100.00
黄石市 Huangshi	地级市	4 583	271.0	242.93	81	7 060 400	79 778	100.00	92.99	11.79	100.00
十堰市 Shiyan	地级市	23 666	346.0	334.08	111	10 794 677	77 898	99.29	96.02	13.47	100.00
宜昌市 Yichang	地级市	21 230	392.0	405.97	170	16 525 000	112 313	100.00	94.04	14.32	100.00
襄阳市 Xiangyang	地级市	19 728	592.0	550.03	191	20 508 774	88 032	100.00	93.00	12.42	100.00
鄂州市 Ezhou	地级市	1 596	111.0	104.87	64	9 059 200	84 452	100.00	93.03	15.42	100.00
荆门市 Jingmen	地级市	12 404	294.0	287.37	63	5 659 000	82 014	100.00	96.53	13.99	100.00
孝感市 Xiaogan	地级市	8 904	519.0	481.45	85	3 164 822	34 067	100.00	96.01	9.70	100.00
荆州市 Jingzhou	地级市	14 243	642.0	569.17	89	6 439 500	51 923	99.81	93.15	10.77	100.00
黄冈市 Huanggang	地级市	17 457	740.0	616.21	52	2 235 000	56 950	100.00	98.09	13.99	99.15
咸宁市 Xianning	地级市	9 752	304.0	246.26	70	2 830 000	53 676	98.21	95.14	14.47	100.00
随州市 Suizhou	地级市	9 636	250.0	216.22	74	4 346 800	68 664	97.93	96.03	10.51	100.00

附录5 中国城市基本数据（2017年）

续表

城市名称 Name of cities		行政级别 Administrative level	行政区域土地面积（平方公里） Total land area of city's administrative region (sq. km)	年末总人口（万人） Total population at year-end (10 000 persons)	六普常住人口（万人） Total residents of the Sixth National Population Census (10 000 persons)	建成区面积（平方公里） Area of built-up district (sq. km)	地区生产总值（万元） Gross regional product (10 000 yuan)	人均地区生产总值（元） Per capita gross regional product (yuan)	供水普及率（%） Water coverage rate (%)	污水处理率（%） Wastewater treatment rate (%)	人均公园绿地面积（平方米） Per capita public green space (sq. m)	生活垃圾处理率（%） Domestic garbage treatment rate (%)
大冶市	Daye	县级市	1 566	98.5	90.97	32	5 776 762	58 647	99.47	94.21	10.60	100.00
丹江口市	Danjiangkou	县级市	3 121	46.3	44.38	29	2 234 856	48 269	96.03	89.95	11.33	97.25
宜都市	Yidu	县级市	1 357	39.0	38.46	25	5 709 368	146 394	100.00	97.65	12.48	99.59
当阳市	Dangyang	县级市	2 159	46.8	46.83	24	4 839 451	103 407	99.37	91.41	9.79	100.00
枝江市	Zhijiang	县级市	1 345	47.8	49.60	24	4 826 815	100 979	100.00	91.84	11.36	100.00
老河口市	Laohekou	县级市	1 052	51.8	47.15	27	3 430 768	66 231	90.18	98.77	8.66	100.00
枣阳市	Zaoyang	县级市	3 276	113.4	100.47	54	6 059 939	53 439	93.56	97.07	14.62	100.00
宜城市	Yicheng	县级市	2 115	55.9	51.25	27	3 283 034	58 730	100.00	92.06	12.11	100.00
钟祥市	Zhongxiang	县级市	4 488	105.0	102.25	27	4 681 418	44 585	100.00	89.37	11.60	100.00
应城市	Yingcheng	县级市	1 103	65.8	59.38	18	2 861 968	43 495	95.03	90.59	12.23	100.00
安陆市	Anlu	县级市	1 353	62.0	56.86	20	2 081 814	33 578	99.12	96.11	9.65	100.00
汉川市	Hanchuan	县级市	1 659	108.6	101.55	27	5 001 231	46 052	100.00	90.94	7.23	100.00
石首市	Shishou	县级市	1 406	62.6	57.70	23	1 702 986	27 204	98.26	93.22	10.29	100.00
洪湖市	Honghu	县级市	2 444	92.1	81.94	18	2 445 242	26 550	98.99	84.62	10.62	100.00
松滋市	Songzi	县级市	2 177	83.2	76.59	18	2 693 096	32 369	99.08	90.99	12.96	100.00
麻城市	Macheng	县级市	3 747	115.9	84.91	37	2 925 836	25 244	94.09	94.05	10.89	97.93
武穴市	Wuxue	县级市	1 246	81.9	64.42	30	2 849 198	34 789	100.00	91.39	19.25	100.00
赤壁市	Chibi	县级市	1 723	53.4	47.84	29	3 894 726	72 935	96.99	94.02	10.02	100.00
广水市	Guangshui	县级市	2 647	92.3	75.59	32	2 907 649	31 502	97.89	98.94	11.10	100.00
恩施市	Enshi	县级市	3 967	82.5	74.96	36	2 116 782	25 658	97.78	91.05	10.16	100.00
利川市	Lichuan	县级市	4 607	91.4	65.41	19	1 204 579	13 179	88.30	74.76	9.50	100.00
仙桃市	Xiantao	县级市	2 538	154.4	117.51	55	7 171 791	46 449	100.00	90.28	9.50	100.00
潜江市	Qianjiang	县级市	2 004	101.1	94.63	50	6 726 614	66 534	100.00	91.80	10.26	100.00
天门市	Tianmen	县级市	2 622	163.4	141.89	32	5 327 909	32 607	100.00	86.85	9.20	96.45

续表

城市名称 Name of cities		行政级别 Administrative level	行政区域土地面积（平方公里） Total land area of city's administrative region (sq. km)	年末总人口（万人） Total population at year-end (10 000 persons)	六普常住人口（万人） Total residents of the Sixth National Population Census (10 000 persons)	建成区面积（平方公里） Area of built-up district (sq. km)	地区生产总值（万元） Gross regional product (10 000 yuan)	人均地区生产总值（元） Per capita gross regional product (yuan)	供水普及率（%） Water coverage rate (%)	污水处理率（%） Wastewater treatment rate (%)	人均公园绿地面积（平方米） Per capita public green space (sq. m)	生活垃圾处理率（%） Domestic garbage treatment rate (%)
湖南省	Hunan											
长沙市	Changsha	地级市	11 816	709.0	704.10	427	63 903 360	152 441	100.00	98.14	7.58	100.00
株洲市	Zhuzhou	地级市	11 248	403.0	385.71	146	11 740 538	92 387	100.00	97.02	14.10	100.00
湘潭市	Xiangtan	地级市	5 006	288.0	275.22	80	12 342 154	114 821	93.32	96.20	10.86	100.00
衡阳市	Hengyang	地级市	15 299	800.0	714.83	130	9 082 292	75 572	98.00	93.43	12.88	100.00
邵阳市	Shaoyang	地级市	20 830	826.0	707.17	73	3 417 031	44 464	89.76	89.33	12.80	98.20
岳阳市	Yueyang	地级市	14 858	567.0	547.61	105	13 125 986	99 537	100.00	95.41	9.46	100.00
常德市	Changde	地级市	18 177	606.0	571.46	100	16 105 239	102 869	100.00	99.82	13.70	100.00
张家界市	Zhangjiajie	地级市	9 534	170.0	147.81	53	2 796 735	53 109	95.26	95.15	9.47	100.00
益阳市	Yiyang	地级市	12 320	479.0	430.79	79	6 868 076	53 126	97.51	95.00	9.54	100.00
郴州市	Chenzhou	地级市	19 342	534.0	458.35	78	6 904 667	79 721	98.10	95.10	12.55	100.00
永州市	Yongzhou	地级市	22 260	642.0	519.43	66	4 708 548	42 534	98.85	91.64	11.82	99.95
怀化市	Huaihua	地级市	27 572	522.0	474.17	64	3 456 184	56 464	94.24	91.73	8.11	100.00
娄底市	Loudi	地级市	8 109	454.0	378.46	50	4 601 745	74 886	98.52	97.05	9.81	100.00
浏阳市	Liuyang	县级市	4 997	148.4	127.95	28	13 049 854	87 937	100.00	93.89	9.15	100.00
宁乡市	Ningxiang	县级市	2 912	142.1	116.61	30	10 938 539	76 978				
醴陵市	Liling	县级市	2 157	105.2	94.74	30	6 013 943	57 167	96.97	85.13	9.81	100.00
湘乡市	Xiangxiang	县级市	1 967	92.8	78.82	22	3 942 552	42 484	100.00	95.32	8.43	100.00
韶山市	Shaoshan	县级市	247	12.0	8.60	5	848 853	70 738	90.91	96.24	18.69	100.00
耒阳市	Leiyang	县级市	2 648	142.1	115.16	45	4 220 587	29 702	81.28	85.86	6.33	100.00
常宁市	Changning	县级市	2 048	96.1	81.04	20	3 110 683	32 369	87.50	81.93	9.76	100.00
武冈市	Wugang	县级市	1 539	84.7	73.49	21	1 371 055	16 187	70.97	92.58	7.46	100.00
汨罗市	Miluo	县级市	1 670	76.3	69.21	20	4 224 500	55 367	72.85	96.49	8.29	98.19
临湘市	Linxiang	县级市	1 719	54.1	49.83	15	2 316 029	42 810	85.03	99.09	11.30	99.72

附录5 中国城市基本数据（2017年）

续表

城市名称 Name of cities	行政级别 Administrative level	行政区域土地面积（平方公里） Total land area of city's administrative region (sq. km)	年末总人口（万人） Total population at year-end (10 000 persons)	六普常住人口（万人） Total residents of the Sixth National Population Census (10 000 persons)	建成区面积（平方公里） Area of built-up district (sq. km)	地区生产总值（万元） Gross regional product (10 000 yuan)	人均地区生产总值（元） Per capita gross regional product (yuan)	供水普及率（％） Water coverage rate (%)	污水处理率（％） Wastewater treatment rate (%)	人均公园绿地面积（平方米） Per capita public green space (sq. m)	生活垃圾处理率（％） Domestic garbage treatment rate (%)
津市市 Jinshi	县级市	556	23.5	25.09	17	1 434 268	61 033	99.91	94.05	10.13	100.00
沅江市 Yuanjiang	县级市	2 129	74.2	66.63	19	2 855 000	38 477	95.55	93.84	7.24	86.77
资兴市 Zixing	县级市	2 730	37.9	33.73	21	3 310 297	87 343	100.00	91.34	9.68	100.00
洪江市 Hongjiang	县级市	2 283	50.0	47.80	7	1 465 393	29 308	70.81	89.89	15.17	100.00
冷水江市 Lengshuijiang	县级市	438	37.1	32.71	24	2 583 981	69 649	95.76	86.21	12.92	99.35
涟源市 Lianyuan	县级市	1 912	114.4	99.55	15	2 642 749	23 101	92.92	95.07	7.33	100.00
吉首市 Jishou	县级市	1 078	31.0	30.21	38	1 534 070	49 486	88.32	92.00	11.77	100.00
广东省 Guangdong											
广州市 Guangzhou	副省级市	7 434	898.0	1 270.19	1263	215 031 516	150 678	100.00	95.00	22.67	100.00
韶关市 Shaoguan	地级市	18 413	335.0	282.62	105	6 383 211	61 271	99.09	92.11	13.83	80.79
深圳市 Shenzhen	副省级市	1 997	435.0	1 035.84	925	224 900 586	184 068	99.93	96.81	15.95	100.00
珠海市 Zhuhai	地级市	1 736	119.0	156.25	141	26 751 795	155 502	100.00	96.36	19.80	100.00
汕头市 Shantou	地级市	2 199	565.0	538.93	277	23 315 759	42 152	82.71	91.45	15.16	91.93
佛山市 Foshan	地级市	3 798	420.0	719.74	159	93 985 162	124 324	100.00	96.42	16.55	100.00
江门市 Jiangmen	地级市	9 509	396.0	445.07	155	14 192 763	75 461	93.05	93.91	18.34	100.00
湛江市 Zhanjiang	地级市	13 263	839.0	699.48	111	12 740 693	75 552	96.41	91.13	14.24	100.00
茂名市 Maoming	地级市	11 427	804.0	581.75	119	13 968 211	55 130	100.00	94.67	16.82	100.00
肇庆市 Zhaoqing	地级市	14 891	446.0	391.65	121	11 166 091	72 007	100.00	94.52	20.11	100.00
惠州市 Huizhou	地级市	11 347	369.0	459.84	270	24 079 290	98 163	98.49	97.23	17.88	100.00
梅州市 Meizhou	地级市	15 865	550.0	423.85	62	4 191 338	43 445	100.00	96.59	17.10	100.00
汕尾市 Shanwei	地级市	4 865	363.0	293.55	31	2 241 362	42 515	99.20	93.18	14.41	96.56
河源市 Heyuan	地级市	15 654	373.0	295.02	39	3 790 678	77 614	100.00	92.57	12.79	100.00
阳江市 Yangjiang	地级市	7 956	297.0	242.17	65	7 094 626	60 119	100.00	92.35	12.98	100.00
清远市 Qingyuan	地级市	19 036	437.0	369.84	75	7 754 930	49 267	98.69	92.75	12.69	100.00

续表

城市名称 Name of cities	行政级别 Administrative level	行政区域土地面积（平方公里） Total land area of city's administrative region (sq. km)	年末总人口（万人） Total population at year-end (10 000 persons)	六普常住人口（万人） Total residents of the Sixth National Population Census (10 000 persons)	建成区面积（平方公里） Area of built-up district (sq. km)	地区生产总值（万元） Gross regional product (10 000 yuan)	人均地区生产总值（元） Per capita gross regional product (yuan)	供水普及率（%） Water coverage rate (%)	污水处理率（%） Wastewater treatment rate (%)	人均公园绿地面积（平方米） Per capita public green space (sq. m)	生活垃圾处理率（%） Domestic garbage treatment rate (%)
东莞市 Dongguan	地级市	2 460	211.0	822.02	989	75 821 200	91 329	100.00	93.72	24.23	100.00
中山市 Zhongshan	地级市	1 784	170.0	312.13	150	34 503 100	106 327	100.00	96.45	16.50	100.00
潮州市 Chaozhou	地级市	3 146	276.0	266.95	83	8 045 515	45 332	100.00	81.87	12.43	77.29
揭阳市 Jieyang	地级市	5 265	703.0	588.43	137	9 403 706	47 684	92.62	82.31	14.03	97.38
云浮市 Yunfu	地级市	7 787	300.0	236.72	29	2 048 113	63 067	98.31	95.57	17.08	100.00
乐昌市 Lechang	县级市	2 421	52.9	39.78	17	1 146 562	21 674	78.98	100.00	11.53	100.00
南雄市 Nanxiong	县级市	2 326	49.1	31.62	13	1 086 427	22 127	95.90	92.39	13.47	99.70
台山市 Taishan	县级市	3 288	97.0	94.11	31	3 978 586	41 016	100.00	94.99	19.68	100.00
开平市 Kaiping	县级市	1 657	68.8	69.92	33	3 415 674	49 646	90.72	91.01	13.45	100.00
鹤山市 Heshan	县级市	1 083	37.6	49.49	28	3 189 488	84 827	100.00	92.70	29.42	99.99
恩平市 Enping	县级市	1 698	49.7	49.28	39	1 811 135	36 441	99.00	67.67	22.29	100.00
廉江市 Lianjiang	县级市	2 867	182.3	144.31	38	5 081 397	27 874	90.00	61.18	16.90	100.00
雷州市 Leizhou	县级市	3 709	182.2	142.77	29	2 872 708	15 767	72.53	68.13	5.28	78.65
吴川市 Wuchuan	县级市	870	120.5	92.73	26	2 693 838	22 356	91.07	78.69	9.51	100.00
高州市 Gaozhou	县级市	3 270	182.6	128.87	34	5 661 186	31 003	100.00	93.25	15.68	100.00
化州市 Huazhou	县级市	2 357	175.8	117.88	36	4 874 707	27 729	100.00	76.55	8.64	100.00
信宜市 Xinyi	县级市	3 102	148.3	91.37	27	4 525 097	30 513	100.00	92.24	15.02	100.00
四会市 Sihui	县级市	1 263	46.0	54.29	28	5 839 080	126 937	99.80	99.49	12.51	100.00
兴宁市 Xingning	县级市	2 075	118.9	96.29	28	1 691 850	14 229	100.00	95.26	19.58	100.00
陆丰市 Lufeng	县级市	1 542	189.8	135.83	22	2 716 639	14 313	91.50	74.43	7.46	79.84
阳春市 Yangchun	县级市	4 054	121.0	84.95	32	4 017 218	33 200	99.52	90.62	12.00	100.00
英德市 Yingde	县级市	5 634	117.9	94.20	35	2 770 166	23 496	61.68	97.58	13.20	99.77
连州市 Lianzhou	县级市	2 668	54.6	36.76	17	1 461 538	26 768	83.86	89.72	14.19	100.00
普宁市 Puning	县级市	1 620	246.7	205.56	67	7 003 921	28 390	98.04	77.26	5.64	95.00

附录5 中国城市基本数据（2017年）

续表

城市名称 Name of cities		行政级别 Administrative level	行政区域土地面积（平方公里） Total land area of city's administrative region (sq. km)	年末总人口（万人） Total population at year-end (10 000 persons)	六普常住人口（万人） Total residents of the Sixth National Population Census (10 000 persons)	建成区面积（平方公里） Area of built-up district (sq. km)	地区生产总值（万元） Gross regional product (10 000 yuan)	人均地区生产总值（元） Per capita gross regional product (yuan)	供水普及率（%） Water coverage rate (%)	污水处理率（%） Wastewater treatment rate (%)	人均公园绿地面积（平方米） Per capita public green space (sq. m)	生活垃圾处理率（%） Domestic garbage treatment rate (%)
罗定市	Luoding	县级市	2 328	129.0	95.90	26	2 147 724	16 649	74.78	85.63	11.22	100.00
广西壮族自治区	Guangxi											
南宁市	Nanning	地级市	22 244	757.0	665.87	315	34 107 409	79 292	97.44	96.88	11.91	100.00
柳州市	Liuzhou	地级市	18 597	387.0	375.87	225	22 256 613	99 703	97.76	95.11	13.59	100.00
桂林市	Guilin	地级市	27 667	534.0	474.80	104	8 119 388	51 963	95.77	92.93	12.20	100.00
梧州市	Wuzhou	地级市	12 573	349.0	288.22	58	6 247 607	76 837	92.27	95.54	10.83	100.00
北海市	Beihai	地级市	3 989	175.0	153.93	77	9 651 455	133 523	97.81	98.56	10.61	100.00
防城港市	Fangchenggang	地级市	6 238	98.0	86.69	41	5 657 685	100 438	100.00	90.99	24.34	100.00
钦州市	Qinzhou	地级市	12 187	411.0	307.97	95	5 918 520	46 302	96.00	96.01	12.45	100.00
贵港市	Guigang	地级市	10 602	556.0	411.88	79	4 597 731	28 910	99.51	76.25	13.54	100.00
玉林市	Yulin	地级市	12 824	724.0	548.74	74	4 928 736	43 786	100.00	99.15	14.28	100.00
百色市	Baise	地级市	36 202	418.0	346.68	51	2 872 060	72 054	100.00	69.37	12.16	100.00
贺州市	Hezhou	地级市	11 753	244.0	195.41	38	3 141 921	29 728	98.12	90.27	16.14	100.00
河池市	Hechi	地级市	33 476	430.0	336.93	42	2 565 998	27 606	99.54	95.28	10.69	100.00
来宾市	Laibin	地级市	13 411	268.0	209.97	49	2 936 789	30 398	99.91	88.08	9.68	100.00
崇左市	Chongzuo	地级市	17 332	250.0	199.43	32	1 936 177	56 747	98.05	94.05	13.18	100.00
岑溪市	Cenxi	县级市	2 828	96.1	77.21	22	3 125 570	32 524	97.25	98.01	11.20	100.00
东兴市	Dongxing	县级市	590	15.0	14.47	12	1 039 648	69 310	97.51	91.22	12.79	100.00
桂平市	Guiping	县级市	4 071	201.7	149.69	37	3 574 288	17 721	99.90	86.79	5.45	100.00
北流市	Beiliu	县级市	2 472	151.6	113.22	26	3 240 471	21 375	100.00	98.42	10.77	100.00
靖西市	Jingxi	县级市	3 326	65.9	49.85	18	2 154 823	32 698	100.00	79.73	6.14	99.28
合山市	Heshan	县级市	350	13.6	11.45	8	330 122	24 274	100.00	75.08	11.07	98.67
凭祥市	Pingxiang	县级市	645	11.4	11.22	13	759 826	66 651	87.19	78.06	22.77	90.00
海南省	Hainan											

续表

城市名称 Name of cities	行政级别 Administrative level	行政区域土地面积（平方公里）Total land area of city's administrative region (sq. km)	年末总人口（万人）Total population at year-end (10 000 persons)	六普常住人口（万人）Total residents of the Sixth National Population Census (10 000 persons)	建成区面积（平方公里）Area of built-up district (sq. km)	地区生产总值（万元）Gross regional product (10 000 yuan)	人均地区生产总值（元）Per capita gross regional product (yuan)	供水普及率（%）Water coverage rate (%)	污水处理率（%）Wastewater treatment rate (%)	人均公园绿地面积（平方米）Per capita public green space (sq. m)	生活垃圾处理率（%）Domestic garbage treatment rate (%)
海口市 Haikou	地级市	2 289	171.0	204.62	173	13 905 779	61 589	99.41	95.00	12.40	100.00
三亚市 Sanya	地级市	1 921	59.0	68.54	52	5 298 048	69 780	98.18	89.74	15.41	100.00
三沙市 Sansha	地级市	13			0.31			63.16	50.00	3.42	100.00
儋州市 Danzhou	地级市	3 400	96.0	93.24	35	2 880 400	31 937	97.39	100.00	15.38	100.00
五指山市 Wuzhishan	县级市	1 144	11.5	10.41	6	270 247	23 500	86.21	75.11	8.36	100.00
琼海市 Qionghai	县级市	1 710	51.6	48.32	28	2 407 198	46 651	95.89	39.83	9.82	100.00
文昌市 Wenchang	县级市	2 485	59.8	53.74	22	2 059 831	34 445	100.00	39.75	7.32	100.00
万宁市 Wanning	县级市	4 444	62.4	54.56	12	2 039 000	32 676	97.41	95.08	12.84	100.00
东方市 Dongfang	县级市	2 272	45.0	40.83	29	1 560 301	34 673	97.98	77.48	3.36	99.63
重庆市 Chongqing	直辖市	82 402	3 390.0	2 884.62	1 423	195 002 700	63 689	98.05	95.48	17.05	99.98
四川省 Sichuan											
成都市 Chengdu	副省级市	14 335	1 435.0	1 404.76	886	110 100 047	103 757	96.71	94.69	13.66	100.00
自贡市 Zigong	地级市	4 381	324.0	267.89	120	8 484 280	56 636	81.80	93.19	10.78	96.50
攀枝花市 Panzhihua	地级市	7 401	109.0	121.41	79	8 425 681	100 209	96.25	93.59	11.86	100.00
泸州市 Luzhou	地级市	12 232	510.0	421.84	154	8 407 557	57 669	95.38	93.06	11.50	100.00
德阳市 Deyang	地级市	5 911	388.0	361.58	86	6 709 721	68 888	97.91	91.19	11.48	100.00
绵阳市 Mianyang	地级市	20 248	537.0	461.39	150	11 480 260	62 909	99.78	97.50	11.53	100.00
广元市 Guangyuan	地级市	16 319	303.0	248.41	62	3 440 379	31 878	98.08	96.71	11.75	99.33
遂宁市 Suining	地级市	5 322	370.0	325.26	81	4 703 359	35 659	99.76	91.68	11.56	100.00
内江市 Neijiang	地级市	5 385	415.0	370.28	81	4 772 911	36 629	97.58	90.01	11.42	100.00
乐山市 Leshan	地级市	12 723	352.0	323.58	77	7 191 902	58 714	97.36	87.86	8.45	100.00
南充市 Nanchong	地级市	12 477	733.0	627.86	133	6 692 215	34 496	98.33	82.30	12.50	100.00
眉山市 Meishan	地级市	7 140	345.0	295.05	65	5 546 799	47 875	98.41	92.65	12.64	98.47
宜宾市 Yibin	地级市	13 271	555.0	447.19	102	7 516 818	61 785	77.36	91.12	11.67	100.00

附录5 中国城市基本数据（2017年）

续表

城市名称 Name of cities	行政级别 Administrative level	行政区域土地面积（平方公里） Total land area of city's administrative region (sq. km)	年末总人口（万人） Total population at year-end (10 000 persons)	六普常住人口（万人） Total residents of the Sixth National Population Census (10 000 persons)	建成区面积（平方公里） Area of built-up district (sq. km)	地区生产总值（万元） Gross regional product (10 000 yuan)	人均地区生产总值（元） Per capita gross regional product (yuan)	供水普及率（%） Water coverage rate (%)	污水处理率（%） Wastewater treatment rate (%)	人均公园绿地面积（平方米） Per capita public green space (sq. m)	生活垃圾处理率（%） Domestic garbage treatment rate (%)
广安市 Guang'an	地级市	6 339	465.0	320.55	68	3 485 615	39 213	99.77	100.00	23.32	100.00
达州市 Dazhou	地级市	16 588	672.0	546.81	112	4 890 622	28 615	94.85	46.50	10.78	90.67
雅安市 Yaan	地级市	15 046	154.0	150.73	36	2 398 237	37 833	99.96	87.14	11.69	99.24
巴中市 Bazhong	地级市	12 293	376.0	328.31	56	2 169 990	18 292	88.80	87.88	12.44	100.00
资阳市 Ziyang	地级市	5 748	349.0	366.51	50	4 848 100	53 293	100.00	85.37	15.26	100.00
都江堰市 Dujiangyan	县级市	1 208	62.8	65.80	38	3 485 014	55 494	98.60	88.39	11.95	100.00
彭州市 Pengzhou	县级市	1 421	80.3	76.29	27	4 125 759	51 379	98.72	87.80	10.57	100.00
邛崃市 Qionglai	县级市	1 377	65.5	61.28	25	2 643 903	40 365	95.03	94.81	26.17	100.00
崇州市 Chongzhou	县级市	1 090	66.4	66.11	31	3 003 972	45 241	99.66	92.20	12.13	100.00
简阳市 Jianyang	县级市	2 343	206.5	107.12	34	4 136 800	20 033	98.85	85.88	14.20	100.00
广汉市 Guanghan	县级市	549	60.4	59.11	54	4 000 895	66 240	91.82	70.58	8.24	99.92
什邡市 Shifang	县级市	820	43.0	41.28	17	2 846 616	66 200	88.72	89.59	14.96	100.00
绵竹市 Mianzhu	县级市	1 246	50.1	47.79	13	2 607 026	52 036	98.92	96.19	10.70	40.86
江油市 Jiangyou	县级市	2 720	86.6	76.21	35	3 845 967	44 411	94.15	96.10	11.38	100.00
隆昌市 Longchang	县级市	794	77.4	63.32	25	2 659 368	34 359	96.32	97.65	12.85	100.00
峨眉山市 Emeishan	县级市	1 181	43.0	43.71	22	2 525 358	58 729	91.01	95.67	13.82	100.00
阆中市 Langzhong	县级市	1 875	84.5	72.89	35	2 153 303	25 483	98.39	93.60	12.10	100.00
华蓥市 Huaying	县级市	464	36.0	27.84	15	1 471 849	40 885	97.55	78.06	11.83	100.00
万源市 Wanyuan	县级市	4 053	57.8	40.76	15	1 363 513	23 590	91.86	84.85	13.85	99.69
马尔康市 Maerkang	县级市	6 626	5.6	5.84	5	258 259	46 118	70.18	73.94	17.54	93.59
康定市 Kangding	县级市	11 486	11.5	13.01	5	697 742	60 673	94.26	68.00	3.44	99.58
西昌市 Xichang	县级市	2 657	67.4	71.24	44	4 814 381	71 430	76.52	85.36	10.67	100.00
贵州省 Guizhou											
贵阳市 Guiyang	地级市	8 043	408.0	432.26	359	26 760 750	79 295	98.88	97.80	17.70	97.50

续表

城市名称 Name of cities		行政级别 Administrative level	行政区域土地面积（平方公里） Total land area of city's administrative region (sq. km)	年末总人口（万人） Total population at year-end (10 000 persons)	六普常住人口（万人） Total residents of the Sixth National Population Census (10 000 persons)	建成区面积（平方公里） Area of built-up district (sq. km)	地区生产总值（万元） Gross regional product (10 000 yuan)	人均地区生产总值（元） Per capita gross regional product (yuan)	供水普及率（%） Water coverage rate (%)	污水处理率（%） Wastewater treatment rate (%)	人均公园绿地面积（平方米） Per capita public green space (sq. m)	生活垃圾处理率（%） Domestic garbage treatment rate (%)
六盘水市	Liupanshui	地级市	9 914	342.0	285.13	73	4 673 400	77 055	90.50	65.36	11.55	95.12
遵义市	Zunyi	地级市	30 762	805.0	612.71	125	11 193 200	52 940	95.00	97.20	19.77	95.30
安顺市	Anshun	地级市	9 267	301.0	229.76	68	4 488 895	40 817	98.95	94.43	20.58	95.01
毕节市	Bijie	地级市	29 848	923.0	653.75	45	3 721 144	32 162	97.76	97.00	17.46	94.47
铜仁市	Tongren	地级市	18 014	440.0	309.32	43	2 077 400	47 300	92.30	91.02	6.90	95.31
清镇市	Qingzhen	县级市	1 387	52.9	46.78	26	3 143 972	59 432	98.72	96.02	12.15	90.76
盘州市	Panzhou	县级市	4 056	126.2	103.53	20	5 784 329	45 835	96.08	78.00	12.43	91.00
赤水市	Chishui	县级市	1 852	31.7	23.71	18	1 105 252	34 866	93.73	97.47	13.21	92.14
仁怀市	Renhuai	县级市	1 788	71.6	54.65	24	6 407 678	89 493	94.97	94.01	8.56	93.08
兴义市	Xingyi	县级市	2 908	87.9	78.31	46	4 166 296	47 398	90.45	95.29	9.78	93.93
凯里市	Kaili	县级市	1 570	57.0	47.90	71	2 310 429	40 534	96.21	97.01	6.56	91.10
都匀市	Duyun	县级市	2 285	50.0	44.37	42	2 129 958	42 599	96.88	84.21	10.17	90.06
福泉市	Fuquan	县级市	1 692	33.5	28.39	20	1 555 346	46 428	96.47	81.74	11.65	91.00
云南省	Yunnan											
昆明市	Kunming	地级市	21 281	563.0	643.22	438	38 896 946	90 074	99.70	94.88	11.17	100.00
曲靖市	Qujing	地级市	28 935	661.0	585.51	95	8 096 320	66 152	97.72	95.79	6.86	100.00
玉溪市	Yuxi	地级市	14 942	219.0	230.35	38	7 255 575	90 774	98.44	95.03	11.38	100.00
保山市	Baoshan	地级市	19 637	263.0	250.65	37	2 604 239	26 773	82.46	92.01	10.30	100.00
昭通市	Zhaotong	地级市	22 140	619.0	521.35	43	2 558 688	30 544	97.13	84.00	12.99	100.00
丽江市	Lijiang	地级市	20 554	123.0	124.48	24	1 242 906	56 780	98.13	95.38	24.81	99.85
普洱市	Pu'er	地级市	44 266	253.0	254.29	27	1 477 545	46 891	92.64	90.14	10.64	98.17
临沧市	Lincang	地级市	23 620	239.0	242.95	22	1 065 841	31 627	94.13	96.04	11.62	97.60
安宁市	Anning	县级市	1 301	27.6	34.13	37	3 176 107	115 076	100.00	96.73	15.93	100.00
宣威市	Xuanwei	县级市	6 053	155.2	130.29	37	2 723 013	17 545	99.13	93.61	9.54	100.00

附录 5　中国城市基本数据（2017 年）

续表

城市名称 Name of cities		行政级别 Administrative level	行政区域土地面积（平方公里） Total land area of city's administrative region (sq. km)	年末总人口（万人） Total population at year-end (10 000 persons)	六普常住人口（万人） Total residents of the Sixth National Population Census (10 000 persons)	建成区面积（平方公里） Area of built-up district (sq. km)	地区生产总值（万元） Gross regional product (10 000 yuan)	人均地区生产总值（元） Per capita gross regional product (yuan)	供水普及率（％） Water coverage rate (%)	污水处理率（％） Wastewater treatment rate (%)	人均公园绿地面积（平方米） Per capita public green space (sq. m)	生活垃圾处理率（％） Domestic garbage treatment rate (%)
腾冲市	Tengchong	县级市	5 845	68.3	64.48	27	1 768 268	25 890	83.80	90.72	11.52	100.00
楚雄市	Chuxiong	县级市	4 433	53.1	58.86	47	3 583 447	67 485	98.03	100.00	14.17	100.00
个旧市	Gejiu	县级市	1 587	38.4	45.98	13	2 434 760	63 405	96.82	94.30	10.81	100.00
开远市	Kaiyuan	县级市	1 957	28.6	32.27	21	1 858 874	64 996	95.49	90.70	15.37	100.00
蒙自市	Mengzi	县级市	2 228	41.5	41.72	32	1 909 571	46 014	95.74	92.27	10.76	100.00
弥勒市	Mile	县级市	4 004	54.0	53.97	23	2 876 517	53 269	88.86	92.21	14.10	100.00
文山市	Wenshan	县级市	2 959	50.5	48.15	36	2 253 743	44 629	94.77	90.43	8.63	100.00
景洪市	Jinghong	县级市	6 959	42.5	51.99	27	2 082 806	49 007	100.00	82.37	14.96	100.00
大理市	Dali	县级市	1 815	63.1	65.20	43	3 726 943	59 064	98.51	94.92	11.19	100.00
瑞丽市	Ruili	县级市	945	13.6	18.06	26	1 035 696	76 154	91.21	100.00	9.87	100.00
芒市	Mangshi	县级市	2 901	39.5	38.99	20	1 041 731	26 373	97.68	90.56	15.34	99.98
泸水市	Lushui	县级市	2 938	18.4	18.48	9	518 647	28 187	54.64	91.43	14.97	98.69
香格里拉市	Xianggelila	县级市	11 419	15.0	17.30	18	1 205 756	80 384	71.74	90.34	12.28	100.00
西藏自治区	Tibet											
拉萨市	Lasa	地级市	29 518	54.0	55.94	74	2 878 800	95 960	88.59	92.06	2.45	95.92
日喀则市	Xigaze	地级市	182 000	79.0	70.33	23	731 016	60 660	100.00	84.87	6.27	94.97
昌都市	Changdu	地级市	109 817	76.0	65.75	9	563 394	36 715	96.33	53.98	5.82	93.98
林芝市	Linzhi	地级市	117 175	19.0	19.51	13	652 800	104 733	100.00	92.43	25.22	93.18
山南市	Shannan	地级市	79 699	35.0	32.90	26	493 693	67 788	94.83	94.63	10.88	95.37
那曲市	Naqu	地级市	407 276	52.0	46.24		505 456	46 269				
陕西省	Shaanxi											
西安市	Xi'an	副省级市	10 753	906.0	846.78	661	71 920 980	84 205	99.39	93.29	12.05	99.98
铜川市	Tongchuan	地级市	3 882	83.0	83.44	40	3 105 440	41 533	90.41	92.43	11.53	92.78
宝鸡市	Baoji	地级市	18 117	381.0	371.67	93	10 803 650	73 939	97.66	92.60	12.32	99.90

续表

城市名称 Name of cities		行政级别 Administrative level	行政区域土地面积（平方公里） Total land area of city's administrative region (sq. km)	年末总人口（万人） Total population at year-end (10 000 persons)	六普常住人口（万人） Total residents of the Sixth National Population Census (10 000 persons)	建成区面积（平方公里） Area of built-up district (sq. km)	地区生产总值（万元） Gross regional product (10 000 yuan)	人均地区生产总值（元） Per capita gross regional product (yuan)	供水普及率（%） Water coverage rate (%)	污水处理率（%） Wastewater treatment rate (%)	人均公园绿地面积（平方米） Per capita public green space (sq. m)	生活垃圾处理率（%） Domestic garbage treatment rate (%)
咸阳市	Xianyang	地级市	9 544	468.0	509.60	72	7 049 152	123 996	94.01	93.00	15.52	98.30
渭南市	Weinan	地级市	13 134	556.0	528.61	77	3 705 194	41 208	100.00	90.00	13.51	99.90
延安市	Yan'an	地级市	37 037	238.0	218.70	41	3 825 290	46 935	85.03	91.87	10.33	99.90
汉中市	Hanzhong	地级市	27 246	382.0	341.62	46	4 798 198	42 361	82.23	92.72	14.28	99.90
榆林市	Yulin	地级市	42 920	385.0	335.14	64	6 984 704	106 175	86.42	90.20	14.34	94.50
安康市	Ankang	地级市	23 536	305.0	262.99	45	2 909 198	33 076	93.26	91.28	13.03	99.80
商洛市	Shangluo	地级市	19 292	253.0	234.17	26	1 478 000	27 384	99.01	92.89	13.21	96.01
兴平市	Xingping	县级市	453	56.7	54.16	23	2 411 096	42 524	90.13	81.68	11.63	98.80
韩城市	Hancheng	县级市	1 621	40.2	39.12	18	3 490 011	86 816	100.00	89.76	9.20	99.90
华阴市	Huayin	县级市	817	25.2	25.81	18	849 559	33 713	100.00	91.02	11.50	97.55
神木市	Shenmu	县级市	7 635	45.3	45.55	29	11 161 085	246 382	98.65	92.63	11.60	98.50
甘肃省	Gansu											
兰州市	Lanzhou	地级市	13 086	326.0	361.62	249	20 965 283	78 412	98.78	95.49	12.76	99.95
嘉峪关市	Jiayuguan	地级市	2 935	21.0	23.19		2 109 900	85 126	100.00	92.78	37.49	100.00
金昌市	Jinchang	地级市	8 896	46.0	46.41	44	1 564 325	66 909	100.00	95.04	24.98	100.00
白银市	Baiyin	地级市	21 209	182.0	170.88	67	2 679 410	53 863	100.00	94.53	9.51	100.00
天水市	Tianshui	地级市	14 277	371.0	326.25	56	3 697 913	30 165	99.01	100.00	9.92	100.00
武威市	Wuwei	地级市	32 347	190.0	181.51	34	2 722 793	26 828	99.04	99.07	23.06	83.33
张掖市	Zhangye	地级市	38 592	131.0	119.95	52	1 646 975	31 881	100.00	94.12	51.66	100.00
平凉市	Pingliang	地级市	11 170	234.0	206.80	42	1 286 773	24 334	97.18	95.30	11.25	100.00
酒泉市	Jiuquan	地级市	168 072	99.0	109.59	53	1 687 479	40 257	100.00	93.61	11.63	100.00
庆阳市	Qingyang	地级市	27 119	270.0	221.12	25	2 029 988	54 416	100.00	96.25	7.24	97.63
定西市	Dingxi	地级市	19 609	303.0	269.86	25	767 389	17 890	98.37	92.22	16.56	100.00
陇南市	Longnan	地级市	27 900	287.0	256.77	14	1 093 212	19 243	96.17	58.33	5.99	100.00

附录5 中国城市基本数据（2017年）

续表

城市名称 Name of cities		行政级别 Administrative level	行政区域土地面积（平方公里） Total land area of city's administrative region(sq. km)	年末总人口（万人） Total population at year-end (10 000 persons)	六普常住人口（万人） Total residents of the Sixth National Population Census (10 000 persons)	建成区面积（平方公里） Area of built-up district (sq. km)	地区生产总值（万元） Gross regional product (10 000 yuan)	人均地区生产总值（元） Per capita gross regional product(yuan)	供水普及率（％） Water coverage rate(%)	污水处理率（％） Wastewater treatment rate(%)	人均公园绿地面积（平方米） Per capita public green space(sq. m)	生活垃圾处理率（％） Domestic garbage treatment rate(%)
玉门市	Yumen	县级市	13 496	15.8	15.98	12	1 310 448	82 940	100.00	91.55	20.61	100.00
敦煌市	Dunhuang	县级市	31 200	14.4	18.60	15	931 291	64 673	100.00	98.33	13.89	100.00
临夏市	Linxia	县级市	89	26.8	27.45	24	687 753	25 662	100.00	86.71	5.26	100.00
合作市	Hezuo	县级市	2 091	9.3	9.03	13	396 326	42 616	76.39	98.87	8.61	97.55
青海省	Qinghai											
西宁市	Xining	地级市	7 660	206.0	220.87	95	10 086 748	77 662	100.00	75.67	12.29	95.42
海东市	Haidong	地级市	10 340	172.0	139.68	28	1 653 467	98 134	98.56	85.84	5.73	94.77
玉树市	Yushu	县级市	15 411	11.3	12.04	14	231 436	20 481	86.00	92.47	14.92	97.00
格尔木市	Golmud	县级市	119 263	13.8	21.52	36	3 272 383	237 129	100.00	86.92	7.11	96.40
德令哈市	Delingha	县级市	27 700	7.4	7.82	22	692 192	93 539	100.00	88.41	11.89	97.00
宁夏回族自治区	Ningxia											
银川市	Yinchuan	地级市	9 025	189.0	199.31	194	11 039 244	77 927	95.09	95.38	16.66	100.00
石嘴山市	Shizuishan	地级市	5 310	74.0	72.55	103	3 771 905	73 860	99.79	96.28	26.62	98.65
吴忠市	Wuzhong	地级市	16 758	143.0	127.38	55	1 895 152	45 931	97.84	93.52	16.76	100.00
固原市	Guyuan	地级市	13 047	151.0	122.82	37	1 176 599	27 929	94.51	90.30	24.77	98.00
中卫市	Zhongwei	地级市	17 448	122.0	108.08	32	1 716 928	42 041	93.04	97.28	23.14	97.17
灵武市	Lingwu	县级市	3 846	24.8	26.17	16	4 357 319	175 698	93.61	99.20	23.33	100.00
青铜峡市	Qingtongxia	县级市	2 438	28.4	26.47	32	1 506 132	53 033	91.99	91.80	18.19	96.80
新疆维吾尔自治区	Xinjiang											
乌鲁木齐市	Urumqi	地级市	13 788	223.0	311.26	438	27 075 290	79 892	99.95	89.99	12.20	93.74
克拉玛依市	Karamay	地级市	7 734	31.0	39.10	76	7 445 034	145 798	100.00	95.11	11.63	99.07
吐鲁番市	Turpan	地级市	69 759	64.0	62.29	22	854 603	29 925	100.00	95.05	19.70	100.00
哈密市	Hami	地级市	142 100	56.0	57.24	52	3 591 681	73 077	99.96	88.31	12.39	95.05
昌吉市	Changji	县级市	8 215	38.4	42.63	63	3 723 049	96 954	99.44	97.20	12.30	99.70

续表

城市名称 Name of cities	行政级别 Administrative level	行政区域土地面积(平方公里) Total land area of city's administrative region (sq. km)	年末总人口(万人) Total population at year-end (10 000 persons)	六普常住人口(万人) Total residents of the Sixth National Population Census (10 000 persons)	建成区面积(平方公里) Area of built-up district (sq. km)	地区生产总值(万元) Gross regional product (10 000 yuan)	人均地区生产总值(元) Per capita gross regional product (yuan)	供水普及率(%) Water coverage rate (%)	污水处理率(%) Wastewater treatment rate (%)	人均公园绿地面积(平方米) Per capita public green space (sq. m)	生活垃圾处理率(%) Domestic garbage treatment rate (%)
阜康市 Fukang	县级市	8 529	16.6	16.50	22	1 687 882	101 680	99.37	98.01	17.89	95.00
博乐市 Bole	县级市	7 990	25.7	23.56	26	1 500 218	58 374	100.00	95.05	10.44	94.40
阿拉山口市 Alashankou	县级市	1 204	1.2		11	600 186	500 155	100.00	98.67	19.34	95.00
库尔勒市 Korla	县级市	7 267	46.6	54.93	73	5 410 389	116 103	95.79	95.70	10.95	95.98
阿克苏市 Akesu	县级市	15 033	52.9	53.57	47	1 749 329	33 069	99.92	90.88	12.41	99.93
阿图什市 Atus	县级市	16 151	28.2	24.04	15	468 536	16 615	100.00	78.46	12.79	93.45
喀什市 Kashi	县级市	1 059	64.7	50.66	70	1 618 483	25 015	100.00	97.01	23.60	98.17
和田市 Hetian	县级市	585	40.2	32.23	36	751 106	18 684	97.25	86.06	5.80	96.76
伊宁市 Yining	县级市	761	55.8	51.51	42	2 220 561	39 795	99.92	85.10	9.75	94.97
奎屯市 Kuitun	县级市	1 171	15.8	16.63	26	1 265 152	80 073	88.38	80.30	7.60	93.04
霍尔果斯市 Huoerguosi	县级市	1 909	6.5		23	461 171	70 949	83.33	81.48	14.00	96.23
塔城市 Tacheng	县级市	4 356	15.2	16.10	15	804 275	52 913	99.43	95.05	13.41	97.65
乌苏市 Wusu	县级市	14 394	22.1	29.89	23	1 300 093	58 828	94.75	95.05	12.55	97.00
阿勒泰市 Aletai	县级市	11 481	19.9	19.01	15	729 358	36 651	97.63	96.77	27.48	91.48
石河子市 Shihezi	县级市	460	43.0	38.01	49	3 338 601	77 642	100.00	75.63	10.08	93.94
阿拉尔市 Alar	县级市	6 937	26.1	15.86	12	2 993 351	114 688	98.48	96.61	10.40	100.00
图木舒克市 Tumushuke	县级市	2 003	16.3	13.57	13	829 208	50 872	83.17		60.19	100.00
五家渠市 Wujiaqu	县级市	740	9.7	9.64	24	1 624 126	167 436	100.00	100.00	10.91	100.00
北屯市 Beitun	县级市	911	5.6	7.63	21	439 051	78 402	83.96	100.00	13.01	100.00
铁门关市 Tiemenguan	县级市	563	2.4		5	180 612	58 384	100.00	100.00	23.57	69.73
双河市 Shuanghe	县级市	742	6.7		23	302 100	45 198	100.00	88.33	24.00	
可克达拉市 Cocodala	县级市	980	24.5		21	1 756 000	73 400				
昆玉市 Kunyu	县级市	687	5.7		6	195 400	36 155	55.00	100.00		100.00

附录5 中国城市基本数据（2017年）

一、数据来源（Data Resources）

1. 行政级别（Administrative level）
2. 行政区域土地面积（Total land area of city's administrative region）
3. 年末总人口（Total population at year-end）
4. 建成区面积（Area of built-up district）
5. 地区生产总值（Gross regional product）
6. 人均地区生产总值（Per capita gross regional product）

以上数据来源：国家统计局城市社会经济调查司编，《中国城市统计年鉴—2018》，北京：中国统计出版社，2019.3。

［注：该年鉴发表的2017年地级以上城市地区生产总值和人均地区生产总值仅为市辖区数据，未包括全市数据，与往年统计数据不能直接比较。广东省东莞市、中山市，海南省儋州市，甘肃省嘉峪关市等不设市辖区的地级市无统计数据，重庆市无此项数据，拉萨市缺人均地区生产总值，本数据取自以上各市统计局发布的2017年统计公报。海南省三沙市无统计数据。该年鉴未发表2017年全国363个县级市的人均地区生产总值，本数据根据地区生产总值除以年末总人口得到。2004年1月6日国家统计局发布《关于改进和规范地区GDP核算的通知》（国统字〔2004〕4号），要求各省、区、市统一使用常住人口计算人均GDP，本统计得到的县级市人均地区生产总值并不一定确切反映城市的实际情况。］

7. 污水处理率（Wastewater treatment rate）
8. 生活垃圾处理率（Domestic garbage treatment rate）
9. 供水普及率（Water coverage rate）
10. 人均公园绿地面积（Per capita public recreational green space）

以上数据来源：中华人民共和国住房和城乡建设部网站，《2017年城市建设统计年鉴》，http://www.mohurd.gov.cn/xytj/tjzljsxytjgb/jstjnj/w02019012421874448287322500.xls。

二、指标解释（Data Illumination）

1. 行政级别：按行政级别分组，全国661个城市分为：4个直辖市，15个副省级城市，279个地级市，363个县级市。

——《中国城市统计年鉴—2018》第3页

2. 行政区域土地面积：指辖区内的全部陆地面积和水域面积。

——《中国城市统计年鉴—2018》第395页

3. 年末总人口：是指本市每年12月31日24时的户籍登记情况统计的人口数。

——《中国城市统计年鉴—2018》第395页

4. 六普常住人口：以2010年11月1日零时为标准时点进行的第六次全国人口普查中的常住人口，包括居住在本乡镇街道、户口在本乡镇街道或户口待定的人；居住在本乡镇街道、离开户口登记地所在的乡镇街道半年以上的人；户口在本乡镇街道、外出不满半年或在境外工作学习的人。不包括常住在省内的境外人员。

——《第六次全国人口普查数据公报》

5. 建成区面积：指城市行政区内实际已成片开发建设、市政公用设施和公共设施基本具备的区域。

——《中国城市统计年鉴—2018》第395页

6. 地区生产总值：指按市场价格计算的一个地区所有常住单位在一定时期内生产活动的最终成果。

——《中国城市统计年鉴—2018》第396页

7. 供水普及率：指报告期末城区内用水人口与总人口的比率。计算公式：

供水普及率 = 城区用水人口（含暂住人口）/（城区人口 + 城区暂住人口）×100%

——《城市（县城）和村镇建设统计调查制度》（国统制〔2018〕19号）

8. 污水处理率：指报告期内污水处理总量与污水排放总量的比率。计算公式：

污水处理率 = 污水处理总量/污水排放总量×100%

——《城市（县城）和村镇建设统计调查制度》（国统制〔2018〕19号）

9. 人均公园绿地面积：指报告期末城区内平均每人拥有的公园绿地面积。计算公式：

人均公园绿地面积 = 城区公园绿地面积/（城区人口 + 城区暂住人口）

——《城市（县城）和村镇建设统计调查制度》（国统制〔2018〕19号）

10. 生活垃圾处理率：指报告期内生活垃圾处理量与生活垃圾产生量的比率。计算公式：

生活垃圾处理率 = 生活垃圾处理量/生活垃圾产生量×100%

——《城市（县城）和村镇建设统计报表制度》（国统制〔2015〕113号）

[注：《城市（县城）和村镇建设统计调查制度》（国统制〔2018〕19号）未列出城市（县城）生活垃圾处理率指标解释，故生活垃圾处理率仍沿用《城市（县城）和村镇建设统计报表制度》（国统制〔2015〕113号）的指标解释。]

注：

1. 2017年7月18日，国务院发布《国务院关于同意西藏自治区撤销那曲地区设立地级那曲市的批复》（国函〔2017〕109号），撤销那曲地区和那曲县，设立地级那曲市。在本次"2017年中国城市基本数据"的统计工作中，其六普常住人口取原那曲地区的六普常住人口。

2. 2017年4月9日，民政部发布《民政部关于同意河北省撤销平泉县设立县级平泉市的批复》（民函〔2017〕69号），经国务院批准，撤销平泉县，设立县级平泉市。在本次"2017年中国城市基本数据"的统计工作中，其六普常住人口取原平泉县的六普常住人口。

3. 2017年4月9日，民政部发布《民政部关于同意浙江省撤销玉环县设立县级玉环市的批复》（民函〔2017〕70号），经国务院批准，撤销玉环县，设立县级玉环市。在本次"2017年中国城市基本数据"的统计工作中，其六普常住人口取原玉环县的六普常住人口。

4. 2017年4月9日，民政部发布《民政部关于同意陕西省撤销神木县设立县级神木市的批复》（民函〔2017〕71号），经国务院批准，撤销神木县，设立县级神木市。在本次"2017年中国城市基本数据"的统计工作中，其六普常住人口取原神木县的六普常住人口。

5. 2017年4月9日，民政部发布《民政部关于同意四川省撤销隆昌县设立县级隆昌市的批复》（民函〔2017〕72号），经国务院批准，撤销隆昌县，设立县级隆昌市。在本次"2017年中国城市基本数据"的统计工作中，其六普常住人口取原隆昌县的六普常住人口。

6. 2017年4月9日，民政部发布《民政部关于同意湖南省撤销宁乡县设立县级宁乡市的批复》（民函〔2017〕73号），经国务院批准，撤销宁乡县，设立县级宁乡市。在本次"2017年中国城市基本数据"的统计工作中，其六普常住人口取原宁乡县的六普常住人口。

7. 2017年4月9日，民政部发布《民政部关于同意贵州省撤销盘县设立县级盘州市的批复》（民函〔2017〕74号），经国务院批准，撤销盘县，设立县级盘州市。在本次"2017年中国城市基本数据"的统计工作中，其六普常住人口取原盘县的六普常住人口。

8. 2016年11月24日，国务院发布《国务院关于同意广西壮族自治区调整河池市部分行政区划的批复》（国函〔2016〕190号），撤销县级宜州市，设立河池市宜州区。原县级宜州市的六普常住人口为河池市统计的一部分，故在本次"2017年中国城市基本数据"的统计工作中，不再重复计数河池市的这一部分人口。

附录5 中国城市基本数据（2017年）

9. 2017年7月18日，国务院发布《国务院关于同意浙江省调整杭州市部分行政区划的批复》（国函〔2017〕102号），撤销县级临安市，设立杭州市临安区。原县级临安市的六普常住人口为杭州市统计的一部分，故在本次"2017年中国城市基本数据"的统计工作中，不再重复计数杭州市的这一部分人口。

10. 2017年7月18日，国务院发布《国务院关于同意福建省调整福州市部分行政区划的批复》（国函〔2017〕103号），撤销县级长乐市，设立福州市长乐区。原县级长乐市的六普常住人口为福州市统计的一部分，故在本次"2017年中国城市基本数据"的统计工作中，不再重复计数福州市的这一部分人口。

11. 2017年7月18日，国务院发布《国务院关于同意山东省调整青岛市部分行政区划的批复》（国函〔2017〕105号），撤销县级即墨市，设立青岛市即墨区。原县级即墨市的六普常住人口为青岛市统计的一部分，故在本次"2017年中国城市基本数据"的统计工作中，不再重复计数青岛市的这一部分人口。

12. 《中国城市统计年鉴—2018》未统计新疆维吾尔自治区双河市、可克达拉市和昆玉市等城市数据。在本次"2017年中国城市基本数据"的统计工作中，其行政区域土地面积取自中华人民共和国民政部全国行政区划信息查询平台，双河市地区生产总值、年末总人口和人均地区生产总值取自《新疆生产建设兵团第五师双河市2017年国民经济和社会发展统计公报》，可克达拉市地区生产总值、年末总人口和人均地区生产总值取自《新疆生产建设兵团第四师可克达拉市2017年国民经济和社会发展统计公报》，昆玉市地区生产总值、年末总人口和人均地区生产总值取自《第十四师昆玉市2017年国民经济和社会发展统计公报》。

13. 《中国城市统计年鉴—2018》未统计以下城市的建成区面积：广东省茂名市、河源市、东莞市、中山市，海南省三沙市、儋州市，四川省攀枝花市、巴中市，贵州省安顺市、毕节市、铜仁市，西藏自治区林芝市、那曲市，甘肃省嘉峪关市和全部县级。在本次"2017年中国城市基本数据"的统计工作中，上述部分数据取自《2017年城市建设统计年鉴》。

14. 《中国城市统计年鉴—2018》统计的四川省南充市2017年市辖区人均地区生产总值（6 421 762元）显著高于当年其他地级市的数据，可能存在统计错误。在本次"2017年中国城市基本数据"的统计工作中，南充市市辖区人均地区生产总值根据市辖区地区生产总值除以市辖区年末总人口得到（34 496元）。

15. 《中国城市统计年鉴—2018》统计的四川省简阳市2017年地区生产总值（20 797 561元）显著高于该市2016年数据（3 827 838元），可能存在统计错误。在本次"2017年中国城市基本数据"的统计工作中，简阳市地区生产总值取自《简阳市2017年国民经济和社会发展统计公报》（413.68亿元）。

16. 《中国城市统计年鉴—2018》统计的新疆维吾尔自治区阿拉山口市2017年年末总人口（0.2万人）显著低于《2017年城市建设统计年鉴》数据（1.2万人）、中华人民共和国民政部全国行政区划信息查询平台数据（4万人）和阿拉山口市人民政府网站数据（1.1万人），可能存在统计错误。在本次"2017年中国城市基本数据"的统计工作中，阿拉山口市年末总人口取自《2017年城市建设统计年鉴》（1.2万人）。

（数据收集整理：毛其智，清华大学教授，国际欧亚科学院院士；胡若函，自然资源部城乡规划管理中心助理研究员）

编后语

2019年至2020年是中华民族伟大复兴征程中一段特殊而难忘的时期，2019年迎来中华人民共和国70周年华诞；2020年是全面建成小康社会之年，也是脱贫攻坚决战决胜之年。然而，始于2019年底的"新冠疫情"，给完成既定目标任务带来了巨大挑战，也对我国城市的社会经济发展造成了诸多困难。

在此三大背景下，《中国城市发展报告（2019/2020）》以"全面小康，脱贫攻坚，应对疫情"为主题，邀请专家学者撰写了25篇文章，并收集编辑了相关文献资料，系统梳理了近两年来我国城市规划、建设和管理的最新进展，客观记录了城市发生的重大事件和部分社会热点、焦点问题，特别是"新冠疫情"的处置过程。

"综论篇"包括三方面内容：一是对2019年中国城市发展总体状况作了中英文综述，内容涉及国家、区域、城市、乡镇和社区等不同层面的规划建设与管理；二是对全国城市住房、交通、信息化、服务业及市政基础设施发展状况作了比较系统的介绍，力求客观反映当年的最新进展；三是遴选出城市发展的十大事件：庆祝中华人民共和国成立70周年，欢庆澳门回归祖国20周年，黄河生态（经济）带建设上升为重大国家战略，中央印发《长江三角洲区域一体化发展规划纲要》，中央印发《粤港澳大湾区发展规划纲要》，中央发布《关于建立健全城乡融合发展体制机制和政策体系的意见》，国家相关部门联合印发《关于做好2019年老旧小区改造工作的通知》，上海市出台《上海市生活垃圾管理条例》，北京大兴国际机场正式投入运营，江苏省盐城市响水县陈家港镇化工园区内化学储罐发生爆炸事故。

"论坛篇"组织了5篇重要文章：清华大学教授吴良镛院士以《回眸七十年，展望新人居》为题，简要回顾了城市规划理论探索与实践历程，阐述了"以人为核心"的人居环境科学的发展目标，提出了美好人居的构建原则；天津中医药大学校长张伯礼院士以亲征武汉疫区逾百日的经历，撰写了《中医药抗击新冠肺炎疫情的贡献与思考》，介绍了中医药对抗疫情的贡献；国务院参事仇保兴博士的《关于新型病毒疫情防控的对策建议》，汇集了他向中央高层写的4份建议；中国人民大学国际关系学院副院长金灿荣教授撰写的

《中美贸易战回顾与评估》，对中美贸易战的复杂背景、谈判过程进行了梳理和总结，对贸易战长期化的可能性做了判断；中国人民大学乡村建设中心主任温铁军教授等撰写的《长效扶贫与全面小康的生态化路径》，认为唯有构建生态资源价值化和生态资本深化的内循环机制，才能筑牢脱贫攻坚的可持续基础；胡序威先生的《论我国城镇空间格局的演化》，言简意赅，发人深省。

"观察篇"组织了5篇文章，市长协会就2019年的舆情进行了观察，《新世纪前二十年的伟大丰碑》一文，观察分析了我国"全面小康"的实现情况，此外，还邀请专家就中国城市旅游业发展，适合中国国情的养老模式，以及河南省18地市营商环境等进行了分析、评价和观察。

"专题篇"主要聚焦"新冠肺炎疫情"及其防控情况，转载了国务院新闻办6月7日发布的《抗击新冠肺炎疫情中国行动》白皮书，以及有关领导和专家在白皮书发布会上的讲话和答记者问，以此作为对这段特殊历史事件的重要记载，具有很强的史料性和权威性。为呼应澳门回归祖国20周年，还特别邀请珠海市规划设计研究院总规划师杨峥屏等撰写了《珠澳合作 协同发展》一文，从合作机制、空间格局、交通设施、产业、生活环境等方面回顾了近两年来珠澳两地合作的相关进展。

"案例篇"选登了5个案列：中国工程院院士徐祖信教授撰写的《城市重污染河流水环境综合治理——以上海市苏州河治理为例》，系统介绍了苏州河水环境的治理背景、治理方案、治理过程及其效果，其治理经验已在2019年第四届联合国环境大会期间由联合国向发展中国家推广，成为全球水环境治理的"中国方案"，也可供我国其他城市借鉴。程清鸽总经理撰写的《以合理和可持续发展机制打造特色小镇——以中关村创客空间小镇为例》、杭州市规划局总规划师杨明聪撰写的《城市大脑赋能下的智慧城市建设探索——以杭州为例》、扬州住建局名城研究院邱正峰主任撰写的《"口袋公园"建设典范——以扬州为例》，以及秦皇岛市人民政府的《做好河海文章 擦亮生态名片 打造"水清、河畅、滩美、岸绿"的美丽港城——以秦皇岛为例》等4个案例各具特色，他山之石可以攻玉，示范意义不言而喻。

最后，我谨向为本报告作序的国际欧亚科学院中国科学中心主席蒋正华先生以及所有文章作者及编委会的同仁们表示衷心感谢！

国际欧亚科学院院士，中国城市发展报告主编

2020年6月30日